新疆大学铸牢中华民族共同体意识研究丛书

王玉平
著

唐代
东部天山廊道
军城研究

A Study on the Garrison Town
in the Eastern Tianshan Corridor
of the Tang Dynasty

上海人民出版社

序　言

铸牢中华民族共同体意识是习近平总书记做出的重大原创性论断，是马克思主义民族理论中国化时代化的最新成果，是新时代党的民族工作和民族地区各项工作主线。党的十八大以来，习近平总书记多次强调大力培育和铸牢中华民族共同体意识。党的十九大报告指出："全面贯彻党的民族政策，深化民族团结进步教育，铸牢中华民族共同体意识，加强各民族交往交流交融，促进各民族像石榴籽一样紧紧抱在一起，共同团结奋斗、共同繁荣发展。"党的二十大报告再次强调："以铸牢中华民族共同体意识为主线，坚定不移走中国特色解决民族问题的正确道路。"

铸牢中华民族共同体意识的提出，以及其历史逻辑、理论逻辑、实践逻辑的深化，与新疆有密切关系。新疆自古以来就是多民族聚居地区，各民族交往交流交融的历史基础深厚。2014 年 5 月，在第二次中央新疆工作座谈会上，习近平总书记鲜明提出牢固树立"中华民族共同体意识"。2020 年 9 月，在第三次中央新疆工作座谈会上，习近平总书记再次强调，要以铸牢中华民族共同体意识为主线，不断巩固各民族大团结，同时对新时代党的治疆方略与铸牢中华民族共同体意识的关系，做了充分的阐释。2023 年 8 月，习近平总书记在听取新疆维吾尔自治区党委和政府、新疆生产建设兵团工作汇报时强调，铸牢中华民族共同体意识是新时代党的民族工作的主线，也是民族地区各项工作的主线。新疆工作在党和国家工作全局中具有特殊重要的地位，在中国式现代化进程中更好建设美丽新疆，事关强国建设、民族复兴大局。

“新疆大学铸牢中华民族共同体意识研究基地”的成立可谓恰逢其时，意义重大。2020年2月，党和国家谋篇布局，中央统战部、中央宣传部、教育部、国家民委联合发文，批准新疆大学设立“铸牢中华民族共同体意识研究基地”，并将基地定位为“铸牢中华民族共同体意识与党的治疆方略研究”高端智库平台。经过第一个周期（2020—2022）建设，基地发挥自身特色，与新疆大学马克思主义理论“一流学科”深度融合，凝练成了马克思主义基本原理与铸牢中华民族共同体意识基本理论研究、马克思主义民族理论中国化与经典著作研究、习近平新时代中国特色社会主义思想与新时代党的治疆方略研究、边疆多民族地区高校思想政治教育理论与实践研究、西北边疆治理的历史与基本问题研究等五个重点研究方向，承担国家社科基金“铸牢中华民族共同体意识”重大专项，开展铸牢中华民族共同体意识教育并落实立德树人根本任务，积极服务涉疆舆论斗争和地方经济社会高质量发展，产出了一批有影响力的研究成果，在决策咨询、科学研究、人才培养、社会服务等方面发挥了重要作用。

2022年7月12日，习近平总书记亲临新疆大学铸牢中华民族共同体意识研究基地考察，对基地提出明确要求：“要坚持走中国特色解决民族问题的正确道路，不断丰富和发展新时代党的民族理论，推进中华民族共同体基础性问题研究。”这是总书记从战略高度把握新时代党的民族工作历史方位做出的重大论断，为新疆大学铸牢中华民族共同体意识研究基地开展铸牢中华民族共同体意识理论研究和实践工作指明了方向，提供了根本遵循。同时，也为全国铸牢中华民族共同体意识研究基地建设明确了发展目标，指明了中心任务。

为进一步加强铸牢中华民族共同体意识基础理论研究，新疆大学铸牢中华民族共同体意识研究基地推出“新疆大学铸牢中华民族共同体意识研究丛书”。该丛书不仅会在宣介、推广近年来关于铸牢中华民族共同体意识学术研究成果方面发挥积极作用，也必将在推进铸牢中华民族共同体意识学术体系建设，更好地服务新时代党的治疆方略、促进新疆经济高质量发展、实现社会稳定和长治久安等方面发挥重要作用。

是为序。

王延中

中国社会科学院民族学与人类学研究所所长、研究员

2023 年 9 月 29 日

目　录

图 录

绪　论

一、东部天山的地理范围

本书研究的地理范围——东部天山，系指今哈密市伊吾县以东、乌鲁木齐市以西的天山东部山系。尽管在地理学界一般将我国境内的天山称东部天山[1]，但是天山中部，今伊犁、阿克苏一带的天山山系与中亚地区的山脉实为一体；而乌鲁木齐以东的山系，由于受柴窝堡——达坂城山间盆地的分割，在地理空间上存在较强的独立性。乌鲁木齐东约58公里的博格达峰，海拔5445米，是东部天山的最高峰，自此向东约260公里至哈密西七角井镇北部，称博格达山。博格达山从博格达峰附近向东，海拔逐渐降低，七角井北部山体海拔在1400米左右。七角井以东山体，海拔又逐渐上升，迤东约150公里的范围，称巴里坤山，该山系最高海拔超过4000米。巴里坤山东与喀尔力克山相连，该山最高峰在哈密市东北部，海拔超过4800米。自此往东，海拔急剧减低，最终没入哈密东部的沙碛中。另外，在今吐鲁番盆地以北、博格达山南部，还有一条大致呈东西走向的火焰山；在巴里坤——喀尔力克山北部，也有一列西北——东南走向之梅欣乌拉山。这些山体共同组成东部天山的主要山系（图1）。

唐代史料中也有东部天山的记载。《元和郡县图志》记东部天山伊州、西州诸县时多提及天山：

> （伊吾县）天山，一名白山，一名折罗漫山，在州北一百二十里。春夏有雪。出好木及金铁。匈奴谓之天山，过之皆下马拜。

1　胡如骥主编：《中国天山自然地理》，中国环境科学出版社2004年版，第2页。

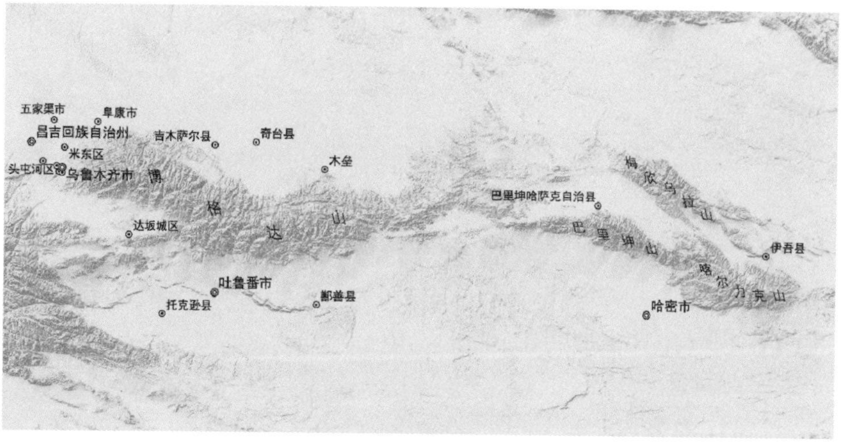

图 1　东部天山山体分布图

> （柔远县）天山，在县北二十里。柳谷水，有东西二源，出县东北天山，南流十五里合。
>
> （纳职县）俱密山，在县北一百四十里。山北二十里正抵蒲类海。
>
> （前庭县）天山，夷名折罗漫山，在县北三十里。
>
> （交河县）交河，出县北天山，水分流于城下，因以为名。
>
> （柳中县）天山，在县东北。[1]

据此可知，唐人对于东部天山有“天山”、“折罗漫山”、“俱密山”、“白山”等称谓。其中，伊吾县北 120 里之“天山”“白山”“折罗漫山”系指今哈密北部的巴里坤山，S203 省道从哈密往北越巴里坤山至天山以北，途中有一“天山庙”，清代称“库舍图岭”，而所谓折罗漫山者，标志性地物即指此山岭。柔远县北 20 里之天山，即今喀尔力克山。纳职县北 140 里之俱密山，也当是巴里坤山。前庭县北之折罗漫山（里程恐误），交河、柳中县北之天山，均为今博格达山。同时，在其他唐代文献中，天山还有“初罗漫山”“析罗漫山”“时罗漫山”等称谓[2]。

1　《元和郡县图志》卷四十《陇右道下》，中华书局 1983 年版，第 1029—1032 页。

2　《括地志辑校》卷四，中华书局 1980 年版，第 229 页。《旧唐书》卷四十《地理志》，中华书局 1975 年版，第 1643 页。郝春文主编：《英藏敦煌社会历史文献释录》（第二卷），社会科学文献出版社 2003 年版，第 177、178 页。

对于这些名称的语源，学界多有讨论。林梅村认为，“初罗漫”“析罗漫”为吐火罗语“klyom”的音译，是吐火罗人对天山的称谓，并且该词早期又译作“祁连”，是为《旧唐书·地理志》交河县条称天山“一名祁连山”之原因[1]。钱伯泉认为，“时罗漫山”为突厥语“solman tagh”之音译，意为“左方的天山”[2]。两位学者之观点孰是孰非，尚难定论。

上引诸名称中，“时”与“折”音近，而“析”、“折”、“初”形近，“时罗漫山”、“析罗漫山”、“初罗漫山”应该都译自同一种少数民族语言。又《旧唐书》记天山“一名白山，胡人呼析罗漫山”[3]，据荣新江研究，唐代文献中出现的“胡”绝大多数是指粟特胡人[4]，因此，所谓“析罗漫山”，可能是粟特人对天山的称谓。唐初伊吾、可汗浮图等地多有粟特人聚居，因此不排除这一地名由粟特语翻译而来的可能。

上引资料中还有一“白山”，据《新唐书·龟兹传》记载：“龟兹，……居伊逻卢城，北倚阿羯田山，亦曰白山，常有火。”[5]松田寿认为，此“阿羯田山”系突厥语“AK-tagh”的音译，意为“白色的山”[6]。“白山”一名在东汉时期就已出现[7]，又《隋书·西域传》记载：“焉耆国，都白山之南七十里，汉时旧国也……龟兹国，都白山之南百七十

1 林梅村：《汉唐西域与中国文明》，文物出版社 1998 年版，第 64—69 页。

2 钱伯泉：《车师人种和语言的属性》，《吐鲁番学研究：第二届吐鲁番学国际学术研讨会论文集》，上海辞书出版社 2006 年版，第 403 页。

3 《旧唐书》卷四十《地理志》，中华书局 1975 年版，第 1643 页。

4 荣新江：《何谓胡人？——隋唐时期胡人族属的自认与他认》，《乾陵文化研究》2008 年第 4 辑，第 3—9 页。

5 《新唐书》卷二百二十一上《龟兹传》，中华书局 1975 年版，第 6230 页。

6 松田寿男：《古代天山历史地理学研究》，中央民族学院出版社 1987 年版，第 55 页。

7 《后汉纪》记载永平十三年（70）匈奴犯边，汉明帝召窦固、耿秉等人议兵事，耿秉献策云：“臣愚以为当先击白山，得夷吾（伊吾），破车师，通使乌孙诸国，以断其右臂，未可先击匈奴也。伊吾亦有匈奴南呼衍一部，破此复为折其左角。观往者汉兵出，匈奴辄为乱，五单于争，未必不以为五将出之故也。今可先击白山，以观其变，击匈奴未晚也。”（袁宏：《后汉纪》，周天游校注，天津古籍出版社 1987 年版，第 277—278 页）此所谓“白山”靠近伊吾，即东部天山，唐代文献多沿用此名，如《后汉书》注引《西河旧事》云：“白山冬夏有雪，故曰白山，匈奴谓之天山，过之皆下马拜焉。去蒲类海百里之内。”（《后汉书》卷二《明帝纪》，中华书局 1965 年版，第 122 页）而上引《元和郡县图志》伊吾县条对天山的描述，皆源于此。

里，汉时旧国也……疏勒国，都白山南百余里，汉时旧国也。”[1] 据此可知，唐代伊吾以西丝绸之路中道北部之天山，均可称为“白山”。

要之，“白山”与“时罗漫山”诸地名，均是汉唐时期对天山的称谓，“白山”来自突厥语，出现的时间较早；“时罗漫山”可能来自粟特语，出现时间较晚。并且，“白山”一名体现出突厥语族一度对整个天山山脉的控制，而“时罗漫山”一名只是对天山局部地区的称谓，从现有资料来看，主要是指伊吾至高昌北部的东部天山，亦即本书研究的范围。唐朝在东部天山南北设伊、西、庭三州，陆续设置伊吾、柔远、纳职、蒲昌、柳中、高昌、交河、天山、金满、蒲类、轮台等县，将其纳入与内地一致的州县制管理体系。

二、东部天山南北的自然环境特征

东部天山南北既有山地草原，也有盆地、平原绿洲，自古以来就是一个亦耕亦牧的地区。草原游牧与绿洲农耕之间交往通道，但在南北方对峙时期，这些便捷的南北通道却成为东部天山的不稳定因素。唐朝在东部天山南北设置大量的军城，控制南北向交通道路，保障区域的长期稳定。

（一）山地草原地貌与游牧

唐代文献记东部天山“春夏有雪”的特征，即表明在唐人看来，这条山脉是一座海拔较高的山系。今乌鲁木齐至哈密东西约 630 公里的博格达山、巴里坤山、喀尔力克山，山脉整体较高，垂直分布带发育较为完整，山地草原分布广泛。东部天山北坡由于受西风影响，降水相对丰富，奇台、木垒、巴里坤等地南山，海拔 1700 到 2100 米的范围内分布着优质草场，现今仍是当地哈萨克牧民放牧之地；东部天山南坡，虽然十分干旱，但在海拔 1600 至 2800 米之间，仍有山地草

1 《隋书》卷八十三《西域传》，中华书局 1973 年版，第 1851—1852 页。

原分布[1]。

东部天山北麓许多优质的夏季牧场，对于游牧民族生存有非常重要的意义。这些山地草原很早就被开发利用，史载西汉时期东部天山地区姑师国分裂为车师前国、车师后国，以及北山六国，这些政权大致分布于东起伊吾、哈密、巴里坤、木垒、奇台、吉木萨尔，西到阜康、米泉、乌鲁木齐、昌吉、呼图壁、玛纳斯一带[2]，主要在东部天山北麓。山北诸国大多数不城居，治山谷，如“车师后国，王治务涂谷”“卑陆后国，王治番渠类谷”“郁立师国，王治内咄谷”“蒲类国，王治天山西疏榆谷”“西且弥国，王治天山东于大谷”“东且弥国，王治天山东兑虚谷”“劫国，王治天山东丹渠谷”“狐胡国，王治车师柳谷”[3]。王治山谷，居无定所，很明显是游牧部落，其游牧之场所，自然是东部天山之山地草原。

至东汉，东部天山形势出现了一些变化。《后汉书·西域传》记此地有蒲类国、移支国、东且弥国、车师后国、卑陆国[4]，与西汉时期相比，政权相对较少，出现了整合，但性质未变。这些政权仍以游牧经济为主，在东部天山山地活动。汉代以后，由于史料相对缺乏，东部天山局势尚不清楚。直到北魏时期，有铁勒诸部游牧于此，《魏书·高昌传》记载：“（高昌）北有赤石山。七十里有贪汗山，夏有积雪，此山北铁勒界也。”[5]高昌国都高昌城，从方位和里程来看，其北之赤石山为火焰山，贪汗山为博格达山，铁勒部在贪汗之北，当即汉代车师山北六国地界。又《隋书·铁勒传》记铁勒种类繁多，分布极广，其中有一支在“伊吾以西，焉耆之北，傍白山，则有契弊、薄落职、乙咥、苏婆、那曷、乌讙、纥骨、也咥、于尼讙等，胜兵可二万”[6]。此所谓伊

---

1 胡如骥主编：《中国天山自然地理》，中国环境科学出版社2004年版，第345页。

2 王素：《高昌史稿·统治编》，文物出版社1998年版，第28页。

3 《汉书》卷九十六下《西域传》，中华书局1962年版，第3918—3921页。

4 《后汉书》卷八十八《西域传》，中华书局1965年版，第2928—2929页。

5 《魏书》卷一百一《高昌传》，中华书局2017年版，第2430页。

6 《隋书》卷八十四《铁勒传》，中华书局1973年版，第1879页。

吾西、焉耆北之白山，亦即东部天山，铁勒契弊（苾）诸部，亦当游牧于东部天山诸山地草原。

铁勒契弊（苾）部曾一度强盛，其首领契弊（苾）歌楞称莫何可汗，居贪汗山；西突厥射匮可汗强大后，契苾部又去汗号称臣[1]。此后契苾部西迁至热海[2]，东部天山属西突厥统叶护可汗势力范围，具体为哪些部落放牧之所，尚难确定[3]。至贞观二年（628），东突厥阿史那社尔为回纥所败，西保可汗浮图城[4]，据有东部天山之地。贞观九年（635）阿史那社尔降唐后，先后又有西突厥阿史那弥社、阿史那步真、阿史那贺鲁占据东部天山[5]。贞观十四年（640）唐朝在东部天山南北设置西州和庭州，后又探索出一套羁縻府州体制，北庭府所属16番州，有的仍在东部天山山地放牧。尽管唐朝经营东部天山做出了很大的努力，但该地区游牧民游牧属性在唐代一直未能彻底改变，并且，这些游牧部落又与东、西方不时兴起的强大势力渊源极深，是为唐朝不断加强三州地区军防的原因之一。

（二）盆地、平原地貌与绿洲

在地质时期，由于板块的挤压、碰撞、抬升、沉降等作用，东部天山南北形成一些盆地和平原，其中博格达山南部有吐鲁番盆地，北

---

1 《隋书》卷八十四《铁勒传》，中华书局 1973 年版，第 1880 页。《旧唐书》卷一百九十九《铁勒传》，中华书局 1975 年版，第 5344 页。

2 《新唐书》记载："契苾何力，铁勒哥论易勿施莫贺可汗之孙。父葛，隋末为莫贺咄特勒，以地近吐谷浑，隘狭多疠暍，徙去热海上。"（《新唐书》卷一百一十《契苾何力传》，中华书局 1975 年版，第 4117 页）此段记莫贺（何）可汗契弊（苾）歌楞子契苾葛携众西迁，原因是其地近吐谷浑，但吐谷浑东去天山数百公里，薛宗正认为真实原因是大业六年（610）隋朝进军伊吾对铁勒造成了重大的打击。见薛宗正：《北庭历史文化研究》，上海古籍出版社 2010 年版，第 55 页。

3 又《通典》记载："北庭节度使，防制突骑施、坚昆、斩啜"（《通典》卷一百七十二《州郡二》，中华书局 1988 年版，第 4479 页），此处的坚昆即黠戛斯，亦即前引《隋书》所记铁勒纥骨部。又《新唐书·黠戛斯传》记载："黠戛斯，古坚昆国也。地当伊吾之西，焉耆北，白山之旁。"（《新唐书》卷二百一十七下《黠戛斯传》，中华书局 1975 年版，第 6146 页），这说明，隋唐时期铁勒诸部虽有迁徙，东天山政治格局不断变化，但黠戛斯部一直在东部天山一带活动。

4 《旧唐书》卷一百九《阿史那社尔传》，中华书局 1975 年版，第 3289 页。

5 详见薛宗正：《北庭历史文化研究》，上海古籍出版社 2010 年版，第 63—65 页；吴玉贵：《突厥汗国与隋唐关系史研究》，商务印书馆 2017 年版，第 285 页。

部、西部有奇台、吉木萨尔、阜康、米泉、昌吉等平原；巴里坤山南部有哈密盆地，北部有巴里坤盆地。

1. 吐鲁番盆地

吐鲁番盆地以艾丁湖为中心，自外而内，主要可分为三个地带（图 2）：第一带为山岭带，北部为博格达山，西部为喀拉乌成山，南部为觉罗塔格山，东南部为库姆塔格沙漠。由于受湿润气流影响较小，这些山体多呈荒漠状，环境十分恶劣。第二带是戈壁砾石带，由于土壤类型主要为灰棕色荒漠土，透水性强，很少有地表径流，干燥、无植被是这一地带的典型特征。第三带为平原绿洲带，这是整个盆地面积最小的区域，仅占盆地面积的 9%，但却是绿洲文明的摇篮[1]。戈壁和沙漠虽然限制了吐鲁番绿洲向外扩展，但在聚落形成早期却能成为一道牢固的屏障，外部势力不易入侵[2]。

吐鲁番盆地极度干旱，但发源于天山高海拔冰川地带诸河流为盆地带来了生机。盆地西部的中天山，有阿拉沟河自西向东流经托克逊县。盆地北部的博格达山，有白杨河流入托克逊县；有大河沿河、塔尔郎河、哈尔干孜郭勒（下游称煤窑沟、葡萄沟）、黑沟、恰勒坎沟等河流入高昌区（原吐鲁番市）；有二塘沟、柯柯亚河、坎尔其果勒河流入鄯善县。这些河流多在出山口处渗入地下，在下游平原地区又以泉水的形式涌出，为生产生活所用[3]。

在卫星影像图上可清晰地看到，吐鲁番盆地主要有以下几片绿洲：鄯善东火焰山余脉北部绿洲、鄯善绿洲、火焰山北部绿洲、火焰山南部绿洲、高昌区绿洲、托克逊绿洲（图 3）。

鄯善东火焰山余脉北部绿洲，由于河流水量相对较少，七克台绿

1 吐鲁番盆地“环状分布的地形特征”，详见吐鲁番地区地方志编纂委员会编：《吐鲁番地区志》，新疆人民出版社 2004 年版，第 86—87 页。

2 詹姆斯·费尔格里夫：《地理与世界霸权》，胡坚译，浙江人民出版社 2016 年版，第 21 页。

3 现今多在出山口处修建水利工程，将河水引自下游灌溉区。在清代，坎儿井被大量开凿，引地下水灌溉田地。坎儿井在吐鲁番大范围推广之前，由于气候原因，该地的地表水资源比较丰富。见亨廷顿：《亚洲的脉搏》，王彩琴、葛莉译，新疆人民出版社 2013 年版，第 177 页；斯坦因：《西域考古图记》，巫新华等译，广西师范大学出版社 1998 年版，第 661 页。

洲用水后很难流至山南地区，因此这一段山地南部耕地较少。鄯善绿洲处在火焰山山地断裂带，但其南部有库木塔格沙漠，海拔相对较高，柯柯亚河水流经县城以后，沿沙漠北缘向东、西两个方向流去，形成树柏沟、东湖两个垦区。

鄯善县西部为火焰山主脉，该山对于吐鲁番绿洲有特殊意义[1]。火焰山地质构造与其南北地区有明显的差异，最直接的表现就是透水性较差。因此，发源于博格达山南坡诸河流，无论是地表水还是地下水，流至火焰山北麓，便形成沿北麓地带多个壅水区，今七克台、连木沁、苏贝希、胜金等绿洲，均得益于此。由于水源充足，火焰山北麓诸壅水区又汇集成河流，沿着火焰山山谷，如连木沁沟、吐峪沟、木头沟、葡萄沟等，流至火焰山南部，形成艾丁湖东北部和北部鲁克沁、二堡、三堡、恰特喀勒等绿洲。火焰山南部绿洲比北部绿洲更优质，这是因为该地地形平坦开阔，且水源经过火焰山北部壅水区沉淀后矿物质减少，土地盐碱化程度相对较低。

高昌区绿洲位于火焰山与盐山之间，主要得益于葡萄沟、塔尔郎沟以及大河沿河。该地区北部无山阻隔，水源较为充足，又坡度较火焰山南部绿洲大，排水通畅，土地不易盐碱化，现今是吐鲁番盆地最发达的地区。但在水利技术革新以前，此地并非吐鲁番盆地最适合发展农耕的地区。

托克逊绿洲在盆地西部，主要得益于自北而来之白杨河和自西而来之阿拉沟河。二河汇合后称托克逊河，向东流入艾丁湖。现今的绿洲靠近西部山前地带，托克县城及诸乡镇也集中于此。由于上游灌溉用水过度，艾丁湖西约 30 公里的范围内无水源，已沦为荒地，但从现今这一带发现的古遗址来看，托克逊河下游一带古时仍为绿洲。导致绿洲西移，可能是因下游地区土地盐碱化加重。

---

1 正如美国地理学家亨廷顿所言："一个独一无二的特征，即断层带上的火焰山，使吐鲁番避免了遭遇完全荒芜，变成几乎不宜居住的不幸。"详见亨廷顿：《亚洲的脉搏》，王彩琴、葛莉译，新疆人民出版社 2013 年版，第 176 页。

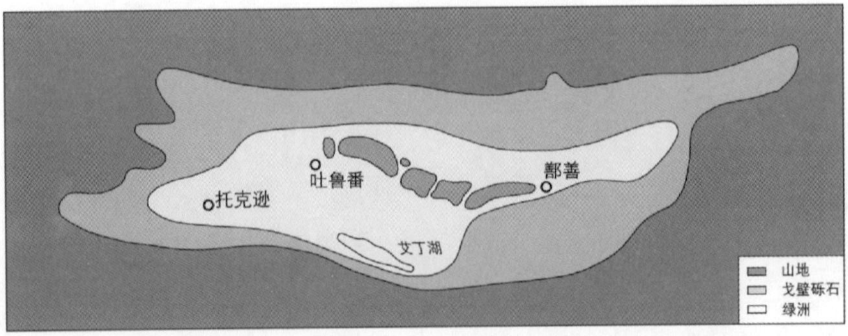

图 2　吐鲁番盆地环状分布的地形特征

图 3　卫星影像图上的吐鲁番绿洲

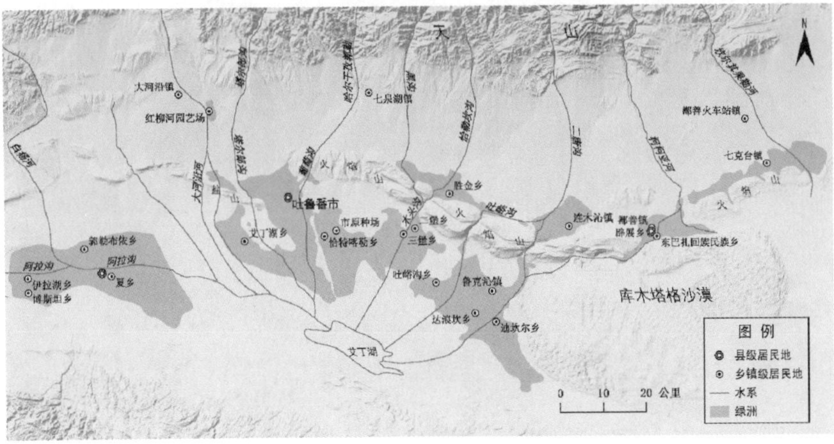

图 4　吐鲁番盆地水系和绿洲分布图

汉晋时期吐鲁番为车师国所在地，其国都交河城，地势险要，但在当时并不是一个优质的农耕区。汉朝进入吐鲁番盆地以后，开始在盆地驻军并进行屯田。其屯垦之所，在火焰山南部二堡、三堡、鲁克沁等平坦开阔地带，这里不仅光热条件好，气象灾害少，而且水源也很优质。这一带逐渐兴起一批新城镇，如高昌城、柳中城等。此后吐鲁番盆地农耕居民越来越多，绿洲地区进一步开发，水利设施不断完善，又出现高宁、新兴、白芳、横截等一批新城镇，分布于火焰山南北诸绿洲，随之而来的是，中原地区的郡县制在吐鲁番盆地广泛推行。随着车师国的灭亡，该地完全变成一个农耕经济社会，高昌国时期郡县制已十分完善，唐朝设西州，也正是基于该地长期的农耕经济传统。总之，从汉代以来吐鲁番盆地的农业开发历程来看，该地确实是一个适宜发展农耕的地区，而在唐代，西州逐渐发展成为西域军防的重要后勤保障基地。

2. 哈密盆地

哈密盆地位于吐鲁番盆地东部，自然环境与吐鲁番盆地相似。其北部为巴里坤山和喀尔力克山，南部为库鲁克塔格山，东部为嘎顺戈壁，西部为瞭墩隆起地带。该盆地总体西宽东窄，南北最宽约 100 公里，东西约 250 公里。地势东北高，西南低，最低处在沙尔湖，海拔最低 53 米。盆地大致可划分为 3 个地貌景观：北部山麓洪积扇砾石戈壁带，中部大冲积扇倾斜平原带，南部沙丘和盐湖带[1]。其中南部沙丘和盐湖带面积最大，北部山麓洪积扇砾石戈壁带次之；中部大冲积扇倾斜平原带最小，但却是整个哈密盆地区水、可耕地资源最丰富的地区，哈密市人口主要集中于此。

哈密盆地北部巴里坤山和喀尔力克山南坡河流较多，自西向东有白杨河、柳树沟、头道沟至八道沟、大白杨河、葫芦沟、小白杨河、南山口河、石城子河、榆树沟、库尔沟、八木墩河等。由于巴里坤山海

1 哈密地方志编纂委员会编:《哈密地区志 1990—2010》，中州古籍出版社 2015 年版，第 150 页。

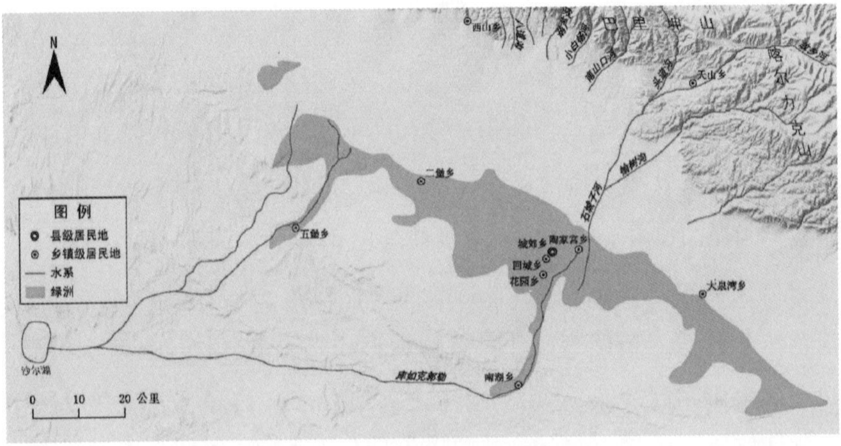

图 5　哈密盆地绿洲与水系分布图

拔相对较低，山峰区冰川数量和面积有限，其南坡诸河流水量均较小；喀尔力克山冰川数量和面积较大，其南坡诸河水量亦较丰富，其中的石城子河是整个哈密盆地水量最大的河流。和吐鲁番盆地北部诸河相似，这些河流在出山口处多潜入地下，又在中部大冲积扇平原带形成泉水出露，发展为绿洲。绿洲地区之泉水又汇集成河流，向盆地西南部沙尔湖方向流去，以泉水补给的河流主要有南湖乡的库如克郭勒河和四堡、五堡的白杨河，沿河地带又有少量绿洲的出现。

汉代中央政权进入哈密盆地以后，最早在四堡、五堡的白杨河谷进行农耕开发。史载永平十六年（73），汉朝在哈密盆地置宜禾都尉进行屯田，其驻地一般认为在今白杨河谷。与吐鲁番盆地相比，哈密盆地无论是水源还是地形，都不是太优越，因此该地农垦事业发展较缓。隋唐时期哈密盆地聚集着一批粟特商人，此时称“纳职城”，是粟特语 nwc 的对音，意为“新”[1]，隋炀帝时又设伊吾郡，将郡治迁至东部哈密市附近的绿洲。唐代置伊州，沿袭隋代行政体制，继续进行农垦，使伊吾城成为河西通西域交通道路上重要的补给地。

1　李志敏：《“纳职”名称考述：兼谈粟特人在伊吾活动的有关问题》，《西北史地》1993 年第 4 期。

3. 巴里坤盆地

巴里坤盆地在哈密盆地北部，但二者的地理环境有明显差异。在地形上，巴里坤盆地北部为梅欣乌拉山，南部为巴里坤山，最高海拔均在3000米以上，盆地夹在两山之间，呈狭长状。在海拔上，巴里坤盆地多在1600至1900米，最低处巴里坤湖，海拔也有1581米，加之纬度较高，该地1月平均气温为 -18.5度，7月平均气温为16.9度，终年凉爽，与哈密、吐鲁番盆地形成鲜明的对比。在降水方面，由于其地形东高西低，西部呈敞口状，自西而来的湿润气流受抬升作用形成降水，年降水在230毫米左右。盆地南侧山地降水较多，森林茂密，草原面积较大。盆地本身即巴里坤草原[1]。

该地≥10度年积温为1740度，无霜期不足100天，农业发展受到限制，尤其在古代，此地经济方式以畜牧业为主。《汉书·西域传》记有蒲类国、蒲类后国[2]，皆游牧部落。巴里坤湖古称蒲类海，蒲类国应该就在巴里坤湖附近。又《后汉书·西域传》记蒲类国“有牛、马、骆驼、羊畜。能作弓矢。国出好马”，可见此地自古以来就是一片优质的牧场，对于西北游牧经济而言，有较为重要的意义；值得注意的是，史载蒲类国“庐帐而居，逐水草”的同时，又“颇知田作”[3]，可见汉代蒲类海附近有少量的耕地存在。

今巴里坤湖东部柳条河两岸，地形平坦，水源充足，是一片适合农业发展的地区。在游牧民族占领巴里坤盆地时，这些可耕地多为牧场；而当中央王朝进入巴里坤盆地以后，此地的农耕经济便有一定的发展。如唐朝在巴里坤盆地设置伊吾军以后，此地有军屯，兴水利，农业产出较为可观。巴里坤盆地是丝绸之路北道的交通枢纽，唐

---

1 巴里坤盆地自然环境，详见胡如骥主编：《中国天山自然地理》，中国环境科学出版社2004年版，第55页；哈密地方志编纂委员会编：《哈密地区志1990—2010》，中州古籍出版社2015年版，第150页；巴里坤哈萨克自治县志编纂委员会：《巴里坤哈萨克自治县志1978—2010》，新疆生产建设兵团出版社2014年版，第74页。

2 《汉书》卷九十六下《西域传》，中华书局1962年版，第3919页。

3 《后汉书》卷八十八《西域传》，中华书局1965年版，第2928页。

朝在此地设置的伊吾军，对于东天山北麓东部防御占有十分重要的地位。

4. 博格达山北部、西部平原

博格达山北部、西部平原位于南部山地与北部沙漠盆地之间，东起木垒县白杨河，西至玛纳斯河，东西长约 340 公里，南北在 30 至 90 公里之间。其中东部木垒县白杨河至昌吉头屯河一段又称准噶尔盆地东南部平原，地势由东南向西北倾斜；头屯河至玛纳斯河之间的平原又称准噶尔盆地南部平原，地势由南向北倾斜。该平原平均坡度 0.2%—3%，较为适合发展灌溉农业。

平原海拔在 340 至 1300 米之间，较吐鲁番—哈密盆地高，又比巴里坤盆地低。年均气温 6.4 度，年积温≥10 度中、西部平原区 3500 度，东部平原区 3000 度。无霜期中、西部平原区 170 到 190 天，东部平原区 150 天，适合农作物生长。降水方面，据 1954—1995 年统计数据，天山北麓昌吉州各县市年降水平均值分别为：玛纳斯县 181.3 毫米、呼图壁县 170 毫米、昌吉市 185.3 毫米、米泉县（今乌鲁木齐市米东区）185.3 毫米、阜康市 207 毫米、吉木萨尔县 175 毫米、奇台县 181.8 毫米、木垒县 307 毫米。整体而言，平原地区降水偏少，但受天山的抬升作用，山区降水较为丰富，局部地区可达 500 至 600 毫米。因此天山北麓河流水源充足，为平原地区灌溉农业提供条件。

博格达山西部诸河发源于中天山，自西向东有玛纳斯河、塔西河、呼图壁河、三屯河、头屯河、乌鲁木齐河等。这些河流发源于依连哈毕尔尕山，海拔较高，冰川储备量大，加之山区降水丰富，河流水量较大。玛纳斯河是整个天山北麓水量最丰富的河流。博格达山北部发育河流很多，但水量较西部平原地区小。这些河流，现今多在出山口处修建水利工程，将河水引自下游平原农耕区，但在古代时期，河流多能流至北部沙漠边缘地带，形成面积较大的绿洲。

受河流冲积作用，博格达山北部和西部平原可分为南部洪积—冲

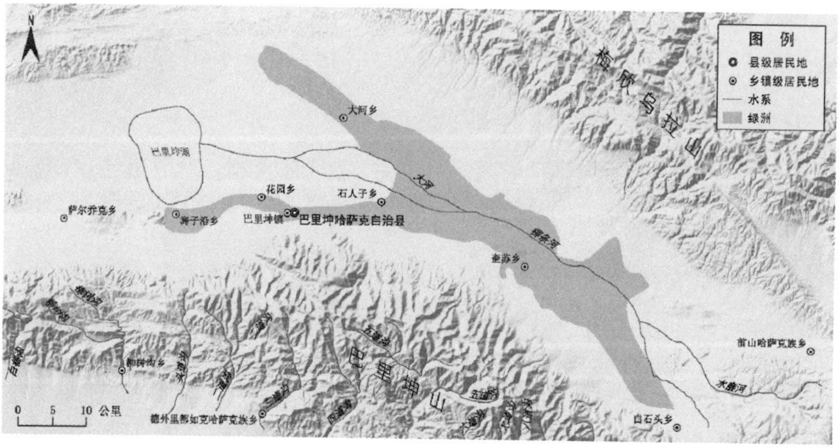

图 6　巴里坤盆地绿洲分布图

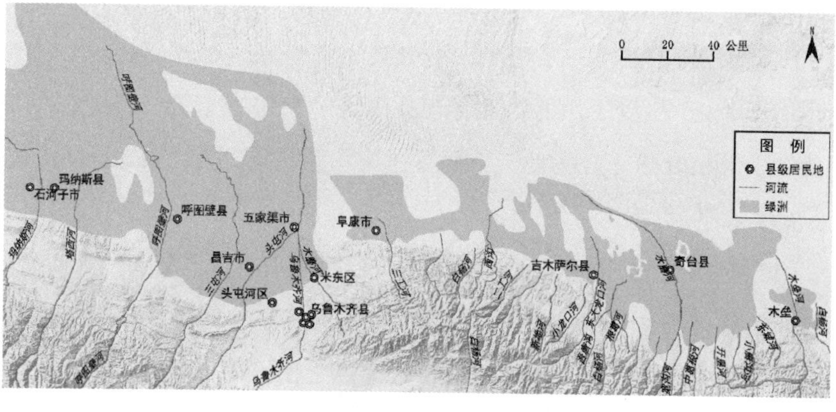

图 7　博格达山北部、西部绿洲分布图

积平原和北部冲积平原，南部洪积—冲积平原又可分上、中、下三部，其中的中部和下部为现今农耕区所在地；北部冲积平原为古代河流冲积而成，此地接近沙漠南缘，坡度比南部平原更为平坦，在0.2%—1%之间，在灌溉技术相对落后的古代时期，比较适合农业生产，现今沙漠边缘分布的大量唐代城址烽燧，即是古代屯垦的见证[1]。现今由于南部平原诸绿洲用水过度，北部冲积平原地区农耕环境日趋恶劣，许多地区已沦为荒地。

另外，东部天山北部和西部有黄土地貌分布（图8）。从精河县东部之托托乡附近，东至巴里坤县与木垒县的交界带，东西约640公里的山麓倾斜面和平原地区，有较大面积的黄土或黄土状土分布。黄土分布南北宽度不等，最宽在今沙湾县境，南北约96公里，最窄在今阜康市境，南北约23公里。平原地区黄土厚度很大，玛纳斯一带达200米，阜康至吉木萨尔一带90到100米；山麓厚度较小，在60米以内，且海拔越高，厚度越小。黄土分布海拔上限可至2300到2400米，这些地区黄土厚度不到1米[2]。

深厚的黄土没有石头，可以很轻易耕种，又因土壤中大量的孔隙使其易于富积水分，为作物生长所用。黄土地区最初的植被为草原，在黄土不断堆积过程中，野草被一层一层地掩埋并腐烂，成为天然的肥料。因此只要有充足的水分，黄土地不必施肥就可以耕种[3]。在今吉木萨尔、奇台、木垒等县南部山前地带，有较为密集的乡镇分布，如新地乡、大有乡、泉子街镇、东湾镇、吉布库镇、碧流河乡、半截沟镇、七户乡等。这些乡镇所处地带地面坡度很大，沟谷很深，几乎不可能发展灌溉农业，但这一带有黄土分布，且降水充足，现今种植有大面积的小麦，是新疆少有的雨养农业区。今半截

1 以上有关博格达山北部、西部平原的自然地理信息和数据，参见昌吉回族自治州地方志编纂委员会编：《昌吉回族自治州志》，新疆人民出版社2002年版，第119—120、124—132页。

2 天山北麓黄土地貌详见胡如骥主编：《中国天山自然地理》，中国环境科学出版社2004年版，第62—66页。

3 拉铁摩尔：《中国的亚洲内陆边疆》，江苏人民出版社2010年版，第24页。

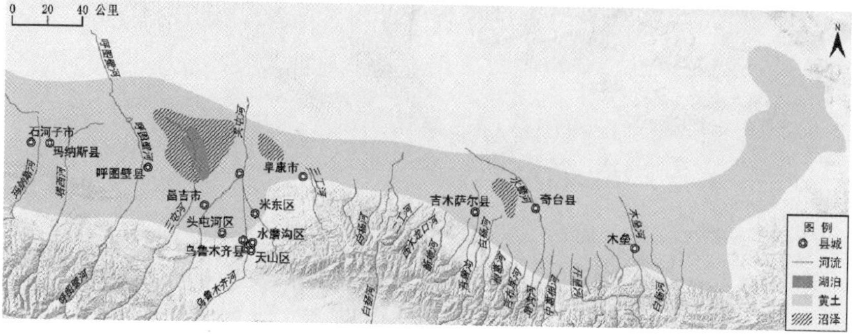

图 8　东部天山北部和西部黄土或黄土状土分布图

（湖泊、黄土、沼泽分布依据《中国天山黄土或黄土状土分布图》扫描、配准并描边而成。原图见胡如骥主编：《中国天山自然地理》，中国环境科学出版社 2004 年版，第 63 页。）

沟镇有石城子遗址，近年来的考古发掘证实是东汉戊己校尉屯戍之地，又泉子街镇发现的小西沟遗址，有学者认为是汉代屯田之金蒲城。这些古城并非位于平原地区，但在知晓该地的降水、土壤等自然环境特征以后，我们便不难理解为何汉政权要将屯戍之地设置在山前地带。

博格达山北部和西部平原地区，水、土资源都十分优越，汉代在此地的农业开发虽只是昙花一现，但到了唐代却取得了重大的突破。贞观十四年（640）唐朝在博格达山北麓设置庭州，不断向天山北部迁徙农民，发展农耕经济，陆续设置了金满、蒲类、轮台、西海等县，并完善州、县、乡、里等体制。又有大量士兵驻屯于此，史载博格达山北部有瀚海军，西部有清海军，瀚海军有屯二十，达 10 万亩之多。在以农耕经济为保障的前提下，唐朝在北庭都护府辖区内设置了大量的军镇，对于保障天山北部的安全发挥了重要的作用。

（三）东部天山亦耕亦牧的经济形态与南北互动

据 P.2009 号文书《西州图经》记载，唐代吐鲁番盆地的西州翻越天山通往北庭有多条道路通行，其中的移摩道、萨捍道、突波道还

“通人、马、车牛”[1]，交通运输能力较强。实际上，东部天山只有两处海拔较低的隘口，一为达坂城谷地，一为七角井北部低矮山地，可在古代，为何会有如此多的道路穿越天山呢？

从清代以来，新疆的政治格局发生巨大的变化。政治中心从伊犁转移至乌鲁木齐，而唐朝天山北麓政治中心——北庭都护府所在之吉木萨尔，如今只是一个普通的县城。这一格局直接影响现今天山南北交通主干路线的走向，无论是312国道、连霍高速，还是兰新铁路，都是从吐鲁番经达坂城至乌鲁木齐。这条道路在唐朝叫白水涧道，但并不是当时连接天山南北最主要的官道。现今的交通路线掩盖了太多历史事实，我们想当然地认为天山是很难逾越的，达坂城河谷才是最便捷的通途，而事实并非如此。

在探寻这些南北向山道的成因时，拉铁摩尔的一些观点很有启示意义。天山道路的开辟与早期人类的迁徙有关，从逻辑上讲，最早的人类应该是从绿洲向草原迁徙的，因为绿洲更具备动物驯养的条件，一个定居者很容易将捕获来的野生动物关在笼子里驯养，而游牧部落从来都不会这么做，一个未完全掌握动物驯养技能的人要到大草原上去生存是一件非常困难的事情[2]。

绿洲是最适合产生农业的地区，因为在这里只需要对土地简单的投入就能得到大量的回报。从事农业需要考虑光、热、土壤、水源、自然灾害等因素，天山南麓的绿洲由于纬度高、夏季白昼时间长、深居内陆腹地，光热充足且昼夜温差大；绿洲地区土质酥软且肥沃，当地的农民只需要一把砍土曼，就能完成大部分的农田工作。这种农具类似于锄头，既可以锄地挖土，又可以修渠浇水，还可以用于其他日常劳动。绿洲地区农田灌溉主要靠高山积雪融水，这与雨养农业不同，农作物不易受到水患灾害。同时，农作物生长急需大量用水的夏季正好也是

1 上海古籍出版社、法国国家图书馆编：《法国国家图书馆藏敦煌西域文献》1，上海古籍出版社1995年版，第76页。

2 拉铁摩尔：《中国的亚洲内陆边疆》，江苏人民出版社2010年版，第110—111页。

河流的丰水期，因此即便地处干旱区，早期的绿洲农业较少因干旱而遭到破坏（当然因用水过度也会造成干旱，这另当别论）。

拉铁摩尔论及绿洲环境下从定居发展到游牧，强调了游牧产生的条件。或许正是绿洲地区优越的自然环境，使人口增殖过于迅速，区域环境承载力受到巨大的挑战，河流中上游地区水源的过度使用使得下游地区无法进行农业生产。同时，大量的灌溉和地下水使用使土地盐碱化越来越严重，绿洲地区许多耕地因此而荒废。因不能在绿洲之外的沙漠和戈壁滩上开辟新的耕地，想跨越沙漠到其他绿洲又是一件很困难的事情，况且其他绿洲可能面临着同样的环境问题。如此情况下，一部分人就不得不考虑开发环境中的其他资源以求生计，驯养动物并前往海拔较高的山地进行放牧成为一种非常重要的转变方式[1]。

在今天的吐鲁番，生活着一群处在半游牧状态的农民。与纯粹的游牧民族不同，他们不需要所有的家庭成员迁移，而由部分青壮年赶着牛羊在夏季前往山地放牧，其他家庭成员在农耕区有固定的居所，甚至可能有耕地。每年秋收以后，耕地里留下的秸秆可作为牲畜的食物，牲畜的粪便也可为耕地增肥，这是在草场匮乏环境下对土地资源的充分利用。因此，准确地讲，他们应该叫农牧人群。在今天鄯善县北部的天山南坡，分布着许多牧业村和牧业队，如连木沁镇牧业村、鲁克沁镇牧业村、迪坎儿乡牧业村、辟展乡牧业村、七克台镇牧业队等，是鄯善县半游牧民的夏季牧场。从春季到秋季，牧民在这些草场中转移草场放牧，其中 8 月份较多，几乎每个山口都有两三户房屋和羊圈。这些牧业村的出现表明，即便在极度干旱且草场、水源都较差的环境下，仍有从事畜牧业的可能。人们一般会将游牧与草原联系起来，殊不知在

1 近年来又有学者提出新的观点：史前时期转入以畜牧为主的社会存在多种途径，而过去一向认为牧业是由农业部落分离出去的观点目前看来是不全面的。那些历史上的以牧业为主的社会并不一定是由农业部落分离出来的，有些是由非定居的采集、狩猎部落在接受了外来的家畜后形成的，或者直接是由将野生动物驯化、家养而出现的没有其他谷物种植业的畜牧社会发展来的，这种转化过程和从农业部落分离出来是截然不同的。详见贾伟明：《史前游牧生业的考古学观察——新疆西天山史前聚落分析》，《西域研究》2018 年第 3 期。

戈壁、荒山，甚至沙漠里，仍然生活着游牧人群。

吐鲁番的这些农牧民如同活化石，千百年来盆地人来人往，族群和文化早已改变，但生活在这里的人群总是延续着早已形成的古老传统。吐鲁番亦耕亦牧的社会经济模式早在两三千年前就已出现，这在许多墓葬中就有体现。新疆考古学界曾提出一个“苏贝希文化”概念[1]，这一考古学文化类型的提出，是基于在东部天山南北发现的多处青铜至早期铁器时代的墓葬，这些墓葬在葬俗、随葬品等方面有许多相似的特征，实属同一个文化类型。鄯善县火焰山北麓的苏贝希墓地是这一类型墓葬中较早发现的一处，“苏贝希”为维吾尔语，又作“苏巴什”，“水源”之意，来自北部天山的积雪融水到达火焰山北受阻溢出形成连木沁、苏贝希、胜金等绿洲，又汇集成地表径流经过吐峪沟、木头沟等流向火焰山南部，土峪沟上游的苏贝希遗址和墓地，以及下游的洋海墓地，就是这些早期绿洲文化留下的遗存。苏贝希墓地许多彩陶纹样，陶器、木器、铁器、骨器器形，服装样式等，在后来发掘的洋海墓地、三个桥墓地、喀格恰克墓地、艾丁湖墓地、交河沟西沟北墓地、阿拉沟墓地，甚至山北乌鲁木齐的柴窝堡墓地、乌拉泊水库墓地，阜康的臭煤沟墓地、大黄山一分厂墓地等，都发现了相似甚至一致的特征[2]。这既是一种文化传播现象，也是人类迁徙的结果。

---

1 “苏贝希文化”概念最早由吕恩国提出，见《苏贝希发掘的主要收获》，载解耀华主编：《交河故城保护与研究》，新疆人民出版社 1999 年版，第 372—386 页。

2 墓葬发掘简报详见：吐鲁番地区文管所：《鄯善苏巴什古墓葬发掘简报》，《考古》1984 年第 1 期；吐鲁番地区文管所：《新疆鄯善县苏巴什古墓群的新发现》，《考古》1988 年第 6 期。吐鲁番市文物局等：《新疆洋海墓地》，文物出版社 2018 年版。新疆文物考古所等：《新疆鄯善县三个桥古墓葬抢救清理发掘》，《新疆文物》1997 年第 2 期。柳洪亮等：《新疆托克逊县喀格恰克古墓群》，《考古》1987 年第 7 期。新疆维吾尔自治区博物馆等：《新疆吐鲁番艾丁湖古墓葬》，《考古》1982 年第 4 期。羊毅勇等：《交河故城》，东方出版社 1998 年版。赵静等：《1996 年新疆吐鲁番交河故城沟西墓地汉晋墓葬发掘简报》，《考古》1997 年第 9 期。新疆维吾尔自治区博物馆等：《建国以来新疆考古的主要收获》，《文物考古工作三十年 1949—1979》，文物出版社 1979 年版。新疆文物考古研究所：《乌鲁木齐柴窝堡古墓发掘报告》，《新疆文物》1998 年第 1 期。新疆文物考古研究所：《乌鲁木齐乌拉泊古墓葬发掘研究》，《新疆社会科学》1986 年第 1 期。新疆文物考古研究所：《新疆昌吉回族自治州考古调查与发掘》，文物出版社 2015 年版。东部天山史前墓葬文化之间的联系，又见郭物：《东西天山之间的南北通道》，《新疆史前晚期社会的考古学研究》，上海古籍出版社 2012 年版，第 86—100 页。

大量的随葬品已经证实，苏贝希文化区域内的居民过着半游牧半定居的生活。一般情况下，有无陶器是判断是否定居的重要依据，因为游牧民族时常迁徙，身边不适合携带易碎的器物。据新疆考古发现，不仅天山南部沙漠绿洲墓群内出土陶器，天山北部草原地带许多墓葬也有陶器出土，如阿勒泰地区的克尔木齐古墓、塔勒德萨依墓地、萨乌迭戈尔墓地等，也发现了少量陶器，看来这些地区的早期牧民也有一定的定居生活[1]。而作为新疆早期墓葬文化的典型代表，苏贝希文化也不例外。洋海墓地中还有一项证据表明其定居生活的特征：植物类食品的出土。用植物类食品随葬在洋海墓地中比较常见，而且都是盛放在陶器中，常见的有小麦、青稞、粟和糜子，这表明，两千五百年前的吐鲁番绿洲，已经有比较发达的种植业。

苏贝希文化的游牧特征就更加明显了。在洋海墓地出土了很多狩猎工具、马具，还有羊头、羊排、羊腿、整羊、牛头、整马、马距骨、马下颌和马肩胛骨、狗等，这些生前是食物（马一般是交通工具），死后随葬是社会地位的象征。出土的木桶外壁，刻有北山羊、马、狼、虎、狗、骆驼、野猪、鹿等动物纹，可能与北部天山岩画有相似的内涵[2]。墓主人的衣物都是毛质或皮质的，尤其是出土的裤子，是早期骑马民族的典型服饰。萨满巫师的发现，印证了这里与草原民族有相同的宗教信仰。在胜金店墓地，考古工作者出土了许多长方拱形的棺罩，这种棺罩以直径 2 厘米左右的树条为框架，构成拱顶框架的树条和构成底部长方形框架的树条以榫卯结构相接，框架的结合点用皮条固定，框架外再覆以毛毡，和现在蒙古族、哈萨克族的帐篷在基本结构上并无二致。整个

1　其实纯粹的游牧经济出现的时间相对较晚，到匈奴和突厥统治北方草原时代，天山北部游牧民族墓地中就较少发现陶器遗物。

2　在鄯善县北部的天山山地中，至今保存了许多早期人类留下的岩画遗存，如二塘沟岩画、漠河沟岩画、蒙古窝子岩画、碱泉子岩画、高泉岩画等。大大小小的石块上，绘制最多的是山羊，其他的动物还有骆驼、鹿、马、狼、狗等，场景一般是放牧或者狩猎。岩画附近往往能找到墓葬遗存，这些墓葬以石堆墓和石圈墓居多，是典型的游牧民族墓群。这些岩画反映的正是公元前的第一个千年早期人类在这里的生活面貌。岩画遗存详见新疆维吾尔自治区文物局：《不可移动的文物·吐鲁番地区卷 3》，新疆美术摄影出版社 2015 年版，第 914—924 页。

棺罩做工细致，虽是葬具，但在结构上和实用的帐篷没有差别[1]。

这种半游牧的生产方式与大草原上的游牧无法相提并论，但也不能将此看成是“欠发达”的游牧地区。相反，这种游牧方式可能是早期定居向游牧过渡的结果，也是绿洲地区人群为适应环境发展而来的一种生存方式。其产生的时间应该比大草原游牧要早，且具有很强的普遍性，天山南北绿洲附近的早期墓葬遗址，如察吾乎墓地、小河墓地、扎滚鲁克墓地等，都反映出相似的文化内涵。

半农半牧的生产生活方式，在天山以南的沙漠绿洲比山北的草原绿洲更容易形成，并且，山南的牧民有向北迁徙越过天山的充分理由。因为一旦他们翻过山顶到达天山的北坡，展现在他们眼前的又是另一番景象，那里水草丰美，气候宜人，是牧群的天然乐土。今天的木垒县、巴里坤县仍是哈萨克牧民广泛放牧的场所，奇台、吉木萨尔南山的森林草原，也是优质的夏季牧场。夏季是牛羊养膘的季节，牛羊如果在夏季不能增肥养膘，漫长的冬节将很难度过，所以这些山地草原对于游牧民族的生存有至关重要的意义。同时，山北的草原绿洲，拥有着可将山南半游牧经济模式完全移植过去的一切条件，因此当吐鲁番的牧民到达山北以后，完全有可能在山北形成独立的群体。获得优质草场以后，一部分半农半牧的人群很容易就转变成为纯粹的游牧群体。

一般情况下我们把天山作为西域农耕与游牧的分界线，但仔细观察以后发现这其实并不完全正确，因为，天山山脉本来就是一个优质的牧场，而历史上南部的农耕经济模式时常逾越天山向山北推移。我们习惯于用一条线将不同的政治区域、经济形态、文化模式区分开来，实际上这些边界线附近也是一个共同体。边疆不是一条线，而是一个区域，在这个区域内，亦耕亦牧是它的常态。传统史料记载关于中原政权与游牧民族长期的敌对和战争，这只是边疆地区社会形态的一部分，其实，南方的农耕民族与北方的游牧民族始终保持着联系，这是

1 李肖：《吐鲁番盆地青铜时代至初铁器时代与周边地区的文化交流》，《吐鲁番学研究——第三届吐鲁番学暨欧亚游牧民族的起源与迁徙国际学术研讨会论文集》，上海古籍出版社 2010 年版，第 7 页。

边疆地区生存与发展的需要。天山南北这些山道之所以畅通和繁荣，就与南北方人群间频繁的物质交换有关系。绿洲与游牧之间由于经济形态的差异，游牧民族经常需要用畜产品与绿洲地区进行交换，在物质交换过程中自然形成了原始的商贸通道。西域的商道可以分为两种类型，一是横向的，一是纵向的，横向的商道就是后来的丝绸之路，这一道路主要是由东西方政权的强行介入而开通；纵向的商道是早期人类出于生存和物质的互补而开辟，因此形成的时间可能很早。

横亘在西域沙漠与草原之间的天山，并不能阻碍绿洲与草原地区人群之间的往来；但是，一个强大政权和不同质体制的介入，却能起到很强的阻隔作用。唐朝在东部天山设置伊、西、庭三州，逐渐将中原地区的政治体制深入到天山北部的草原绿洲地区，这势必危及游牧部落与绿洲地区的交通与互动，进而引发战争和冲突。同时，战争和冲突又使唐朝不断加强天山北部防御，由西州到北庭都护府，这是最直接的表现。东部天山廊道设置的大量军城，充分体现唐朝试图控制南北交通的意图。

三、东部天山廊道的军城和唐代遗址

唐朝在东部天山南北置伊、西、庭三州，三州在西域占有重要的战略地位，东部的伊州是中原通西域的门户；北部的庭州是经略突厥等游牧部落的前沿阵地；南部的西州则是西域经略的后勤基地，又是南北、东西枢纽，对于控制西域具有特殊的意义。唐代在三州地区设置了大量的军城，以及馆驿、烽铺等交通保障设施，整体上呈环东部天山的分布态势。

（一）东部天山南北的军城

文献对唐代东部天山南北的军城和交通保障设施多有记载（见附表），具体可分为州治（府治）、县治、军、守捉、城、镇、戍、烽铺等。天山南北的正州即西州、庭州和伊州，西州治所在高昌城，该地一度是安西都护府府治，后又有西州都督府；庭州治所在金满城，该地又是北庭都护府府治；伊州治所在伊吾城。各县治有城，与县同名。东部天山南北先后置瀚海军、天山军和伊吾军，瀚海军驻金满城，天山军驻高昌城，伊吾军先驻柔远城，后移驻天山北部甘露川。除此三军外，又有清海军（又称清镇军），设置时间不详，在轮台县西部；静塞军，大历六年（771）置，驻轮台城。

关于城，大概可分为两类，第一类是前代沿用下来的城，数量较多，包括一些都城、郡城、县城等，如高昌县城原为高昌国都城，柳中县城为高昌国田地郡城，蒲昌县城为高昌国白芳县城；有的郡城、县城在唐代降为乡、里级别的行政单位，如南平郡城在唐代为天山县下属的一个乡，高宁县城在唐代降为柳中县之高宁乡，酒泉县城降为高宁乡下属的一个里；另有天山北部的可汗浮图城，东部的纳职城等，曾是西域胡人聚居之地，唐代改置为府、州、县城。第二类是隋唐时期在东部天山建立统治后新筑之城，如伊吾城、柔远城即为隋薛世雄收复伊吾后新筑之城[1]。唐朝是否在东部天山地区设置新城，目前尚无直接的证据，但史载唐朝曾在金满城增筑瀚海军[2]，使金满城规模得以扩大；又西州镇界罗护镇城、柳谷镇城、白水镇城、鹳鹆镇城等，距盆地绿洲核心区较远，在西州通周边的交通要道上，较大可能也为唐朝新筑。

东部天山南北的城、镇、守捉有紧密的关系。关于唐代边地军镇守捉，《新唐书·兵志》记载："兵之戍边者，大曰军，小曰守捉，曰城，曰镇，而总之者曰道"[3]，可见一般情况下，军、守捉的建制较大，而城、镇的建制较小[4]。但军镇守捉一般依托于城，如前述瀚海军、天山军即

1 见《隋书》卷六十五《薛世雄传》，中华书局 1973 年版，第 1533—1534 页；S.367 号文书《沙州伊州地志》"柔远县"条，载郝春文主编：《英藏敦煌社会历史文献释录》（第二卷），社会科学文献出版社 2003 年版，第 178 页。

2 《新唐书》卷四十《地理志》，中华书局 1975 年版，第 1047 页。

3 《新唐书》卷五十《兵志》，中华书局 1975 年版，第 1328 页。

4 但也有例外，如《元和郡县图志》记载北庭瀚海军 12000 人、天山军 5000 人、伊吾军 3000 人，河西的张掖守捉 6500 人，张掖守捉规模明显比天山军和伊吾军大；又安西都护府统辖 24000 人，安西四镇平均镇守戍卒 6000 人，四镇之兵亦比天山军、伊吾军多。

驻屯于金满城、高昌城；又如沙钵镇、沙钵城守捉，耶勒城守捉，俱六镇、俱六城守捉，张堡城守捉，镇或守捉明显是在城的基础上发展而来。关于军镇、守捉的军政建制资料较少，不过在史料中经常见到的“军使”“镇守使”，如“检校伊州刺史兼伊吾军使郭知运”“镇守使刘遐庆”“焉耆镇守使”“碎叶镇守使韩思忠”等，一般认为这些是军镇的最高行政长官；而所见的“守捉使”，如“疏勒守捉使赵崇玭”“守捉使唐朝臣”“云中守捉使李克用”等，即为守捉的最高行政长官。

同时，据《唐六典》记载，边州地区还设置“镇”“戍”一级的戍防机构[1]，这里的“镇”与上述“军镇”有所不同[2]，规模较小。镇、戍按屯兵的数量分为上、中、下三个等级，镇的长官称镇将，戍的长官称戍主。东部天山南北诸镇、戍，如甘露镇、柔远镇、赤亭镇、郝遮镇、神山镇，酸枣戍、银山戍、方亭戍、维磨戍、石会汉戍、百泉戍等，均属这类小型军镇。同时，这类镇有时又称守捉，如上述诸镇中，同时又见柔远守捉、赤亭守捉，名称的变动体现的是不同时期驻屯力量的变化。

唐朝还在东部天山南北丝绸之路及诸军事要道上设置了大量驿馆、烽铺等交通保障设施。唐制三十里一驿，又“若地势险阻及须依水草，不必三十里”，烽候建制，“凡烽候所置，大率相去三十里，若有山冈隔绝，须逐便安置，得相望见，不必要限三十里。其逼边境者，筑城以置之”[3]。驿站有驿丁、驿马，有时与镇戍、烽燧同置，如西州之赤亭馆又有赤亭镇、赤亭烽，筑城而立。西域地区的“铺”是一种马铺，设置原则与烽同，一般情况下铺随烽走，若是烽驿相连时可不另置铺。凡铺置马二匹，如临沙碛的铺则配驼三头。每铺至少有铺人二、三人，平时畜牧斸田，有警则传递烽牒报探[4]。大凡边境地区驿馆、烽铺皆有城，东部

1 《唐六典》卷三十《三府督护州县官吏》，中华书局 1992 年版，第 755—756 页。

2 陈国灿把西域出现的镇分为一级镇、二级镇和三级镇，安西四镇即为一级镇，规模较大。见陈国灿：《唐安西四镇中“镇”的变化》，《西域研究》2008 年第 4 期。此处所指行政系统里的镇，即为三级镇。

3 《唐六典》卷五《尚书兵部·职方郎中》，中华书局 1992 年版，第 162 页。

4 程喜霖：《汉唐烽堠制度研究》，三秦出版社 1990 年版，第 239 页。

天山之驿馆、烽铺与军城、守捉、镇戍构成了西域东部的戍防体系。

（二）东部天山南北的唐代城址烽燧

唐朝在东部天山南北设置的军城、守捉、镇戍、驿馆、烽铺，大多难以考证，不过现今哈密市、吐鲁番市、昌吉回族自治州、乌鲁木齐市等陆续发现了大量唐代城址烽燧，这将有助于还原唐代东部天山军防格局及交通体系。

东部天山地区发现的城址形状以方形为主，少数不规则形状主要受地形因素的影响。这些城址在唐代具体为何城，有的已有定论，如高昌故城即唐代西州州治、高昌县县治和西州都督府府治，该城址面积约 20 平方公里，是天山南北现今发现最大的古城之一；北庭故城即庭州州治、金满县县治及北庭都护府府治，古城面积约 1304092 平方米；交河故城为西州交河县所在地，面积约 500000 平方米。

另有一些城址或多或少存在争议，今据目前一些较有代表性的观点统计如下：

表 1　唐代东部天山诸城与现今遗址对照表[1]

序号	唐城	今址	形状、大小
1	高昌城	高昌故城	近方形，面积约20平方千米
2	金满城	北庭故城遗址	不规则长方形，面积约1304092平方米
3	交河城	交河故城	柳叶形，面积约500000平方米
4	天山城	且克曼遗址	形制不明

1　表中诸遗址的考证，第 3 至 6、11 到 16、25，见巫新华：《吐鲁番唐代交通路线的考察与研究》，青岛出版社 1999 年版，第 54—71 页。第 7 见羊毅勇：《唐代伊州考》，《西北民族研究》1993 年第 1 期。第 8 见薛宗正：《唐轮台名实核正》，《新疆社会科学》1983 年第 4 期。第 9、18、19、22、23、26、27，见薛宗正：《丝绸之路北庭研究》，新疆人民出版社 2009 年版，第 229、231、232、234、235、239 页。第 10 见李树浑：《乌拉泊古城新考》，《敦煌研究》2016 年第 3 期。第 17、29 见王炳华：《西域考古文存》，兰州大学出版社 2010 年版，第 138、186 页。第 20、21 见新疆维吾尔自治区文物局：《不可移动的文物：昌吉回族自治州卷 1》，新疆美术摄影出版社 2015 年版，第 554、556 页。第 24 见陈国灿：《唐西州蒲昌府防区内的镇戍与馆驿》，《魏晋南北朝隋唐史资料》第 17 辑，武汉大学出版社 2000 年版，第 85—105 页。第 28 见王炳华：《唐西州白水镇考》，《丝绸之路考古研究》，新疆人民出版社 2009 年版，第 88—95 页。遗址面积据文物普查资料相关数据计算所得。

续表

序号	唐城	今址	形状、大小
5	柳中城	柳中古城	长方形，面积约400000平方米
6	蒲昌城	蒲昌城址	形制不明
7	纳职城	拉甫却克古城	呈“吕”字形，分为南、北两城，总面积约20000平方米
8	轮台城	昌吉古城	长方形，面积约660000平方米
9	蒲类城	唐朝墩古城遗址	长方形，面积约154350平方米
10	金附州	乌拉泊古城	近长方形，面积约247500平方米
11	南平城	让布公商古城	形制不明
12	安昌城	帕克拉克古城	形制不明，残存北墙长约111米
13	安乐城	安乐古城	形制不明，存残墙约200米
14	宁戎城	乌江布拉克古城	不规则形状，面积约20000平方米
15	洿林城	老砖厂遗址	长方形，面积约318平方米
16	盐城	阔坦图尔古城	略呈正方形，面积约32640平方米
17	伊吾军	大河古城	长方形，总面积约133000平方米
18	耶勒城守捉	六运古城	长方形，面积约114277平方米
19	张堡城守捉	玛纳斯古城	长方形，面积约322400平方米
20	冯洛守捉	冯洛守捉遗址	近长方形，面积约33629平方米
21	沙钵城守捉	沙钵守捉遗址	长方形，面积约9785平方米
22	独山守捉	油库古城遗址	近椭圆形，面积约287700平方米
23	俱六城守捉	下沙河故城	形制不明，面积约98900平方米
24	罗护守捉	西盐池城址	形制不明，存边长约9米的台地
25	赤亭守捉	七克台古城	形制不明
26	郝遮镇	北道桥古城遗址	长方形，面积约26182平方米
27	蒲类镇	吐虎玛克古城	近长方形，面积约157625平方米
28	白水镇	峡口古城	略呈梯形，分南北两城，总面积约4700平方米
29	鹳鹆镇	阿拉沟戍堡	整体略呈正方形，面积约1000平方米，存烽火台

上表所列城址可分为州治、县治、城、军、守捉、镇等。各县城中，昌吉古城面积约 66 万平方米，是东部天山北麓目前发现仅次于北庭故城的第二大城址，作为唐轮台所在地，比较可信；拉甫却克古城和唐朝墩古城面积仅 2 万和 15.4 万平方米，作为纳职县和蒲类县县治，面积相对较小。东部天山南北的郝遮镇、蒲类镇、白水镇、鹳鹆镇等，面积大者可达数万甚至十几万平方米，小则只有几百平方米，这

或许就是所谓上镇、中镇、下镇之分的表现。唐代典制文献中没有对城的记载，但在西域各地，这类军城确实大量存在，遗址的面积大则数万平方米，小则几百平方米，其建制规模与镇相当。军和守捉大小不定，遗址面积小则数万平方米，大则超过 30 万平方米，这与驻军人数的多少有关。东部天山北部的玛纳斯古城、油库古城面积都在 30 万平方米左右，均为北庭治下的大型军镇。

除此之外，东部天山南北还有许多城址，或未能记载于史籍，或不能与史料记载相符，但据建筑形制、出土遗物判断，可以确定为唐代的屯戍遗址。敦煌吐鲁番文书中记录了大量伊西庭三州镇、戍、烽、铺名称，东部天山南北广泛分布的城址、烽燧，是对文献记载的印证。

据文物普查资料统计，东部天山南北吐鲁番市、哈密市、昌吉回族自治州、乌鲁木齐市现今不可考的唐代古城共计 39 处，其中吐鲁番、昌吉城址分布较多，哈密、乌鲁木齐分布较少。这些遗址以方形为主，大小不等，大者可能是镇戍、守捉，小者可能是边防哨所遗址。总体而言，遗址面积多在数千至数万平方米之间，是各类城、镇、戍的规模。

东部天山南北的烽燧遗址共计 72 处，多位于视野开阔的平地或地势较高的山坡上。烽火台遗址立面呈梯形，底面多呈方形，极少数为八边形。烽火台整体保存较差，保存最好的是鄯善县北部天山南麓的二塘沟烽火台，该烽火台轮廓清晰，底部边长约 19 米，残高约 14 米，比较真实地反映出唐代西域烽燧的面貌。据程喜霖考证，唐代西域伊州至碎叶，沿天山南北各有一条烽燧线[1]，但从烽燧遗址的发现情况来看，西州最多，伊州次之，北庭较少。

（三）东部天山南北唐代城址烽燧的整体分布态势

贞观四年（630），唐朝于伊吾城置伊吾县兼州治，在其东部置柔远县，西部置纳职县。伊州地区屯城较少，烽燧较多，由此可知唐设

1　程喜霖：《汉唐烽堠制度研究》，三秦出版社 1990 年版，第 168 页。

伊州后在此并没有大规模的军事投入，“谨烽燧”而已。同时，为确保伊州的安全，唐朝在天山北部的巴里坤盆地置屯城，现今大河古城、唐朝破城子可为证，又在梅欣乌拉山北部置烽燧线作为巴里坤的外围防御圈。为确保南路的安全，唐朝总是试图在天山北麓布防，伊州的屯戍布局为整个东部天山军防体系的建立定下了基调。

贞观十四年（640）侯君集破高昌，唐朝于其地置西州，在原高昌城置高昌县，始昌城置天山县，田地城置柳中县，东镇城置蒲昌县。唐朝沿用了大量原高昌国的城镇，这可能是现今吐鲁番城址分布较多的原因。以这些城镇为基础，唐朝在西州建立了城防体系。高昌城既是县治、州治，也是府治，是西州的政治中心，与其他四县城之间建立了牢固的城防体系。其东部、北部以火焰山为屏障，火焰山以北有乌江布拉克故城、木尔吐克萨依戍堡等遗址，山东部有蒲昌城址；东南部与柳中城之间有酒泉古城、厄格勒塔木戍堡；南部有阿萨协亥尔古城；西部与天山城之间有让布公商古城、阔坦吐尔古城、大墩故城、帕克拉克城址、花园村遗址、阿萨墩戍堡等；西北部与交河城之间有安乐城址、老砖厂遗址。

柳中、交河、天山、蒲昌在西州的城防布局中又各自发挥作用。柳中城位于高昌城东南部，高昌国时期对于抵御东部势力的进入发挥重要的作用；设置西州以后，由于防御重心向北转移，柳中城军事地位逐渐下降，成为东部天山重要屯田基地。交河城位于高昌城西北部，其镇界可能向西北越天山至今达坂城区，在达坂城以南、天山入口处的峡口古城，以及达坂城东部三岔口的潘家地城堡，分别地处白水涧道和他地道关节点，与交河城共同构成西州西北部的城防布局。天山城位于高昌城西部，其行政区域北抵盐山、南界天山、西至阿拉沟、东至艾丁湖。据史料记载，西突厥处月、处密部曾从阿拉沟进围天山城，为加强盆地西部的防御，唐朝在天山城西部设置了鸜鹆镇，天山城与鸜鹆镇共同构成西州西部的军防体系。蒲昌城位于高昌城东部，但蒲昌县的行政区域包括了火焰山以东以北、七克台古城以西、天山以南的广大区域。P.2009号文书《西州图经》记载蒲昌北入天山有多条道路至北庭界，如此，蒲昌既是高昌的北部屏障，又是庭州的后方阵地。

在今吉木萨尔、奇台、木垒南部天山北麓多处沟谷入口处，均发现了唐代城址，这些应属于早期西州都督府天山外围军防圈。在鄯善县北部天山南麓二塘沟口有二塘沟烽火台，而在其正北的天山北麓沟谷入口处有独山古城、英格堡古城等遗址；在大河沿镇有吐尔退维烽火台，其北偏东的天山北麓沟谷入口处有东大龙口遗址；从吐鲁番往西北，有烽燧线一直延伸至乌鲁木齐北部的下沙河故城，下沙河故城以东的天山北麓，自西向东分别有六运古城、北庄子古城、冯洛守捉（镇）遗址、双河遗址、沙钵守捉（镇）遗址、头工古城、二畦古城、油库古城等遗址，这些军城最早于何时修筑，不得而知，后来随着北线军事力量的加强，尤其是北庭都护府的建立，部分城升格为镇、守捉。天山山脉并没有阻断南北方的联系，北部处在战争的前沿，屯城分布较多；南部是战略后方，是信息汇聚之地，烽燧分布较多，北部的屯城与南部的烽燧构成南北呼应的军防态势。

唐设庭州后，于今北庭故城置金满县兼州治，在金满县东置蒲类县，故址即今奇台县城附近。庭州南靠天山，面朝广阔无垠的平原，无险可守，因此唐朝在金满、蒲类县的西、北、东三面均设置了大量的屯城，以拱卫中心城市的安全。蒲类城的东面和北面有社营古城、半个泉古城、西地遗址、高泉遗址、下二屯遗址、北道桥古城、臭水井子遗址等，北庭城北面和西面有满营湖遗址、大坑沿遗址、高窝堡营盘遗址、青圪㙮遗址、营盘梁遗址、双河遗址等。实际上，唐前期北庭面临的军防压力一直都很大，但为了确保丝绸之路的安全，北庭军防不可或缺。无论是从史料还是从遗址的分布来看，唐前期北庭的军防有逐渐加强的趋势。北庭都护府设置以后，唐置重军屯北庭，置轮台县于其西部的天山隘口，置伊吾军于其东部的巴里坤一带，又有清海军在轮台西部，将北庭的军防延伸至整个东部天山北麓。

第一章　伊州天山南北的军城与军防

据《通典》记载："北庭节度使，防制突骑施、坚昆、斩啜，管瀚海军、天山军、伊吾军。"[1] 此所谓"斩啜"，即东突厥默啜可汗。伊吾军作为北庭都护府治下三军之一，地处东部天山最东端，以伊吾军为中心的伊州屯戍布局，成为抗击东突厥西侵的前沿阵地。伊州主要的军城包括伊吾城、伊吾军城、柔远镇城、纳职守捉城等，这些军城在天山南北发挥着不同的作用。伊州地处河西通西域的交通隘口，其军镇布局和安全形势对于唐朝经营西域有至关重要的意义。

第一节　西域门户：伊吾城

伊吾城是中原通西域的交通门户，不仅自居延、敦煌、瓜州等地的绿洲丝绸之路从此经过，北方草原丝绸之路进入西域绿洲的通道也经此而西行。贞观四年（630）伊吾城主入朝，唐朝于此地置西伊州（后改为伊州）[2]，治伊吾县城。该地地处天山以南，北部以天山与游牧部落相隔，且翻越天山的道路南坡较缓而北坡较陡，地形上比较利于防守；其东部、南部、西部均为沙漠戈壁，穿行其中的道路并不太多，也利于控制。因此在较少受到外界干扰的情况下，该地地理环境有利于社会经济的持续发展，S.367 号文书《沙州伊州地志》载伊吾县户 1613，辖四个乡[3]，是伊州人口最多的一个地区。

1 《通典》卷一百七十二《州郡二》，中华书局 1988 年版，第 4479 页。

2 《资治通鉴》卷一百九十三"太宗贞观四年九月戊辰"条，中华书局 2011 年版，第 6194 页。

3 郝春文主编：《英藏敦煌社会历史文献释录》（第二卷），社会科学文献出版社 2003 年版，第 176 页。

一、牙吾龙遗址与伊吾城地望

伊吾城地望，《元和郡县图志》伊吾县条云：“本后汉伊吾屯，贞观四年置县”，后汉之伊吾屯即宜禾都尉，但《图志》又记纳职县，“后汉明帝曾于此置宜禾都尉”[1]，两处记载颇不合。《隋书·薛世雄传》记隋将薛世雄降伊吾后，“于汉旧伊吾城东筑城，号新伊吾，留银青光禄大夫王威，以甲卒千余人戍之而还”[2]。薛世雄于汉伊吾旧城东另筑新伊吾城，这可能就是《元和郡县图志》记载混乱的原因，实则隋代伊吾城东迁，其迁移前在纳职城，迁移后在纳职东部某地。

图 9　伊吾城的位置和水系

又《元和郡县图志》记伊州“西南至西州七百三十里。东南取莫贺碛路至瓜州九百里。正南微东至沙州七百里”[3]。其地当在哈密市区附

1 《元和郡县图志》卷四十《陇右道下》，中华书局 1983 年版，第 1029—1030 页。又唐李贤等注《后汉书·窦固传》云：“伊吾，今伊州县也，本匈奴地，明帝置宜禾都尉以为屯田，故地今伊州纳职县伊吾故小城地是。”亦认为汉之宜禾都尉在纳职县。见《后汉书》卷二十三《窦固传》，中华书局 1965 年版，第 811 页。

2 《隋书》卷六十五《薛世雄传》，中华书局 1973 年版，第 1533—1534 页。

3 《元和郡县图志》卷四十《陇右道下》，中华书局 1983 年版，第 1029 页。

近。1988 年新疆第二次文物普查时在哈密东部城郊陶家宫乡牙吾龙村东北约 500 米的荒滩上，曾发现一处古城遗址，遗址大部分为流沙掩埋，但可确定东西两端相距近 1 公里，遗址规模较大。该遗址出土陶片的形制和纹饰，同该地区可确定为唐代佛寺的小泉子南佛寺出土标本十分相似，另发现一枚隋代五铢钱可断定遗址的年代。[1] 牙吾龙遗址发现隋五铢钱，可能与隋置伊吾郡有一定的关系。牙吾龙遗址较大可能就是隋代之新伊吾城，而唐朝伊州州治，极大可能亦设在隋伊吾郡城，即今牙吾龙遗址。

二、伊吾城的水环境

伊吾在唐代之所以能发展成为伊州地区最大的绿洲和聚落，与该地相对优越的水环境有一定关系。《括地志》记载有“黑水源出伊州伊吾县北二十里，又南流二十里而绝。”[2] 此“黑水”具体所指未详；又《元和郡县图志》记伊吾县有四水：“东北四涧水并南流，至州南七八里合流为一水。侧近皆有良田。”[3] S.367 号文书《沙州伊州地志》则记有三水：“源泉水县北十里，第二水县东北五里，第三水县东北九里。凡三水皆临崖湧出南流，入碛即绝。”[4] 所谓“四水”“三水”，多发源于城东北喀尔力克山的永久性冰川地带，该冰川储量在整个伊吾北山地带最大，为伊吾绿洲提供比较充足的水源。

现今喀尔力克山南麓主要有四条河流，即石城子河、榆树沟、庙尔沟河和八木墩河，其中的榆树沟、庙尔沟河、八木墩河在出山口处

1 《不可移动的文物·哈密地区卷 1》，新疆美术摄影出版社 2015 年版，第 243 页。

2 《括地志辑校》卷四，中华书局 1980 年版，第 229 页。

3 《元和郡县图志》卷四十《陇右道下》，中华书局 1983 年版，第 1029—1030 页。

4 郝春文主编：《英藏敦煌社会历史文献释录》（第二卷），社会科学文献出版社 2003 年版，第 177 页。两条史料之所以记载不一致，可能是因《元和郡县图志》记述的是较早时期的情况，而 S.367 号文书《沙州伊州地志》记述的情况较晚，此时的自然地理环境发生了变化，首先是四条河变成了三条河，其次三条河似乎并没有汇合，可见河流在伊吾城以北就出现的断流。这说明 S.367 号文书《沙州伊州地志》成书时期伊州地区趋于干旱，河水急剧减少。

就已转变成地下水向南运移，至大泉湾乡等地再以泉水的形式涌出为当地生产生活所用。上引《地志》记载伊吾东北之河流“临崖湧出，南流入碛即绝”，与现在情况十分相似，疑“源泉山”“第二水”“第三水”即指现今的榆树沟、庙尔沟河、八木墩河。

石城子河是哈密地区最大的河流，其上游故乡河发源于喀尔力克山的主峰冰川区，附近发育有大小 6 条冰川，是该河最主要的补给来源。该河流经哈密市区后，本可继续南流，称库如克郭勒河，入南湖（北距哈密约 28 公里），只是近年上游用水过度，加之环境变迁，下游河、湖均已干涸。史载唐代伊吾南六十里有“陆盐池”，按里程即今南湖所在地。当时的湖泊“周回十余里，无鱼。水自生如海盐，月满则盐多而甘，月亏则盐少而苦”[1]。可见唐代石城子河有水注入南湖，伊吾城地处该河流域，水环境比较优越。

自汉代以来，伊吾城附近逐渐发展成为伊州最重要的农耕区。东汉时伊吾管理屯田的宜禾都尉位于哈密以西四堡一带，但此地并不是哈密最适合发展屯田的地区。从自然环境来看，伊吾所在的哈密市附近一带屯田条件要比四堡乡优越，这里除水源比四堡充足外，地形也更为平坦开阔。由于哈密盆地降水极少，古代这一地区的农业主要靠河水灌溉，因此在灌溉技术较为落后时期，实施漫灌对地形坡度要

---

1 《元和郡县图志》卷四十《陇右道下》，中华书局 1983 年版，第 1030 页。又 S.367 号文书《沙州伊州地志》称该湖为“陆地盐池”，其载“陆地盐池……碛中无水，陆地出盐，月满味甘，月亏即苦”（郝春文主编：《英藏敦煌社会历史文献释录》（第二卷），社会科学文献出版社 2003 年版，第 176 页），湖泊出现干涸现象。S.367 号文书《沙州伊州地志》成书较《元和郡县图志》晚，可见该湖的水文环境从唐前期到唐后期也曾发生巨大的变化。据满志敏（《唐代气候冷暖分期及各期气候冷暖特征的研究》，《历史地理》第 8 辑，上海人民出版社 1992 年版）、吴宏歧、党安荣（《唐代长安的驯象及其反映的气候状况》，《中国历史地理论丛》1996 年第 4 期）、蓝勇（《唐代气候变化与唐代历史兴衰》，《中国历史地理论丛》2001 年第 1 期）、马强（《唐宋时期西部气候变迁的再考察——基于唐宋地志诗文的分析》，《人文杂志》2007 年第 3 期）等人的研究，唐代前期处在一个气候温暖的时期，中唐以后气候逐渐变冷。又马晓波等《西北地区近代及历史时期气候变化趋势分析》（《冰川冻土》2003 年第 6 期）一文，利用小波分析、Mann-Kendall 等统计方法和台站资料、历史时期气候资料及太阳黑子资料，分析西北地区气候变化与降水的关系，结果表明：西北地区在气候偏暖时期，降水增加，反之则下降。降水虽然不是西域绿洲河流的主要补给方式，但降水的增加会增大山区冰川覆盖面积，以及山地地下水的含量，间接为河流提供水源。唐代伊州河流及湖泊的变化，可能与气候变迁有关系。

求较为苛刻，只有在极为平坦的地区方能进行灌溉。从等高线的分布来看，哈密市区，即唐伊吾县附近区域的等值线明显要比其西部四堡地区（纳职县）稀疏，说明哈密市区附近更为平坦，更适合发展屯田（图 10）。汉以后至隋代，伊吾的经济中心是否由四堡地区东移尚不得而知，但据前引隋代薛世雄降伊吾，于汉旧伊吾城东筑新伊吾城并设伊吾郡的记载，说明汉代的伊吾城已不再适应新的社会经济发展。唐朝沿用隋朝的伊吾城设置伊吾县，并将州治置于此地，成为哈密盆地的政治、经济和交通中心。

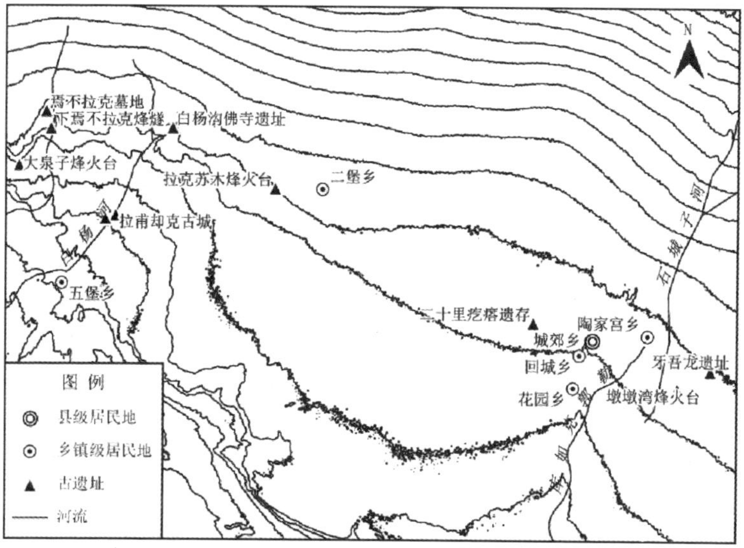

图 10　哈密至五堡乡一带 50 米等高线图

三、伊吾城的交通区位

伊吾城自然环境优越，又地处西域门户，是丝绸之路重要的经停和中转之地。此地往南可通沙州，即“稍竿道”；东南通瓜州常乐县，即“第五道”，亦即玄奘过“五烽”的道路。东接柔远镇城，通瓜州、居延、回鹘等地。西接纳职城，通西州赤亭、蒲昌、柳中等地；别道经天山隘口至蒲类、北庭。西向之道路在唐代多为驿道，是唐朝经营西域的生命线。伊吾城向北入天山之道，在唐代是一条重要的军事路线，在伊州军防布局中占有重要的地位。

《元和郡县图志》记伊州八到云：

> 西南至西州七百三十里。东南取莫贺碛路至瓜州九百里。正南微东至沙州七百里。[1]

此云伊州通周边各地之驿程，当以伊州州治伊吾城为起始点，又《通典》记载伊州四至八到：

> 东至晋昌郡界六百四十里。南至燉煌郡界一百四十里。西至交河郡七百五十里。北至伊吾郡界三百里，北戎界。东南到燉煌郡碛，无行路马道，到晋昌郡界不知远近。西南到燉煌郡碛，无路马道。西北到折罗漫山一百四十六里，其山北有大川连大碛，入金山哥罗禄住处。东北到折罗漫山三百四十里，其山北有大川入回纥界，马行三十日，无里数。[2]

以下就上述资料，并结合《太平寰宇记》《沙州都督府图经》《沙州伊州地志》等文献，对伊吾城通周边的道路具体走向略作探讨。

（一）伊吾城南部、东部之交通

伊吾城至瓜州的道路，《通典》记载伊吾东南至瓜州晋昌郡无路，《太平寰宇记》同，而《元和郡县图志》明确记有道路名为“莫贺碛路”，P.2005 号文书《沙州都督府图经》又记瓜州常乐县西北有“第五道”，其驿程为：常乐县乌山驿六十九里二百六十步至双泉驿，又六十四里八十步至第五驿，又六十八里三十步至冷泉驿，又八十四里至胡桐驿，又八十里至赤崖驿[3]。赤崖驿属伊州柔远县界，则伊州至瓜州有驿道确凿无疑。又《大慈恩三藏法师传》记玄奘自瓜州去伊吾经第四烽，该烽校尉谓法师云，不必向第五烽，“从此已去，即莫贺延碛，长八百里，古曰沙河”[4]，该校尉为玄奘指引之道入莫贺延碛，或为《元和

1 《元和郡县图志》卷四十《陇右道下》，中华书局 1983 年版，第 1029 页。

2 《通典》卷一百七十四《州郡四》，中华书局 1988 年版，第 4557 页。

3 上海古籍出版社、法国国家图书馆编：《法国国家图书馆藏敦煌西域文献》1，上海古籍出版社 1995 年版，第 51 页。

4 慧立、彦悰：《大慈恩寺三藏法师传》，孙毓棠、谢方点校，中华书局 2000 年版，第 16 页。

郡县图志》所记之莫贺碛路。又此云"第五烽"，颇与 P.2005 号文书《沙州都督府图经》所记之"第五驿""第五道"合，则第五烽与第五驿均是第五道上的交通设施[1]。今哈密市东南约 32 公里的大泉湾乡，曾发现唐代陶罐等遗物，其附近似有一古城遗址，此地地处瓜州通哈密之 312 国道旁，或为唐代第五道上之交通设施，惜遗址损毁无存，很难进一步考证。

伊吾城南至沙州敦煌郡的道路，《通典》记载无道路可通，《太平寰宇记》记伊州"正南微东取稍竿馆路至沙州七百里"[2]，驿程与《元和郡县图志》同。又 P.2005 号文书《沙州都督府图经》注瓜州界新井驿、广显驿、乌山驿，其云三驿"如意元（年）四月三日，勅，移就稍竿道行；至证圣元年正月十四日，勅，为沙州遭贼，少草，运转极难，稍竿道停，改于第五道来往。"[3] 唐代瓜、沙二州似有第五道与稍竿道交替使用的情况，"稍"与"稍"形近，稍竿道较大可能就是伊州至沙州之稍竿馆路。其道路似经哈密沿石城子河至南湖乡，再南至雅苏镇，越库鲁克塔格山至敦煌境，沿途遗址发现较少，有待于进一步调查。又哈密东南约 50 公里、兰新铁路西约 1.5 公里处有一吉格代布拉克烽火台，该烽火台破坏严重，形制不明，第三次文物普查时定为唐代遗址[4]。从烽火台的位置来看，较大可能也是伊吾城通沙州道上的交通设施。

伊吾东北经折罗漫山至回纥之道路，似从今哈密东行至沁城乡，即唐代柔远县所在地，再折东至下马崖，东通回纥（详见本章第三节）。

（二）伊吾城西部之交通

伊吾城西通西州之道路，《新唐书·地理志》记载有两条驿道，均

---

1 严耕望:《唐代交通图考》第二卷《河陇碛西区》，"中央研究院"历史语言研究所 1985 年版，第 449 页。

2 《太平寰宇记》卷一百五十三《陇右道》，中华书局 2007 年版，第 2962 页。

3 上海古籍出版社、法国国家图书馆编:《法国国家图书馆藏敦煌西域文献》1，上海古籍出版社 1995 年版，第 50 页。

4 新疆维吾尔自治区文物局:《新疆维吾尔自治区长城资源调查报告》，文物出版社 2014 年版，第 103 页。

图 11　拉甫却克古城（纳职城）东北部的白杨沟佛寺遗址

走哈密西北部之七角井或十三间房一带。而上引《元和郡县图志》记西南之路，当为第三条道路。唐代前期哈密地区的石城子河——库如克郭勒河、白杨河水量较大，该道较大可能沿河西南行。此道在唐初可通往西州的柳中、蒲昌等地。

《通典》记伊吾城西北至折罗漫山有路通金山歌罗禄，《太平寰宇记》同，该道似指《新唐书·地理志》所记伊州至北庭的驿道，其中纳职城以西将在本章第二节详述；伊吾城至纳职城一段，虽较少有文献记载，但也有一些唐代遗址能够说明道路的走向。牙吾龙遗址西南约 4 公里有墩墩湾烽燧，平面呈正方形，底边长约 7.6 米、残高约 6.5 米[1]。墩墩湾烽燧西北约 46 公里有拉克苏木烽燧，平面呈正方形，底边长约 13 米，残高约 8 米[2]。拉克苏木烽燧西北约 12 公里有白杨沟佛寺

1　新疆维吾尔自治区文物局:《新疆维吾尔自治区长城资源调查报告》，文物出版社 2014 年版，第 105 页。

2　新疆维吾尔自治区文物局:《新疆维吾尔自治区长城资源调查报告》，文物出版社 2014 年版，第 107 页。

遗址，该佛寺规模较大，据介绍，遗址集中区保护范围为173942平方米，而在沿白杨沟约长10公里范围内还有多处佛塔和寺院遗址。又S.367号文书《沙州伊州地志》记载纳职县有祥辫寺[1]，可就能是白杨沟佛寺。白杨沟佛寺西南约12公里有尤库日巴格烽火台，平面呈长方形，底边长约8米、宽约5米，残高约1.8米[2]。该烽火台靠近拉甫却克古城（纳职城所在地），东距拉克苏木烽火台约17公里，当是伊吾城至纳职城道路上的交通设施。尤库日巴格烽火台西偏北约10公里有大泉子烽火台，平面呈正方形，底边长约6.6米、残高约5米[3]，该烽火台应是纳职城西北至庭州驿道上之交通设施。

（三）伊吾城北部之交通

唐代伊吾城向北翻越天山的道路，《通典》记“北至伊吾郡界三百里，北戎界。”《太平寰宇记》进一步指出“北至伊吾军三百里即北戎界。”既然有确切里程，定当有道路通行。《西域图记》记载：“发自敦煌，至于西海，凡为三道，各有襟带。北道从伊吾，经蒲类海铁勒部，突厥可汗庭，度北流河水，至拂菻国，达于西海……”[4]，蒲类海即今天的巴里坤湖，如此，隋代从天山南部的伊吾至天山以北蒲类海必有道路可通。贞观初玄奘西行求法至伊吾，原本打算前往可汗浮图城，沿天山北道西行，后因高昌王请求不得已改从天山南麓西行[5]。可汗浮图城即后来的北庭所在地，在今吉木萨尔北部，玄奘若想绕过高昌国前往可汗浮图城，必然要从伊吾越山道至天山北部，这也间接说明唐初从伊吾至蒲类海有道路可通。

---

1 郝春文主编：《英藏敦煌社会历史文献释录》（第二卷），社会科学文献出版社2003年版，第177页。

2 新疆维吾尔自治区文物局：《新疆维吾尔自治区长城资源调查报告》，文物出版社2014年版，第109页。

3 新疆维吾尔自治区文物局：《新疆维吾尔自治区长城资源调查报告》，文物出版社2014年版，第110页。

4 《隋书》卷六十七《裴矩传》，中华书局1973年版，第1579页。

5 慧立、彦悰：《大慈恩寺三藏法师传》，孙毓棠、谢方点校，中华书局2000年版，第18页。

贞观十四年（640），唐太宗命侯君集等人率兵攻打高昌国，其行军实际是由两路西进，其中一路就是沿天山北麓向西至可汗浮图城，击败屯据在此的西突厥后，再南下天山与南路大军汇合攻击高昌。此次行军充分利用了伊吾城北入天山的道路。

1. 交河道行军之姜行本行军路线的考察

贞观十四年（640）唐征伐高昌的行军路线，目前尚存争议。嶋崎昌认为，伐高昌路线主要分为两路，一路由侯君集率军自伊吾从天山南路西进，一路为姜行本等人在伊吾越天山后自巴里坤沿天山北麓西行，侯君集大军在攻高昌之前先越天山与姜行本汇合攻击可汗浮图城的西突厥，再南下天山攻打高昌[1]。长泽和俊的观点与嶋崎昌大致相同，不同点在于北上天山与姜行本汇合的只是侯君集主力的一部分，由契苾何力率领，契苾何力与姜行本攻破可汗浮图城以后，再南下与侯君集合军攻高昌国[2]。王素亦赞成两路行军，但他认为契苾何力与侯君集早在伊州就已分军向北越天山至巴里坤，再向西至可汗浮图城[3]。

上述观点均有可取之处，且都认为行军有天山北道和天山南道之分。《旧唐书·姜行本传》记载贞观十四（640）伐高昌，姜行本“为行军副总管，率众先出伊州，未至柳谷百余里，依山造攻具。其处有班超纪功碑，行本磨去其文，更刻颂陈国威德而去”[4]。巴里坤山发现的《姜行本纪功碑》证实了姜行本北上天山伐木造攻城器具，并勒石纪功的史实，其碑文云：“命前军营造攻具……以贞观十四年五月十日，师次伊吾时罗漫山，北登黑绀岭，未盈旬月，克成奇功。伐木则山林殚尽，叱诧则川谷荡薄，冲梯蹔整，百橹冰碎，机槽一发，千石云飞，墨翟之术无施，公输之妙讵比。”[5] 姜行本伐木造具的地点在今巴里坤山

---

1 嶋崎昌：《高昌国の柳谷について》，《隋唐时代の东トウルギスクン研究——高昌国史研究を中心として》，东京大学出版会重印本，1983 年，第 158—163 页。

2 长泽和俊：《唐の高昌远征について》，《史观》第 102 册，1980 年，第 24—31 页。

3 王素：《高昌史稿·统治编》，文物出版社 1998 年版，第 432 页。

4 《旧唐书》卷五十九《姜行本传》，中华书局 1975 年版，第 2334 页。

5 《姜行本纪功碑》文载《镇西厅乡土志》，见马大正等整理：《新疆乡土志稿》，新疆人民出版社 2010 年版，第 112 页。

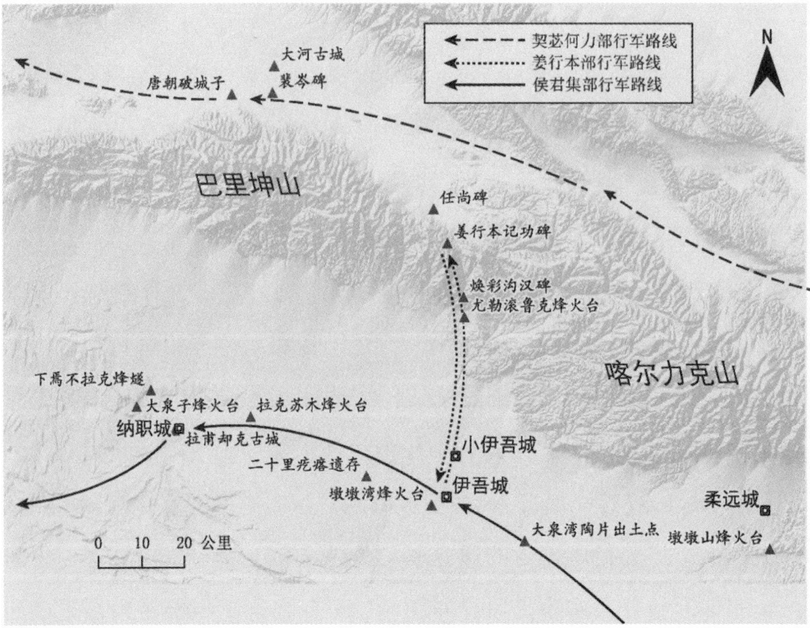

图 12　交河道行军伊州段路线图

中的天山庙附近（《姜行本纪功碑》发现于此地附近），从哈密向北至巴里坤的道路海拔逐渐上升，至天山庙附近海拔达到最高，再往北是一个陡坡，海拔急剧下降。

天山庙附近属于天山北坡松树林的海拔上限地带，姜行本到此处修造攻城器具的可能性较大。因为从此地以南属于天山南坡，林木资源较少；而往北下陡坡以后无论是原路返回或是沿天山北麓西行，均要面临再次翻越天山的困难，对于携带攻城战具及其他辎重的军队，这不是一个太好的选择。同时，姜行本所属的交河道行军主要攻击对象是高昌城，其携带攻城之具去攻打驻扎在可汗浮图之突厥部落的可能性也不大，因为游牧民族的作战习性决定了这些攻城装备派不上用场。因此笔者主张姜行本在今天的巴里坤山天山庙附近修造攻城之具，再原路南下伊州，与侯君集一同沿天山南麓西行至高昌城。

至于契苾何力率领的葱山道行军，其军队多由突厥、契苾等部骑

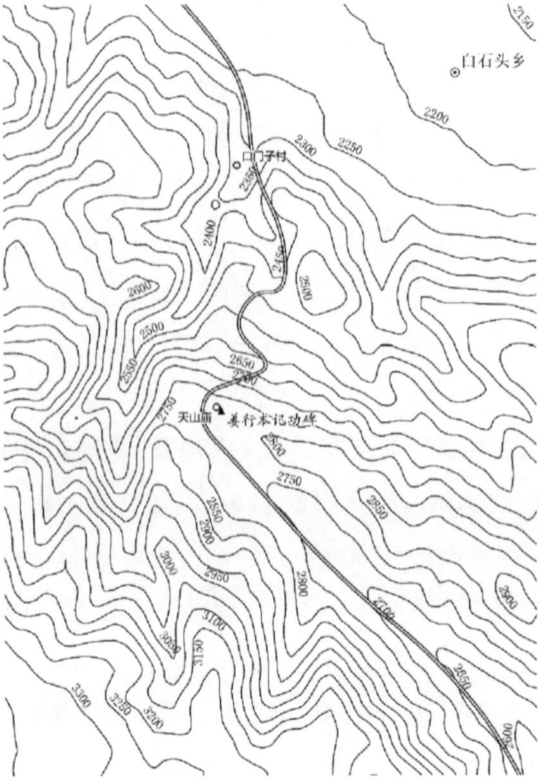

图 13　伊吾北部山道及地形

兵组成，游牧骑兵一般不随身携带大量辎重，且翻山越岭的能力很强，其作一支突击部队，从天山北麓向西先攻击可汗浮图的西突厥援军，再南下天山攻击高昌国的可能性较大，但其是不是由伊吾向北越天山，目前尚未有确切的资料证实。

2. 伊吾城北入天山道路走向

交河道行军和葱山道行军不仅使唐朝打通了东部天山南麓的交通，也使唐朝控制了通往天山北麓的通道。现今从哈密至巴里坤有两条省道，即 S303 和 S203，S303 基本沿石城子河及其上游的头道沟越过天山再向西至巴里坤，若伊吾城在哈密东部的牙吾龙遗址，唐代伊吾至蒲类海的道路起始段可能从此路抵达天山南麓天山乡一带。在天山乡头道沟村东距S303省道约2公里的一处黑色山丘山，有一座尤勒滚鲁克烽火台，距哈密约40公里，距牙吾龙遗址约41公里，据调查，该烽火台修建于唐朝，清代又加固沿用[1]，唐代伊州向北入天山的道路应从此经过。烽火台转西北约4公里至南山口入山，又折东北沿S203约3公里至焕彩沟。焕彩沟存一石刻，文字凿刻于一块略呈方形的石头上，尚可辨识“汉永和五年六月十二日”等字迹，知是东汉遗存。20世纪80年代，马雍又在石碑的西侧辨识出“贞观”“十四年六月”“唐姜行本”等字迹，并认为姜行本抹去的并非班超记功碑，而是此处“永和碑”，姜行本在此题刻后，又北上天山再立纪功碑，因此后世所见之“姜行本纪功碑”并非汉班超纪功碑改造而成[2]。无论如何，焕彩沟的这块石碑可作为贞观十四年（640）交河道行军路线的重要证据，唐代伊吾北山的道路也应当从此经过。

从焕彩沟汉碑西北行约13公里至天山庙，是“姜行本纪功碑”的发现地点。光绪十七年（1891）陶保廉随其父陶模赴新疆任职，其在《辛卯侍行记》中记载：“天山庙。班超征伊吾，立碑纪功。唐姜行本磨去其文，更刻侯君集威德碑文。”[3]可见，至清末石碑仍然存在。天山庙原为清代的一座关帝庙，已毁，现今的建筑为旅游开发重新修建，旧时的遗址已不复存在。此地在清代称“库舍图岭”，“库舍”为蒙语，“石碑”之意，很明显山岭命名与石碑有关，这些石碑应该包括“姜行本纪功碑”。从“姜行本纪功碑”向西北约8公里为“任尚碑”所在地[4]，该碑于1957年发现于巴里坤县松树塘北200米处。从“任尚碑”往西北约45公里为“裴岑碑”所在地，该碑为岳钟琪于雍正七年

1　新疆维吾尔自治区文物局：《新疆维吾尔自治区长城资源调查报告》，文物出版社2014年版，第354页。

2　马雍：《新疆巴里坤、哈密汉唐石刻丛考》，《西域史地文物丛考》，文物出版社1990年版，第21页。

3　陶保廉：《辛卯侍行记》，中国国际广播出版社2016年版，第239页。

4　马雍考证为东汉永元五年“任尚碑”。见马雍：《新疆巴里坤、哈密汉唐石刻丛考》，《西域史地文物丛考》，文物出版社1990年版，第19页。

（1729）驻军巴里坤时，在巴里坤石人子一带发现[1]，碑文存“汉永和二年”“云中裴岑将郡丘三千人”等内容，可知为东汉遗存。“任尚碑”和“裴岑碑”的发现，可证东汉时期中央王朝行军至蒲类海的史实，而唐代的行军及交通路线，很大可能循此道而行。“裴岑碑”向北约 6 公里为伊吾军所在之大河古城。

第二节　大沙海东部的“港口”：纳职城

古代称伊州至西州之间的沙漠、戈壁为“海”“沙海”或“大沙海”，而纳职城正是这片沙海东部的“港口”，地理位置十分重要。《元和郡县图志》《太平寰宇记》记载纳职县在伊州西或西北 120 里，大致位于今哈密市西部四堡附近。“四堡”一地在维吾尔语中称“Lapchuk”，其发音与“纳职”相近。现今四堡为一个村，境内有一拉甫却克古城遗址，东距哈密市约 65 公里，平面略呈长方形，西墙长约 60 米，北墙长约 125 米，二墙外侧存马面、角楼等军事建筑。从其方位和里程来看，较大可能为唐之纳职县城[2]。

一、纳职城附近的水环境和屯田

拉甫却克古城西南至沙尔湖一带在古代水源丰富。发源于巴里坤山的多条河流，包括柳树沟、头道沟、二道沟、三道沟、四道沟、五道沟等河，上源海拔多在 4000 米以上，有终年积雪，五道沟、六道沟北部的月牙山海拔 4308 米，是巴里坤山的最高处，发育有少量的冰川，为河流提供了稳定的水源[3]。上游诸河在出山口便以地下水的形式

1　详见《镇西厅乡土志》，载马大正等整理：《新疆乡土志稿》，新疆人民出版社 2010 年版，第 111 页。

2　《不可移动的文物·哈密地区卷 1》，新疆美术摄影出版社 2015 年版，第 189 页。另见薛宗正：《安西与北庭——唐代西陲边政研究》，黑龙江教育出版社 1995 年版，第 335 页。

3　王世江主编：《中国新疆河湖全书》，中国水利水电出版社 2010 年版，第 183—184 页。

图 14　拉甫却克古城现状

运移至柳树泉形成多股泉水，并最终汇入白杨河，白杨河再往西南流经拉甫却克古城西部，至五堡水库后基本断流。但在古代时期，该河可往西南流至沙尔湖，现今五堡西南尚见古代河床。

白杨河孕育了四堡、五堡附近的早期文明。20 世纪 50 年代，黄文弼在四堡西部约 12 公里处发现了焉不拉克遗址和墓葬群（当时发掘 14 座，80 年代又发掘 76 座），后来经鉴定，遗址和墓地年代上限在公元前 1300 年，下限在公元前 500 年[1]。事实上，四堡、五堡地区是整个哈密盆地较早的人类聚居区，除焉不拉克遗址及墓地外，四堡附近还发现拉甫乔克墓地（发掘 1 座），五堡附近又发现五堡水库墓群（1978 年发掘 20 余座，1986 年和 1991 年发掘 116 座）。这些墓葬的墓葬形制、葬俗、随葬品等都有相似性，并与新疆其他地区的墓葬文化有明显的区别，学界将四堡附近的墓葬文化命名为焉不拉克文化。焉不拉克文化说明，在新疆早期铁器时代，拉甫却克古城附近的四堡

1　新疆考古所等:《新疆哈密焉不拉克墓地》,《考古学报》1989 年第 3 期。

曾形成一个比较大的聚落。

早期人类在四堡附近聚居，从事着半耕半牧的生活。五堡墓地中发现的小米饼、青稞、马、牛、羊，以各类皮毛制品，说明焉不拉克文化的居民既从事农业生产，也兼营畜牧业。《后汉书》记载此地为膏腴之地，宜五谷、桑麻、葡萄[1]，说明农耕环境十分优越，只是本地居民没有先进的灌溉技术，实际只能在靠近河流的小片地区从事农业生产。尽管如此，早期的四堡地区仍然形成盆地最大的聚落群，这也是汉朝进入该地区后将屯田基地首先建在四堡的重要原因之一。

纳职一地最早进入中原王朝的视野是在东汉时期。其时东汉王朝对匈奴的几次征战均深入到天山一带，《后汉书》记载："（永平）十六年春二月，遣太仆祭肜出高阙，奉车都尉窦固出酒泉，驸马都尉耿秉出居延，骑都尉来苗出平城，伐北匈奴。窦固破呼衍王于天山，留兵屯伊吾卢城。"[2] 唐人注《后汉书》认为此处的天山即唐代伊州北部的折罗漫山，而现今在巴里坤山发现的汉代纪功碑也证实了东汉西域经营确曾伸向了天山以北。东汉为加强对东部天山南北的统治，在伊吾设宜禾都尉并置屯田，《后汉书·西域传》记载："（永平）十六年，明帝乃命将帅，北征匈奴，取伊吾卢地，置宜禾都尉以屯田"[3]。宜禾都尉所在地，一般认为在伊州西部的纳职县[4]，故永平十六年（73）年可作为纳职城屯田之始，此后该地成为东汉在西域东部的屯戍重地。又汉安帝永初年间，"北匈奴即复收属诸国，共为边寇十余岁。敦煌太守曹宗患其暴害，元初六年，乃上遣行长史索班，将千余人屯伊吾以招抚之"[5]，此所谓伊吾屯，应当还是宜禾都尉屯田，其规模达千余人，是后

---

1 《后汉书》卷八十八《西域传》，中华书局 1965 年版，第 2914 页。

2 《后汉书》卷二《明帝纪》，中华书局 1965 年版，第 120 页。

3 《后汉书》卷八十八《西域传》，中华书局 1965 年版，第 2909 页。

4 《后汉书》卷二十三《窦固传》，中华书局 1965 年版，第 811 页；《元和郡县图志》卷四十《陇右道下》，中华书局 1983 年版，第 1029 页。

5 《后汉书》卷八十八《西域传》，中华书局 1965 年版，第 2911 页。

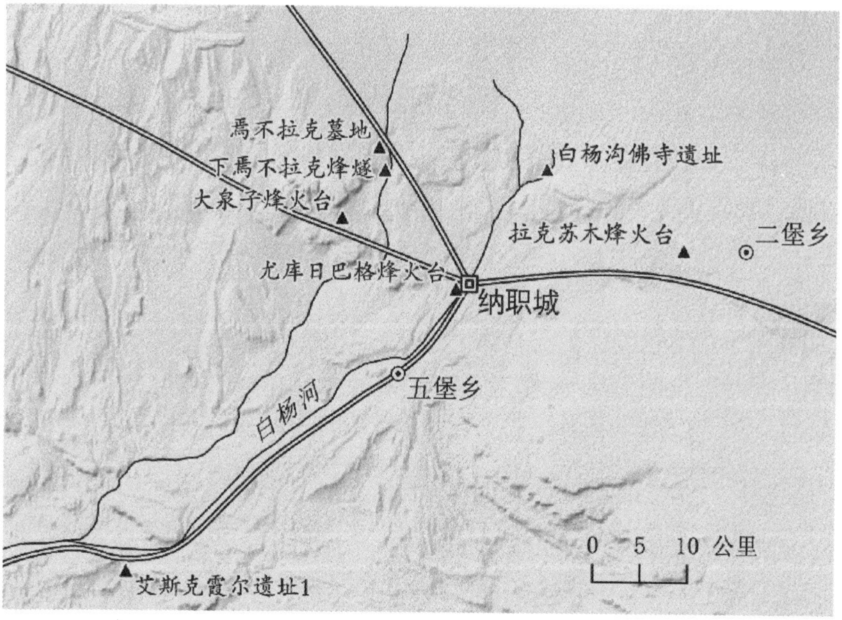

图 15　纳职城周边水系与交通图

汉西域最大的屯田之一。

唐代纳职城的屯田环境仍然优越。唐朝设置伊州以后，州治虽迁至伊吾城，但此地仍有屯戍，《唐纳职守捉使屯种文书》记载：

1. ▭纳职守[捉]使牒称：□铺▭

2. ▭一十一▭[屯][种]▭[1]

文书残缺，但同墓出有开元十年（722）伊吾军烽铺屯田等文书，内容与此件相似。此件记载的纳职守捉，当驻屯于纳职城，第 1 列“铺”字前应为“烽”字，第 2 列又有“屯种”字句，说明纳职守捉下有烽铺屯田。另外，S.367 号文书《沙州伊州地志》记载纳职县还有百泉戍[2]，可能也有屯田。

1　《吐鲁番出土文书》肆，图录本，文物出版社 1996 年版，第 99 页。

2　郝春文主编：《英藏敦煌社会历史文献释录》（第二卷），社会科学文献出版社 2003 年版，第 177 页。

二、纳职城的西向交通

拉甫却克古城所在之地在东部天山南麓丝绸之路上占有十分重要的地拉。东汉时期的禾宜都尉向西、西北分别有路通戊己校尉治所（柳中、金满），唐代伊、西、庭三州与东汉宜禾都尉、戊己校尉的军镇布局类似。作为伊州西部门户，唐朝在纳职城置守捉，控扼西入西州、北庭诸道必经之地。

（一）柳中路考证

从现今史前墓葬分布来看，四堡附近的焉不拉克文化有沿白杨河下游延伸的趋势，从纳职城所在之拉甫却克古城沿白杨河西南行，史前时期似有道路通行。在四堡西南约 34 公里的白杨河下游，发现一处艾斯克霞尔墓地，1999 年曾进行抢救性发掘，文化特征与五堡墓地、焉不拉克墓地相同，同属焉不拉克文化。艾斯克霞尔墓地的发现说明，哈密早期的人群沿着白杨河顺流而下至沙尔湖地区，所形成之道路可能是该地较早的交通路线。

《太平寰宇记》记载西州四至八到时，记西州“东至伊州七百五十里……东南经少海，又渡碛至伊州一千三百里……东北至伊州八百四十里”[1]。这说明，西州至伊州有三条道路通行，其中有两条是从蒲昌向东北经西盐池或十三间房，再折东南至伊州；剩下的一条“东南经少（沙）海”之道，当是从柳中县向东直接进入伊州纳职县的道路，即柳中路。《太平寰宇记》记柳中路“自县（柳中县）东南行经大海之东，又东南度碛入伊州界，即裴矩所谓伊吾路也。”[2] 可见柳中路即伊吾路，其路线自柳中城始，沿库木塔格沙漠南缘向东行至沙尔湖，再沿白杨河至纳职城所在之四堡乡，东通伊吾。该道以前有学者关注，严

1 《太平寰宇记》卷一百五十六《陇右道下》，中华书局 2007 年版，第 2994 页。
2 《太平寰宇记》卷一百五十六《陇右道下》，中华书局 2007 年版，第 2995 页。

耕望提出道路的可能性:“所谓‘入伊州界’者，岂仅入州界而不经州城欤?若此道亦至伊州城，则必南道之南又一道矣。”[1] 王素更提出疑问:“这条伊吾路，不经十三间房、白芳入高昌，而经大沙海、柳中入高昌，原因为何，未见学者探讨。是否与北方少数民族经常封锁十三间房道有关?值得研究。”[2]

学界对这条道路难以理解，主要是因为从柳中城所在之鲁克沁镇直接向东至纳职城200多公里的范围内，是一片干旱缺水的戈壁滩。但其忽略了一个事实，即古代时期这一带的水文环境与现今并不一样。在今哈密境内，东距哈密市约150公里处的沙尔湖，近年已干涸，鲜为人所知，但在《新疆图志》附《哈密厅图》及《鄯善县图》中清楚地标明“沙尔泊”的位置，并绘有哈密三道岭经沙尔湖至鄯善县的骑径[3]。又20世纪50年代1∶10万的地图上，清晰可见沙尔湖湖面大小约2到3平方公里[4]，说明该湖在近代以前仍有河水或地下水补给。唐代史料中也有该湖的记载，S.367号文书《沙州伊州地志》记载:

> (纳职)城北泉，去县廿里，在坎下湧出，成湍流，入蒲昌海也。[5]

纳职城在今哈密西部五堡乡附近，其附近的河流为白杨河,《地志》所谓“城北泉入蒲昌海”者，当指此河。但问题在于，白杨河绝不可能流到今若羌县之蒲昌海，颇疑唐人误将沙尔湖看作蒲昌海。又《元和郡县图志》记伊吾县条下有“咸池海”:

> 咸池海，在(伊吾)县南三百里。周迴百余里。州东北四涧并南流，至州南七八里合流为一水。侧近皆有良田。[6]

此段所记“咸池海”在伊吾县南300里，唐之伊吾县城在今哈密市附近，其南300里近沙州之境，皆为荒漠戈壁滩，没有湖泊存在。又云

1 严耕望:《唐代交通图考》第二卷《河陇碛西区》,“中央研究院”历史语言研究所，1985年，第463页。

2 王素:《高昌史稿·交通编》，文物出版社2000年版，第191页。

3 王树枏等纂修:《新疆图志·地图》，朱玉麒等整理，上海古籍出版社2017年版。

4 王世江主编《中国新疆河湖全书》，中国水利水电出版社2010年版，第181页。

5 郝春文主编:《英藏敦煌社会历史文献释录》(第二卷)，社会科学文献出版社2003年版，第177页。

6 《元和郡县图志》卷四十《陇右道下》，中华书局1983年版，第1029—1030页。

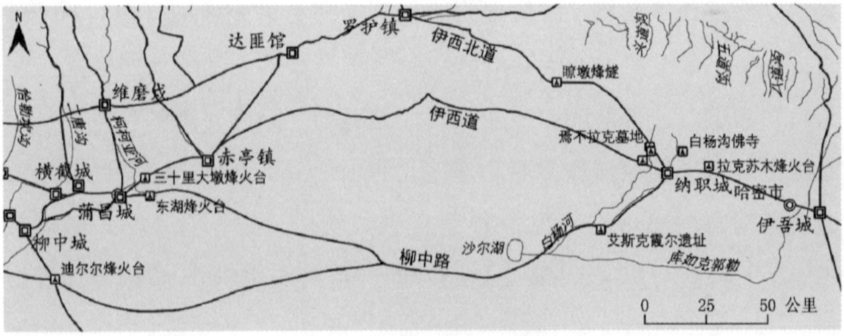

图 16　伊州至西州三条道路

伊州东北有“四涧水”，似指现今的石城子河、榆树沟、庙尔沟河、八木墩河，四河之水在州南七八里合为一水，《图志》未记四水汇合以后的河名，但从其流向来看，应当就是现今哈密南部的库如克郭勒河。《图志》未记唐代库如克郭勒河的走向，亦未记最终汇入何地，但从现今干涸的河床来看，历史上的库如克郭勒河水量很大，流程约 60 公里，与白杨河汇合，缓缓注入沙尔湖。[1]《图志》将“咸池海”与这条河记于同一条目之下，似乎说明二者属同一水系。如此咸池海在“县南三百里”应为“县西三百里”之误，咸池海就是现今的沙尔湖。

《图志》记唐代之沙尔湖周回百余里，面积不算太小，说明此时的白杨河、库如克郭勒河有充足的水源流向此地。沿河一带皆有良田，绝非现今荒漠戈壁滩之现状。沙尔湖西距鄯善县（蒲昌）约 120 公里，西距鲁克沁镇（柳中）约 160 公里，考虑到出柳中之大海道折东南而行，伊吾路较大可能自沙尔湖西南与大海道合，再沿库木塔格沙漠南缘西北至柳中城。

此道与其北部沿着天山南麓通吐鲁番的道路相比，有一定的优越性。其前半段“波河西行”，不必“负水担粮”，不仅能回避十三间房

1　现今沙尔湖还向东南方向延伸出一条宽约 1 千米、长约 16 千米的湿地廊道；东侧还有一个大深沟，此沟呈东西走向，深近十米，宽三四米，为库如克郭勒河末端遗迹。详见王世江主编《中国新疆河湖全书》，中国水利水电出版社 2010 年版，第 181 页。

大风之险，还可避北方游牧部落的抄掠，在7世纪前期唐朝向西经营的过程中，曾扮演了重要的角色。今巴里坤湖向西南经天山断陷带至七角井的道路，曾发现许多突厥时代的墓地，隋唐时期的游牧民族可能经常活跃于伊西道和伊西北道以北的山地，其南下阻断交通路线的情况可能真的出现过。P.2009号文书《西州图经》有“新开道阻贼不通”的记载[1]，巫新华认为这条“新开道”即《新唐书·地理志》记载的伊州通西州的道路，位于“伊西道”之北[2]，即伊西北道。此道沿天山南麓行，在七角井镇东盐池一带分路，一道向西北至木垒、奇台、吉木萨尔，一道向东经天山谷地至巴里坤盆地，一道向西南至七克台、鄯善。七角井一带在古代是一个交通枢纽，新开道“阻贼不通”，指的可能就是唐朝敌对势力控制七角井交通枢纽的情形。伊西道和伊西北道，在唐朝未能全面控制东部天山南北之时，通行并不容易，其南部的柳中路，在特殊时期仍然发挥重要的作用。

鲁克沁镇东南约22公里的库木塔格沙漠边缘，有一迪坎尔烽火台，该烽火台现已毁坏无存，1930年4月黄文弼在此考察时，称其为“哈尔土墩”，当时所见“土墩在得哈尔（迪坎尔）沙窝旁，为古道所经，路已失其迹，墩为土砖所砌，与穷阿刹（阿萨协亥尔古城）想为同时之物，其砖相同也”[3]。阿萨协亥尔古城为唐代遗址，此烽火台年代亦当为唐代。这说明，柳中路、大海道在唐代仍在使用。贞观十四年（640）唐朝讨伐高昌国，“（麴文泰）闻唐兵临碛口，忧惧不知所为，发疾卒，子智盛立。军至柳谷，……于是鼓行而进，至田城”[4]，侯君集行军路线为碛口——柳谷——田地，碛口和柳谷具体位置尚存争议[5]，

1 上海古籍出版社、法国国家图书馆编：《法国国家图书馆藏敦煌西域文献》1，上海古籍出版社1995年版，第76页。

2 巫新华：《吐鲁番唐代交通路线的考察与研究》，青岛出版社1999年版，第127—135页。

3 黄文弼：《黄文弼蒙新考察日记（1927—1930）》，文物出版社1990年版，第531页。

4 《资治通鉴》卷一百九十五“太宗贞观十四年八月庚午”条，中华书局2011年版，第6267—6268页。

5 王素对学界有关碛口、柳谷之观点进行了汇总，详见氏著《高昌史稿·统治编》，文物出版社1998年版，第428—431页。

田城即田地城，唐代柳中县所治。侯君集行军路线似乎没有经过蒲昌县，该地在高昌国时代为东镇城，当有大量驻军以抵御东部政权的进入，侯君集又是如何避开这里的驻军呢？疑交河道行军路线是经纳职城、沙尔湖之柳中路直接抵达田地城。另外，今鄯善县东部约13公里处库木塔格沙漠边缘有一东湖烽火台，年代为唐至清，这说明唐代沙尔湖至蒲昌县也有道路通行。

（二）纳职城通北庭的驿道

纳职县向西至金满城（北庭）的道路，《新唐书·地理志》有较为详细的记载：

> 自（纳职）县西经独泉、东华、西华驼泉，渡茨萁水，过神泉，三百九十里有罗护守捉；……别自罗护守捉西北上乏驴岭，百二十里至赤谷；又出谷口，经长泉、龙泉，百八十里有独山守捉；又经蒲类，百六十里至北庭都护府。[1]

此道前辈学者多有考述，严耕望认为主要经过四堡（纳职）、瞭墩、一碗泉、七角井、西盐池（罗护）、乌克塔克（乏驴岭）、莫家地沟（赤谷）、三个泉（长泉、龙泉）、木垒河（独山守捉）、老奇台（蒲类县）、奇台（蒲类镇）等地[2]；孟凡人认为经四堡（纳职）、瞭墩、胡桐窝、三间房、惠井子（罗护）、乌克塔格（乏驴岭）、莫家地沟（赤谷）、阿克他斯（长泉、龙泉）、木垒、老奇台（独山守捉）、奇台（蒲类）、吉木萨尔等地[3]。二者之观点略有出入，其中从伊州至瞭墩一段路，基本按陶保廉《辛卯侍行记》的记述，即哈密六十里至头堡，六十里至三堡，六十里至三道岭，九十里至瞭墩。需要注意的是，陶保廉没有经过四堡，而唐代的道路应为哈密（牙吾龙遗址）——四堡（拉甫却克古城）——瞭墩，哈密至四堡间有墩墩湾烽燧、二十里疙瘩遗址、拉

1 《新唐书》卷四十《地理志》，中华书局1975年版，第1046页。

2 《唐代交通图考》第二卷《河陇碛西区》，“中央研究院”历史语言研究所，1985年，第453、586页。

3 孟凡人：《北庭史地研究》，新疆人民出版社1985年版，第137—138页。

克苏木烽燧、尤库日巴格烽燧、大泉子烽燧等唐代烽燧，可复原其路线。

瞭墩以西的走向出现了分歧。该地在清代是一个重要的交通枢纽，向北有路至巴里坤，向西有路至吐鲁番，向西北有路至奇台，严耕望观点即从此向西北至七角井，而孟凡人则主张从此向西至惠井子。从瞭墩向西直至惠井子，要经过三间房和十三间房，此地多有风灾[1]，唐代通北庭的驿道当不从此路。严耕望从瞭墩向西北经一碗泉至七角井的观点较为合理。但二者主张从西盐池或惠井子向北越天山至木垒，又太过迂回，因为从其东部的七角井有捷径至天山北麓。

七角井应是唐代罗护守捉所在地[2]，从此地向北越天山至色皮口的道路在清代称“小南路”。其道从今天的七角井村向西北经哈密、巴里坤、木垒交界地带，沿着一条沟谷（大致是今天木垒县和巴里坤县的分界线）至头水（清代置头水驿），再至木垒县的色皮口（清代置色必塘或色必驿），与天山北道合，西通蒲类、北庭。

此道在北庭都护府成为东部天山军镇中心以后，使用更加频繁，成为北庭通伊州、河西、长安的主干道。北庭都护府的成立表明庭州在西域的战略地位愈显重要，因此从河西经伊州需要开辟一条更为便捷和安全的道路至北庭，显然，伊州西经西州再北上北庭的道路过于迂回，而从伊州直北越天山再向西，沿着天山北麓的道路在西域局势紧张时期并不是一个太好的选择。

在唐代，东突厥对天山北麓西至北庭的道路一度构成巨大的威胁，尤其是在景龙二年（708）至开元三年（715）东突厥大举西进之

1 如林则徐在《荷戈纪程》中记载：“中有十三间房一站，为古之黑风川，起大风，车马皆掀簸空中，则吐鲁番一路亦行人所惮。”（林则徐：《荷戈纪程》，载《西征续录》，李正宇等点校，甘肃人民出版社 2002 年版，第 79 页）祁韵士《万里行程记》也记该地风灾盛行（《大唐创业起居注（外七种）》，上海古籍出版社 2016 年版，第 247—248 页）。该地属于今新疆著名的百里大风区，12 级大风经常出现，兰新铁路火车过此段常因风力过强而出现晚点甚至侧翻事故，故在古代此道为行人忌惮当属事实。

2 冯承钧：《高昌城镇与唐代蒲昌》，原载《中央亚细亚》1942 年第 1 卷第 1 期，又载《冯承钧学术论文集》，上海古籍出版社 2015 年版，第 301—312 页。

时，这条道路可能一度中断，而天山南麓伊州至北庭的道路在东部天山的军防格局中发挥了重要的作用。史载先天二年（713）、开元二年（714）、开元三年东突厥曾围攻北庭，其东部的蒲类县还曾一度被攻陷，此时的北道并不安全。开元二年郭虔瓘在北庭抗击东突厥，协助此次战役的还有轮台县、西州蒲昌县、伊州柔远县（伊吾军）的军队。此时的蒲类海一带很大可能已被突厥控制，伊吾军的行军路线就只能沿着天山南麓西经七角井，再翻越天山至蒲类、北庭等地。开元二年（714）伊吾军至北庭的道路，即《新唐书·地理志》所载伊州沿天山南麓至北庭的驿道，这条道路在北庭都护府设置以后，在东部天山廊道军防布局中的地位进一步突出。

第三节　居延路上的重镇：柔远城

S.367 号文书《沙州伊州地志》记柔远县城为隋大业十二年（616）屯田所筑，位于州治所在地东北 240 里[1]，《元和郡县图志》与《太平寰宇记》则记其在州治东南 240 里处[2]，据此柔远县大致在今沁城乡附近。在今哈密以东沁城乡附近相应里程范围内尚未发现唐代古城遗址，而在该乡南部头宫村一处名为墩墩山的山顶上发现了一座唐代烽火台，该烽火台底径约 8 米，残高约 4.5 米[3]，位于一处南北向山谷西侧山顶上，地势险要，视野开阔，唐代从南部的瓜州、沙州等地经此向北有道路通行，如此将其北部的沁城乡作为唐柔远县治所在地似可成立。此外，史载柔远县东 7 里处有柔远镇，其镇城亦大业十二年（616）修建，唐承袭之，遗址所在地未详。

1　郝春文主编：《英藏敦煌社会历史文献释录》（第二卷），社会科学文献出版社 2003 年版，第 177 页。

2　《元和郡县图志》卷四十《陇右道下》，中华书局 1983 年版，第 1030 页；《太平寰宇记》卷一百五十三《陇右道四》，中华书局 2007 年版，第 2963 页。

3　新疆维吾尔自治区文物局：《新疆维吾尔自治区长城资源调查报告》，文物出版社 2014 年版，第 101 页。

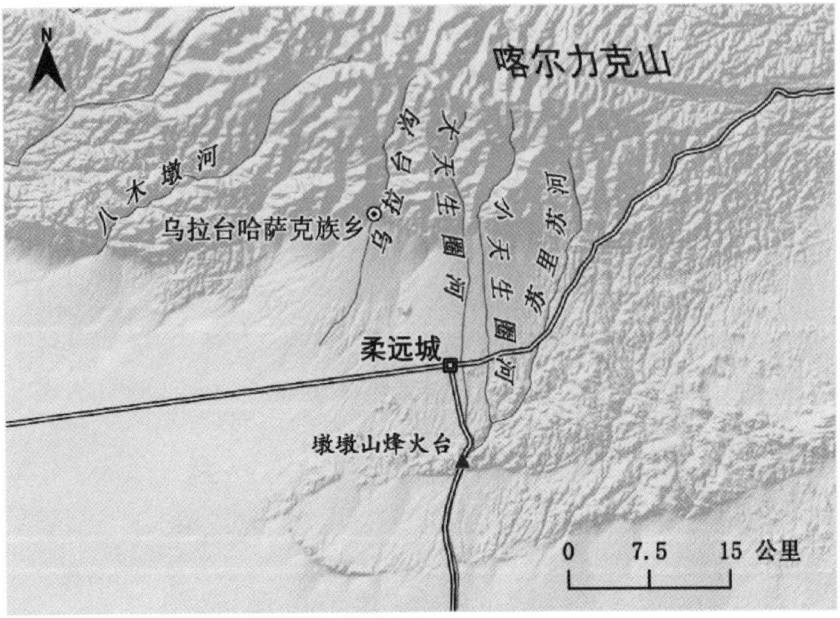

图 17　柔远城水环境和交通示意图

一、柔远城的水环境和屯田

柔远县在隋代以前多属于游牧部落控制[1]，但该地区的农耕环境并不差。其北部是喀尔力克山，冰川融水形成乌拉台沟河、大天生圈河、小天生圈河、苏里苏河等河流，河流流域最高海拔在4290至4500米，海拔4000米以上有终年积雪和少量冰川，苏里苏河积水面积171平方千米，大、小天生圈河积水面积为107平方千米，是该地区最大的两条河流。现今苏里苏河有地表径流至墩墩山附近的二宫村，大小天生圈河在出山口处便转换成地下水，在沁城乡附近以泉水的形式被

1　在今沁城乡发现的墓葬，如桑吐尔东墓群、崖马工墓群、大队坡墓地、小堡南墓地、阿东沟墓地、安拉墓地、独山子墓地、下河村墓地、小堡1号墓地、小堡2号墓地等，以石圈墓和石堆墓为主，是典型的游牧部落墓葬遗存。同时还有许多岩画，如小堡尖山子岩画、下河村岩画、小堡南岩画等，与上述石堆或石圈墓距离较近，都是与游牧文化相关的遗存。

利用。苏里苏河流量较大，但其下游地形不平坦，耕地环境较差；大、小天生圈河水量较小，但其下游地势平坦，是沁城乡主要的绿洲。《元和郡县图志》记载："柳谷水，东西二源，出县北天山，南流十五里合"[1]，清末陶保廉认为大、小天生圈河就是唐代的柳谷水[2]。与现今不同的是，该河直至清代仍有地表径流，并能汇合成一水。

沁城乡附近在古代时期水量充足，农耕环境比较优越。该地在隋代可能就有屯田，S.367号文书《沙州伊州地志》柔远县条记载："右相传，隋大业十二年，伊吾胡共筑营田。贞观四年，胡归国，因此为县，以镇为名。"[3]到唐代，该地仍然驻兵，伊吾军一度驻屯于此。黄文弼所获《唐开元年间伊州伊吾军屯田文书》记载：

1. ［　　　　］远□界
2. ［　　　　］五十亩种豆，一十二［　　］，检校健儿焦思顺。
3. ［　　　　］三亩种豆，廿亩种麦，检校健儿成公洪福。
4. ［　　　　］用□水浇溉。
5. ［　　　　］军　　界
6. ［　　　　］亩，苜蓿烽地伍亩，近屯。
6. ［　　　　］都罗两烽共伍亩。
7. ［　　　　］烽铺近屯，即侵屯。[4]

据刘安志考证，此文书年代在开元十年（722）前后，此时伊吾军已自柔远县迁至天山北部的甘露川（详见本章第五节）。文书第5列补全应为"伊吾军界"，第1列补全应为"柔远镇界"[5]。第2列至第4列记录了柔远镇的屯田情况，第4列中间的字残损，该字残存的下半部似为一"木"字，结合前后文，较大可能是一个"渠"字，即"用渠水浇

1 《元和郡县图志》卷四十《陇右道下》，中华书局1983年版，第1030页。

2 陶保廉：《辛卯侍行记》，中国国际广播出版社2016年版，第230页。

3 郝春文主编：《英藏敦煌社会历史文献释录》（第二卷），社会科学文献出版社2003年版，第177页。

4 黄文弼：《吐鲁番考古记》，中国科学院考古研究所，1954年，第41—42页、图34。

5 刘安志：《跋吐鲁番鄯善县所出〈唐开元五年（717）后西州献之牒稿为被悬点入军事〉》，《魏晋南北朝隋唐史资料》第19辑，武汉大学文科学报编辑部编辑出版，2002年，第219页。刘子凡：《瀚海天山：唐代伊、西、庭三州军镇体制研究》，中西书局2016年版，第244页。

溉”。这说明，唐代伊吾军移驻甘露川以后，柔远镇恢复了建制，且利用灌溉系统，在这一地区继续进行屯田。

二、柔远城的东向交通

此地至隋代置军镇，唐代又增置县，与该地重要的交通位置有关。沁城乡南部经墩墩山烽燧的道路是隋唐时期河西通西域的主要交通路线之一，但该道需要穿越三百多公里的戈壁滩，柔远县置屯田主要是为该交通提供补给。同时，此地以东似有道路通居延，沿喀尔力克山东缘至北也有一条军事交通线向西北延伸。

柔远城东向交通，唐代文献较少记载，不过有资料显示由居延向西进入西域绿洲，在隋唐以前就已开辟道路。如宋永初元年（420），昙无竭招集僧人西行求法，“初至河南国，仍出海西郡，进入流沙，到高昌郡。”[1] 其中的“河南国”“海西郡”分别指的是西秦和居延海[2]，从居延海西至高昌，首先需要经过今天沁城乡东部的噶顺戈壁，唐代称“莫贺延碛”，再至伊吾、高昌。由居延经过莫贺延碛以后，只有沁城乡附近有水源可供补给，因此其经过沁城乡附近的可能性很大。

《册府元龟》记载唐初伊州刺史谢叔方前往灵州招抚突厥部落[3]，所经之道可能就是从柔远至居延的道路。隋唐时期置柔远县、柔远镇，说明这条道路是北方草原地区进入西域绿洲的一条重要通道，唐代伊吾军一度驻屯于此，体现伊州军镇布局的东向经营态势。

至宋代该道仍然通行。王延德出使高昌，一般认为其所经之路线是经回鹘道抵达吐鲁番盆地，其从蒙古高原西南进入伊州的一段记载：“次历格啰美源，西方百川所会，极望无际，鸥鹭凫雁之类甚众。次至托边城，亦名李仆射城，城中首领号‘通天王’。次历小石州。次历伊

1 《高僧传》卷三《昙无竭传》，中华书局 1992 年版，第 93 页。

2 周伟洲：《吐谷浑史》，广西师范大学出版社 2000 年版，第 137 页。

3 《册府元龟》卷六百五十六《奉使部（五）·立功》，凤凰出版社 2006 年版，第 7569 页。

州……”[1]，钱伯泉认为其中的“格啰美源”约在蒙古高原西南，阿尔泰山南麓的沙拉呼鲁苏尼布拉克一带，“小石州”可能在今天哈密伊吾县下马崖乡附近[2]。从下马崖到哈密，最便捷的道路当南下沿喀尔力克山南麓西行至沁城，再向西到达伊州所在的哈密市附近。

第四节　伊州屯戍核心区：伊吾军城

S.367号文书《沙州伊州地志》记载，伊吾军“景龙四年五月（?）日奉敕置，至开元六年移就甘露镇……伊州伊吾军柔远县”[3]，由此可知伊吾军驻地曾经历过一次转移。其最初驻地在柔远县，柔远县初置守捉（镇），伊吾军或为柔远守捉改编而成。天山北部原设有甘露镇，其位置当在诸史记载之甘露川附近，此河一般认为是发源于巴里坤东南天山北麓，向西北流入巴里坤湖的一条河流[4]，《西域水道记》称“招摩多河”，即现今的柳条河。甘露镇驻军规模不是很大，但开元六年（718）唐朝将伊吾军移驻于此，表明此地在天山北道及西域军防格局中的地位日显重要。

一、伊吾军的位置与水环境

现今巴里坤湖东部发现有两处唐代古城遗址，一为大河古城（图18、图19），一为唐朝破城子遗址。大河古城位于巴里坤县大河镇东头渠村南约2公里处，由主城和附城两部分组成，主城平面呈方形，南北长210米，东西宽180米；附城居东，南北长240米，东西宽170米，

1 《宋史》卷四百九十《外国传》，中华书局1977年版，第14111页。

2 钱伯泉：《〈王延德历叙使高昌行程所见〉的笺证和研究》，《西域研究》2010年第4期。

3 郝春文主编：《英藏敦煌社会历史文献释录》（第二卷），社会科学文献出版社2003年版，第178页。

4 严耕望：《唐代交通图考》第二卷《河陇碛西区》，“中央研究院”历史语言研究所，1985年，第590页。另外，钟兴麒认为甘露川在今哈密东北部天山北麓的伊吾河流域，见《唐伊吾军驻所甘露川考》，《西域研究》1993年第4期。此说与史料记载方位不符，今不取。

图 18　大河古城

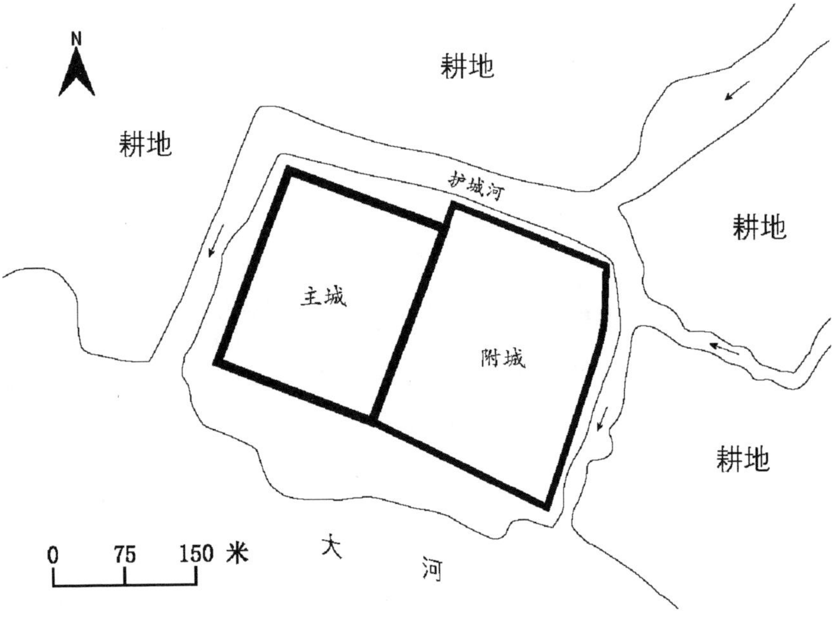

图 19　大河古城平面图

附城城墙较主城低矮，但面积较大，可能用于饲养马匹等牲畜[1]。唐朝破城子遗址位于巴里坤镇东北约 2.5 公里处，平面为方形，南北长约 230 米，东西宽约 180 米，北墙正中朝外明显突出，可能为瓮城，城墙西北、东北及西南角均有圆形土堆，似为角楼，遗址内曾出土唐代、清代遗物，沿用时间较长[2]。唐朝破城子遗址规模与大河古城主城相当，两座古城与哈密市的距离大约为 130 公里和 140 公里（公路交通测量数据），看来大河古城与《元和郡县图志》伊吾军“在州西北三百里折罗漫山北甘露川”的记载更为接近[3]。至于唐朝破城子，应该是伊吾军节制的某军镇。

大河古城附近的河流，包括护城河，均属柳条河水系。该河发源于巴里坤山，最高海拔虽只有 3089 米，但北坡地区降水比较丰富、植被较好，柳条河之水源很大一部分来自降水和地下水。又该河南部和北部的巴里坤山和梅欣乌拉山发育有数十条小河，这些河流以不同的形式（地表水和地下水）补给柳条河，为该河提供了充足的水源。现今柳条河全长约 108 千米，总集水面积约 3000 平方千米，年径流量约 1040×10^4 立方米[4]。巴里坤盆地是整个哈密地区自然环境最好的一片土地。由于降水相对丰富，此地草场丰美，森林广布；又因地形平坦，河流广布，可适当发展屯田。现今巴里坤的耕地主要分布在柳条河两岸，呈东西向条状分布。伊吾军所在的大河古城就靠近该河下游散流之北岸，其西部、北部和东部都是耕地。

二、伊吾军屯田

开元六年（718）伊吾军移驻蒲类海，管兵三千人，马三百匹[5]，极

1 《不可移动的文物·哈密地区卷 3》，新疆美术摄影出版社 2015 年版，第 170 页。

2 《不可移动的文物·哈密地区卷 3》，新疆美术摄影出版社 2015 年版，第 173 页。

3 《元和郡县图志》卷四十《陇右道下》，中华书局 1983 年版，第 1030 页。王炳华亦主张大河古城为伊吾军的观点，见王炳华：《近年新疆考古中所见唐代重要史迹》，《唐研究》1995 年第 1 卷，第 431—434 页。

4 王世江主编：《中国新疆河湖全书》，中国水利水电出版社 2010 年版，第 190 页。

5 《元和郡县图志》卷四十《陇右道下》，中华书局 1983 年版，第 1033 页。

大地增强了伊州北部的驻防力量。更为重要的是，伊吾军在蒲类海附近进行屯田，开启古代巴里坤屯田的先河。

伊吾军是伊州驻军最多的一个军镇，其屯田的规模也最大。《元和郡县图志》记蒲类海“绕海名良田”，疑为“绕海多良田”之误[1]；又《唐六典》记载“伊吾军一屯”[2]，为50顷，据吐鲁番出土文书，屯种的作物有小麦、粟、豆类、苜蓿等。现今大河古城以东约1.5公里处修建了一个水库，将柳条河的河水拦截以后，可将水引至大河古城西北部约9公里的大河乡垦区；大河乡西北，又有水渠延伸至大河古城以西约25公里外的地区。优越的自然环境使这片灌溉区成为巴里坤的“粮仓”，唐代的水利技术自然不及现在，但从地形来看，大河古城附近确实可将甘露川之水引至以西数十里以外。大河古城附近的这片灌溉区，可能也是唐代伊吾军的屯田之所。唐代在此屯田收效卓著，《唐伊吾军上西庭支度使牒为申报应纳北庭粮米事》记载：

> 1. 敕伊吾军　　　　　牒上西庭支度使
>
> 2. 合军州应纳北庭粮米肆阡（千）硕叁阡（千）捌佰伍拾叁硕捌斗叁升伍合，军州前后检纳得，肆拾叁硕壹斗陆升伍合，前后欠不纳。
>
> 3. 　　　壹佰玖拾柒硕纳伊州仓讫。叁阡（千）陆佰肆拾陆硕捌斗叁升伍合纳军仓讫。[3]

由文书可知，伊吾军生产的粮食主要纳北庭直属军仓，少数纳伊州仓，出现这一现象可能与伊吾军的隶属关系有关。《元和郡县图志》记载伊吾隶属于北庭都护府，而在另一些文献中又可见到伊州刺史兼领伊吾军的现象，伊吾军可能同属北庭和伊州管辖，因此其屯田所获分别要向不同的机构上缴。这一方面说明伊吾军的负担很重，也说明该地屯田产出高，粮食出现了节余，否则不可能向天山以南的伊州仓供应。据当地人介绍，大河古城曾一度被辟为耕地，当时发现古城内有很多窖穴，窖穴内还残存了大量已经炭化的粮食，这些窖穴可能就是唐代屯田士兵用于储藏粮食的仓库，即上述文书中的“军仓”。

---

1 《元和郡县图志》卷四十《陇右道下》，中华书局1983年版，第1030页。
2 《唐六典》卷七《尚书工部·屯田郎中》，中华书局1992年版，第223页。
3 《吐鲁番出土文书》肆，图录本，文物出版社1996年版，第98页。

除此以外，伊吾军所辖各烽铺也有屯田。吐鲁番出土文书统计属伊吾军管辖的烽铺有苜蓿烽、都罗烽、速独烽、阿查勒烽、泥熟烽、高头烽、故亭烽、青山烽、柽塠烽、花泉烽、柳头烽、明烽、伊地具烽、波色多烽、乙耳烽、乌谷铺、骨咄禄铺，烽铺戍卒一般会在附近进行屯田。但是，烽燧多设置在比较偏远、环境较差的地区，有的直接设置在山顶，如现今巴里坤发现的马王庙东山顶烽燧和大红山北烽燧，都位于山顶之上，其附近并不适合屯田。还有一系列烽燧分布在梅欣乌拉山北麓，这一带气候干旱，降水稀少；梅欣乌拉山北麓的河流水量也很小，极少能流到平原地区形成绿洲，只是在山麓附近出现一些比较小的泉水，如三塘泉、四塘泉、岔哈泉等，泉水附近现今有少量耕地和一些小村落，唐代的烽火台也在这些泉水附近。由于泉水水量较小，烽铺屯田出现了一些困难，《唐开元十年（722）伊吾军上支度营田使留后司牒为烽铺营田不济事》就记载了伊吾军烽铺屯田用水困难的情况：

1. [状][称]［　　　］
2. ［　　　］属警固，复奉使牒，烽铺子不许
3. ［　　　］功，各渐斸种前件亩数如前者。然烽铺
4. ［　　　］少差失，罪即及身，上下怕惧，专忧
5. ［　　　］[数]少，又近烽地水不多，不
6. ［　　　］[隐]没垅亩，求受重
7. ［　　　］[无][田]水。纵有者，去烽卅廿
8. □□上，每烽烽子只有三人，两人又属警固，近烽不敢
9. 不营，里数既遥，营种不济，状上者。曹判：近烽者，即
10. 勒营种，去地远者，不可施功，当牒上支度使讫。[至]
11. 开十闰五月廿四日，被支度营田使留后司五月十八□
12. 牒称：伊吾军牒报［　　　］烽多无田水。[纵]［　　　］
13. 有者，［　　　］薄恶不任□[称]人力不
14. ［　　　］[言]不可固，即非［　　　］[1]

1 《吐鲁番出土文书》肆，图录本，文物出版社 1996 年版，第 90 页。

文书内容反复强调以下事实：烽铺屯田附近水源不足；水源与烽铺屯田所在地过于遥远，引水困难；烽铺戍卒较少，且各有分工，烽铺屯田劳动力不足。这些情况比较符合巴里坤北部唐代烽燧线沿线地区的自然环境。这些地区看来在唐代就比较缺水，而且据第 6 行“隐没垅亩”的记载，这里的烽铺屯田可能还遭到了风沙的威胁，梅欣乌拉山北部是一片戈壁滩，出现风沙天气是极有可能的。有司审核后的建议是，靠近烽燧的地方则实行屯田，若可耕地距离太远，就不再进行屯种。但从文书前面几列内容来看，北庭军镇对于这一带的烽铺屯田似提出了极高的要求，否则这些烽铺戍卒也不至于出现“……少差失，罪即及身，上下怕惧，专忧……”的惧怕心理。

梅欣乌拉山南北的交通是唐代东部游牧部落进入西域的重要通道，尤其是在开元以后，东突厥的复兴对唐朝在北庭、西域的统治构成了巨大的威胁，因此唐朝将伊吾军移驻甘露川，又在梅欣乌拉山北麓建立烽燧线，逐渐构建起北庭东部的军防力量。屯田是驻军的产物，巴里坤湖附近的军镇屯田收效卓著，该地烽铺屯田虽然艰难，但也有一些成效，阿斯塔那 226 号墓出土文书《唐伊吾军牒为申报诸烽铺斸田所得斛斗数事》[1] 部分反映了伊吾军烽铺屯田的收效，同墓出土《唐伊吾军诸烽铺收贮粮食斛斗数文书一》《唐伊吾军诸烽铺收贮粮食斛斗数文书二》[2] 则反映出烽铺屯田所收粮食主要供烽铺戍卒自用。

三、伊吾军城的交通区位

伊吾军城是伊州北部的一个交通枢纽，其地沿巴里坤湖南、北向西分别有路通北庭；又东南沿柳条河入巴里坤山，经“唐姜行本纪功碑”处南通伊吾城。同时以伊吾军城为中心的天山北部烽燧沿梅欣乌拉山南、北分布，构成伊州北部控制东西交通的军事路线。伊吾军东

1 《吐鲁番出土文书》肆，图录本，文物出版社 1996 年版，第 97 页。

2 《吐鲁番出土文书》肆，图录本，文物出版社 1996 年版，第 98—99 页。

南通伊吾城之交通本章第一节已详述，此处对伊吾军西向交通以及伊吾军北部的烽燧交通进行讨论。

（一）伊吾军西向交通

伊吾军向西至北庭的交通，文献记载极少，但这条道路十分重要，尤其是在伊吾军迁移至蒲类海以后，由于伊吾军改属北庭，其与北庭的交通往来也日渐频繁。《太平寰宇记》记载伊吾军与北庭之间有确切的里程（七百里）[1]，可知二地有道路通行。前引吐鲁番文书《唐伊吾军上西庭支度使牒为申报应纳北庭粮米事》也清楚地说明，伊吾军在蒲类海附近屯种的粮食，一部分要向北庭都护府缴纳，其输送粮食之路自然也是沿天山北麓的道路。

现今从巴里坤到木垒县，沿途的唐代遗址分布较少，考察伊吾军至北庭交通路线的具体走向也十分困难。巴里坤县东约 4 公里的唐朝破城子，是该道沿线保存至今极少数唐代古城遗址之一。该古城东北距大河古城约 12 公里，中间是柳条河尾闾区，多湿地和沼泽，不能直接通行。因此从大河古城向唐朝破城子需要向东绕行，具体渡河地点尚不能确定，可能在今奎苏乡西部（有清代烽火台）。从唐朝破城子向西，大约沿巴里坤湖南岸，有一系列的清代烽火台，唐代伊吾军西向之道路，当与清代烽燧线大体一致（图 21）。唐朝破城子西约 6 公里处为大墩村烽火台（图 20），再西约 4 公里处为二墩村烽火台，再西约 3 公里处为花庄子东南烽燧，再西约 3 公里处为花庄子西南烽燧，再西约 9 公里处为尖山子村烽燧，再西约 18 公里处为尖山子西北烽火台，再西约 4 公里处为骨拐泉东烽燧，再西约 3 公里处为骨拐泉西烽燧。骨拐泉西烽燧附近清代置驿（苏吉驿），从此向西有两路：一路向西南，一路向西北。

西南之道路：自骨拐泉西烽燧南偏西约 3 公里为苏吉村烽燧，再南偏西约 1 公里为萨尔乔克中学西南烽燧，再西偏南约 3 公里为卢方

1 《太平寰宇记》卷一百五十六《陇右道七》，中华书局 2007 年版，第 2998 页。

沟烽燧，再西约 11 公里处为五场沟村烽燧，再西南约 5 公里处为肋巴泉烽燧。肋巴泉烽燧在清代也是一个中转驿站（上肋巴泉驿），向南经橙槽沟越巴里坤山接天山南路，向西南经陶赖井子（今有陶赖泉）从天山断陷带可至七角井，再向西南至鄯善、吐鲁番等地。由于清代与准噶尔对峙时期巴里坤是西域东部的军政中心，此道在清代一度是巴里坤向吐鲁番最主要的交通，甚至从哈密向吐鲁番也曾先至巴里坤再从此道西行。至于唐代，较少有文献能够直接证明该道被开发利用，不过唐朝在西域东部的政治中心一度位于西州高昌城，其通往巴里坤之交通可能经此道而行[1]。在今陶赖泉西部十多公里处发现有多处突厥墓地，如尔沙石桩墓、雄库尔石桩墓、萨纳姆沙和特墓地、瓦纳库都克石桩墓地等[2]，说明唐代突厥人曾在此活动。突厥人从此向南可直接威胁到天山南道的安全，因此也不排除唐朝一度在此设据点的可能性。

西北之道路：此道基本沿着今天的 S303 省道，骨拐泉西烽燧西北约 33 公里处为阿克沃尔腾烽燧，清代置下肋巴泉驿，再西北约 10 公里为乌图水烽燧，清代置务涂水驿，再西约 35 公里为芨芨台子，未发现烽燧，但文献记载清代在此置芨芨台驿，再西偏南约 6 公里处为噶顺沟，清代置噶顺塘，再西偏南约 24 公里为色皮口驿站遗址和烽火台，清代置色必驿。从色皮口向西至木垒县，即伊州至北庭驿道西段。这条道路是巴里坤至木垒、奇台、吉木萨尔最便捷的交通，唐代天山北麓伊吾军至北庭交通应从此道。

（二）巴里坤烽燧遗址与伊吾军的军事防线

伊吾军移驻蒲类海前后，是伊州北部烽燧交通体系完善时期，《唐

---

1 清朝收复新疆以后，将政治中心西移至伊犁，奇台、乌鲁木齐的经济也不断发展，这使得巴里坤的位置十分尴尬。其后巴里坤的政治和经济地位逐渐下降，其向吐鲁番的这条道路逐渐衰落，而自哈密经小南路至奇台的路线逐渐兴盛，这即是政治经济格局变迁对交通的影响。乌鲁木齐、奇台政治和经济地位上升以后，清代东部天山政区地理与唐代北庭何其相似，东部天山南北的交通路网也有很多共通之处，这一问题有待于进一步研究。

2 王毅民主编：《哈密文物志》，新疆人民出版社 1993 年版，第 172—173 页。

图 20　大墩村烽火台

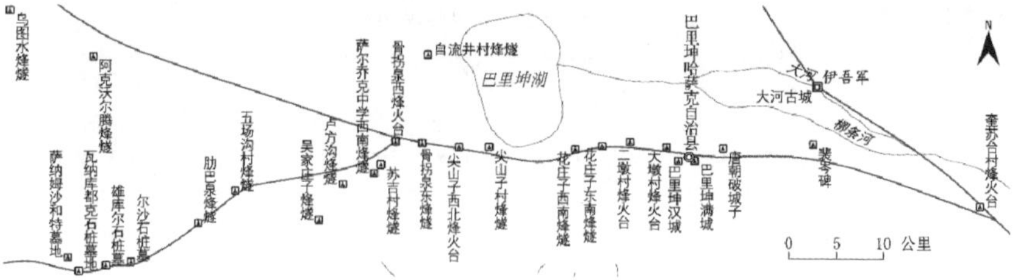

图 21　大河古城西部古遗址分布及交通路线图

开元某年伊吾军典王元琮牒为申报当军诸烽铺斸田亩数事》记录了伊吾军所辖的部分烽燧名称，如速独、高头、阿查勒、泥熟、故亭、青山、柽堆、花泉等烽[1]。值得注意的是，这些烽燧名称与 S.367 号文书《沙州伊州地志》所载伊州三县所辖烽燧名称完全不同[2]，这些烽燧很大可能是伊吾军移驻天山以北前后新修建的，这也间接说明开元以前伊州天山以北烽燧交通并不完善。现今在巴里坤发现的唐代烽燧，其修建年代很可能在开元六年（718）前后与东突厥的战争时期。随着这些烽燧的修建，天山北部交通及军防体系逐渐完善。

梅欣乌拉山、巴里坤山、喀尔力克山南北部分唐代烽燧统计表[3]

名称	位置	经度（E）	纬度（N）	位置关系
阔吐尔烽燧	伊吾县前山乡喀拉马勒村	94° 15′ 46.01″	43° 43′ 5.48″	东南距伊吾县约62公里
东庄子烽燧	巴里坤县三塘湖乡东庄子村	93° 59′ 22.16″	43° 56′ 5.82″	东南距阔吐尔烽燧约33公里
岔哈泉烽燧	巴里坤县三塘湖乡岔哈泉村	93° 52′ 27.77″	44° 0′ 50.62″	东南距东庄子烽燧约13公里
岔哈泉石板墩烽燧	巴里坤县三塘湖乡岔哈泉村	93° 38′ 39.91″	44° 4′ 4.66″	东偏南距岔哈泉烽燧约19公里
四塘泉烽燧	巴里坤县三塘湖乡中湖村	93° 31′ 12.47″	44° 6′ 48.71″	东偏南距岔哈泉石板墩烽燧约11公里
三塘泉烽燧	巴里坤县三塘湖乡中湖村	93° 27′ 7.16″	44° 10′ 21.89″	东南距四塘泉烽燧约8.5公里
中湖村烽燧	巴里坤县三塘湖乡中湖村	93° 20′ 33.11″	44° 14′ 43.51″	东南距三塘泉烽燧约12公里

1 《吐鲁番出土文书》肆，图录本，文物出版社 1996 年版，第 94 页。据同墓所出《唐开元十年伊吾军上支度营田使留后司牒为烽铺营田不济事》可知该文书年代大致在开元十年（722）前后。

2 S.367 号文书《沙州伊州地志》记载伊吾县辖水源、毛瓦、狼泉、香枣、盘兰泉、速度谷、伊地具等烽；纳职县辖百尺、不到泉、永安、束柘厥、花泉、延末等烽；柔远县辖白望、白杨山、伊地具、独堆等烽。详见郝春文主编：《英藏敦煌社会历史文献释录》（第二卷），社会科学文献出版社 2003 年版，第 176—177 页。造成两件文书烽燧记载不同的原因，刘子凡认为《唐开元某年伊吾军典王元琮牒为申报当军诸烽铺斸田亩数事》中记载的烽铺，可能是伊吾军迁移后在甘露川新设之烽铺，所以并不在伊州三县的管辖范围之内。见刘子凡：《瀚海天山：唐代伊、西、庭三州军镇体制研究》，中西书局 2016 年版，第 243 页。

3 烽燧位置信息采自《哈密文物志》（新疆人民出版社 1993 年版）、《新疆维吾尔自治区长城资源调查报告》（文物出版社 2014 年版）、《不可移动的文物：哈密地区卷》（新疆美术摄影出版社 2015 年版）等资料。

续表

名称	位置	经度（E）	纬度（N）	位置关系
大红山北烽燧	巴里坤县八墙子乡大红山村	93° 7′ 34.14″	43° 57′ 49.36″	东北距中湖村烽燧约40公里
马王庙东山烽燧	巴里坤县八墙子乡八墙子村	93° 6′ 2.45″	43° 53′ 39.05″	北偏东距大红山北烽燧约8公里，南偏东距大河古城约26公里
白墩烽燧	巴里坤县大红柳峡乡霍斯库仍村	92° 39′ 34.89″	43° 55′ 23.81″	东距中湖村烽燧约103公里，东南距大河古城约109公里
霍斯库仍石板墩烽燧	巴里坤县大红柳峡乡霍斯库仍村	92° 20′ 17.84″	43° 53′ 6.58″	东距白墩烽燧约3公里
尤勒滚鲁克烽燧	伊州区天山乡头道沟村	93° 42′ 46.87″	43° 9′ 35.96″	南偏西距哈密市约40公里，北距焕彩沟石碑约4公里

伊州北部的烽燧线是以伊吾军为中心的军事交通路网，可细分为北部、西部、东南部三条烽燧线。伊吾军北线，从大河古城向北大致沿今巴里坤至三塘湖的道路，在梅欣乌拉山西侧山地有马王庙东山顶烽燧和大红山北烽燧，从此向北抵达三塘湖盆地南缘，沿着梅欣乌拉山北麓向东南至伊吾县，在有泉水的地方发现了中湖村烽燧、三塘泉烽燧、石板墩烽燧、东庄子烽燧、阔吐尔烽燧。该烽燧线向东南可至伊吾县下马崖乡附近，再向西南可至天山以南沁城乡附近，即唐代柔远县；下马崖乡向东可至居延泽；下马崖乡向西经梅欣乌拉山与喀尔力克山之间的谷地至伊吾军所在地。伊吾军西线，从大河古城沿着巴里坤湖北岸向西北进入巴里坤台原，有白墩烽燧，白墩烽燧折西南有石板墩烽燧，石板墩烽燧再往西南至芨芨台子，与天山北麓伊吾军至北庭的道路相接。伊吾军东南线，从大河古城向东南约 48 公里至天山北麓的松村塘，自此向南坡度渐陡，约 8 公里至山岭天山庙附近的“唐姜行本纪功碑”处，再向东南沿河谷约 13 公里至焕彩沟石碑处。焕彩沟石碑向南偏西出南山口，再向东南有尤勒滚鲁克烽燧，再南至哈密附近的唐伊吾县所在地。

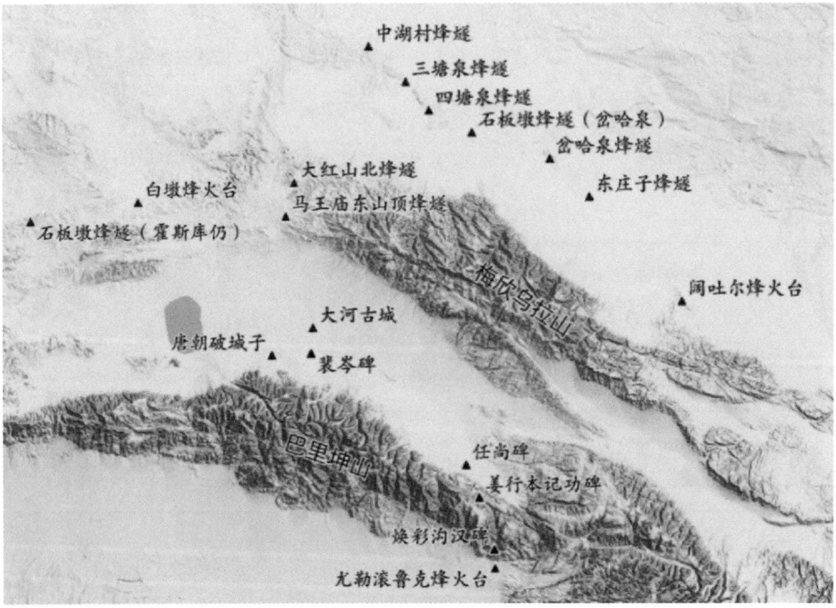

图 22　巴里坤汉唐遗址分布图

第五节　伊州天山南北的军防布局

伊州天山南北有三条东西向通道，其中北部两条多为游牧部落利用，南部通道多为中央王朝利用。在唐代，南部的通道及军防在初置伊州时便得以开通和建立，伊吾军成立以前伊州的屯戍主要在天山以南的柔远县，且力量较小，天山北部的戍防更加薄弱。景龙以后，随着伊吾军的建立和迁移，天山北部的屯戍力量不断加强，以伊吾军为中心的烽燧交通得以建立，梅欣乌拉山南北的两条通道也逐渐被唐朝所控制，伊州的屯戍布局最终形成。伊吾军作为北庭东部的一个重要军镇，对于防止东突厥西侵、保障丝绸之路的畅通起到了重要的作用。

一、伊州天山南北的地理环境和东西通道

唐代伊州政区范围大致与现今哈密地区吻合，境内的时罗漫山即

现今之梅欣乌拉山、巴里坤山和喀尔力克山；梅欣乌拉山北部又有大、小哈甫提克山，哈密南部有库鲁克塔格山。北部、中部、南部四列东西向山脉构成四山夹三通道的地形特征（图 23）。北部梅欣乌拉山与大、小哈甫提克山之间的通道南北宽约 100 公里，地貌以荒漠、戈壁为主，通行的路线主要是沿着梅欣乌拉山北麓山前有水草地带。中部的两列山脉为梅欣乌拉和巴里坤—喀尔力克山系，中间是狭长的巴里坤—伊吾盆地，地貌以草原为主，间有草原绿洲。南部巴里坤山与库鲁克塔格山之间的通道即丝绸之路中道，地貌以戈壁为主，间有沙漠绿洲。

（一）梅欣乌拉山南北的通道

梅欣乌拉和巴里坤—喀尔力克山系之间的盆地，达子沟以西称巴里坤盆地，以东称伊吾盆地。巴里坤盆地西宽东窄，西低东高，来自西部的气流进入盆地逐渐抬升形成降水，使该地成为整个哈密地区降水最为丰富的地区，发源于盆地西部山区的河流向西流至盆地最低地，形成的巴里坤湖，在汉唐时期称之为蒲类海。盆地南北的山地植被垂直发育较完整，有大片的草原、森林，尤其南部的巴里坤山、喀尔力克山北坡海拔 2300 米以上的地带，形成了大片的松树林，森林资源较为丰富，《元和郡县图志》记载伊吾北部天山“出好木及金铁”，《后汉书》引《西河旧事》云：“白山之中有好木，匈奴谓之天山，去蒲类海百里”[1]，即指此处森林地带。达子沟以东的伊吾盆地受西部气流影响减小，来自东部的气流也很难进入该地区，因此降水相对较小[2]，自然环境相对较差。整个巴里坤—伊吾盆地受地形、气候的影响，社会经济模式也不同，现今东部的伊吾盆地为以畜牧业为主，而西部的巴里坤盆地则以农业为主。在古代，当游牧民族控制巴里坤时，这里的经济方式仍以畜牧业为主；而当中央王朝控制该区域时，农耕经济

1 《元和郡县图志》卷四十《陇右道下》，中华书局 1983 年版，第 1029 页；《后汉书》卷四十七《班超传》，中华书局 1965 年版，第 1582 页。

2 1990—2010 年平均值：哈密市 45.7 毫米，巴里坤县 232.9 毫米，伊吾县 109.9 毫米。哈密地方志编纂委员会：《哈密地区志》，新疆大学出版社 1997 年版，第 153 页。

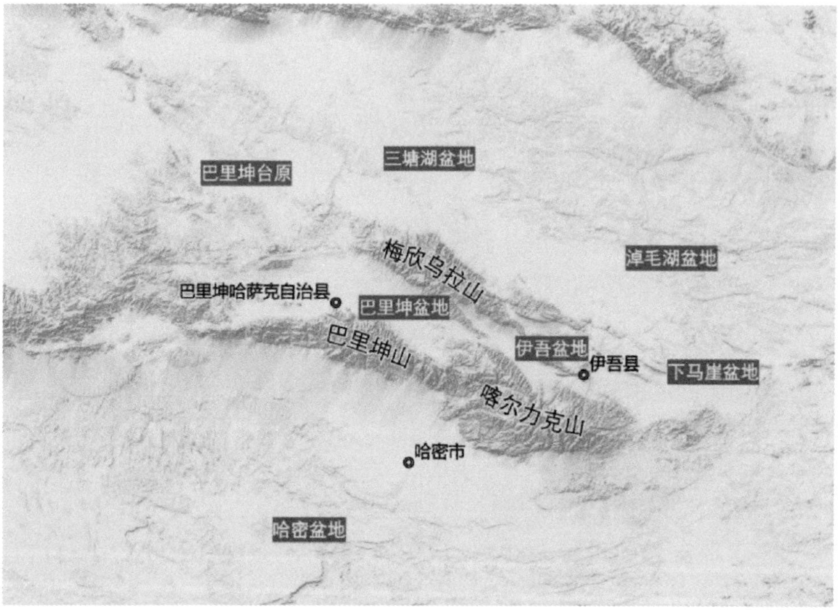

图 23　唐代伊州时罗漫山南北主要地形地貌

在此有一定的发展。巴里坤—伊吾这片狭长的盆地（谷地），在古代是天山北麓的一条重要东西向通道，因其有丰富的草场资源较早被游牧民族利用，而中央王朝对西北部游牧部落征伐战争多以骑兵为主力的突击部队，其行军路线也往往循此道向西推进。

梅欣乌拉山以北的盆地，由于南北地势较高，而东部和西部地势较缓，严格来说是一片相对平坦的东西向通道。该通道南北宽约 100 公里，通道北部是今中蒙边界的北塔山、小哈甫提克山、大哈甫提克山、呼洪得雷山、苏海图山、海来山等山地。该通道主要包括东准噶尔山地、三塘湖—淖毛湖盆地、巴里坤台原（西山台原）、梅欣乌拉山山地等 4 种地貌单元，东准噶尔山地位于通道北靠近中蒙边界，为一片干燥的剥蚀山地；三塘湖—淖毛湖盆地位于中部，两个湖泊现今均已干涸，淖毛湖水源补给主要为伊吾河（现今河水已不能流入湖区），发源于喀尔力克山的冰川地带；三塘湖以南在古代似有河发源于梅欣乌拉山，但现今已很难发现地表径流。因此现今三塘湖—淖毛湖盆地基本为荒漠戈壁。巴里坤台原位于通道的西部，即今天的巴里坤县大红柳峡乡、博尔羌吉镇、下涝坝乡等地，海拔1000至1800米，相对于东部的三塘湖—淖毛湖湖盆地较高，但地势较平，穿越难度较小，地貌以草原为主，是巴里坤县重要的牧区。梅欣乌拉山山地即梅欣乌拉北麓及山前地带，西起巴里坤的大红山，东至伊吾县的苇子峡。该山北坡虽然受暖湿气流较小，但由于最高处海拔在3600米以上，其与北部的三塘湖—淖毛湖戈壁滩地貌不同，出现了一些山地草原等植被。且有河流发育并北流至山脚，因此北坡的自然环境不算太差。古代梅欣乌拉山北部的交通道路主要也是沿着北麓向西行，现今沿山地带发现的连续烽燧遗址即为证。

（二）喀尔力克山及巴里坤山南部的通道

巴里坤山及喀尔力克山以南是哈密盆地，盆地的南缘是库鲁克塔格山及其东延的戈壁，与敦煌、若羌等地为邻。盆地的最低点在西部的沙尔湖（现已干涸），海拔53米，与西部吐鲁番盆地相连，其北部及东北部为天山，东部为广袤的嘎顺戈壁。北部的天山南坡，由于较少受到暖湿气流的影响，植被少，多为干燥裸露的岩石和山体，与天山北坡植被形成鲜明的对比。但由于巴里坤山和喀尔力克山高山区均在4000米以上[1]，山峰终年积雪，尤其是喀尔力克山主峰区形成了较大面积的永久性冰川，据统计有122条冰川，冰川面积为125.89平方千米，冰川储量为7.1077立方千米[2]，这些冰川和积雪使天山南坡发育出了许多季节性河流，为南麓地区带来生机。巴里坤山及喀尔力克山南麓主要的绿洲有沁城绿洲、哈密绿洲和五堡绿洲等，而这几个地区也正是唐代伊州的主要居民点，三地分别有柔远县、伊吾县（伊州州治）和纳职县。这些绿洲居民点的形成与天山的冰川和积雪有紧密的联系，

1 巴里坤山主峰月牙山海拔4308米，喀尔力克山最高峰托木尔提峰海拔4886米。见哈密地方志编纂委员会：《哈密地区志》，新疆大学出版社1997年版，第151页。

2 胡汝骥主编：《中国天山自然地理》，中国环境科学出版社2004年版，第185页。

经过伊吾的河流发源于喀尔力克山的永久冰川区，水量较大，因此这里成为伊州的州治，而柔远县及纳职县附近的河流上游冰川和积雪有限，流量较小，不能形成较大规模的聚落，唐代柔远县和纳职县废置不定。

古代巴里坤山与喀尔力克山南麓的道路与绿洲、河流有密切的关系，或沿河流行走，或将绿洲一个接一个的串联起来。文献记载唐代伊州沿河行走的道路大概有两条，一条即从今哈密附近向北，沿着今天的石城子河至天山山前地带，再折西至南山口，再循南山口河溯流而上至今天的天山庙，往北即是天山北麓，此道沿线保存了诸多汉唐时期的碑刻，多为中央王朝所利用；另一条即从哈密附近向南沿着库如克郭勒（石城子河下游）至南湖乡，折西与自五堡乡而来的白杨河汇合，到达沙尔湖，再西至吐鲁番地区鄯善县界，此道文献记载不多，《太平寰宇记》记载的柳中路（伊吾路）即指此道。

沙尔湖南部的库鲁克塔格山，是天山中部自焉耆南部延伸过来的天山余脉，经吐鲁番盆地南部至哈密南部，敦煌、瓜州北部地区。该山脉地形起伏小，若与哈密北部的天山山脉相比，其造成的地区封闭性就显得微不足道，仅考虑海拔和地形起伏，穿越这片山地的难度并不大。但由于该地区受暖湿气流影响很小，形成了极为干旱和广袤的戈壁滩（噶顺戈壁，唐代称莫贺延碛），中间地带极少有可共饮用的水源，瓜州至哈密直线距离约 320 公里，敦煌至哈密直线距离约 310 公里，如考虑气候及水源等因素，穿越这片戈壁滩的难度不亚于翻山越岭。戈壁滩地势虽然平坦，但并不是任何地方都能通行，只有可供饮用的泉水所在地才能成为交通通道，如玄奘从敦煌向伊吾不得不通过“五烽”地区，原因就在于只有这些烽火台所在地才有可供饮用的泉水。

二、伊吾军的迁移与伊州屯戍重心的北移

唐代西域东部时罗漫山南北交通体系和军防布局的形成并非一蹴

而就，最初的交通及军防主要在南部，而随着伊吾军的迁移，山北的交通逐渐完善，军防体系也逐渐形成。

（一）伊吾军设置前伊州天山南部柔远县的驻防

贞观四年（630）初设西伊州，基本延续隋朝伊吾郡的军镇体系。隋朝伊吾郡属县尚不清楚，但据S.367号文书《沙州伊州地志》知其设置了柔远镇[1]，唐朝也直接沿用其名置柔远县。该地靠近天山山脉尽头的南部，从地形上看，向东或东北部都可开辟交通，事实上也的确如此，唐朝不仅在此置县，还设置了守捉[2]，使柔远县一度成为伊州地区的军事重镇。《册府元龟》记伊州刺史招抚突厥一事可证柔远县的交通和军事地位：

> 唐谢叔方为左亲卫中郎将，奉使灵州，招辑突厥。会失哥逻禄等部落叛兵三千于籁渎水上围叔方甚急，叔方率厉奋击，虏众乃解。还至柔远县，发伊州兵往谕延陀，与其游军会击，大破之。[3]

内田吟风认为上述谢叔方招抚西突厥部落之一的哥逻禄部，是因西突厥射匮可汗与阿史那贺鲁争斗引起的三姓哥逻禄东迁，事情发生在贞观十八年（644）[4]。《旧唐书》记谢叔方历任西州、伊州刺史[5]，其“奉使灵州”“还至柔远县”说明此事发生在其担任伊州刺史时期。此时的柔远县看来在伊州的军防布局中占有重要的地位。东突厥虽然已经被唐朝平定，但北部及西部的局势仍然会影响唐朝北方的稳定，伊州驻军设防主要还是对其东部、东北部方向的经略，柔远县及柔远镇地处伊州东部天山南麓，其军事地理位置的重要性也就不言而喻。从这里向东有道路至灵州，向东北有道路至薛延陀，在贞观时期一度是一个军事交通枢纽。

---

1 郝春文主编：《英藏敦煌社会历史文献释录》（第二卷），社会科学文献出版社2003年版，第177页。

2 《元和郡县图志》卷四十《陇右道下》，中华书局1983年版，第1030页。

3 《册府元龟》卷六百五十六《奉使部（五）·立功》，凤凰出版社2006年版，第7569页。

4 内田吟风：《初期葛逻禄族史之研究》，陈俊谋译，《民族译丛》1981年第6期。

5 《旧唐书》卷一百八十七《谢叔方传》，中华书局1975年版，第4873页。

柔远县的军镇体制演变大致为：柔远镇——柔远守捉——伊吾军——柔远镇，这种变化反映了柔远县在不同时期军事交通地位的上升或下降。《元和郡县图志》记载柔远县设守捉，但时间不明，一般情况下守捉的驻军比一个镇要多，这体现的是柔远县军事交通地位的上升。柔远县在神功元年被裁撤，其辖区并入伊吾县[1]，史籍中没有记载柔远县被裁撤的原因，但有迹象表明，该地设置的柔远镇或守捉驻军可能并没有和柔远县一同被撤销。S.367号文书《沙州伊州地志》记载景龙四年（710）设置的伊吾军仍然驻屯于柔远县，柔远县是否在景龙四年重新设置，不得而知，但需要注意的是，按《新唐书·兵志》"兵之戍边者，大曰军，小曰守捉"的记载，伊吾军初置于柔远县表明该地驻军不但没有削减，还得到进一步增强，按同一地点兼置守捉和军的可能性较小，疑伊吾军由柔远镇或守捉扩编而来。

伊吾军于开元六年（718）从柔远县迁移至时罗漫山北部的甘露镇，但柔远县的驻屯并没有因此而废弃。黄文弼所获《唐开元年间伊州伊吾军屯田文书》[2]，记录的是伊州各军、镇、戍、烽铺屯田的情况，刘安志考证此文书年代在开元十年（722）前后[3]。文书中的军镇名称残缺，但据文书上"伊吾军之印"可知为伊州地区军事文书，刘子凡甚至考证出了其中缺失的一段文字为"柔远镇界"[4]，可见至开元十年（722）前后柔远镇仍然存在。伊吾军移驻天山北坡以后，疑柔远县的驻屯被保留，但驻防力量被削减，恢复到最初柔远镇的建制。

（二）东突厥西侵与伊吾军的设置和迁移

蒲类海附近甘露镇设置的年代不详，但其驻防力量应该与柔远镇相当，伊吾军迁移至此取代了甘露镇的建制，实际是增强了天山北

1 《新唐书》卷四十《地理志》，中华书局1975年版，第1046页。

2 黄文弼：《吐鲁番考古记》，中国科学院考古研究所，1954年，第41—42页。

3 刘安志：《跋吐鲁番鄯善县所出〈唐开元五年（717）后西州献之牒稿为被悬点入军事〉》，《魏晋南北朝隋唐史资料》第19辑，武汉大学文科学报编辑部编辑出版，2002年，第219页。

4 刘子凡：《瀚海天山：唐代伊、西、庭三州军政体制研究》，中西书局2016年版，第244页。

坡的防御实力，这与八世纪初突厥局势变化有很大的关系。景龙二年（708）东突厥默啜西击突骑施娑葛，唐朝最初的策略显然不是也没有必要在西部阻击[1]，而是在东部开疆拓土，史载："（张）仁愿请乘虚夺取漠南之地，于河北筑三受降城，首尾相应，以绝其南寇之路。……中宗竟从之。"[2]张仁愿以拂云祠为中城，距东西两城各四百余里，据守险要之地，又于牛头朝那山北置烽燧1800余所，拓地三百余里。

然而唐朝对于默啜西侵的漠视导致了突骑施的混乱。景龙二年（708）七月，"突厥鼠尼施首领参布，及突骑施（首）领贺勒哥罗来降"，景龙三年（709）七月，突骑施娑葛遣使请降，拜钦化可汗，赐名守忠。突骑施各部请降的原因与东突厥默啜西侵有关系[3]。此次北方突厥局势的变化引起唐朝的重视，突骑施各部的归降也使得唐朝与西突厥的联盟得以建立，景龙四年（710）唐朝出兵击东突厥默啜，《命吕休璟等北伐制》记述了此次行军的情况：行军主力为金山道行军和朔方道行军，金山道行军大总管为吕休璟，副大总管为郭虔瓘、安处哲等，前军大使为突骑施钦化可汗娑葛，从北庭等地向金山进发；朔方道行军大总管为张仁愿，由朔方向北进攻突厥腹地。另外还有陇右、河西诸军协助此次战役，其中"伊吾军使、伊州刺史李脅交等，各领当军兵马，与突骑施守忠、吕休璟等计会，共为表里"[4]。疑伊吾军在景龙四年（710）设置，正是为这次战役而准备。

此次战争在突厥碑铭《暾欲谷碑》中也有记载：

（探子）说道："据报，突骑施可汗已经出发，十箭的人马已全部出发。一支汉人军队据报也与之一起前来。"听到这些话后，我的可汗说道："我将前赴汗庭。可敦此前过世了，我要去为她举行葬礼。"他说："你率领部队

1 神龙二年（706）娑葛之父乌质勒因安西都护郭元振而死，娑葛曾试报复，此事虽得以平息，但突骑施不免对唐朝有怀恨之意。因此景龙二年东突厥西侵并对娑葛施压，正是唐朝希望看到的局面。郭元振杀乌质勒事见《旧唐书》卷九十七《郭元振传》，中华书局1975年版，第3044—3045页。

2 《旧唐书》卷九十三《张仁愿传》，中华书局1975年版，第2982页。

3 吴玉贵：《突厥第二汗国汉文史料编年辑考》，中华书局2009年版，第851页。

4 《唐大诏令集》卷一百三十，中华书局2008年版，第705页。

继续前进，驻扎在金山。”[1]

从碑铭内容看，这次战争的焦点是东突厥与突骑施之间的战争，“一支汉人军队据报也与之一起前来”，可能就是吕休璟率领的金山道行军。唐朝与突骑施的出兵迫使东突厥默啜可汗妥协，碑铭记载东突厥可汗返回汗庭的原因是因其可敦过世，这可能只是他回避战争的一个借口[2]，景云二年（711）正月东突厥默啜向唐朝请和并联姻[3]，正是他在面对唐朝与突骑施夹击下的一次战略调整，景云二年（711）唐与东突厥未兴战事，表明前述金山道行军与朔方道行军并未真正实施，默啜的缓兵之计取得成功。东突厥一面与唐联姻，一面积极实施对突骑施的再次进攻，《暾谷谷碑》记载：

我们战斗，打得（敌人）溃逃，追逼他们趋向于达头投。我们将他们的可汗擒作俘虏。（我们的战士）杀死了他们的叶护与设。我们俘虏了约五十人。[4]

此条记载一般认为就是汉史中东突厥默啜擒杀突骑施可汗娑葛的战争，时间大致在景云二年（711）或先天元年（712）[5]，此役使突骑施遭受严重打击，也使唐朝在西域尤其是在北庭的边防面临更大的威胁。先天二年（713），默啜陷北庭蒲类县[6]；开元二年（714）再次寇北庭，《授郭虔右骁卫大将军等制》记载参与此次自卫反击战的将领主要为北庭都护、瀚海军经略使郭虔瓘以及伊州刺史、伊吾军使郭知运[7]。此战郭虔瓘于北庭城附近伏击并擒杀东突厥首领同俄特勤，同时，位于轮

1 芮传明：《古突厥碑铭研究》，商务印书馆 2017 年版，第 244 页。

2 芮传明：《古突厥碑铭研究》，商务印书馆 2017 年版，第 54 页。

3 《旧唐书》卷七《睿宗纪》，中华书局 1975 年版，第 156 页。

4 芮传明：《古突厥碑铭研究》，商务印书馆 2017 年版，第 245—246 页。

5 松田寿男认为在景云二年，见《古代天山历史地理学研究》，中央民族学院出版社 1987 年版，第 450—451 页。芮传明认为在先天元年，见《古突厥碑铭研究》，商务印书馆 2017 年版，第 59 页。

6 《元和郡县图志》卷四十《陇右道下》，中华书局 1983 年版，第 1034 页。《新唐书》卷一百五《褚璆传》（中华书局 1975 年版，第 4029—4030 页）记载“先天中，突厥围北廷（庭），诏璆持节监总督诸将，破之。”似与东突厥陷蒲类县为同一事件。

7 《全唐文》卷二五二，中华书局 1983 年版，第 2543—2544 页。

台县及西州蒲昌县的驻军分别从西部和南部支援北庭[1]，郭知运又从伊州西进断其后路，遂使东突厥大军败降。这次战争，位于伊州东部的伊吾军以及西州蒲昌县的驻军也加入了战斗，足见北庭的军防压力不小，同时，唐朝于该年新设天山军，驻西州城内，属北庭都护府，也是试图进一步加强东部天山的防御力量。尽管如此，北庭的防御力量仍然相对薄弱，开元三年（715），东突厥复围北庭[2]，这一次北庭的驻军没能正面反击，《薛讷朔方道大总管制》记载唐朝以薛讷为朔方道行军大总管，以吕延祚、杜宾客为副大总管[3]，率凉州、灵州等军向北进攻东突厥腹地，以解北庭之围。此役之后，唐朝逐渐调整北庭的军镇体制和驻防布局，其中于开元六年（718）将伊吾军从伊州东部的柔远县移驻于天山北部的蒲类海附近，而其隶属也由伊西道逐渐改为北庭节度。

伊吾军设置初期，正值唐朝军政体制变革，《旧唐书·地理志》载："景云二年，以江山阔远，奉使者艰难，乃分山南为东西道，自黄河以西，分为河西道。"[4]《新唐书·兵志》载："赤水、大斗、白亭、豆卢、墨离、建康、宁寇、玉门、伊吾、天山军十，乌城等守捉十四，曰河西道。瀚海、清海、静塞军三，沙钵等守捉十，曰北庭道。"[5]可见，伊吾军设置后的第二年，就归属于河西道节度。先天元年（712），又从河西道分出伊西道，伊吾军再次改归伊西道，无论河西道还是伊西道，

1 《旧唐书》卷一百三《张守珪传》记载："开元初，突厥又寇北庭，（郭）虔瓘令（张）守珪间道入京奏事，守珪因上书陈利害，请引兵自蒲昌、轮台翼而击之。"（中华书局 1975 年版，第 3193 页）另外，吐鲁番出土文书《唐李慈艺告身》记载"瀚海军破河西阵、白涧阵、土山阵、双胡丘阵、伍里堠阵、东胡袄阵等总陆阵，准开元三年三月廿二日敕，并于凭洛城与贼斗战，前后总叙陆阵，比类府城及论（轮）台等功人叙勋，则令递减，望各酬勋拾转"，小田义久指出这件文书所指战斗为开元二年郭虔瓘破东突厥战争的一部分，其中的白涧、轮台、凭洛等阵可能就是张守珪所谓引兵"自轮台翼而击之"。详见小田义久：《唐代告身的一个考察——以大谷探险队所获李慈艺及张怀寂告身为中心》，李济沧译，《魏晋南北朝隋唐史资料》第 21 辑，武汉大学出版社 2004 年版，第 166 页。

2 《唐会要》卷九十四，中华书局 1960 年版，第 2005 页。

3 《唐大诏令集》卷五十九，中华书局 2008 年版，第 316 页。

4 《旧唐书》卷四十《地理志》，中华书局 1975 年版，1639 页。

5 《新唐书》卷五十《兵志》，中华书局 1975 年版，第 1328 页。

均属于天山以南地区，而天山以北则属于北庭道节制区域[1]。但是，《旧唐书》又载："北庭节度使，防制突骑施、坚昆、斩啜，管瀚海、天山、伊吾三军。"[2]伊吾军似乎又属北庭节度，《元和郡县志》甚至在伊州、庭州条下均出现了伊吾军。造成伊吾军隶属不一致的文献记载现象，其实就是因为伊吾军驻地经历了一次迁移，最初其设置在伊州的柔远县，自然受河西或伊西节度，迁移至蒲类海附近以后，逐渐改由北庭节度。

伊吾军移驻蒲昌海前后，是伊州北部时罗漫山交通及军防体系完善时期，《唐开元某年伊吾军曲王元琮牒为申报当军诸烽铺斸田亩数事》记录了伊吾军所辖的部分烽燧名称，如速独、高头、阿查勒、泥熟、故亭、青山、柽塠、花泉等烽[3]。值得注意的是，这些烽火台名称与S.367号文书《沙州伊州地志》记载伊州三县所辖烽燧完全不同，因此这些烽燧很大可能是在伊吾军移驻天山以北前后新修建的，这也间接说明开元以前时罗漫山以北烽燧交通并不完善。现今在巴里坤发现的唐代烽燧，如前述阔吐尔烽燧、东庄子烽燧、岔哈泉烽燧、岔哈泉石板墩烽燧、四塘泉烽燧、三塘泉烽燧、中湖村烽燧、大红山北烽燧、马王庙东山烽燧等，虽不能与唐代烽燧名称一一对应，但其修建的年代应当在开元六年（718）前后与东突厥的战争时期。随着这些烽燧的修建，时罗漫山北部交通及军防体系也逐渐形成。

1 刘安志认为伊西节度使并非单指伊、西二州，而是指伊吾以西，统辖范围为伊、西二州和四镇地区，不包括北庭。伊西道及伊西节度相关问题的考证，详见刘安志：《伊西与北庭：唐先天、开元年间西域边防体制考论》，《魏晋南北朝隋唐史资料》第26辑，武汉大学文科学报编辑部编辑出版，2010年，第185页。

2 《旧唐书》卷三十八《地理志》，中华书局1975年版，第1385页。

3 《吐鲁番出土文书》肆，图录本，文物出版社1996年版，第94页。据同墓所出《唐开元十年伊吾军上支度营田使留后司牒为烽铺营田不济事》可知该文书年代大致在开元十年（722）前后。

第二章　西州火山北部的军城与军防

火焰山在唐代称火山[1]，其北部西起葡萄沟，东至七克台镇，并向东延伸至七角井附近的东盐池一带，是唐代西州北部重要的屏障。火山北部主要军城包括蒲昌城、赤亭镇城、罗护城镇、横截城、临川城、于谌城、新兴城、宁戎城等，除新兴城、宁戎城属前庭府外，其余各城均属蒲昌府镇界。这些军镇向北沿河谷均有道路北入天山，与山口处的烽燧遥相呼应，并与北麓诸军城共同扼守天山南北向通道，构成西州北部严密的城防体系。

第一节　高昌东镇：蒲昌城

贞观十四年（640）唐平高昌国后，以其东镇城为蒲昌县[2]。其地是蒲昌府镇界的中心城镇，在柳中东北、赤亭西南，兼守柳中路支线，同时肩负西州北部军防。唐代蒲昌城的位置和历史沿革，诸史记载多有错愕，冯承钧曾进行过详细的考证，并认为蒲昌县城在辟展[3]，其说为学界普遍认同。其地今名鄯善，当地维吾尔族仍称“piqan”，沿用的是清代地名“辟展”，其语源即唐代之“蒲昌”。如此说来，将唐代蒲昌县定位于今鄯善县附近，是比较可信的。

1　如岑参《火山云歌送别》云：“火山突兀赤亭口，火山五月火云厚。火云满山凝未开，飞鸟千里不敢来。平明乍逐胡风断，薄暮浑随塞雨回。缭绕斜吞铁关树，氛氲半掩交河戍。迢迢征路火山东，山上孤云随马去。”（《全唐诗》卷一九九，中华书局1999年版，第2058页）描述的正是火焰山南北赤亭、交河等地的自然环境。

2　《通典》卷一百九十一《边防七》，中华书局1988年版，第5205页。

3　冯承钧：《高昌城镇与唐代蒲昌》，载《冯承钧学术论文集》，上海古籍出版社2015年版，第301—312页。

图 24　蒲昌城址仅存的墙体

对于蒲昌城的具体位置，黄文弼曾认为在柯柯亚[1]，此地位于今鄯善县北约 35 公里的柯柯亚河出山口处，位置过于偏北，也未发现唐代遗址，其说不可信。近年来，在鄯善县东南约 1.4 公里的东巴扎回族自治乡，发现一处古遗址。由于靠近城区，遗址破坏非常严重，现仅存一段长约 15 米，高约 2 米的土墙，附近以前是一片约 10 亩的农田，曾发现骨骼、陶片、唐代钱币等遗物，第三次文物普查时定为南北朝至唐代遗址[2]。该古城所处位置，非常符合唐代蒲昌城之方位，文物普查时定名为“蒲昌城址”（图 24），昔遗址破坏严重，不能确定古城的形制和范围。

1　黄文弼：《高昌疆域郡城考》，载《黄文弼历史考古论集》，文物出版社 1989 年版，第 162—169 页。

2　《不可移动的文物·吐鲁番地区卷 3》，新疆美术摄影出版社 2015 年版，第 60 页。

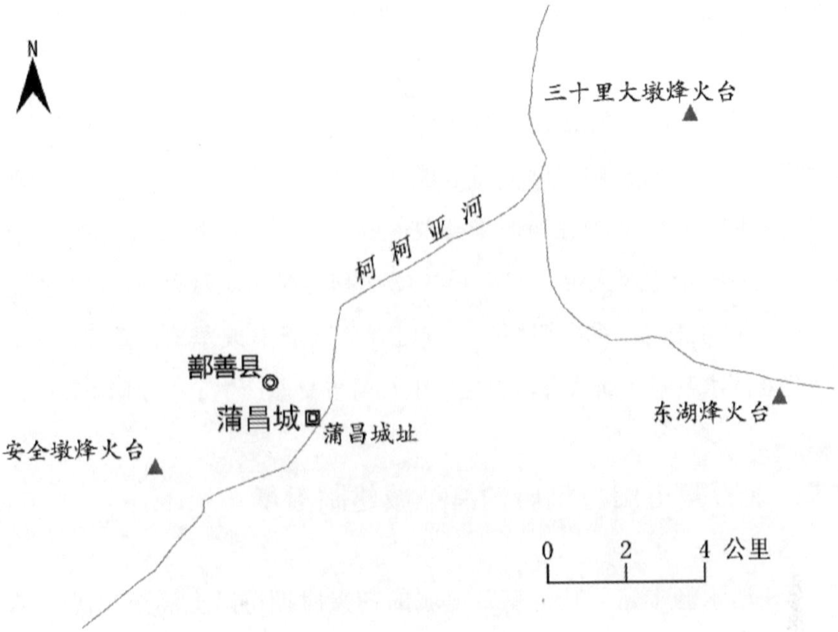

图 25 蒲昌城位置和水系

一、蒲昌城的水环境

流经蒲昌城附近的河流为柯柯亚河，该河上源有 0.27 平方千米的冰川，高山区降水 450 至 700 毫米，水源充沛，山口以上河长 47 千米，集水面积 707 平方千米，山口处多年平均年径流量约 1.15 亿立方米，是博格达山南麓年径流量第二大河流（仅次于西部的白杨河）[1]。由于环境变迁，河水早已不能流到鄯善县城附近，现今在县城北约 35 公里处修建有柯柯亚水库，又有水渠将库区之水引至下游的连木沁镇、县城、辟展乡、东巴扎乡等地，供生产生活所用。余水依地势往三个方向流去：连木沁镇之余水与二塘沟汇合，入连木沁沟，至鲁克沁镇；辟展乡之余水向西南流入树柏沟，沿火焰山南麓至鲁克沁镇；东巴扎

1 王世江主编：《中国新疆河湖全书》，中国水利水电出版社 2010 年版，第 175 页。

乡之余水向东流至今东湖，该湖现今因农业开发过度，已不复存在，仅存地名。

历史上柯柯亚河之水似不能流向连木沁乡，仅为鄯善县城附近的城镇所用。鄯善县附近除蒲昌城址外，还有小苏贝希、阿克提热克等唐代墓地，说明此地在唐时确有聚落或城镇。又鄯善县城西南约 3.5 公里处有安全墩烽火台，县城东约 13 公里处有东湖烽火台。这些遗址分布与柯柯亚河水系密切相关，又处在唐代驿道或军事道路旁，可见柯柯亚河水系对于唐代蒲昌县之军镇布局与交通产生了重要影响。

二、北胥鞬屯田与汉唐蒲昌军城建制沿革

该地水源丰富，其屯垦及屯城的初兴时期可以上溯至汉代。《汉书·西域传》记载，汉宣帝时期郑吉为西域都护，“于是徙屯田，田于北胥鞬，披莎车之地，屯田校尉始属都护”[1]，此处之“北胥鞬”“莎车”二地具体地点，有比较大的争论。对于莎车一地，较大可能位于高昌国时期高宁县与柳中县之间（详见第三章第四节）。对于北胥鞬，1980 年编纂的《新疆简史》曾认为是在古莎车国、今莎车县境[2]，但纵观西汉之屯戍，似未在莎车国境屯田。又有学者认为北胥鞬在今轮台、沙雅一带[3]，亦不为学界所认同。另有一些学者认为北胥鞬在车师国，即今博格达山南北某处，其说相对合理，如岑仲勉认为即唐之“五城”，元之“别失八里”，今之吉木萨尔一带，苏北海进一步指出所谓“五城”为石城（务涂谷）、金满城、兜訾城、且固城、疏勒城[4]；余太山认为“胥鞬”(sia-kian）与“莎车”为同名异译，皆得于 Sakā

1 《汉书》卷九十六《西域传》，中华书局 1962 年版，第 3874 页。

2 新疆社会科学院民族研究所编著：《新疆简史》第 1 册，新疆人民出版社 1980 年版，第 40 页。方英楷亦赞同此说，见《新疆屯垦史》，新疆青少年出版社 1989 年版，第 71 页。

3 张德芳：《从悬泉汉简看西域屯田及其意义》，《敦煌研究》2001 年第 3 期。

4 岑仲勉：《汉书西域传地里校释》，中华书局 1981 年版，第 337 页。苏北海：《别失八里名称源于北胥鞬考》，《中国历史地理论丛》1994 年第 4 期。

或 Sacarauli 之对译，可能位于车师国境内[1]；钱伯泉认为“北胥鞬”与“辟展”音近，其地即高昌国时代之白棘，唐之蒲昌县，今鄯善县城附近[2]。

西汉吐鲁番盆地的屯戍，有逐渐向东推移的趋势（详见第三章第一节），将北胥鞬定位于车师前国较为合理，上述钱伯泉辟展说较为可信。如此，北胥鞬屯田可视为蒲昌最早的屯田。汉代吐鲁番盆地屯垦促进一批“壁”或“垒”的出现，这即是早期屯城的形态。北胥鞬之屯田，可能也有屯城的存在。

北胥鞬在悬泉汉简中称之为“比胥健”或“比胥楗”，其中一件汉简称：

安远侯遣比胥健……者六十四人，献马二匹，橐他十匹，私马。[3]

这里的“安远侯”，即首任西域都护郑吉，此处记安远侯遣兵马比胥健者，正与《汉书·西域传》合。另外一件木简称：

我儿得毋有如是者，罪误如是，而以为谓充知是，谁类？充曰：类比胥楗校尉。[4]

所谓“比胥楗校尉”，应该就是北胥鞬屯田校尉，设置年代当在初次徙屯北胥鞬的汉宣帝时期。汉武帝时曾于轮台、渠犁一带屯田，置使者校尉；汉元帝时又于车师国置戊己校尉，屯田车师前王庭，后戊己校尉东迁，西汉末年驻屯于高昌壁。我们推断，汉宣帝时期设置的比胥楗校尉，也当依托于屯城，此可作为蒲昌兴屯、兴城之始。西汉初元元年（前 48）以后，史籍不见北胥鞬屯田、校尉的记载，刘国防认为其为戊己校尉整合[5]。

东汉吐鲁番盆地屯戍重心一度迁至柳中，这主要得益于该地更加

1 余太山：《〈汉书·西域传〉所见塞种——兼说有关车师的若干问题》，载《塞种史研究》，商务印书馆 2012 年版，第 276 页。

2 钱伯泉：《北胥键考》，《新疆社会科学》1985 年第 2 期。刘国防：《西汉比胥鞬屯田与戊己校尉的设置》，《西域研究》2006 年第 4 期。

3 胡平生、张德芳：《敦煌悬泉汉简释粹》，上海古籍出版社 2001 年版，第 123 页。

4 胡平生、张德芳：《敦煌悬泉汉简释粹》，上海古籍出版社 2001 年版，第 124 页。

5 刘国防：《西汉比胥鞬屯田与戊己校尉的设置》，《西域研究》2006 年第 4 期。

优越的自然环境，以及柳中至敦煌之大海道、经沙尔湖至伊吾之伊吾路的通行[1]，此地成为吐鲁番盆地重要的农垦基地、交通枢纽，其东北部之北胥鞬却显得不是很重要。

该地再次出现在文献中已是沮渠氏北凉时期。《北凉玄始十二年兵曹牒为补代差佃守代事》中有“白芀”一地[2]，又在其他文书中见“白力”“白刀”“白刃”“白棘”等地名，一般认为均在今鄯善县，即唐之蒲昌城[3]。北凉玄始十二年（423）距高昌郡县制开始推行已近百年，沮渠氏政权于此置县，说明此地屯城发展与人口聚集初具规模，在高昌政区地理格局中逐渐占据重要地位。这为唐朝置蒲昌县奠定基础。

相对而言，蒲昌县在唐代西州各县中不算富庶，《元和郡县图志》记蒲昌县为“中下”[4]，《太平寰宇记》记其下辖两乡[5]，吐鲁番出土文书见蒲昌县有“盐泽乡归□里”[6]，其他乡里不见记载，亦未知方位。又有《唐开元二十一年（733）西州蒲昌县定户等案卷》记蒲昌县状上西州称：“今年定户，进降须平，仰父老等通状过者。但蒲昌小县，百姓不多，明府对乡、城父老等定户，并无屈滞；人无怨词，皆得均平。谨录状上。”[7]看来蒲昌县确实是小县，但其中提到的“乡、城父老”，似说明蒲昌县除辖二乡外，还有一些“城”组织[8]，见于吐鲁番出土文书者，

---

1 对于后汉之伊吾路，羽田亨、薛宗正等认为是从伊吾沿天山南麓西行之道路，即唐代之伊西道或新开道，但正如本文第一章指出，这两条道路在西域东部局势动荡时期并不安全，多受游牧部落控制，且自然环境十分恶劣，通行难度很大。因此，后汉之伊吾路，不能排除是裴矩：《西域图记》所记之伊吾路的可能性，即从沙尔湖至伊吾一线。羽田亨、薛宗正之观点见羽田亨：《大谷伯爵所藏新疆史料解说》，载《羽田博士史学论文集·历史篇》，东洋史研究会，1957 年，第 524—525 页；薛宗正：《安西与北庭——唐代西陲边政研究》，黑龙江教育出版社 1995 年版，第 346 页。

2 《吐鲁番出土文书》壹，图录本，文物出版社 1992 年版，第 91 页。

3 陶保廉：《辛卯侍行记》，中国国际广播出版社 2016 年版，第 253 页；冯承钧：《高昌城镇与唐代蒲昌》，载《冯承钧学术论文集》，上海古籍出版社 2015 年版，第 301—312 页；巫新华：《吐鲁番唐代交通路线的考察与研究》，青岛出版社 1999 年版，第 56—58 页；王素：《高昌史稿·交通编》，文物出版社 1998 年版，第 66—67 页。

4 《元和郡县图志》卷四十《陇右道下》，中华书局 1983 年版，第 1032 页。

5 《太平寰宇记》卷一百五十六《陇右道》，中华书局 1997 年版，第 2995 页。

6 《吐鲁番出土文书》肆，图录本，文物出版社 1996 年版，第 129 页。

7 《吐鲁番出土文书》肆，图录本，文物出版社 1996 年版，第 311 页。

8 徐畅认为西州之“城”与乡类似，见氏著《敦煌吐鲁番出土文献所见唐代城主新议》，《西域研究》2008 年第 1 期。

有横截城、于谌城、临川城等。又《唐上元二年（761）蒲昌县界长行小作具收支饲草数请处分状》有“县下三城”“山北横截等三城”的记载[1]，可知蒲昌县有六城，县下当指蒲昌县城附近，山北当指火焰山以北，即今连木沁、苏贝希一带，在这些地区具体分布的是哪六城，由于资料有限，难以考证。总之，这些乡、城居民成为蒲昌县重要的赋、役来源。

三、蒲昌城的东向、北向交通

蒲昌城地处伊、西碛路之西端，中间直线距离超过 170 公里的大片区域，以戈壁滩、荒漠为主，自然环境十分恶劣。在唐代以前的分裂时期，荒漠之中鲜有绿洲、屯田、驿馆补给，如同漫无边际的大海[2]，“海”中之道路，行人载粮载水而行，唐朝统一西域以后，依靠国家力量在荒漠诸道沿线修建了驿馆，但在不同的政治格局下，驿道的选择也不同。荒漠西部边缘地带的蒲昌城，如同海洋边缘的港口型城镇，占有非常重要交通地位。同时，唐代蒲昌城又面临着严峻的北部安全形势，P.2009 号文书《西州图经》记载蒲昌县界北入天山诸道，实际上为军事交通，对于西州的北部安全有重要的意义。

（一）蒲昌城东入沙海之路

蒲昌城东入沙碛之路有两条，一道沿火焰山东部余脉北部，经三十里大墩烽火台，西北至赤亭所在之七克台镇，接《新唐书·地理志》所记之伊西道和伊西北道（详见本章第二节）；一道沿库木塔格沙漠东行至今鄯善县东湖村，再折东南至沙尔湖，接柳中城至纳职城之

1 《吐鲁番出土文书》肆，图录本，文物出版社 1996 年版，第 556—557 页。

2 土文献中习惯将这一区域称之为“海”“沙海”“大沙海”，又有大海道从柳中至敦煌。吐鲁番出土文书《建□某年兵曹下高昌、横截、田地三县为发骑守海事》(《吐鲁番出土文书》壹，图录本，文物出版社 1992 年版，第 67 页)，其所守之“海”，一般认为也是蒲昌、柳中东部之沙漠、戈壁区域。

图 26　东湖烽火台

“伊吾路”（详见第一章第二节、第三章第二节）。

沙尔湖距蒲昌城直线距离约 120 公里，两地之间在清代有骑径通行[1]，唐代文献较少提及，贞观初玄奘从伊吾至高昌的路线似从此道。《大慈恩寺三藏法师传》记载，玄奘“为高昌所请，辞不获免，于是遂行，涉南碛，经六日，至高昌界白力城。”[2] 所谓“涉南碛”，当在伊吾至高昌之间的戈壁南部，白力城即蒲昌城，如此，玄奘所行之路线有可能是经沙尔湖至鄯善县的道路。鄯善县城东约 13 公里的库木塔格沙漠北缘，存一“东湖烽火台”（图 26），该烽火台整体为覆斗形实心台体，东西约 17 米，南北约 16 米，残高约 5 米，2015 年吐鲁番学研究院及新疆文物考古研究所对其进行发掘，确定其形制与新疆其他

1　《新疆图志》附《哈密厅图》《鄯善县图》中清楚地标明“沙尔泊”的位置，并绘有哈密三道岭经沙尔湖至鄯善县的骑径。见王树枏等纂修：《新疆图志·地图》，朱玉麒等整理，上海古籍出版社 2017 年版。

2　慧立、彦悰：《大慈恩寺三藏法师传》，孙毓棠、谢方点校，中华书局 2000 年版，第 18 页。

地区的清代烽火台相似，且发现有清代文书，但又出土了唐代或唐以前的陶片。因此可确定其年代下限至清，上限可能为唐或更早[1]。该烽火台地处火焰山东部余脉南侧，不在唐代伊西道或伊西北道上，其较大可能是沙尔湖通蒲昌线上的交通设施。

唐朝改高昌国之东城镇为蒲昌县，或与沙尔湖和伊吾路有关。唐朝灭高昌后，没有沿用高昌国时期的旧名“白艻”“东镇城”等地名，而是另择新名以取代之，这个地名就是“蒲昌县”。关于“蒲昌”地名之来源，钱伯泉认为其与“比胥鞬”“白艻”“白力”“宝庄”“必残”“辟展”等地名，均是古代西域民族语地名“Beijian”及其变音“Phucam”的汉字音译[2]，其说有一定道理。但问题在于，既然该地可用如此多的汉语名词翻译，为何在唐代要用一个广为人知且已存在的“蒲昌”来代替呢？

S.367号文书《沙州伊州地志》纳职县条之记载值得注意。在唐人看来，流经伊州纳职县的白杨河最终流向的是蒲昌海[3]，但该河实际汇入的是沙尔湖。鄯善县城东距沙尔湖约120公里，贞观十四年（640）在设置州县的时候，唐人极有可能认为高昌国之白艻、东镇城是位于蒲昌海之西，且其地发音又与蒲昌相似，故将该地取名为蒲昌县。这种误解不只出现在唐朝，清末改辟展巡检为鄯善县时，巡抚饶应祺称辟展“距厅（吐鲁番直隶厅）二百四十里之辟展巡检辖境甚远，物产颇饶，为东南路冲要。拟请分划地粮，改升为县，地为古鄯善国，即名曰鄯善县，仍归厅辖”[4]。饶应祺认为辟展为汉代之鄯善国，但该国实际位于今罗布泊、古之蒲昌海附近。饶应祺的这封奏折影响甚大，直到现今我们仍在沿用“鄯善县”这一地名。至于在唐代，我们很难

1 《不可移动的文物·吐鲁番3》，新疆美术摄影出版社2015年版，第56页；吐鲁番学研究院、新疆文物考古研究所：《吐鲁番市鄯善县东湖烽火台发掘简报》，《吐鲁番学研究》2016年第2期。

2 钱伯泉：《北胥鞬考》，《新疆社会科学》1985年第2期。

3 郝春文主编：《英藏敦煌社会历史文献释录》（第二卷），社会科学文献出版社2003年版，第177页。

4 饶应祺：《会奏新疆增改府厅州县各缺折》，载王树枏等纂修：《新疆图志》卷一百四《奏议十四》，朱玉麒等整理，上海古籍出版社2015年版，第1957页。

考证究竟是哪一位大臣上奏建议将东城镇改为蒲昌县，但造成这种误解与唐人对于西域地理认知的不足是有很大关系。

（二）蒲昌城北入天山的军事路线

唐前期东部天山面临的威胁主要来自北部的游牧诸部，天山北部庭州与蒲昌县的军事往来频繁，二者之间开辟了许多山道。P.2009号文书《西州图经》记载蒲昌县通天山以北庭州的道路有四条（图27）：

10. 花谷道

11. 右道出蒲昌县界，西合柳中，向庭州七百卅里，

12. 丰水草，通人、马。

13. 移摩道

14. 右道出蒲昌县界移摩谷，西北合柳谷，向庭

15. 州七百卌里，足水草，通人、马、车牛。

16. 萨捍道

17. 右道出蒲昌县界萨捍谷，西北合柳谷，向庭

18. 州七百卅里，足水草，通人、马、车牛。

19. 突波道

20. 右道出蒲昌县界突波谷，西北合柳谷，向庭州

21. 七百卅里，足水草，通人、马、车牛。[1]

应该指出的是，上述四道在《新唐书·地理志》中并未提及，说明四条道并非驿道。但吐鲁番出土文书中发现许多镇戍、烽燧、山谷等地名，与四道有密切的关系，说明四条道路在唐代是通往天山以北重要的军事路线，也是游牧民族经常南下之路线。在今鄯善县与木垒县、奇台县之间的天山南北坡，分布着许多河流，如二塘沟、柯柯亚河、坎尔其果勒河、开垦河、英格堡河、木垒沟、白杨河等，P.2009号文书《西州图经》所记之道路，可能就是这些谷道。

1　上海古籍出版社、法国国家图书馆编：《法国国家图书馆藏敦煌西域文献》1，上海古籍出版社1995年版，第76页。

1. 移摩道

《唐小德辩辞为被蕃捉去逃回事》记唐西州有“维磨”一地，日比野丈夫、巫新华等均认为与P.2009号文书《西州图经》所载之“移摩”音近，当是同一地点[1]，而宁乐文书中出现的“维磨路”[2]亦即“移摩道”。又《唐西州都督府上支度营田使牒为具报当州诸镇戍营田顷亩数事》记载维磨戍有屯田[3]，纵观现今鄯善县北部诸河谷，只有柯柯亚河谷自然环境较为优越，可进行屯田，维磨戍较大可能在柯柯亚河谷内，而移摩道当为沿河谷至天山以北的道路[4]。

该河谷内现存一清代遗址，名为“柯柯亚古城”，第三次文物普查时见古城附近河谷内种植小麦、葡萄、棉花等作物[5]，又《鄯善风物志》记载柯柯亚有种植核桃的传统[6]，说明此河谷内水资源利用较为便捷，农业、园艺业均可发展。古时从柯柯亚古城向北有道路通天山以北的奇台、木垒县，《新疆图志》记载：

> （鄯善）城北由苏巴什过柏杨河，踰小达坂，入奇台界。又城西北五里六十户河湾，八十五里煤窑，北行入柯柯雅尔山，经夹皮泉回回堡，通奇台木垒河。[7]

据此，清代自鄯善县城北入奇台县境似有两条道路，一路出城北苏巴什，而另一路出城西北六十户河湾。《图志》记载“苏巴什”一地，又见于《鄯善县乡土志》，其曰：“附城西北十余里有一苏巴什，水行数

---

1 日比野丈夫：《新获の唐代蒲昌府文书について》，《东方学报》第45册，1973年，第363—376页；巫新华：《吐鲁番唐代交通路线的考察与研究》，青岛出版社1999年版，第143页。《唐小德辩辞为被蕃捉去逃回事》见《吐鲁番出土文书》肆，图录本，文物出版社1996年版，第62页。

2 维磨路见于《唐蒲昌县司兵牒为火急发遣维磨路长探事》，载陈国灿、刘永增主编：《日本宁乐美术馆藏吐鲁番文书》，文物出版社1997年版，第87页。

3 《吐鲁番出土文书》肆，图录本，文物出版社1996年版，第101页。惜文书残缺，维磨戍屯田人数及规模不得而知。

4 陈国灿：《唐西州蒲昌府防区内的镇戍与驿馆》，《魏晋南北朝隋唐史资料》第17辑，武汉大学出版社2000年版，第99页。

5 《不可移动的文物·吐鲁番地区卷3》，新疆美术摄影出版社2015年版，第132页。

6 周玮、李保民主编：《鄯善风物志》，新疆人民出版社2008年版，第133—134页。

7 王树枏等纂修：《新疆图志》卷八十《道路二》，朱玉麒等整理，上海古籍出版社2015年版，第1526页。

里，东至于三工，西至六十户河湾，南至树柏沟。”[1] 可见此苏巴什位于鄯善县城西北部，与六十户河湾相近，如此看来《图志》所谓两路，其实是同一路线。《图志》所记之“柏杨河”，亦见于《鄯善县乡土志》，其称：“柯柯雅山在（鄯善）县城西北，距城九十里，产煤。近山有柏杨河，相距约二十余里。山内有水流出沟口，漫入沙内。”[2] 此处记柯柯雅山（即柯柯亚山）出煤，与《图志》“煤窑”一地合，柏杨河靠近柯柯雅山，必当为现今之柯柯亚河。《图志》所谓“夹皮泉”“回回堡”二地暂不可考，大概是参考了陶保廉《辛卯侍行记》之说法[3]，“木垒河”者，清代属奇台县境，置驿，位于今木垒河口（木垒县城）。

依照现今的水系，这条道路走向如下：鄯善县城北约 27 公里至柯柯亚古城，再北约 8 公里为柯柯亚水库，再北约 40 公里为柯柯亚河发源地，过山岭即为天山北坡开垦河上源，沿开垦河向北约 5 公里处有一南北向分水岭，开垦河自此向西流，而分水岭以东则为木垒河。开垦河向西流约 26 公里后折北行，约 25 公里至老奇台镇（原奇台县县治）；木垒河自分山岭向东流约 12 公里，与南部一支流汇合后向北流，约 24 公里至龙王庙水库（附近有油库古城），再北约 4 公里至木垒县城。

唐代移摩道之走向较大可能与上述道路相同，由于其目的地在庭州，在沿柯柯亚河越天山以后，当沿开垦河向西行。

2. 突波道

唐代突波道，据《唐小德辩辞为被蕃捉去逃回事》记载，西州民众小德为贼人捉去，经突播道至突播山，在小岭逃脱后沿移摩道返回至维磨戍[4]。可见突播道与移摩道北部相通，现今七克台镇北部的坎尔其果勒河上源与柯柯亚河非常接近，该河谷较大可能就是唐代的突波道。

---

1 马大正等整理：《新疆乡土志稿》，新疆人民出版社 2010 年版，第 142 页。

2 马大正等整理：《新疆乡土志稿》，新疆人民出版社 2010 年版，第 141 页。

3 “辟展南皆大戈壁，其北九十里柯柯雅尔。又北入山，经夹皮泉、回回沟，通木垒河，可骑行。”见《辛卯侍行记》，中国国际广播出版社 2016 年版，第 242 页。

4 《吐鲁番出土文书》肆，图录本，文物出版社 1996 年版，第 62 页。

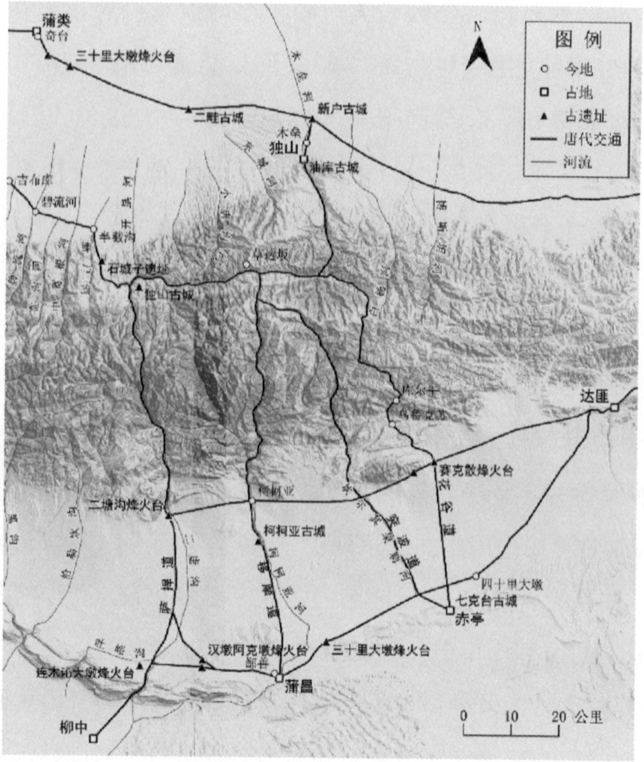

图 27　蒲昌府北部交通形势图

3. 花谷道

唐代花谷道走向较难确定，宁乐文书中多见“挎谷”“挎谷烽”地名，日比野丈夫、巫新华、陈国灿均认为“挎谷”与“花谷”音近，当是同一条河谷[1]。据宁乐20号、7号文书《唐西州都督府牒为巡罗觇探贼踪事》记载，唐代蒲昌府北部防线包括两个区域：小岭西至某处防线，芁蓉西至挎谷防线[2]。小岭一地，前已证在突波道和移摩道上，如此，小岭西至某处防线位于今柯柯亚河、坎尔其果勒河谷以

1　日比野丈夫:《新获の唐代蒲昌府文书について》,《东方学报》第45册，1973年，第363—376页；巫新华:《吐鲁番唐代交通路线的考察与研究》，青岛出版社1999年版，第147页；陈国灿:《唐西州蒲昌府防区内的镇戍与驿馆》,《魏晋南北朝隋唐史资料》第17辑，武汉大学出版社2000年版，第99页。

2　陈国灿、刘永增主编:《日本宁乐美术馆藏吐鲁番文书》，文物出版社1997年版，第81—82页。

西地区。炗蓉西至挎谷防线较大可能在小岭以东。这里的炗蓉一地，OR.8212/554 号文书《唐总章二年（669）至咸亨元年（670）西州长行坊死马处置帐历》记载西州长行坊有马一匹“三月十二日从伊州使回炗蓉死”[1]，可知炗蓉在伊州至西州之道路上，而炗蓉至挎谷防线，可能在蒲昌府东北部，即坎尔其果勒河谷以东地区。

由此我们可知，花谷（挎谷）在小岭，亦即移摩道、突波道以东。陈国灿认为花谷道即《新唐书·地理志》记载罗护西北上乏驴岭之路[2]，略显证据不足，实际上，在今七克台镇北约 28 公里、坎尔其果勒河谷东约 17 公里的照壁山东部发现的两座唐代烽火台，似与唐代挎谷防线以及花谷道相关。一座名为赛克散烽火台，位于七克台镇赛克散村东南约 350 米处的山冈山，土坯砌筑，基底呈矩形，南北约 9 米，东西约 8 米，残高约 4 米[3]；另一座名为色克三墩烽火台，位于前者西部偏南约 5 公里的照壁山南侧，破坏严重，仅存 1 米高的土台，平面呈圆形[4]。两座烽火台的发现似说明，唐代从七克台北经照壁山东侧有道路至木垒县。1996 年巫新华曾从北部的木垒县沿白杨河南越天山，经乌鲁克苏出八道湾及坎尔其果勒河至鄯善县城[5]，说明此道确可通行。但唐代花谷道当不应沿白杨河北下，而应在进入北坡以后向西行至木垒河谷，再西入开垦河谷，与突波道、移摩道汇合后沿天山北麓西至庭州所在之北庭故城。当然，沿木垒河北下亦当有道路通木垒县城南约 3 公里的油库古城遗址。

4. 萨捍道

对于萨捍道，上述小岭以西的防线西至何处不得而知，但从西州北部防区来看，应该不会越过二塘沟，因为二塘沟以西的恰勒坎沟下

1 沙知、吴芳思编：《斯坦因第三次中亚考古所获汉文文献（非佛经部分）》，上海辞书出版社 2005 年版，第 104 页。

2 陈国灿：《唐西州蒲昌府防区内的镇戍与驿馆》，《魏晋南北朝隋唐史资料》第 17 辑，武汉大学出版社 2000 年版，第 99 页。

3 《不可移动的文书·吐鲁番 3》，新疆美术摄影出版社 2015 年版，第 88 页。

4 《不可移动的文书·吐鲁番 3》，新疆美术摄影出版社 2015 年版，第 93 页。

5 巫新华：《吐鲁番唐代交通路线的考察与研究》，青岛出版社 1999 年版，第 144—146 页。

游为新兴城，该城属高昌县，不属蒲昌府的镇戍范围。据此，我们姑且将二塘沟作为蒲昌府北部防线最西端的萨捍谷。二塘沟沟口现今存二塘沟烽火台，土坯建筑，平面呈方形，底边长约28米，残高约14米，保存较好，第三次文物普查时定为唐代遗址[1]。二塘沟烽火台的发现说明唐代经二塘沟谷地，确有道路通行。二塘沟烽火台南约31公里为连木沁大墩烽火台，该地属蒲昌府临川城镇戍范围，与二塘沟烽火台南北呼应。二塘沟河谷向北延伸，约25公里折西，约10公里翻越天山山岭至北坡，再沿谷地北下，约12公里至开垦河拐弯处南侧，有一独山古城遗址，该古城北接开垦河，至老奇台镇；其西北约9公里处又有石城子遗址，该古城近年曾进行过发掘，被认为是汉代疏勒城所在地[2]。如此，唐之萨捍道亦可从独山古城西北至石城子遗址，再沿新户河河谷北约7公里至半截沟镇，再西经碧流河、吉布库等地，至东大东口河谷，接他地道之柳谷，折北至庭州所在之北庭故城。

第二节　伊西北道上的军城：赤亭镇城与罗护镇城

赤亭镇城与罗护镇城同处在伊西北道上，两城所处之位置在唐代均有较丰富的水源，可进行屯田。二地在天宝时代称守捉，屯戍力量进一步加强，成为西州东北部重要的军镇。又置驿馆、马坊，有效保障伊西北道的畅通。

一、蒲昌县的驻防核心：赤亭镇城

《新唐书·地理志》记有赤亭守捉，位于伊西道与伊西北道（新开

---

1 《不可移动的文物·吐鲁番3》，新疆美术摄影出版社2015年版，第104页。

2 新疆文物考古研究所：《新疆奇台石城子遗址2016年发掘简报》，《文物》2018年第5期。

图 28　七克台古城

道）的交汇地点[1]，一般认为在今鄯善县东北部的七克台镇[2]。七克台镇现今存一七克台古城（又名“鞑子城”，图 28），位于七克台镇南湖村，火焰山东端余脉的一处山包上，现今遗址主要位于山包顶部和北坡。遗址损毁严重，依稀能分辨出主体建筑和辅助建筑，主体建筑位于山顶上，残存部分墙体，建筑方式为土坯砌筑，并抹有草拌泥墙皮；辅助建筑只剩西侧墙体，夯筑而成。第三次文物普查时将该古城定为唐宋时期遗址[3]。该古城北约 1 公里还有一营盘古城遗址，时代为清代。从其地理位置来看，此地位于古代哈密通吐鲁番的必经之地，而七克

1 《新唐书》卷四十《地理志》，中华书局 1975 年版，第 1046 页。

2 见陶保廉：《辛卯侍行记》，中国国际广播出版社 2016 年版，第 246 页；岑仲勉：《吐鲁番一代汉回地名对证》，载《中外史地考证》，中华书局 1962 年版，第 706 页；安部健夫：《西回鹘国史研究》，新疆人民出版社 1985 年版，第 244 页；孟凡人：《北庭史地研究》，新疆人民出版社 1985 年版，第 136 页。

3 《不可移动的文物·吐鲁番地区卷 3》，新疆美术摄影出版社 2015 年版，第 115 页。

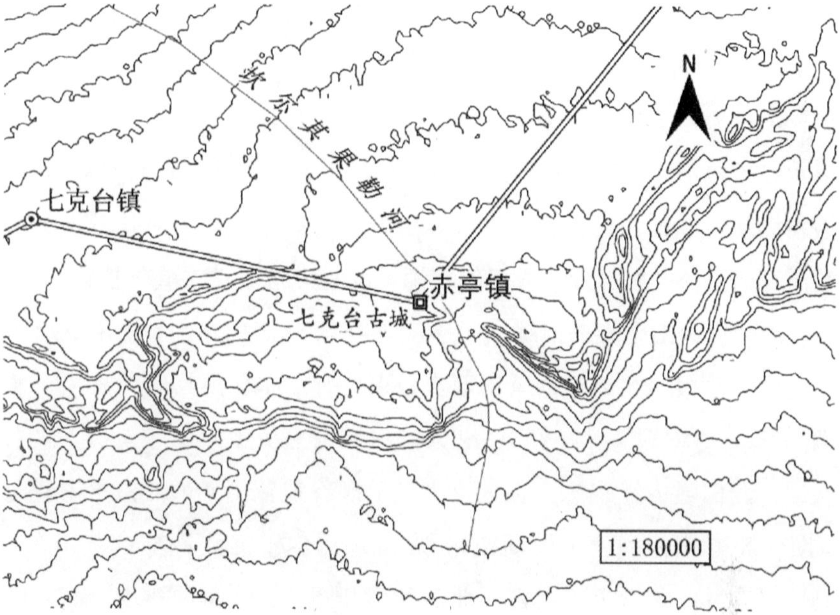

图 29 赤亭镇水系和交通图

台古城较大可能就是唐代赤亭所在地[1]。该地扼守唐代西州东大门，同时肩负着蒲昌府北部天山军防，驻有一定规模的军队。据吐鲁番出土文书，至迟在开元时代此城仍称赤亭镇，疑《新唐书·地理志》所谓赤亭守捉，成立于天宝时代，其兵员较之于赤亭镇可能有所扩充。

（一）赤亭镇城的水环境和屯田

此地驻屯得益于坎尔其果勒河，该河发源于博格达山南坡，山口以上河长 47 千米，集水面积 542 平方千米[2]。其上源海拔 3624 米，冰川、积雪相对较少，但高海地区有一定的降水补给，使该河至今仍是七克台镇、鄯善火车站镇农业用水主要来源。清代及以后，该河河水

1 巫新华、陈国灿主张这一观点，见巫新华：《吐鲁番唐代交通路线的考察与研究》，青岛出版社 1999 年版，第 59 页；陈国灿：《唐西州蒲昌府防区内的镇戍与馆驿》，《魏晋南北朝隋唐史资料》第 17 辑，武汉大学出版社 2000 年版，第 94 页。

2 王世江主编：《中国新疆河湖全书》，中国水利水电出版社 2010 年版，第 176 页。

在山口处基本断流，只在丰水期有部分地表水流至七克台镇。大量渗入地下之河水流至火焰山北部以泉水的形式供七克台镇农业生产所用，但在清代泉水亦逐渐枯竭，又开辟了大量坎儿井。地表水、坎儿井及泉水在被当地生产、生活所用后，余水汇入七克台镇东南部的南湖村，该村以前有湖泊，近七克台古城，历史上坎尔其果勒河当有不小的水源流至七克台古城附近。充足的水源是该地实施屯戍的重要基础。

据吐鲁番出土文书记载，赤亭镇有屯田。《唐西州都督府上支度营田使牒为具报当州诸镇戍营田顷亩数事》有“赤亭镇兵肆拾贰人，营□□顷”[1]的记载，赤亭镇兵42人，应该是只负责营田的人员。文书残缺，营田顷亩数未知，但该文书又记柳谷镇营田4顷，白水镇营田6顷，而整个西州营田总顷亩数在20顷以内，推测赤亭镇营田在4到6顷之间。现今七克台古城北部地形开阔，有大量的耕地，而在唐代，古城附近之水环境可能比现今更好，赤亭镇营田可能就位于古城北部的平原地区。驻军与屯田相辅相成，驻军为屯田提供劳动力，而屯田又为驻屯提供后勤保障，《唐西州蒲昌县下赤亭烽帖为镇兵粮事》记载：

1. ［ ］帖赤烽
2. ［ ］蚚
3. ［ ］赤亭镇兵十［ ］
4. ［ ］依数给讫上［ ］
5. ［ ］令柳大质［ ］[2]

此件文书盖有“蒲昌县之印”，记载的是蒲昌县下达赤亭烽要求给赤亭镇兵提供兵粮事。赤亭烽当在赤亭镇戍范围之内，由文书可知，该烽负责经营赤亭镇界的屯田，其为镇兵提供的兵粮，很可能来源于烽燧士卒之屯田。

---

1 《吐鲁番出土文书》肆，图录本，文物出版社 1996 年版，第 101 页。

2 《吐鲁番出土文书》贰，图录本，文物出版社 1994 年版，第 56 页。

（二）赤亭镇城的交通形势

赤亭镇城处在伊西道和新开道交汇处，是西州东部重要的镇戍。除赤亭烽外，此地还置赤亭馆、赤亭坊，主要是为西州至伊州交通线提供粮料，以及马匹等交通工具。《唐天宝十四载（755）柳中县具属馆私供马料帐历上郡长行坊牒》记柳中县馆为赤亭坊提供马料云："右廿八日给赤亭坊马壹伯疋充料"[1]，此处马匹应该是执行任务从赤亭坊来到柳中县馆，赤亭一次任务就出动马匹100匹，可见马坊之马匹数量不少。又《唐开元二十一年（733）西州都督府案卷为勘给过所事》记有"赤亭车坊"[2]，吐鲁番出土文书常见一种长途运输工具"车牛"[3]，不知赤亭车坊与这种交通工具是否有关，但赤亭车坊与赤亭马坊应相似，都是管理长途交通工具的机构。

唐代伊州通西州的主要交通路线为伊西道和新开道，这两条道路均从赤亭镇城经过。新开道见后文"罗护镇城的交通区位"；伊西道（路）见于《新唐书·地理志》[4]，又P.2009号文书《西州图经》载赤亭道：

1. 道十一达
2. 　赤亭道
3. 　　右道出蒲[昌]□
4. 　　碛滷杂沙□[5]

文书残缺，不能确定赤亭道的具体走向，巫新华依据P.2009号文书《西州图经》所载11条道路的顺序，推断赤亭道是西州通往伊州的道路，并进一步指出赤亭道就是伊西路[6]。此道经行路线在唐代史料中较少提及，宋代王延德出使高昌，对该道有较为详细的记述：

---

1 《吐鲁番出土文书》肆，图录本，文物出版社1996年版，第442页。

2 《吐鲁番出土文书》肆，图录本，文物出版社1996年版，第293页。

3 如《唐龙朔四年（664）西州高昌县武城乡运海等六人赁车牛契》有"车牛到赤亭"的记载，见《吐鲁番出土文书》贰，图录本，文物出版社1994年版，第246页。

4 《新唐书》卷四十《地理志》，中华书局1975年版，第1046页。

5 上海古籍出版社、法国国家图书馆编：《法国国家图书馆藏敦煌西域文献》1，上海古籍出版社1995年版，第76页。

6 巫新华：《吐鲁番唐代交通路线的考察与研究》，青岛出版社1999年版，第129页。

次历纳职城，城在大患鬼魅碛之东南，望玉门关甚近。地无水草，载粮以行，凡三日，至鬼谷口避风驿，用本国法设祭，出诏神御风，风乃息。凡八日，至泽田寺。高昌闻使至，遣人来迎。次历地名宝庄，又历六种，乃至高昌。[1]

从伊州到西州，该道的起始点在纳职城，纳职城以西是戈壁滩，宋时称大患鬼魅碛。由于此时西域割据分裂，此段戈壁中的驿馆得不到中央王朝的维护，早已荒废，因此王延德经行此段需“载粮以行”。三日至鬼谷口避风驿，这可能是前朝之驿馆，此时存地名，不一定在使用。该地常有大风，气候变幻无常，嘉庆年间祁韵士曾从此西行，《万里行程记》记其从三间房至十三间房云：

（十三间房）在沙碛中。自三间房至此，途中云有风穴，古谓之黑风川，有鬼魅为祟……行人往往被风灾，当扬沙走石之际，或碎人首，或径吹云无踪，千觔重载之车，掀簸立尽，并车亦飞去，只轮无反者。……余发梧桐窝，抵三间房，两程之内，风吼已甚，日夜不息，御者惮过此，乃入风穴，且不测，请勿行。……行未三十里，四山黑云吹散，忽晴朗，有青气浮天半，众皆喜，乘夜疾行，路坎坷，觉甚不平。比黎明，俯视所经，则见沙砾大石，委积道上，纷纷若人为抛弃者，并无路径可寻。[2]

祁韵士所见三间房至十三间房的自然环境与王延德所见十分相似，则宋之避风驿，或在三间房与十三间房之间。现今十三间房一带称“百里风区”，长年大风天气，风力强劲时达12级，经常出现列车停运甚至侧翻现象。据说左宗棠西征之时，有某管带率兵丁数十人运军饷五车、数十万款至此，忽遇大风，人与车银均被吹散，他处有人见空中落下尸体残骸，管带之尸体见于一树下，残碎不堪[3]。可见此道风灾盛行，自古以来均是如此。王延德过避风驿，至泽田寺，此地不见于其他史料，巫新华认为即唐代赤亭镇[4]。泽田寺西南行至宝庄、六种，亦

1 《宋史》卷四百九十《外国传》，中华书局1977年版，第14111页。

2 祁韵士：《万里行程记》，马山明点校，载《大唐创业起居注》（外七种），上海古籍出版社2016年版，第247—248页。

3 林竞：《西北丛编》，《近代中国史料丛刊续辑》第11辑，文海出版社1974年版，第244页。

4 巫新华：《吐鲁番唐代交通路线的考察与研究》，青岛出版社1999年版，第131页。

即唐代蒲昌、柳中，最后至高昌城。

二、东部天山中段隘口交通枢纽：罗护镇城

《新唐书·地理志》记有罗护守捉，该地西南有驿路至赤亭、蒲昌，西北有驿路通蒲类、北庭都护府，东南有驿路通纳职、伊吾[1]，东北似有军事路线通蒲类海的伊吾军，俨然是东部天山中段的一个十字路口（图 30）。吐鲁番出土文书中只见罗护镇、罗护馆、罗护坊、罗护烽[2]，未见罗护守捉，该地可能与赤亭镇类似，在天宝时代改称守捉。罗护镇之具体地点，学界有不同意见。安部健夫认为“罗护”与清代之“纳呼”音近，当为同一地，日比野丈夫、严耕望从其说[3]。该地位于今西盐池，其通西南之赤亭、蒲昌等地较为便捷，但西北通天山以北的北庭故城，需先向西行约 16 公里，再沿 S241 省道向东北行，至高泉达坂又折西北行至木垒县，道路如此曲折迂回不符合一个交通十字路口的基本条件。巫新华依据《新唐书·地理志》之驿程推断罗护镇位于今十三间房附近[4]，该地位于七角井村南约 33 公里，似过于偏南，又十三间房附近水环境较差，不太可能是一个军镇驻屯之所。冯承钧认为罗护镇在今七角井[5]，从交通地理环境看，较为合理。

---

1 《新唐书》卷四十《地理志》，中华书局 1975 年版，第 1046 页。

2 罗护镇见于 Ot.3354 号《河西天山军兵员给粮文书》，载小田义久：《大谷文书集成》第二卷，法藏馆 1983 年版，第 79 页。罗护馆、罗护坊见于《天宝十三载至十四载交河郡马料文卷》，载《吐鲁番出土文书》肆，图录本，文物出版社 1996 年版，第 441、442、486 页。罗护烽见于《唐蒲昌府番上烽、镇人名簿》，载陈国灿、刘永增主编：《日本宁乐美术馆藏吐鲁番文书》，文物出版社 1997 年版，第 105 页。

3 安部健夫：《西回鹘王国史的研究》，新疆人民出版社 1985 年版，第 402 页；日比野丈夫：《唐代蒲昌府文书の研究》，《东方学报》第 33 册，1963 年，第 277 页；严耕望：《唐代交通图考》第二卷《河陇碛西区》，“中央研究院”历史语言研究所，1985 年，第 460 页。

4 巫新华：《吐鲁番唐代交通路线的考察与研究》，青岛出版社 1999 年版，第 104 页。

5 冯承钧：《高昌城镇与唐代蒲昌》，载《冯承钧学术论文集》，上海古籍出版社 2015 年版，第 301—312 页。

图 30　罗护镇位置图

（一）罗护镇城的水环境

七角井有一东盐池（《西域图志》卷十四称“塔呼”），20 世纪 50 年代尚有水，现今虽已干涸，但仍可确定湖区东西 8 到 10 公里，南北 3 到 5 公里，其水源主要来自奥塔尔拉山及巴里坤山南坡小河地表水转化形成的地下水[1]。清末于此置驿，并利用该地的地下水资源，1911 年袁大化途经七角井时，见“七个井子驿（即七角井驿），经制一员，马队一棚，大小店四家。井十眼，水深四尺，坎厚丈许，而北面数井，仅厚五尺”[2]。又杨增新曾于此地置县佐，开坎儿井以聚官民[3]，说明此地水资源开发有很大的潜力。唐代前期东盐池附近水环境虽不清楚，但此时处在气候暖湿期，河流水量较大，可能有地表径流汇入湖区。

1　王世江主编:《中国新疆河湖全书》，中国水利水电出版社 2010 年版，第 183 页。

2　袁大化:《抚新纪程》，载《西征续录》，李正宇等点校，甘肃人民出版社 2002 年版，第 214—215 页。

3　《呈请添设七角井县佐文》，载《补过斋文牍》(二)，《中国边疆丛书》第一辑，文海出版社 1965 年版，第 884—887 页。

罗护镇是否有屯田不得而知，但据 Ot.3354 号《河西天山军兵员给粮文书》记载，此地似有粮仓。文书记载：

（前缺）

会□[   ]罗护加破卅五人，覆加八人，覆同。及。

1. 廿 □ 人 蒲 昌 县 界

2. 一 十 九 人 罗 护 镇 界

（后略）[1]

此段记载的是天山军属蒲昌府界镇兵的食仓情况，其中蒲昌县 20 余人，罗护镇 19 人，第 1 列右侧为勾检用语，是进一步说明这批镇兵具体食何仓，以及加破情况，其中“罗护”一地虽未明确注明为粮仓，但可确定蒲昌县界、罗护镇界共有 43 镇兵之食粮来自此处，罗护一地显然有粮仓之实。

（二）罗护镇城的交通区位

罗护镇附近之罗护馆、罗护坊[2]，由于地处交通十字路口，客使繁闹。据《唐天宝十四载（755）柳中县具属馆私供马料帐历上郡长行坊牒》记载，该马坊至少有马 100 匹供往来客使之用[3]。罗护镇所处东西驿道称新开道，P.2009 号文书《西州图经》记新开道云：

5. 新开道

6. 右道出蒲[   ]

7. 观十六年[   ]

8. 有泉井[   ]

9. 之阸，今见阻贼不通。[4]

1 小田义久：《大谷文书集成》第二卷，法藏馆 1989 年版，第 79 页。

2 又《唐天宝某载三月二十一日交河郡长行坊曲张温璟牒兵曹司马为济弱馆踖料事》记有“罗护长行坊”，可能为“罗护坊”之全称。从此件文书来看，罗护长行坊似还负责济弱馆之粮料，济弱馆位置不详，可能也在罗护镇之镇戍范围之内。见荣新江、李肖、孟宪实主编：《新获吐鲁番出土文献》，中华书局 2008 年版，第 349 页。

3 《吐鲁番出土文书》肆，图录本，文物出版社 1996 年版，第 442 页。

4 上海古籍出版社、法国国家图书馆编：《法国国家图书馆藏敦煌西域文献》1，上海古籍出版社 1995 年版，第 76 页。

文书残缺，新开道之经行路线难以考证。第 7 列所记“观十六年”当是“贞观十六年”，疑此道的开辟与贞观十六年（642）某次事件有关。巫新华认为是安西都护郭孝恪出乌骨道击西突厥一事，史载西突厥乙毗咄陆可汗遣兵寇伊州，郭孝恪经乌骨道越天山，再沿北麓东至巴坤一带，其凯旋之路，似不应走宋人称之为“大患鬼魅”的伊西道，而应从此道以北罗护镇城、今七角井一带折西南至蒲昌县[1]。本文第一章曾论及清代巴里坤至吐鲁番之驿道，其路线是经巴里坤湖西南部的萨尔乔克、五场霍勒、陶赖等地，再经巴里坤山西部的天山谷地至东盐湖（池）七角井村，再折西南至辟展。巴里坤湖至七角井一段，有尖山子村烽燧、骨拐泉东烽燧、骨拐泉西烽燧、苏吉村烽燧、卢方沟烽燧、五场沟村烽燧、肋巴泉烽燧等清代遗址为证。如此，贞观十六年（642）郭孝恪从巴里坤一带返回西州之路线，当与清代镇西至辟展之道路一致，是为 P.2009 号文书《西州图经》所记新开道。

但是，唐代西州与巴里坤之间往来恐怕不是很频繁。尤其是在伊吾军设置以前，蒲类海的驻防力量十分有限，其与西州都督府可能并无太多军政事务往来。同时，开元六年（718）伊吾军迁至巴里坤以后，西域东部的军政中心又转移至北庭，此时伊吾军直属于北庭都护府，其与西州之间仍然无太多事务往来的可能性。因此，所谓新开道，很大可能是从蒲昌县之赤亭向西北至罗护守捉城，至此折东南，合伊州至北庭驿道东段，前往伊州城。新开道罗护镇城西段开辟于贞观十六年（642），随着北庭都护府的成立，其东段又成为河西通北庭的交通主干道。得益于此，罗护镇城所在之新开道最终也成为唐前期伊州通西州使用最频繁的驿道之一。

新开道罗护镇城以东，以及罗护西北通北庭的道路，见第一章第二节和第五章第二节；罗护镇城以西的道路，《新唐书·地理志》记载：

1　巫新华：《吐鲁番唐代交通路线的考察与研究》，青岛出版社 1999 年版，第 130 页。

（罗护守捉）又西南经达匪、草堆，百九十里至赤亭守捉，与伊西路合。[1]

达匪一地，据吐鲁番出土文书《唐下西州柳中县残文书为勘达匪驿丁差行事》[2]《武周（?）达匪等驿申报马数文书》[3]《唐蒲昌府番上烽、镇人名簿》[4]《唐天宝十四载（755）柳中县具达匪馆私供床麦帐历上郡上长行坊牒》[5]，此地设置有达匪驿、达匪馆、达匪烽，是新开道上一处十分重要的驿站。达匪馆的具体位置，陈国灿认为在今碱泉子[6]，其所据是将罗护守捉定位于西盐池，碱泉子位于西盐池西南约 34 公里，方向上与《唐书》较合，但此地附近至今尚未发现唐代遗迹。罗护守捉实际在今七角井村附近，按方位和里程，西盐池可能为达匪馆所在地。此地现存一古城，位于西盐池南部隘口西侧台地上，仅存方形台地，底边长约 9 米，似为烽火台遗址，第三次文物普查时将其定为唐至清代遗址[7]。该烽火台或为达匪烽所在地，而达匪驿、馆可能也在附近。

草堆一地，吐鲁番出土文书称"草堆馆"，见于《唐天宝十四载（755）柳中县具属馆私供马料帐历上郡长行坊牒》[8]《唐天宝十载（754）交河郡长行坊具一至九月踖料破用帐请处分牒》[9]《唐天宝十四载（755）交河郡长行坊申十三载郡坊帖马侵食交河等馆九至十二月马料帐》[10]等文书。草堆馆的位置，陈国灿认为在今四十里大墩，其地位于今七克台镇东偏北约 15 公里处，原为清代一处驿站（土墩子驿），现今遗址无存，在无其他唐代遗址发现的情况下，姑且将草堆馆定位于此。

如此，罗护镇城以西之驿道，即沿今七角井——西盐池——七克

1 《新唐书》卷四十《地理志》，中华书局 1975 年版，第 1046 页。

2 《吐鲁番出土文书》壹，图录本，文物出版社 1992 年版，第 271 页。

3 《吐鲁番出土文书》叁，图录本，文物出版社 1996 年版，第 351 页。

4 陈国灿、刘永增主编:《日本宁乐美术馆藏吐鲁番文书》，文物出版社 1997 年版，第 105 页。

5 《吐鲁番出土文书》肆，图录本，文物出版社 1996 年版，第 444—446 页。

6 陈国灿:《唐西州蒲昌府防区内的镇戍与馆驿》，《魏晋南北朝隋唐史资料》第 17 辑，武汉大学出版社 2000 年版，第 94 页。

7 《不可移动的文物·吐鲁番地区卷 3》，新疆美术摄影出版社 2015 年版，第 67 页。

8 《吐鲁番出土文书》肆，图录本，文物出版社 1996 年版，第 442 页。

9 《吐鲁番出土文书》肆，图录本，文物出版社 1996 年版，第 486 页。

10 《吐鲁番出土文书》肆，图录本，文物出版社 1996 年版，第 538 页。

台一线。该道沿线现今仍有公路通行，位于312国道及高速公路北部山麓地带。古代时期选择这条道路主要考虑的是水源问题。天山南麓河流多在出山口处就渗漏至地下，因此离山麓越远，水源补给越成问题。但山麓地带容易受到游牧部落的骚扰，如《唐西州都督府牒为巡逻觇探贼踪事》记载："此等探巡，并当贼路，贼在达匪、悬泉□□"[1]，所谓"贼"，即指游牧部落。在局势紧张时期，这些游牧部落对沿线驿馆造成很大的威胁，因此这条道路的通行仍需强大的中央王朝作为后盾。

第三节　蒲昌县西"山北三城"

《唐上元二年（761）蒲昌县界长行坊小作具收支饲草数请处分状》记载：

1. 蒲昌县界长行小作　　　　　　状□

2. 　当县界应营易田粟总两顷共收得□□叁阡贰伯肆拾壹束每粟壹束准草壹束

3. 　　壹阡玖伯肆拾陆束县＿＿＿＿

（中略）

6. 　　壹阡贰伯玖拾伍束山北横截等三城□

（中略）

9. 以前都计当草叁阡贰伯肆拾壹束具破用、见在如后。

（中略）

11. 　　玖伯束奉　都督判命令给维磨界游奕马食。山北作。

（后略）[2]

该文书年代为唐肃宗上元二年（761），此时中央政权对西州基本无实质管辖权。但从文书内容可知，此时的西州仍遵行唐朝的军镇体制，如文书中提到的长行坊就在天宝十四载（755）以前的文书中经常出现。文书第3列缺损的文字补全应为"县下三城作"，三城之名

1　陈国灿、刘永增主编：《日本宁乐美术馆藏吐鲁番文书》，文物出版社1997年版，第81页。

2　《吐鲁番出土文书》肆，图录本，文物出版社1996年版，第556—557页。

不得而知；第 6 列所谓“山北横截等三城”是指火焰山北部的三城，这三城应该就是横截城、临川城和于谌城（详见后文）。县下三城及山北三城所作之草料，主要是为附近之驿馆、镇戍、烽铺使用。第 11 列记有 900 束马料供应维磨界游奕马食，这批马料由山北作，具体应该就是横截城、临川城和于谌城（图 31）。三城在唐代蒲昌府镇界占有重要的军事地位。以下是对三城位置、水环境、屯田、交通区位等的讨论。

一、横截城

横截一地出现时间较早，据王素研究，早在高昌郡阚氏政权缘禾四年（435）前后就设置横截县[1]。又据新获吐鲁番文献《阚氏高昌永康九年、十年（474、475）送使出人、出马条记文书》[2]，可知阚氏高昌国时期亦有横截地名，此时亦当置县。麴氏高昌国时期又置横截郡[3]，政治地位进一步提升。唐置西州以后降为城，属蒲昌县。

横截城具体地点目前尚存争议。Ot.2604 号《西州高昌县给田文书》有“城东六十里横截城阿魏渠”的记载[4]，“城东”指的是高昌城东部，钱伯泉、巫新华据此认为横截城在今吐峪沟北部之苏巴什村[5]，此地实际在高昌城东北，有两条道路与高昌城相通，一道经木头沟，一道经吐峪沟，两条道路之里程在 23 公里左右，与文书记载之 60 里有一定的差距。另外，嶋崎昌认为在汉墩（即今汉都或罕都），松井太又指出回鹘语中的“Qongdsïr-qongsï”与早期汉语横截（ɣwɒng-

1 王素：《高昌史稿·交通编》，文物出版社 2000 年版，第 35 页。

2 荣新江、李肖、孟宪实主编：《新获吐鲁番出土文献》，中华书局 2008 年版，第 163 页。

3 横截郡见于《高昌章和七年（537）张文智及夫人马氏、巩氏墓表》，载侯灿、吴美琳：《吐鲁番出土砖志集注》，巴蜀书社 2003 年版，第 18 页。

4 小田义久：《大谷文书集成》第一卷，法藏馆 1983 年版，第 101 页。

5 钱伯泉：《高昌国郡县城镇的建置及其地望考实》，《新疆大学学报》1988 年第 2 期；巫新华：《吐鲁番唐代交通路线的考察与研究》，青岛出版社 1999 年版，第 66—67 页。

dz'iet）以及今地 Khandu（汉都）为同一地[1]。汉都即今汉都夏村，在连木沁东北部，与高昌故城直线距离约 40 公里，其里程与文书记载差距亦较大，但从语源来看似又合乎情理；又王素认为麴氏高昌国时该地置“镇东府”，当距白芳（唐之蒲昌）不远[2]，故将横截城置于汉都夏村附近，有一定的道理。

《西域图志》记载：“罕都，在连木齐木东北二十五里，东南距辟展城一百里，有土城。西南有小山，上有二墩，相传汉时所筑，并讹称其地为汉墩。”[3] 此所谓汉代两土墩具体在何处，无从知晓，不过在今汗都夏村附近发现了三座唐代烽火台。第一座名为汉墩阿克墩烽火台，该烽火台位于汗都夏村西南约 1 公里，平面呈矩形，长约 5.8 米，宽约 3.8 米，残高约 5.2 米，整体为土坯建筑[4]；第二座烽火台名为汉墩夏大墩烽火台，位于汗都夏村南偏东约 2.6 公里，破坏严重，其底平面呈方形，边长约 19 米，土坯建筑[5]；第三座烽火台名为霍加木阿勒迪烽火台，位于汗都夏村西北约 4 公里，平面呈方形，边长约 4.7 米，残高约 3 米，夯土建筑[6]。从三座烽火台分布趋势来看，唐代蒲昌城西部似有两路，一路经汉墩阿克墩烽火台至横截城，一路经汉墩夏大墩烽火台至临川城。横截城西北又经霍加木阿勒迪烽火台，沿着二塘沟北上，接二塘沟口之二塘沟烽火台，此为 P.2009 号文书《西州图经》中记载的萨捍道（详见本章第一节）。萨捍道北通天山，与维摩道、突波道、花谷道合，北接蒲类县；向西又可与乌骨道、他地道合，通北庭。如此看来，横截城在西州北部屯戍布局中占有十分重要的地位。

---

1 嶋崎昌：《高昌国の城邑について》，《隋唐时代の东トルキスタン研究——高昌国史研究を中心として》，东京大学出版会 1983 年重印本，第 121 页；松井太：《吐鲁番诸城古回鹘语称谓》，杨富学、陈爱峰译，《吐鲁番学研究》2017 年第 1 期。

2 王素：《高昌史稿·交通编》，文物出版社 2000 年版，第 62 页。

3 傅恒等：《西域图志》卷十四《疆域七》，钟兴麒等校注，新疆人民出版社 2002 年版，第 237 页。

4 《不可移动的文物·吐鲁番地区卷 3》，新疆美术摄影出版社 2015 年版，第 109 页。

5 《不可移动的文物·吐鲁番地区卷 3》，新疆美术摄影出版社 2015 年版，第 84 页。

6 《不可移动的文物·吐鲁番地区卷 3》，新疆美术摄影出版社 2015 年版，第 107 页。

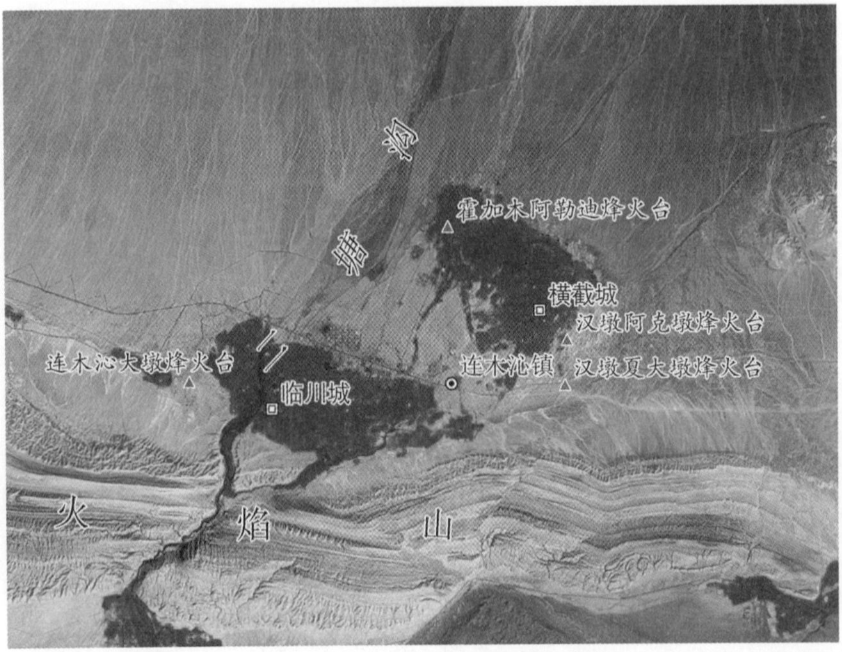

图 31 连木沁绿洲与横截城、临川城位置图

二、临川城

临川城设置年代稍晚于横截城，《梁书·高昌传》记载，高昌国“置四十六镇，交河、田地、高宁、临川、横截、柳婆、洿林、新兴、由宁、始昌、笃进、白力等，皆其镇名。”[1]可见在6世纪前期，此地就已置军镇。吐鲁番出土《高昌高宁等城丁输木薪额文书》也有临川一地出现，王素将该文书年代定为604年前后[2]，可见高昌国后期此地仍置城或县。唐朝灭高昌国以后，沿用临川城之建置，归蒲昌县管辖。

临川城之位置，学界普遍认为在今连木沁，此说以前认为是陶保廉

1 《梁书》卷五十四《高昌传》，中华书局1973年版，第811页。
2 王素：《吐鲁番出土高昌文献编年》，新文丰出版公司1997年版，第228页。

图 32　连木沁大墩烽火台

最早提出，陈国灿梳理文献发现实际是黄文弼的观点[1]。又冯承钧、嶋崎昌认为“临川”与“连木沁”音近[2]，松井太认为古代回鹘语“Limčin”可与早期汉语“临川”（li̯i̯əm-toe’i̯i̯wän）今之 Lämjin（连木沁）对应[3]，这些观点再次证明唐之临川就在今天的连木沁镇。钱伯认为“临川”必临大河，具体当在今连木沁镇二塘沟河旁，巫新华认为即连木沁大墩烽火台（图 32）[4]。连木沁大墩烽火台是连木沁沟北部绿洲附近较少发现的唐代遗址，在二塘沟西约 2.3 公里处，其地理位置似在连木沁西至胜金口的道路上，且附近荒凉，无农垦痕迹，绝非富饶之地。疑临川城在今连木沁买里村，此地西距二塘沟仅 500 米，又地处连木

1　黄文弼：《高昌疆域郡城考》，载《黄文弼历史考古论集》，文物出版社 1989 年版，第 162—169 页。

2　冯承钧：《高昌城镇与唐代蒲昌》，载《冯承钧学术论文集》，上海古籍出版社 2015 年版，第 301—312 页；嶋崎昌：《高昌国の城邑について》，《隋唐时代の东トルキスタン研究——高昌国史研究を中心として》，东京大学出版会 1983 年重印本，第 132 页。

3　松井太：《吐鲁番诸城古回鹘语称谓》，杨富学、陈爱峰译，《吐鲁番学研究》2017 年第 1 期。

4　钱伯泉：《高昌国郡县城镇的建置及其地望考实》，《新疆大学学报》1988 年第 2 期；巫新华：《吐鲁番唐代交通路线的考察与研究》，青岛出版社 1999 年版，第 69 页。

沁镇两个绿洲之一（另一个绿洲即横截城所在之汗都绿洲），自然环境优越，适合驻屯。

唐代临川城西通新兴城（今胜金乡），南接柳中城（今鲁克沁镇），东连蒲昌城（今鄯善县城），北入天山，实为一交通枢纽。尤其是其北部沿二塘沟入天山之道路在蒲昌府北部军防体系中占有非常重要的地位，宁乐 18 号文书《唐开元二年三月一日蒲昌县牒为卫士麹义逷母郭氏身亡准式丧服事》记“和均既替姜德临川城防御”[1]，临川城之城防应当与横截城一体，共同戍守北部二塘沟入天山的道路。

三、于谌城

池田温整理的一件吐鲁番文书《唐开元四年（716）西州柳中县高宁乡籍》记载“城东陆拾里于谌城”[2]，陈国灿认为于谌城在柳中城所在之鲁克沁东 60 里的树伯沟[3]，但该文书既然为高宁乡户籍，于谌城当在高宁城东 60 里。高宁城在吐峪沟乡，此地正东 60 里为库姆塔格沙漠，不可能置城，于谌城当在高宁之东北或东南。嶋崎昌认为于谌城即《西域图志》所记之“楚辉”一地[4]，钟兴麒等注《西域图志》将楚辉定位于今鄯善县西南部的克其克村[5]，此地西距吐峪沟超过 40 公里，与文书所记之里程相去甚远。辽宁省档案馆藏一件吐鲁番出土文书，似可说明于谌城之归属和位置，文书转录如下：

（前缺）

1. 　　　　　　　　二□

2. 牒检安连如前，谨牒。

3. 　　　闰二月　　　　日府范□□□

---

1 陈国灿、刘永增主编：《日本宁乐美术馆藏吐鲁番文书》，文物出版社 1997 年版，第 44 页。

2 池田温：《中国古代籍帐研究》，龚泽铣译，中华书局 2007 年版，第 100 页。

3 陈国灿：《辽宁省档案馆藏吐鲁番文书考释》，《魏晋南北朝隋唐史资料》第 18 辑，武汉大学出版社 2001 年版，第 93 页。

4 嶋崎昌：《隋唐时代のトウルキスタン研究》，东京大学出版会 1977 年版，第 134—135 页。

5 傅恒等：《西域图志》卷十四《疆域七》，钟兴麒等校注，新疆人民出版社 2002 年版，第 238 页。

4. 张建方等称：有□□

5. 勍（?）准式并合倚团，□

6. 就（?）判：待贼宁，当□□

7. 口勒上于谌，状不□□

8. □□□有事抽入于□，

9. ＿＿＿＿□有掌牒城□□

（后缺）[1]

该文书第4列张建方一人，又见于宁乐31号文书《唐西州都督府牒为蒲昌府诸烽戍替人事》，为蒲昌县狼泉烽长探，陈国灿认为两件文书有关系，并将此文书时间定为开元二年（714）闰二月二日，两件文书传递的信息为："张建方等人，或许是因某种缘由，不宜于上烽、长探，故需人替代，正因如此，所以他们可以'准式并合倚团'。大概是张建方等人要求上于谌，判文则说，'待贼宁'后，再让他们到于谌去"[2]。蒲昌府文书一般认为反映的是开元二年（714）前后东突厥入侵吐鲁番盆地，引起的蒲昌府动员人力布防行动，从上引文书可知，于谌城也参与到了此次戍防任务。如此于谌城当在蒲昌府辖区，且应在火焰山以北，将其定位于火焰山以南，其戍防是没有意义的。考虑到前引《唐上元二年（761）蒲昌县界长行坊小作具收支饲草数请处分状》有"山北横截等三城"的记载，三城可能就是横截城、临川城和于谌城。于谌城的位置，较大可能也在今连木沁绿洲。

唐代蒲昌至柳中之驿道，应从蒲昌沿火焰山西行于临川、于谌城，再南入连木沟至鲁克沁所在之柳中古城。连木沁沟南段又称色尔克普沟，1930年黄文弼曾到此考察，在沟口见一废塔，塔顶朱书"贞元七年"，并有"僧辩真画"等字；又在沟口发现刻有"龙朔"字样的石

1 《唐开元二年闰二月二日蒲昌府范阿祚牒为张建方倚团及入于谌城事》，载陈国灿：《辽宁省档案馆藏吐鲁番文书考释》，《魏晋南北朝隋唐史资料》第18辑，武汉大学出版社2001年版，第92页。

2 陈国灿：《辽宁省档案馆藏吐鲁番文书考释》，《魏晋南北朝隋唐史资料》，武汉大学出版社2001年版，第92页。

刻[1]，可见色尔克普沟在唐代确为丝绸之路于谌城南部的重要谷道。金祖同《流沙遗珍》收录一件吐鲁番文书记载：

1. 开元廿九年六月十日，真容寺于于谌城
2. 交用大练捌匹，买兴胡安忽娑乌柏
3. 特牛一头肆岁，其牛及练即日交相
4. 付了，如后牛有寒盗，并仰主、保
5. 知，当不圩买人之事。两主对面
6. 画指为记。
7. 练主
8. 牛主安忽娑年卅
9. 保人安失药年卅二
10. 见人公孙策[2]

据内容，文书可定名为《唐开元二十九年（741）六月十日西州真容寺买牛契》，第 2 列出现的“兴胡”，据程喜霖研究，是指西北少数民族以市易取利的商人，尤以“昭武九姓”粟特人为典型[3]。很明显，文书中的兴胡安忽娑、保人安失药均是粟特人，唐代粟特人以游走于丝绸之路经商而著名，其在于谌城与真容寺进行牲畜交易，足见该地是唐代丝绸之路重要的交通中转站。

同时，得益于河水之便，该地似有屯田，Ot.5370 号《勘当薄田文书断片》记载：

（前缺）

1. 勘当□
2. 薄田一亩在于谌城
3. 右同前上件埊（地），□□给得□来香口分，
4. 其埊（地）给得已后，乃被知屯人浑弥□
5. □种，租子无知得处。但口分田□

1 黄文弼：《吐鲁番考古记》，中国科学院考古研究所 1954 年版，第 12 页。

2 金祖同：《流沙遗珍》，载《敦煌丛刊初集 5》，新文丰出版公司 1986 年版，图二，第 250 页；录文，第 283 页。

3 程喜霖：《唐代过所研究》，中华书局 2000 年版，第 254 页。

6. ▭□即合别处得替之。既不得▭

7. ▭[无][处][可]，其□□□拟□▭

（后缺）[1]

文书无纪年，但出现了武周时期新字，可知为唐代武则天时期文书。文书内容大概是西州给某人于谌城薄田一亩，但给田后该地仍被知屯人浑某耕种，此知屯人也未向户主交纳租子，户主无奈请求于其他地方替换此地。唐代西域多为军屯，该知屯人极有可能是军士，上引内容反映出知屯人极为霸道，似有侵占地方户民耕地的迹象，是少数能够反映唐代西域兵屯与地方关系的文书。

第四节　火山宁戎谷附近的军城

宁戎城、新兴城地处火焰山北部的胜金绿洲，此地南经宁戎谷（今木头沟）可至西州州治高昌城，西北有系列烽燧、戍堡延伸至哈尔干孜郭勒河（煤窑沟）出山口处，经此河谷有道路通天山北部，或为《西州图经》记载之乌骨道。宁戎城、新兴城作为高昌城北部屏障，对于西州边防安全具有重要的意义。

一、宁戎城

P.2009 号文书《西州图经》记载西州有宁戎窟寺一所，“在前庭县界山北廿二里宁戎谷中”[2]，看来宁戎窟寺，以及吐鲁番文书中出现的宁戎城、宁戎乡等地名，均由宁戎谷而来[3]。现今火焰山北部木头沟中的柏孜克里克石窟南距高昌故城约 11 公里，与 P.2009 号文书《西州

1　小田义久:《大谷文书集成》第三卷，法藏馆 2002 年版，第 151—152 页。

2　上海古籍出版社、法国国家图书馆编:《法国国家图书馆藏敦煌西域文献》1，上海古籍出版社 1995 年版，第 77 页。

3　鲁才全:《唐代前期西州宁戎驿及其有关问题——吐鲁番所出馆驿文书研究之一》，载唐长孺主编:《敦煌吐鲁番文书初探》，武汉大学出版社 1983 年版，第 364 页。

图 33　宁戎城、新兴城及周边烽燧分布图

图经》所载里程数和方位非常接近，因此柏孜克里克石窟应当就是唐代的宁戎窟寺，而其所在的木头沟亦即文书中的宁戎谷。

Ot.3377 号及 2872 号系高昌县退田文书，3377 号记载有一块田地位于高昌“城北廿里宁戎苦具谷”[1]，2872 号文书记有一块田地位于高昌“城北廿五里宁戎低苦具谷”[2]，此所谓“宁戎苦具谷”“宁戎低苦具谷”应当是“宁戎谷”的一部分，这些河谷内的田地当属宁戎乡（城）的范畴。由此可推断，从今天柏孜克里克石窟沿着木头沟向西北一带，在唐代均属于宁戎乡（城）的管辖范围。木头沟上游是一片古老的绿洲，残存的古河道可证古代的黑沟河、哈尔干孜郭勒河曾有水源流经

1　小田义久:《大谷文书集成》第二卷，法藏馆 1989 年版，第 87 页。
2　小田义久:《大谷文书集成》第二卷，法藏馆 1989 年版，第 123 页。

此地，成为该地生产生活的重要水源。此地现今为胜金乡木日吐克村、艾西夏村所在地，“西夏”有“古城墙”之意。在木日吐克村西北1公里处，有一乌江布拉克古城，平面呈不规则形，面积约20000平方米，南墙、西墙残存墙基。有学者认为该古城就是高昌郡国时期的宁戎城，亦即唐代的宁戎乡（城）所在地[1]。在古城南约2公里的火山北麓有一片唐代古墓地（乌江布拉克古墓），当为附近居民的公共墓地，这也间接说明乌江布拉克古城在唐代的确是了一个人口集聚的城镇。

宁戎城是唐代高昌城北部的一处重要军镇，从高昌向北经此地一系列的唐代烽火台、戍堡遗址，说明此地位于唐代西州通北庭的军事交通线上。木头沟附近共有5座烽火台，第一座为艾西夏烽燧（又名胜金烽燧遗址1），位于胜金乡艾西夏村村民的院落中，平面呈正方形，底部长约18米，残高约6米；第2座为艾西夏东烽燧（又名胜金烽燧遗址2），位于胜金乡艾西夏村东0.5公里，破坏严重，难以辨明形制，残存土墩南北长约22米，东西宽约11米，残高约6米；第3座为色格孜库勒烽火台（又名胜金烽燧遗址3），位于胜金乡色格孜库勒村西北5公里，平面呈长方形，长约14米，宽约12米，残高约10米；第4座为胜金口烽火台（又名胜金烽燧遗址4），位于胜金乡排孜阿瓦提村南10公里处，东侧为胜金口石窟，平面呈正方形，底边长约7米，残高约5.5米；第5座为木头沟西岸烽火台（又名胜金烽燧遗址5），位于胜金乡木日吐克村，地处木头沟河西岸，平面呈正方形，边长约5米，残高约1.6米[2]。以上烽燧除第3座色格孜库勒烽火台距木头沟河较远外，其余四座都分布在木头沟河岸附近，很明显，从高昌城向北经木头沟至宁戎乡（城）有一条非常重要的交通道路，这条线路继续向西北，还有烽燧线向天山延伸。

乌江布拉克古城西北约7公里处，存一木尔吐克萨依遗址，平面

1 巫新华：《吐鲁番唐代交通路线的考察与研究》，青岛出版社1999年版，第62页。

2 新疆维吾尔自治区文物局：《新疆维吾尔自治区长城资源调查报告》，文物出版社2014年版，第137、140、142、156、158页。

呈方形，边长约 18 米，围墙残高约 3 米，在围墙西北角、东北角和东南角各有一座梯形护墙，烽火台位于戍堡西南角[1]。2015 年新疆考古所和吐鲁番学研究院对其进行了发掘，对遗址内的 14 间房屋、烽火台、角台、台阶、逃生通道等进行了清理，进一步确认了遗址的军事功能。出土文书一件，存 7 世纪前后高昌地区地名“洿林”，同时碳十四年代测定结果为 1345±25，确证城堡在 7 世纪早期就建成使用[2]。在发掘过程中，考古人员发现大量的牲畜饲养区和马槽遗址，并有大量的高粱秸秆、牲畜粪便。遗址与唐代宁戎城较近，当为唐代宁戎乡境内的一处军事遗址，极大可能就是吐鲁番出土文书中记载的“宁戎驿”所在地[3]。《武周（?）宁戎驿马及马草踖文书》记载：

1　□贰[车]［　　　］
2　宁戎驿马肆拾贰［　　　］
3　［　　　］得驿长［　　　］
4　［　　　］饲马草［　　　］
5　［　　　］当欸玖拾[陆]［　　　］[4]

文书残缺不全，但其记载的“驿马肆拾贰”表明该驿站规模较大[5]，结合驿站西北部及东南部大量的烽燧遗址，可知这条线路在唐代具有非常重要的军事地位。木尔吐克萨依戍堡西北部有古代河道，葡萄沟上游河段——煤窑沟河，在古代似有水源向东南流经戍堡附近。沿着这条古河道，在木尔吐克萨依戍堡西北约 9 公里处，为七泉湖萨依烽燧，平面呈正方形，底边长约 8.3 米，残高约 7.8 米，据出土遗物和烽火台形制，可定为唐代遗址。七泉湖萨依烽火台西北约 3 公里处，为煤窑沟戍堡，遗址由烽火台和居址组成，烽火台平面呈方形，南北

1 《不可移动的文物·吐鲁番地区卷 1》，新疆美术摄影出版社 2015 年版，第 201 页。

2 新疆文物考古研究所、吐鲁番学研究院：《新疆吐鲁番木尔吐克萨依遗址发掘简报》，《吐鲁番学研究》2017 年第 2 期。

3 上引《新疆吐鲁番木尔吐克萨依遗址发掘简报》亦持此种观点。

4 《吐鲁番出土文书》叁，图录本，文物出版社 1996 年版，第 352 页。

5 《唐六典》记载唐代驿马及驿丁之数，共分六等，宁戎驿马 42 匹，属于第二等，仅次于第一等。按规定，二等驿站配驿丁 14 人。详见《唐六典》卷五《尚书兵部·驾部郎中》，中华书局 1992 年版，163 页。

约 7.3 米、东西约 7.5 米，居址位于烽火台西侧和南侧，形制布局与木尔土克萨依遗址非常相似，可能也是一处唐代驿站遗址[1]。这两处遗址附近泉水丰富（故名“七泉湖”），是设置驿站和烽火台的理想之地。从煤窑沟戍堡向北入山口，便进入天山，沿河谷而上翻越达坂，便进入天山北麓，直通北庭。这条道路是西州通北庭的一条捷径，P.2009 号文书《西州图经》记载高昌县通庭州且距离最短的道路为乌骨道，其云：“右道出高昌县界北乌骨山，向庭州四百里，足水草，峻崄石粗，唯通人径，马行多损。”[2] 从现今高昌故城北部烽燧、戍堡分布来看，经胜金口、木头沟至煤窑沟河上游的道路，就是唐代的乌骨道[3]。《新疆图志》也有这条道路的记载：

> 从火州北行至胜金口，又北入穆图拉克之沟，过可洛达坂，即通济木萨，古北庭也。[4]
>
> （奇台）城西南八十里董子沟，十里吉布库，十里耿戛街，西通孚远，南通吐鲁番。[5]

第一条资料记录了这条道路博格达山南麓段，“穆图拉克之沟”即木头沟，“可洛达坂”为博格达山中的一处山岭；第二条资料记录了这条道路博格达山北麓段，“吉布库”即今奇台县南约 30 公里的吉布库镇，此地几乎位于上述博格达山南麓七泉湖萨依烽燧和煤窑沟戍堡的正北处，其所谓南通吐鲁番的道路，当为翻越天山达坂，再沿煤窑沟河南下至七泉湖、木头沟、胜金口至高昌城。吉布库有路西通孚远，即吉

---

1 新疆维吾尔自治区文物局：《新疆维吾尔自治区长城资源调查报告》，文物出版社 2014 年版，第 148—154 页。

2 上海古籍出版社、法国国家图书馆编：《法国国家图书馆藏敦煌西域文献》1，上海古籍出版社 1995 年版，第 76 页。

3 巫新华认为，从高昌故城经胜金口、胜金，至恰勒坎北越天山至奇台半截沟的路线，为唐代乌谷道。恰勒坎在胜金乡以北、七泉湖以东，这一带目前尚未发现唐代遗址，其说有待商榷。见巫新华：《吐鲁番唐代交通路线的考察与研究》，青岛出版社 1999 年版，第 148 页。其说又见王炳华《西域考古文存》，兰州大学出版社 2010 年版，第 94 页。

4 王树枏等纂修：《新疆图志》卷八十《道路二》，朱玉麒等整理，上海古籍出版社 2015 年版，第 1522 页。著者认为汉代车师后王国出五船北至玉门关之新道，亦即此道。此说有待商榷，但可以肯定的是，清代此道确能通行。

5 王树枏等纂修：《新疆图志》卷七十九《道路一》，朱玉麒等整理，上海古籍出版社 2015 年版，第 1515 页。

木萨尔县，实际是先向西至泉子街，与交河城至北庭的道路（汉代的车师道，唐代的他地道）会合，再折北至北庭城所在地。此道与唐代之乌骨道应为同一条道路。

由此，西州所属之宁戎乡、宁戎城、宁戎驿，均为乌骨道沿线城镇。史载贞观十六年（642），安西都护郭孝恪出乌骨道邀击西突厥乙毗咄陆可汗[1]，说明这条道路在贞观时期已被唐朝利用。沿途的城镇可能在此之前就已修建，但真正纳入唐朝边疆地区驿路系统，应该是在贞观十六年以后。

二、新兴城

新兴城得名于新兴谷，《唐开元二十二年（734）西州高昌县申西州都督府牒为差人夫修堤堰事》有“新兴谷”的记载[2]，20世纪初勒柯克在今高昌城北的胜金谷发现一木柱，上刻“新兴谷内高胜岩萼福德之处”。可见，新兴谷指的就是今天的胜金谷，而新兴城应当在新兴谷附近。

新兴城的具体位置，《武周载初元年（690）西州高昌县宁和才等户手实》《唐高昌县某人残手实》、Ot.1228号《西州高昌县给田文书》《西州高昌县退田文书》（Ot.2855、2913、2914号）等文书有“（高昌）城北廿里新兴”的记载[3]。王素、巫新华等人认为新兴城在今胜金口，此地位于高昌城北部约7公里，在火焰山南部出山口[4]。松井太指出，吐鲁番出土一些蒙文、回鹘文文书中的“singging”“singik”“Tsingging”

1 《旧唐书》卷一九四下《西突厥传》，中华书局1975年版，第5185页；《资治通鉴》卷一百九十六“太宗贞观十六年九月癸酉”条，中华书局2011年版，第6290页。

2 《吐鲁番出土文书》肆，图录本，文物出版社1996年版，第317页。

3 《吐鲁番出土文书》叁，图录本，文物出版社1996年版，第498、501页。《吐鲁番出土文书》肆，图录本，文物出版社1996年版，第89页。小田义久：《大谷文书集成》第一卷，法藏馆1983年版，第30页。小田义久：《大谷文书集成》第一卷，法藏馆1983年版，第116、135页。

4 王素：《高昌史稿·交通编》，文物出版社2000年版，第69、71页；巫新华：《吐鲁番唐代交通路线的考察与研究》，青岛出版社1999年版，第64—66页。

地名，其发音来自高昌国及西州时期的“新兴”，并逐渐异化为现代维吾尔语“sänggim”“sänggim”，直译为胜金（在现今高昌城东北约13公里、火焰山北部的胜金乡）[1]。松井太的观点较有说服力。并且，该地水资源丰富，有河湖，自然地理环境比较优越，有城镇发展的基础。

吐鲁番出土蒙文、回鹘文文书中出现的“singging大湖”，松井太认为就是今天胜金乡西约3公里的七康湖。实际上，唐代这一地区就有一些“潢泽”[2]，吐鲁番出土文书称之为“潢”，是一些比较小的积水池，如《唐西州高昌县授田簿》记有“城北卅里新兴马帐史黄（潢）”[3]，《唐垂拱三年（687）西州高昌县杨大智租田契》记有“新兴张寺潢”[4]，Ot.2853号《西州高昌县退田文书》记西州某户有永业一段四亩在“城北贰拾里新兴尉将潢”[5]，Ot.3377号《西州高昌县退田文书》记有“城北廿里新兴满水潢”[6]。所谓“马帐史潢”“张寺潢”“尉将潢”“满水潢”，无非就是一些积水池。新兴城附近的耕地靠近这些潢泽，有充足的水源供农业生产。新兴城也因此集聚人口并逐渐兴盛。

新兴城并非位于西州的主干交通路线上，这从侯君集以及宋代王延德出使高昌的路线便可知晓[7]，但该地在西州军事布局中仍然占有重要地位。其西北部是通往北庭的乌骨道，南部经新兴谷至高昌城，东

---

1 松井太著:《吐鲁番诸城古回鹘语称谓》，杨富学、陈爱峰译，《吐鲁番学研究》2017年第1期。

2 日本学者关尾史郎、荒川正晴已指出西州新兴附近多“潢泽”，见关尾史郎:《高昌國における田土をめぐる覺書》，《中国水利史研究》1984年第14号，第5—12页；荒川正晴:《唐代吐鲁番高昌城周边的水利开发与非汉人居民》，沈玉凌、平劲松译，《吐鲁番学研究》2013年第2期。这些潢泽的形成，是因为从天山而来的地下水受到火山阻隔以后上涌形成泉水，并在低洼处形成小水池。这些泉水和水池是唐代新兴绿洲得以发展的重要条件。

3 《吐鲁番出土文书》叁，图录本，文物出版社1996年版，第128页。

4 《吐鲁番出土文书》叁，图录本，文物出版社1996年版，第493页。

5 小田义久:《大谷文书集成》第一卷，法藏馆1983年版，第115页。

6 小田义久:《大谷文书集成》第二卷，法藏馆1989年版，第87页。

7 侯集君征高昌的路线，是经柳中（田地城）至高昌；王延德出使高昌，“次历宝庄，次历六种，乃至高昌”，其所谓“六种”，指的就是柳中。所走路线均避开了胜金口，这与现今吐鲁番的国道、高速公路均不同。

部沿火焰山北麓至横截、临川、于谌、蒲昌等城，实际也是一个军事交通枢纽。当面临北方威胁时，其地理位置的重要性要比火焰山南部的高宁、酒泉、柳中等城更加凸显。

第五节　火山北部蒲昌府的戍防布局

麹氏高昌国晚期，该地主要受东部势力的威胁，高昌东部之白芳城、柳中城是主要的戍防阵地；唐置西州以后，该地安全形势转向北部和西部，唐朝于高昌国白芳城置蒲昌府，成为西州北向防御核心力量之一。开元二年（714）前后东突厥西侵北庭，又经天山谷道南入蒲昌县，北向压力迫使唐朝在天山谷地投入更多的军事力量，促成蒲昌府军防布局的形成。

一、麹氏高昌国晚期高昌国的东向防御

《通典》记载贞观十四年（640）唐朝平高昌国以后，以其东镇城为蒲昌县[1]。东镇城即白芳城，这已被学界所公认，但该城名鲜见于吐鲁番出土文书，说明这一名称使用时间不长，甚至可能是出于某种政治或军事目的临时更改的地名。所谓“东镇”，有镇守之意，必要时可能还作为对外进攻的根据地，这说明高昌国晚期，其东部地区可能出现了高昌国的敌对势力。

高昌东部即伊吾，二地在贞观初年的政治关系较少有文献记载。《大慈恩寺三藏法师传》给我们提供了一些信息：

> 时高昌王麹文泰使人先在伊吾，是日欲还，适逢法师，归告其王。王闻，即日发使，敕伊吾王遣法师来，仍简上马数十疋，遣贵臣驰驱设顿迎候。[2]

1 《通典》卷一百九十一《边防七》，中华书局1988年版，第5205页。

2 慧立、彦悰：《大慈恩寺三藏法师传》，孙毓棠、谢方点校，中华书局2000年版，第18页。

玄奘到达伊吾的时间大概在贞观元年（627）十二月中旬[1]，此时的伊吾王似听命于高昌王号令。玄奘本欲沿天山北麓经可汗浮图城西行，但高昌王要求伊吾王遣送玄奘至高昌，其中使用“敕”字足以说明二者有尊卑之分。看来此时的高昌和伊吾关系并不紧张，二地常有使节往来，不太可能出现军事对峙的局面。

但到了贞观四年（630），局势却发生了很大的变化。是年，东突厥颉利可汗为唐朝所灭，至九月，伊吾“举其属七城来降，因以其地置西伊州”[2]。此后，伊吾属唐朝疆域，高昌国东部面对的不再是一个绿洲小国，而是强大的唐王朝。起初，西伊州的设置尚未引起高昌国的震动，史载贞观四年十二月，“其王文泰来朝。妻宇文氏，即隋炀帝所赐华容公主也。请入宗亲，诏赐姓李氏，封常乐公主”[3]。可见此时的高昌国与唐朝仍保持着友好的关系。可能是此时的西伊州仍属于羁縻性质[4]，伊吾城主保留了较大的自主权，因此对高昌国的震动还不是很大。直到贞观六年（632），唐朝将西伊州改为伊州，“名字上的一字改动表明，唐朝决定改变西伊州的羁縻性质，将该州纳入内地诸州之列”[5]。唐朝极有可能是将原伊吾城主尽数迁往内地，另派流官到伊州进行管辖，此举给高昌国造成极大的震动。另外，贞观六年还有两件事情让高昌国感到不安，第一件事即唐朝与焉耆商讨重开大碛路以避高昌[6]；第二件即唐朝册封了西突厥泥熟可汗，据吴玉贵研究，后来高昌国依附的是

1 杨廷福:《玄奘年谱》，中华书局 1988 年版，第 118 页。

2 《资治通鉴》卷一百九十三“太宗贞观四年九月戊辰”条，中华书局 2011 年版，第 6194 页。另，《册府元龟》记载贞观四年九月伊吾城主来朝，指的应该也是伊吾七城降唐并置西伊州之事。见《册府元龟》卷九百九十九《外臣部·入覲》，凤凰出版社 2006 年版，第 11555 页。

3 《唐会要》卷九十五，中华书局 1960 年版，第 1701 页。《册府元龟》记麴文泰来朝时在贞观四年十二月，见《册府元龟》卷九百九十九《外臣部·入覲》，凤凰出版社 2006 年版，第 11555 页。

4 栗原益男:《七、八世纪の东アジア世界》，载唐代史研究会编:《隋唐帝国と东アジア世界》，汲古书院 1979 年版，第 144—147 页。

5 张广达:《唐灭高昌国后的西州形势》，载《新疆历史研究论文选编·隋唐卷》，新疆人民出版社 2008 年版，第 186 页。

6 《资治通鉴》卷一百九十四“太宗贞观六年七月丙辰”条，中华书局 2011 年版，第 6208—6209 页。

西突厥乙毗咄陆可汗，与唐朝册封的泥熟系并非一派[1]。种种迹象表明，贞观六年唐朝在西域的一系列活动，使高昌国感到前所未有的威胁，其不得不调集国内军事力量，驻屯于边境，扼守交通要道，其中的东镇城，极有可能设置于贞观六年。

二、唐置西州后蒲昌府的北向军防形势——以开元二年（714）前后东突厥南侵西州事为中心

唐平高昌国以后，西州的安全形势发生转变，唐朝在西州置四折冲府。其中，蒲昌县有蒲昌府，而“城极险固”的柳中县未置军府，这说明唐代火山北部防御压力大，而南部防御压力减小。唐代折冲府有上、中、下之分，上府兵1200人，中府兵1000人，下府兵800人[2]，蒲昌府的级别尚不清楚，据唐长孺推测，可能是中府或下府[3]。开元二年（714）前后，东突厥西侵并攻陷天山北部的蒲类城，又经天山南北向通道入侵蒲昌府，给唐代西州构成巨大的威胁。

《资治通鉴》记载：“突骑施可汗守忠之弟遮弩恨所分部落少于其兄，遂叛入突厥，请为乡（向）导，以伐守忠。默啜遣兵二万击守忠，虏之而还。谓遮弩曰：‘汝叛其兄，何有于我！’遂并杀之。”[4]此处记载东突厥默啜西侵突骑施并擒杀守忠（即娑葛）之事，实际发生在先天元年（712）[5]。东突厥的西侵使唐朝在西域尤其是在北庭的军防面临严峻的挑战。

庭州下的蒲类、金满等城地处天山北麓东西向通道，在东突厥西

1 吴玉贵：《突厥汗国与隋唐关系史研究》，商务印书馆2017年版，第280—281页。

2 《新唐书》卷五十《兵志》，中华书局2017年版，第1325页。

3 唐长孺：《吐鲁番文书中所见的西州府兵》，载《敦煌吐鲁番文书初探》（二编），武汉大学出版社1990年版，第34页。

4 《资治通鉴》卷二百一十一“玄宗开元二年十二月乙丑”条，中华书局2011年版，第6826页。

5 芮传明认为在先天元年，见《古突厥碑铭研究》，商务印书馆2017年版，第59页。另外，松田寿男认为在景云二年（711），见《古代天山历史地理学研究》，中央民族学院出版社1987年版，第450—451页。

侵之时首当其冲，其南部的蒲昌府是其重要的支援。开元二年（714），默啜遣精骑围逼北庭，《旧唐书·张守珪》记载：“（郭）虔瓘令（张）守珪间道入京奏事，（张）守珪因上书陈利害，请引兵自蒲昌、轮台翼而击之。”[1]可见此次战争中，蒲昌府也加入了战斗。

这次战争虽取得胜利，但东突厥的威胁仍然没有解除，开元三年（715），东突厥复围北庭[2]。这一次北庭的驻军没能正面反击，唐军出凉州、灵州等地向北进攻东突厥腹地，以解北庭之围。[3]由此可见，开元二年（714）前后东突厥西侵，对东部天山构成极大的威胁，并且，有迹象表明，突厥在击破天山以北的蒲类城后，曾派兵南下入侵柳中、蒲昌等地。开元二年（714）郭虔瓘北庭自卫反击战后，唐玄宗下制褒奖云：

> 顷者柳中、金满，偏师御敌，萧条穷漠之外，奔迫孤城之下。强寇益侵，援兵不至，既守而战，自秋涉冬，枥马长嘶，戍人远望。谋以十胜，成其九拒。遂能摧日逐之遗种，斩天骄之爱子。[4]

诸史记载开元二年（714）北庭抗击东突厥之战争，均在天山北麓，此处所记柳中、金满偏师御敌，可知战事波及到了天山南麓的柳中城。开元二年（714）前后，蒲昌府北部防御体系可能出现了一些问题，柳中位于火焰山南部，突厥南下柳中，必然要经过蒲昌府防区。我们可以想象，此时的蒲昌府必定面临着巨大的军防压力。

《唐小德辩辞为被蕃捉去逃回事》记载了此次突厥南下蒲昌、柳中等地的道路，录文如下：

> 1. 审：但小德今月二日牵车城东塠地，
> 2. 其日斋时，贼从东北面齐出，遂捉小德
> 3. 并[车]。至疸在革东[食]（？），人定后，即发向
> 4. ________草泽宿，[至]三日明，即发入突播山，

---

1 《旧唐书》卷一百三《张守珪传》，中华书局 1975 年版，第 3193 页。

2 《唐会要》卷九十四，中华书局 1960 年版，第 2005 页。

3 详见《薛讷朔方道大总管制》，载《唐大诏令集》卷五十九，中华书局 2008 年版，第 316 页。

4 《旧唐书》卷一百三《郭虔瓘传》，中华书局 1975 年版，第 3188 页。

5. ________ 悬泉谷宿。至四日宿在小岭谷宿，

6. ________ 自解手走上山，经三日上山，

7. ________ 投得维磨戍烽。其贼见

8. 在小岭 ________ 小德少解蕃语，听贼语，明

9. □拟发向驼岭逐草。其抄小德等来

10. □可有二百骑，行至小岭谷内，即逢

（后缺）[1]

该文书背面记另事，有“开元五年”字迹，正面所记之事当在开元五年（717）之前。史载先天二年（713）、开元二年（714）、开元三年（715）东突厥均有西侵蒲类县、北庭事，上引西州小德被贼捉事较大可能发生在这段时间内，文书中记载的“贼”“蕃”指的应是突厥人。

文书部分内容残缺，但可知小德是在西州某城被突如其来的敌军掠走，并在途中趁机摆脱并逃回。文书就是其返回以后向有司汇报其被掳掠和逃脱的过程，其中详细描述了其经行的路线。敌军先是将其带到“苇东”“草泽”“突播山”，前两个地名不知何处，而“突播”又见于日比野丈夫新获蒲昌府文书，其称“驴岭南突播路”，亦即前引 P.2009 号文书《西州图经》之“突波道”[2]。如此，我们可知，小德被突厥人掳走之路线为突波道，突厥人能够经此道来回穿越天山，说明此时的突波道沿线尚未有屯戍。但在宁乐 9 号文书《唐开元二年八月蒲昌府贺方判抽突播烽兵向上萨捍烽候望事》中又载突播烽向上萨捍烽抽调烽兵之事[3]，突播烽当位于突播道上，说明开元二年突播道上有戍防。据此，前引《唐小德辩辞为被蕃捉去逃回事》只能发生在开元二年之前，很大可能与先天二年突厥陷蒲类县一事相关。

蒲类县城位于今奇台县城附近，此地陷落使蒲昌县北部防御失去了屏障，我们不妨作如下假设：先天二年突厥在攻陷蒲类县城以后，

1 《吐鲁番出土文书》肆，图录本，文物出版社 1996 年版，第 62 页。

2 日比野丈夫：《新获の唐代蒲昌府文书について》，《东方学报》第 45 册，1973 年，第 366 页。

3 陈国灿、刘永增主编：《日本宁乐美术馆藏吐鲁番文书》，文物出版社 1997 年版，第 74 页。文书原未纪年，时代为整理者所定。

派遣小队约200骑南下天山入侵蒲昌、柳中等地，其选择的道路是唐朝尚未建立防御的某条道路（可能是花谷、萨捍、突波三道中的一条），在西州某城劫掠并带走小德以后，又沿突播道返回山北。小德在途中一处名叫小岭谷的地方摆脱，逃回时并没有沿突播道返回，而是投向有唐军戍守的维磨戍烽。小德向有司汇报这一情况，蒲昌府得知北部边防出现漏洞，便在之后一年即开元二年在突播路上建立了烽戍，一开始其投入的戍防力量比周边各烽戍要多，因此才有《唐开元二年八月蒲昌府贺方判抽突播烽兵向上萨捍烽候望事》记载突播烽向上萨捍烽抽调烽兵之事。

总之，开元二年前后东突厥的西侵，促使唐朝加强了蒲昌府的军事力量，蒲昌城北部天山防御带也因此得以完善。

三、蒲昌府的城镇烽戍和军防体系

P.2009号文书《西州图经》记载蒲昌县北入天山的四条通道，既是北方游牧民族频繁南下西州的路径，也是蒲昌府北部镇戍的纵深防线。吐鲁番出土文书中出现的蒲昌府镇界之城镇烽戍，多数是为抵御北方游牧部落南下天山而设置的，山麓、山谷之烽戍与火山北部之城镇遥相呼应，构成蒲昌镇界严密的戍防体系。

据吐鲁番出土文书，唐代蒲昌府镇界至少有4城2镇3戍13烽，其中的戍包括苁蓉戍、方亭戍、维磨戍，苁蓉戍、方亭戍的位置有待于进一步考证，而维磨戍可以确定是在蒲昌城北入天山之移摩谷中。相对于镇而言，其位置更接近于山麓。烽包括达匪烽、胡麻泉烽、小岭烽、赤亭烽、罗护烽、悬泉烽、塞亭烽、突波烽、上萨捍烽、下萨捍烽、维磨烽、挎谷烽、狼泉烽等，这些烽燧有的与驿馆同置，如达匪烽、罗护烽、狼泉烽，当是东西向交通设施；有的与镇、戍同置，如赤亭烽、罗护烽，当是镇和戍的附属军事设施；有的与蒲昌北入天山之山谷同名，如维磨烽、挎谷烽、萨捍烽、突波烽，当是蒲昌府北部军事路线上的戍防设施。

维磨烽戍由于靠近北部防御带前沿，承担着警戒和游奕的重任，宁乐文书常见“维磨戍长探”[1]，这可能就是维磨戍派往北山刺探军情的士兵，《唐西州都督府牒为维磨戍长探曹顺落贼警备勿失事》《唐蒲昌县司兵牒为火急发遣维磨路长探事》等文书还可见维磨戍之军情紧急情况。同时，维磨戍还节制附近萨捍道、突波道之烽戍，很大可能是蒲昌府北部防线上的调度中枢，《唐开元二年（714）八月蒲昌府贺方判抽突播烽兵向上萨捍烽候望事》记载：

1. □□□□□
2. 　　八月　　　日府索才牒
3. 　队副高行琳，符下授官讫，其上
4. 　萨捍烽所，即顿阙人候望。突
5. 播烽既有四人、并长探两人，宜抽
6. 烽兵白圈子，向上萨捍替高琳
7. 候望，即帖维磨戍，准状。方示
9. 五日[2]

文书记载突播烽向萨捍烽抽调烽兵后，需帖维磨戍准状，可见维磨戍对附近突波道、萨捍道上的戍防有调度权力，另外两道移摩道、花谷道上之烽铺，较大可能也受其节制。如此，蒲昌府北部虽有多条道路通天山南北，但其戍防仍然有重心，这个重心即柯柯亚河谷之维磨戍。该地戍防直接捍卫其南部蒲昌城之安全。

蒲昌府的镇包括赤亭镇和罗护镇，从宁乐文书来看，负责北部山道军防的主要是赤亭镇。该镇负责北部防线上的诸烽戍之番上事宜，如《唐开元二年（714）三月二十日赤亭镇典任琯牒为检白仁轨闰二月番上事》有“差替维磨戍长探”“送赤亭镇胡麻泉烽上”等记载[3]，又

---

1 陈国灿、刘永增主编：《日本宁乐美术馆藏吐鲁番文书》，文物出版社1997年版，第51、66、77、87页。

2 陈国灿、刘永增主编：《日本宁乐美术馆藏吐鲁番文书》，文物出版社1997年版，第74页。

3 陈国灿、刘永增主编：《日本宁乐美术馆藏吐鲁番文书》，文物出版社1997年版，第51—52页。

《唐赤亭镇牒蒲昌府为请速差替倚团及身亡者上当月烽戍事》有方亭戍刘吃木、狼泉毛奕本、赤亭康思神、小岭张车相等因倚团、身死，赤亭镇请速差替送镇事[1]。同时，《唐西州都督府牒为巡罗觇探贼踪事》记载赤亭镇还负责天山南麓各谷道之巡逻：

（一）

1. 都督府

2. 镇副杨逸

3. 右从苁[蓉]□□西至挎谷，逐要督察巡逻。东碛

4. 镇戍并□□□诸路，先配人马觇探，仰谷口高

5. 山着人[去]□□。此等探巡，并当贼路，贼在达

6. 匪、悬泉□□，探者据高，谷下人马百方牢固

（后略）

（二）

1. 右东从小岭，[西]＿＿＿＿＿

2. 并拔北山诸路，先[配]＿＿＿＿＿

（后略）[2]

据陈国灿研究，第一件文书中出现的杨逸一人，为赤亭镇镇副[3]。西州都督府为杨逸分派的巡逻任务是苁蓉（烽）西至挎谷（烽）。第一件文书第三列“东碛”以后的内容与第二件文书第二列以后的内容完全相同，是带有共性的指令。如此，第二件文书是西州都督府分派给另外一位边将的巡逻任务，其戍防的区域是从小岭西至某处。从这两件文书我们可知，唐代蒲昌府北部防线包括以下两个区域：第一，小岭西至某处防线，由前引《唐小德辩辞为被蕃捉去逃回事》可知小岭在突波道上，但此地又可通维磨戍烽，可能是突波道与移摩道的交汇地点。如此，该防线当位于今柯柯亚河、坎尔其果勒河谷以西地区。第二，苁蓉西至挎谷防线，该防线位置较难确定，不过马 298 号文书

1 陈国灿、刘永增主编：《日本宁乐美术馆藏吐鲁番文书》，文物出版社 1997 年版，第 89 页。

2 陈国灿、刘永增主编：《日本宁乐美术馆藏吐鲁番文书》，文物出版社 1997 年版，第 81—82 页。

3 陈国灿：《唐西州蒲昌府防区内的镇戍与驿馆》，《魏晋南北朝隋唐史资料》第 17 辑，武汉大学出版社 2000 年版，第 97 页。

《唐总章二年（669）至咸亨元年（670）西州长行坊死马价皮价帐》记载西州长行坊有马一匹“三月十二日从伊州使回苁蓉死”[1]，可知苁蓉一地在伊州至西州之道路上。如此，苁蓉至挎谷防线，较大可能在蒲昌府东北部，即坎尔其果勒河谷以东地区。

蒲昌府的城包括蒲昌城、横截城、临川城、于谌城，与赤亭镇共同成为拱卫西州北部安全的一道防线。辽宁档案馆藏一件吐鲁番文书《唐开元二年（714）闰二月二日蒲昌府范阿祚牒为张建方倚团及入于谌城事》有蒲昌府卫士戍防于谌城的记载[2]，又《唐开元二年（714）闰二月四日蒲昌府折冲都尉王温玉自往临川城巡检判》有温玉自往临川城防御事[3]，《唐开元二年（714）三月一日蒲昌县牒为卫士麹义逷母郭氏身亡准式丧服事》有临川城防御之记载[4]，可见这些城虽不在西州戍防最前沿，但也要驻军屯戍，与北部山麓形成南北呼应之防御态势。这些城池多位于火山北麓的绿洲富饶地区，人口集中，可进行屯田，为北部烽戍提供后勤保障，《唐上元二年（761）蒲昌县界长行小作具收支饲草数请处分状》记载：

（前略）

9. 以前都计当草叁阡贰伯肆拾壹束具破用、见在如后：

10.　　壹阡束奉县牒：令支付供萧大夫下进马食讫。县城作。

11.　　玖伯束奉　都督判命令给维磨界游奕马食。山北作。

12.　　壹阡叁伯肆拾壹束见在。

13.　　玖伯肆拾陆束县下三城作　叁[伯]□□□束山北作。

（后略）[5]

这里的“维磨界游奕”指的应该就是以维磨戍为中心的蒲昌县北部防御带，其性质应该类似于天山县西部之“鹘鸽镇游奕所”（详见本文第

1　陈国灿：《斯坦因所获吐鲁番文书研究》，武汉大学出版社 1995 年版，第 371 页。

2　文书录文载于陈国灿：《辽宁省档案馆藏吐鲁番文书考释》，《魏晋南北朝隋唐史资料》第 18 辑，武汉大学出版社 2001 年版，第 92 页。

3　陈国灿、刘永增主编：《日本宁乐美术馆藏吐鲁番文书》，文物出版社 1997 年版，第 38 页。

4　陈国灿、刘永增主编：《日本宁乐美术馆藏吐鲁番文书》，文物出版社 1997 年版，第 44 页。

5　《吐鲁番出土文书》肆，图录本，文物出版社 1996 年版，第 556—557 页。

四章第五节)。文书第 11 列记载西州都督判令给维磨界游奕草料，这些草料为山北作，所谓“山北”就是火山北部三城，亦即横截城、临川城和于谌城。此件文书可证火山北部诸城确有为天山戍防提供后勤保障的事实。

第三章　西州火山南部的军城和垦区

火山南部地区是西州的核心区。该区域北部为蒲昌府，西部为岸头府和天山府，南部和东部是数百公里的沙漠戈壁，是西州最安全的地区。区域内的军城包括高昌城、柳中城、南平城、高宁城、安乐城等，其中高昌城是州治所在地，是西州政治和经济中心；柳中城位于高昌东部，具有特殊的交通地位；南平、高宁等是火焰山南部重要的垦区。火山南部地区自然环境优越，农耕发达，为东部天山戍防提供充足的后勤保障。

第一节　东部天山南部的屯戍中心：高昌城

西州州治高昌城即今高昌故城，位于吐鲁番市二堡乡阔纳协海尔村和三堡乡英吉尔村，属两个乡共管。故城位于一片耕地之中，平面呈不规则形，周长约5公里，分为外城、内城和宫城三个部分，外城城墙重复修建多次，城墙的建筑方式多样，主要有生土起凸法、夯筑法和土坯垒砌法，展现了各个时期修筑城墙的不同技法，时代为汉至元[1]。现存每面城墙都有马面，城门外有瓮城，军事防御特征明显。

一、高昌城的水环境

孕育高昌故城附近绿洲的河流主要有两条，即黑沟和恰勒坎

1 《不可移动的文物·吐鲁番地区卷1》，新疆美术摄影出版社2015年版，第98页。

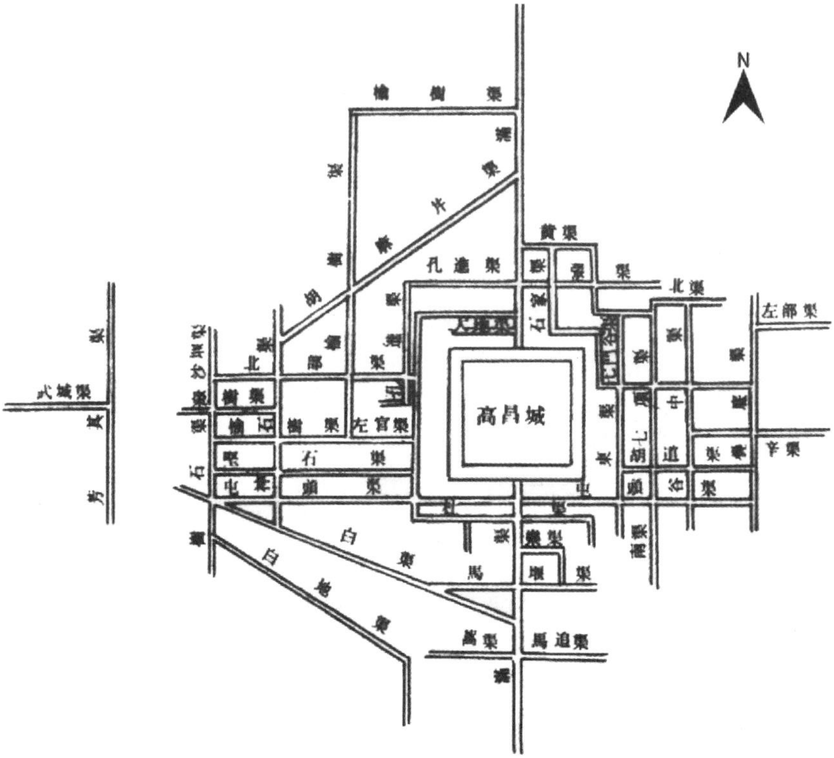

图 34　高昌城周围灌溉渠系[1]

（图片来源：孙晓林：《唐西州高昌县的水渠及其使用、管理》，载唐长孺主编：《敦煌吐鲁番文书初探》，武汉大学出版社 1983 年版，第 543 页。）

沟。黑沟是高昌绿洲最主要的水源，其河源海拔 4299 米，有少量冰川，山口以上河长 34 公里，集水面积 235 平方千米，多年平均年径流量约 0.33 亿立方米[2]，河流在出山口处逐渐散流，在七泉湖镇渗入地下，现今河水主要通过始于山口、长约 24 公里的黑沟干渠引至胜金乡灌区。在古代，该河有地表径流至火山北部的绿洲，卫

1　近年来，李方对吐鲁番出土文书所见水渠重新考证，已陆续发表多篇论文，并试图在全面考证的基础上重新绘制唐代西州水渠分布图。目前考证工作似还未完成，最新成果为《唐西州高昌城西水渠考（续）——中古时期西域水利研究之八》，《吐鲁番学研究》2014 年第 2 期。期待其最新成果的公布。

2　王世江主编：《中国新疆河湖全书》，中国水利水电出版社 2010 年版，第 173 页。

星影像图上仍可见古代废弃的河道。恰勒坎沟河源于博格达山南坡的喀拉达坂和鲁克群霍腊达坂，海拔亦在4000米以上，出山口以上河长23公里，集水面积148平方千米，多年平均年径流量较小，约0.089亿立方米，河流亦在出山口处变为地下径流。对该河河流的利用，现今主要是修建水渠，将河水从出山口处直接引入火焰山北麓的绿洲区；在以前主要是在胜金乡北部戈壁滩上开凿坎儿井引地下水灌溉，而在唐代可能有地表径流至火焰山北麓，抑或在胜金乡一带有泉山溢出供生产生活所用。黑沟和恰勒坎沟不管是地表径流还是地下径流，都是在朝胜金口方向流动，黑沟自西北而来汇入木头沟，恰勒坎沟自东北而来在胜金乡西部亦形成沟谷并与木头沟汇合，穿过山谷南端的胜金口以后进入火焰山南麓的高昌绿洲。

与火焰山北部胜金绿洲相比，南部高昌绿洲的地理优势更为明显。这里地形平坦开阔，高昌故城以南直至艾丁湖畔均是平原，本地在引水灌溉以后，余水可继续向南排泄，而不像火焰山北部胜金乡绿洲多受山体壅阻，导致排水不畅，土壤的盐碱化日益严重。实际上，高昌故城至柳中古城一带是汉唐时期吐鲁番盆地最重要的农耕区，吐鲁番出土文书记载高昌城周边开辟有大量的水渠，又有严格的灌溉制度，农耕经济发达，人口稠密，促成一批城镇的形成和发展。

表2　唐代高昌城周边水渠表[1]

位置	水渠
城北	满水渠、大地渠、杜渠、潢渠、孔进渠、石宕渠、张渠、榆树渠、胡麻井渠、屯亭渠

1　表格参考西村元佑、孙晓林、李方等人的研究成果统计。详见西村元佑：《唐代均田制下授田的实际情况——以大谷探险队携来唐代西州高昌县出土文书与欠田文书为中心》，载姜镇庆等译：《敦煌学译文集——敦煌吐鲁番出土社会经济文书研究》，甘肃人民出版社1985年版，第641—642页；孙晓林：《唐西州高昌县的水渠及其使用、管理》，载唐长孺主编：《敦煌吐鲁番文书初探》，武汉大学出版社1983年版，第523—528页；李方：《中古时期西域水渠研究（二）》，《敦煌吐鲁番研究》第13卷，上海古籍出版社2013年版，第241—262页。

续表

位置	水渠
城东	东渠、土门谷渠、石宕渠、南渠、七顷渠、潢渠、北渠、谷中渠、右部渠、屯头渠、胡道渠、垒底渠、宋渠（高宁）、辛渠（酒泉）、璅渠（酒泉）、高宁渠、北部渠（高宁）、匡渠、王渠（高宁）、屯亭渠、张渠、杜渠
城西	杜渠、左官渠、孔进渠、北部渠、榆树渠、胡麻井渠、枣树渠、屯头渠、神石渠、白渠、白地渠、坚石渠、树石渠、沙堰渠、艻其渠、武城渠、申石渠、北渠
城南	杜渠、索渠、樊渠、白渠、马埳渠、蒿渠、白地渠、满水渠、王渠、箭幹渠
不详	胡虏渠、范至渠、中渠、涧东渠、□林渠、塞渠、冬渠、仪北渠、大王渠

二、高昌城的屯田

自汉代中央政权进入吐鲁番盆地以后，该地屯戍重心逐渐东移，最终确立高昌城的政治中心地位。唐朝沿袭高昌国政治格局，将西州州治置于高昌城，后又成立天山军，亦驻屯于此。

（一）汉唐高昌屯田与区域政治中心的确立

在中央政权进入吐鲁番盆地以前，本地的原住民车师人亦耕亦牧的经济生产方式决定了他们在选择都城时并不重视周边的农业发展前景；中央王朝进驻盆地以后，其首要考虑的就是地形、水源、光照等农业因素，建立政治中心时也要考虑城市是否有足够的拓展空间。显然，车师国国都交河城受地理环境的制约，并不能成为一个农耕群体的中心城镇。

吐鲁番盆地的经济模式发生巨大改变是在中央政权进入吐鲁番盆地以后，这与汉朝的屯田有很大的关系。史载郑吉在击破车师以后，在此地屯田[1]，其屯田的具体地点我们尚不能精确定位，但从后来吐鲁番盆地新兴一批屯城来看（如高昌壁、高昌垒、柳中），其屯田的趋势是往交河城以东的方向发展。高昌、柳中两个城镇在汉文史料中出现

1 《汉书》卷九十六下《西域传》，中华书局1962年版，第3923页。

较晚，前者是在西汉末年，后者已到东汉永平年间，这两个城镇是典型的以农耕为基础发展而来的城镇，其兴起预示着吐鲁番盆地经济模式的转变和政治中心的转移。

初元元年（前48），汉朝在吐鲁番盆地设置戊己校尉[1]，有迹象表明，戊己校尉屯驻之地就在高昌壁。《汉书·西域传》记载，元始中，戊己校尉徐普欲开新道通玉门关，车师后王“姑句以道当为拄置，心不便也”，徐普将姑句囚禁，姑句惧诛出逃，“即驰寇出高昌壁，入匈奴”[2]。徐普囚禁车师后王的地点为高昌壁，戊己校尉治所也应在此地。除高昌壁以外，高昌至柳中一带还有许多壁、垒[3]，这些都是带有军事性质的屯田聚居地，其总人数在三千人左右[4]。

东汉时期的戊己校尉为两人（西汉可能也是两人，但没有直接的资料佐证），永平十七年（74）任命的两位戊己校尉分别是耿恭和关宠，二者都没有选择屯驻于高昌城，但是到了永元三年（91）班超定西域，汉朝再置戊己校尉时又将驻地之一选择在高昌[5]。其屯军数量虽比西汉时期少，只有五百人，但此后戊己校尉治所一直都很固定。《魏略·西戎传》记载丝绸之路时，其中所谓新道“从玉门关西北出，经横坑，辟三陇沙及龙堆，出五船北，到车师界戊己校尉所治高昌，转西与中道合龟兹”[6]，可见高昌已成为古丝绸之路重镇，这也有利于高昌城市规模的进一步扩大。

王素指出，魏晋时期的高昌壁、垒，已经显露出向城市、郡县过渡的趋势，表现在以下四个方面：第一，“高昌”这一地名单独使用，

---

1 《汉书》卷一九上《表七》，中华书局1962年版，第738页。

2 《汉书》卷九十六下《西域传》，中华书局1962年版，第3924页。

3 王莽时期戊己校尉刀护曾命其属官司马丞韩玄领诸壁，右曲候任商领诸垒以抵御匈奴的侵犯，可见像高昌壁这样的屯军组织在吐鲁番盆地不在少数。见《汉书》卷九十六下《西域传》，中华书局1962年版，第3926页。

4 史载王莽时期，戊己校尉史陈良、终带，司马丞韩玄，右曲候任商叛乱，劫略吏卒数百人，共杀戊己校尉刀护，驱戊己校尉吏士男女二千余人入匈奴。由此可推断西汉戊己校尉人数当在三千人左右。见《汉书》卷九十六下《西域传》，中华书局1962年版，第3926页。

5 《后汉书》卷十九《耿恭传》、卷八十八《西域传》，中华书局1965年版，第720、2910页。

6 《三国志》卷三十引《魏略·西戎传》，中华书局1959年版，第859页。

而不再加“壁”或“垒”；第二，“高昌”冠于本地大族姓名之上，颇有作为郡望的倾向；第三，高昌有本地定居的人口，也有本地土生土长的士兵，已经成为拥有自己定居人口的带有军事性质的边疆城市；第四，高昌有一定数量的佛教寺院[1]。《初学记》记载，高昌置郡时间为咸和二年（327），与郡同置还有田地县[2]。田地县即汉代柳中所在地，如此，汉代最重要两座屯城——高昌和柳中，至晋代建郡时，一个是高昌郡郡治，一个是其辖最早的县治。这一政区地理格局对后世影响很大，前凉、前秦、后凉、段氏北凉、西凉、沮渠氏北凉、阚氏政权、沮渠氏北凉流亡政权先后在高昌设郡[3]，其郡治均在高昌城。5世纪中叶，位于交河城的车师国末代帝王车伊洛父子被盘踞在高昌的沮渠安周击溃，吐鲁番盆地的车师国从此灭亡，交河城隶属于沮渠氏政权管辖，这标志着高昌城在吐鲁番盆地的政治中心地位最终确立。

沮渠氏流亡高昌以后，国号仍然称“凉”，灭掉车师国以后，高昌的行政区划由“一郡五县”改为“三郡八县”，“三郡”分别是高昌郡、田地郡和交河郡，其中高昌郡城为沮渠氏北凉的国都。其后沮渠氏北凉覆灭，高昌进入王国时期，历阚、张、马、麹四个政权，高昌城一直都是这些政权的政治中心所在地。唐灭高昌国，于其地置西州，行政区划重新整合，共设五县，其中将州治置于高昌县，延续了高昌郡、国时期的政区地理传统。

（二）唐代高昌城周边诸乡垦区的分布

唐代高昌县下辖宁戎、宁大、宁昌、宁泰、安西、崇化、顺义、太平、尚贤、归德、灵身、归义、高昌、武城等乡[4]，除宁戎乡在高昌城

1　王素：《高昌史稿·统治编》，文物出版社1998年版，第97—101页。

2　《初学记》卷八《陇右道》，中华书局1962年版，第181页。

3　诸政权在高昌的统治，详见王素：《高昌史稿·统治编》第三章、第四章。

4　见张广达：《唐灭高昌国后的西州形势》，《新疆历史研究论文选编·隋唐卷》，新疆人民出版社2008年版，第189—190页；徐畅：《敦煌吐鲁番出土文献所见唐代城主新议》，《西域研究》2008年第1期。其中的“高昌乡”在出土文献中并未出现，但有“高昌里”地名。

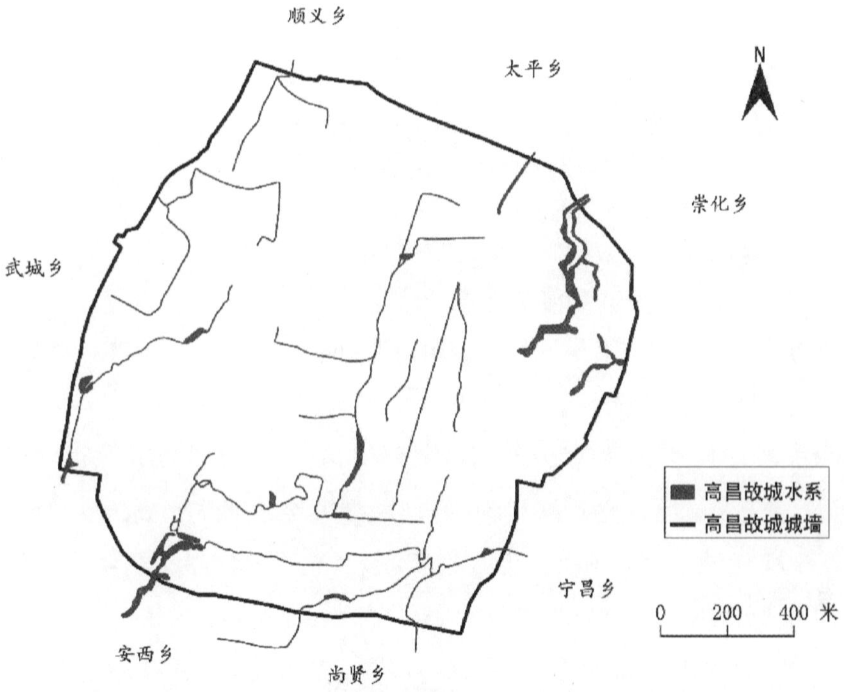

图 35　高昌城水系与周边各乡分布图[1]

北约 15 公里的火焰山北部外，其余各乡都在高昌城周围。这些乡里的分布格局是确定高昌城周边垦区范围的重要依据，各乡之方位在出土文献中能找到一些蛛丝马迹。

《唐高昌县史成忠帖为催送田参军地子并麸事》记载了高昌县水利工程杜渠、樊渠与宁昌、安西、尚贤、顺义等乡的位置关系，录文如下：

1. 高昌县
2. 一段九亩杜渠亩别麦、粟各七石二斗四，亩车佃人张玄应西昌釱马番教正　一段三亩卅步樊渠亩别麦
3. 粟各一石二斗五升。佃人成嘉礼一段一十二亩樊渠亩别麦、粟一石一斗五升
4. 四亩佃人王玄艺　四亩佃人（尚西马奈（?））朱文行　二亩（北顺观）（乐昌）赵洛胡　二亩（乐昌）令狐贞信
5. 一亩半一十步樊渠亩别麦、粟各一石一斗四升。佃人张信恭。

1　水系据《高昌故城水系分布图》配准并改绘，原图见娜仁高娃：《浅析高昌故城的水系分布》，《吐鲁番学研究》2010 年第 2 期。

6. 三[亩]樊渠亩别麦、粟各一石三斗　　　(?)[八][亩]半[樊][渠]亩别麦、粟

7. 四亩六十[步]□□□□

8. 三[亩]九十□□□□

9. 二亩樊渠□□□□

10. 右件人并佃田参军地。帖至，仰即送地子

11. 并剩，限帖到当日纳了。计会如迟，所由[当]

12. 杖。六月五日史成忠帖。[1]

李方已指出，该文书是一件催送职田地租帖，职田的主人"田参军"，在高昌县安西、尚贤、宁昌、安乐等乡占有约六十亩的职田[2]。文书第2列、第4列、第5列夹缝中的小字"西""昌""马""尚""乐""顺""观"等，是高昌县地名的简称，其中可以确定的地名："西"指安西乡，"昌"指宁昌乡，"尚"指尚贤乡，"顺"指顺义乡[3]。"乐"是否为安乐乡，存疑，因为据目前所知，安乐乡位于交河县，高昌县是否也有安乐乡，尚无更多的资料佐证[4]。剩下的"马""观"二字是否为地名？是否为高昌县地名？不得而知。由文书可知，田参军的职田主要集中在高昌县樊渠、杜渠附近（樊渠附近的土地更多），据孙晓林研究，杜渠从高昌城北部，折西、折南，绕高昌城而行，樊渠位于高昌城南部、杜渠以南[5]。据此我们可以推测，田参军的职田主要位于高昌城南，而宁昌、安西、尚贤、顺义等乡也大概在这一方位。

宁昌乡可能位于高昌城东南部。《唐孙沙弥子夏田契》记载武城乡

---

1 《吐鲁番出土文书》肆，图录本，文物出版社1996年版，第16页。

2 李方：《唐西州官吏编年考证》，中国人民大学出版社2010年版，第155页。

3 张广达：《唐灭高昌国后的西州形势》，《新疆历史研究论文选编·隋唐卷》，新疆人民出版社2008年版，第189—190页。

4 《唐开元四年（716）西州高昌县安西乡安乐里籍》（《吐鲁番出土文书》肆，图录本，文物出版社1996年版，第145页）有安乐里地名，不知此处之"乐"是否为"安乐里"之简称。另，张广达所列西州乡里表将安乐里放在崇化乡下，不知是何原因，见氏著《唐灭高昌国后的西州形势》，《新疆历史研究论文选编·隋唐卷》，新疆人民出版社2008年版，第194页。《唐神龙三年（707）高昌县崇化乡点籍样》（《吐鲁番出土文书》叁，图录本，文物出版社1996年版，第533页）载崇化乡各户主不记地望，唯独"户主李醜奴"注明是安乐里，这反而说明李醜奴户籍所在地安乐里并不在崇化乡，否则不会单独注明。

5 孙晓林：《唐西州高昌县的水渠及其使用、管理》，载唐长孺主编：《敦煌吐鲁番文书初探》，武汉大学出版社1983年版，第543页。

人孙沙弥子夏宁昌乡人董尾柱石宕渠口分常田2亩[1]。吐鲁番出土文书显示，西州农民土地极为分散[2]，农民一般会将距离较远的土地出租给别人，也愿意租佃距家较近的土地，以便于集中耕种，这就使得类似于《唐孙沙弥子夏田契》的契约文书在吐鲁番地区大量发现。孙沙弥子是武城乡人，在高昌城西部（详见后文），其租佃宁昌乡人董尾柱在石宕渠的土地[3]，极大可能就是因为这块土地距武城乡近而距宁昌乡远，宁昌乡与武城乡当不在一个方向，且有一些距离。另一件文书《唐麟德二年（665）牛定相辞为请勘不还地子事》[4]记载宁昌乡人樊沓塠父死退田一亩，转为武城乡牛定相口分部田，可能也是因为这块土地位于宁昌乡，与牛定相居住地武城乡距离遥远，所以牛定相将这块地租与原土地所有者之子樊沓塠耕种。此件文书亦可证武城乡与宁昌乡距离遥远。又一件文书《唐景龙三年（709）十二月至景龙四年（710）正月西州高昌县处分田亩案卷》[5]记载宁昌乡品子张大敏在城东五里左部渠有永业部田承籍多年，结合上引《唐高昌县史成忠帖为催送田参军地子并麸事》中有关宁昌等乡与高昌城南水渠的关系，我们可以推测宁昌乡大致位于高昌城的东南部。

顺义乡、太平乡可能在高昌城北部。上引《唐高昌县史成忠帖为催送田参军地子并麸事》第5列记田参军有“一亩半一十步”的土地在樊渠附近，但其租佃人张信恭右侧注小字“北顺观”，其中“顺”指顺义乡，“观”不知是何地名，“北”是否指方向？或指在高昌城的北部？如果情况属实，那么高昌县的樊渠也并不只在的高昌城南部分布[6]，

1 《吐鲁番出土文书》贰，图录本，文物出版社1994年版，第212页。

2 西嶋定生曾对西州45户授田状况进行统计，其中两块地之间的距离在五里以下的有9户，十里以下的12户，二十里以下的5户，三十里以下的8户，三十五里以上的19户。见《敦煌学译文集——敦煌吐鲁番出土社会经济文书研究》，甘肃人民出版社1985年版，第405页。

3 关于石宕渠，孙晓林将其定位在高昌城的东部和北部，但正如李方先提出，不排除石宕渠从北部折向西部流入武城乡的可能。详见李方：《中古时期西州水渠考（三）》，《吐鲁番学研究》2013年第1期。

4 《吐鲁番出土文书》贰，图录本，文物出版社1994年版，第216页。

5 《吐鲁番出土文书》叁，图录本，文物出版社1996年版，第560页。

6 孙晓林、李方认为樊渠在高昌城的南部。

而顺义乡可能在高昌城北部。《武周（?）西州高昌县石宕渠某堰堰头牒为申报当堰见种苗亩数及田主佃人姓名事》[1]记载石宕渠附近耕地佃种情况，包括太平乡、顺义乡的居民佃种了水渠附近的土地，据前文已知石宕渠是从高昌城的东部流到北部，再至西部，太平乡、顺义乡必在石宕渠流经的地区，顺义乡或在高昌城北部。

安西乡、尚贤乡的位置目前尚无更多的资料佐证，依据上引《唐高昌县史成忠帖为催送田参军地子并萁事》大致推测在高昌城南部。

崇化乡的位置或在高昌城东北部。《唐龙朔元年（661）左憧憙夏菜园契》[2]记载崇化乡人左憧憙于同乡人吕玉麸边夏菜园一块，这片土地位于张渠附近。又孙晓林《水渠分布图》显示张渠位于高昌城东北部，故崇化乡可能在高昌城东北部。

宁泰乡，见于《唐龙朔二年（622）正月西州高昌县思恩寺僧籍》[3]《唐某年八月西州高昌县宁泰等乡名籍》[4]等文书，位置不详。

宁大乡的位置暂不能确定，另，《唐贞观某年某人买马契》作“宁太乡”[5]，恐是笔误。

归德乡见于大谷 1206 号《西州高昌县户主别田籍文书》、2915 号《西州高昌县退田文书》等，方位暂不可考。

灵身（?）乡见于《唐开元十年（722）西州高昌县籍》[6]，方位暂不可考。

归（?）义乡见于 Ot.1200《西州高昌县户主别田籍文书》[7]，方位暂不可考。

---

1 《吐鲁番出土文书》叁，图录本，文物出版社 1996 年版，第 393 页。

2 《吐鲁番出土文书》叁，图录本，文物出版社 1996 年版，第 210 页。

3 荣新江、李肖、孟宪实主编：《新获吐鲁番出土文献》，中华书局 2008 年版，第 61 页。

4 荣新江、李肖、孟宪实主编：《新获吐鲁番出土文献》，中华书局 2008 年版，第 302 页。

5 《吐鲁番出土文书》贰，图录本，文物出版社 1994 年版，第 224 页。

6 T. Thilo, Fragmente chinesischer Haushaltsregister der Tang-Zeit in der Berliner Turfan-Sammlung, *Mitteilungen des Instituts für Orientforschung*, XVI, Berlin 1970, p.86, 图 2；录文又见池田温：《中国古代籍帐研究》，龚泽铣译，中华书局 2007 年版，第 107 页。

7 小田义久：《大谷文书集成》第一卷，法藏馆 1983 年版，第 22 页；池田温：《中国古代籍帐研究》，龚泽铣译，中华书局 2007 年版，第 245 页。

武城乡的位置，《武周神功二年（689）范羔墓志》记载“西州高昌县武城城上轻车都尉，前城主范羔……殡埋武城东北四里”[1]，据此可知武城位于阿斯塔那墓地西南约2公里处；又吐鲁番出土高昌县户籍、手实、给田、退田等文书常见“城西十里武城渠”的记载[2]，则武城渠当在高昌城西部，而武城乡与武城渠应相距不远。现今在阿斯塔那西南、高昌故城西部尚未发现唐代的古城遗址，武城乡的具体地点不得而知。不过《西域图志》记载吐鲁番有城阿斯塔克：

> 阿斯塔克，在哈喇和卓西五里。东北距辟展城二百六十五里，有城，相传其先国师所居。有河自金岭南麓南行，分二支流，其东流经哈喇和卓城左，西流经阿斯塔克城右。[3]

“哈喇和卓”即今高昌故城，此所谓“阿斯塔克”者，即今阿斯塔那（三堡乡），清代及以前尚有城池。所谓“有河自金岭南麓南行”，即木头沟之水出胜金口南流，分为两支，一支为高昌城所用，一支为阿斯塔克城所用。此阿斯塔克城与高昌城相距五里，与阿斯塔那墓地相距也不过四、五里，地理方位与上引唐代墓志所记之武城十分吻合，疑清代之阿斯塔克城，即为唐之武城所在地。同时，在阿斯那墓地西南约4公里、高昌故城西约5.5公里处有一唐代烽火台（阿瓦提烽火台），当为武城西部交通驿道上的军事设施。

三、天山军的驻屯

天山军设置的时间和地点诸史记载比较混乱，唐长孺考证其中开

1 侯灿、吴美琳：《吐鲁番出土砖志集注》，巴蜀书社2003年版，第605页。

2 详见《康永昌元年（689）西州高昌县籍坊勘地牒》（《吐鲁番出土文书》叁，图录本，文物出版社1996年版，第494页）、《武周载初元年（690）西州高昌县宁和才等户手实》（《吐鲁番出土文书》叁，图录本，文物出版社，1996年，第506页）、《唐西州高昌县籍》（陈国灿：《斯坦因所获吐鲁番文书研究》，武汉大学出版社1995年版，第391页）、Ot.2852、2854、2861、4382号《西州高昌县退田文书》（小田义久：《大谷文书集成》第一卷，法藏馆1983年版，第115、116、118页；第二卷，1989年版，第243页）、Ot.2916号《西州高昌县给田文书》（《大谷文书集成》第一卷，法藏馆1983年版，第136页）。

3 傅恒等：《西域图志》卷十四《疆域七》，钟兴麒等校注，新疆人民出版社2002年版，第235页。

元二年（714）置于西州城是正确的[1]。此时正值北庭、西州军事紧张时期，唐命兴昔亡可汗阿史那献西征西突厥都担[2]，而东突厥趁机围攻北庭，北庭都护郭虔瓘据城抵抗，击退东突厥的侵犯。天山军也正是在这一背景下设置的。史载天山军管兵5000人，马五百匹[3]，驻扎在西州城，即高昌城内。实际上，天山军并非全部驻屯于高昌城，而是分驻于西州各地，Ot.3354号《河西天山军兵员给粮文书》部分记载了天山军的分布及食仓情况，录文如下：

（前缺）

会□▭罗护加破卅五人，覆加八人，覆同。及。

1. 廿 □ 人 蒲 昌 县 界

2. 一 十 九 人 罗 护 镇 界

会柳中仓加破六人，覆会同。及。

3. 七 人 柳 中 县 界

又郡仓支拾日，泰。贰拾肆人，银山全支。及。

4. 卅 四 人 天 山 县 界

支银山仓，及。

5. 一 十 二 人 鹳 鸽 镇 界

郡仓支，十五日

6. 一 十 人 烧 炭 支 安 昌 界

会交河仓，加破及。□□人，同。及 及。 二十二人，七人料仓支十日。泰

7. 五 十 四 人 交 河 县 界

8. 六 人 白 水 镇 界

又数内天山仓支。壹□□□□□拾□□及

---

1 唐长孺：《吐鲁番文书中所见的西州府兵》，《敦煌吐鲁番文书初探》（二编），武汉大学出版社1990年版，第88页。另有松田寿田依据《元和郡县图志》“天山军在州城内，开元二年置，本汉车师后王庭，乌孙之东境也”之记载，认为天山军在天山北部的庭州，但据阿斯塔那506号墓出土天宝十三载（754）交河郡马料帐记载，天山军马队曾于天宝十三载前往他地道上的柳谷馆迎接自北而来的封太夫（封常清），可见天山军在交河郡无疑。见王玉平：《天宝十三载封常清在交河郡的行程》，《中国历史地理论丛》2021年第1期；文书见《吐鲁番出土文书》肆，图录本，文物出版社1996年版，第424页。

2 程喜霖指出，吐鲁番出文书中出现的“定远道行军”指的就是阿史那献西征都担的战役，见氏著《吐鲁番文书所见定远道行军与定远军》，《吐鲁番唐代军事文书研究·研究篇》，新疆人民出版社2013年版，第245页。

3 《通典》卷一百七十二《州郡二》，中华书局1988年版，第4479页。

壹阡贰伯陆人，郡仓□支，壹拾伍人。及。□□拾二人

全支□□□参[ ]

9. [ ]四 百 五 人 郡 城 界

[ ]及。叁拾叁人，天山全支。及。壹拾捌[ ]

[ ]人交河仓。及。陆拾叁人支蒲昌[ ]

[ ]壹人支天山仓。及。[ ]

10. [ ]奏傔兵健等破除见在惣九百九[ ]

11. [ ]七人衙[ ]

12. [ ]七人行官奏[ ]

13. [ ]破除[ ]

14. [ ]人应在见在[ ]

（后缺）[1]

王永兴对该文书内容进行了比较详细的解读，将其更名为《唐天宝年间北庭天山军兵士食仓粮帐》[2]，第10列中的“奏”“傔”即“别奏”和“傔人”，为唐代诸军大使、副使等高级武官服役之人，西州交河郡只可能是天山军使的“别奏”和“傔人”，这是确定该文书为天山军兵士食仓粮帐的根据。

由文书可知，天山军的兵士分散在西州各县以及诸交通道路上的驿站、镇戍等地，仅从本件文书来看，高昌城是西州驻军最多的地方，第9列右侧的勾检语具体说明了驻扎在郡城高昌城内兵士1405人[3]的食仓情况。另外，该文书记录包括兵士、别奏、傔人在内的天山军人数在3000人左右，另有2000人当分驻于西州的镇、戍、馆驿和烽铺。

1 小田义久：《大谷文书集成》第二卷，法藏馆1989年版，第79—80页。部分内容据王永兴《北庭天山军食仓问题初探》改，见《唐代前期西北军事研究》，中国社会科学出版社1994年版，第66—68页。

2 王永兴：《北庭天山军食仓问题初探》，《唐代前期西北军事研究》，中国社会科学出版社1994年版，第66—74页。

3 第9行“四百五人”前缺“一千”二字，见王永兴：《北庭天山军食仓问题初探》，《唐代前期西北军事研究》，中国社会科学出版社1994年版，第71页。

四、高昌城的交通区位

高昌城为唐代西州州治，交通发达。《通典》《元和郡县图志》《太平寰宇记》等地志文献记载西州四至八到，大致有高昌城至伊州、北庭、焉耆、吐蕃、敦煌、轮台等道路，诸道均有确切的方向和里程，转录如下：

> 《通典·州郡四》：东至伊吾郡七百五十里。南至三百五十里，过荒山千余里至吐蕃。西至焉耆镇守军七百一十里。北至北庭都护府四百五十里。东南到燉煌郡千一百里。西南到焉耆七百十里。西北到北庭轮台县五百四十里。东北到伊吾郡八百四十里。[1]

> 《元和郡县图志·陇右道下》：东北至伊州七百三十里。西南至焉耆七百二十里。东南至金沙州一千四百里。南至楼兰国一千二百里，并沙碛，难行。北自金婆岭至北庭都护府五百里。[2]

> 《太平寰宇记·陇右道七》：东至伊州七百五十里。西至焉耆镇守军七百一十里。北至北庭都护府四百五十里。南三百六十里至荒过山，又千余里至吐蕃。东南经少海，又渡碛至伊州一千三百里。西北至北庭轮台县五百四十里。西南至焉耆镇七百一十里。东北至伊州八百四十里。[3]

高昌城东至伊州的道路，有东、东北、东南三条道路。东向之道，从高昌城向东沿火焰山南麓，经酒泉、高宁至柳中城，又经连木沁沟至火焰山北部的临川城、于谌城、横截城，再向东至蒲昌城。蒲昌城向东经沙尔湖一带至伊州。东北之道，当从蒲昌城向东北经赤亭镇的道路，亦即《新唐书·地理志》、P.2009 号文书《西州图经》所记之伊西道和新开道。东南之道，当从柳中城向东南，再折东经沙尔湖一带至伊州的道路，亦即《西域图记》《太平寰宇记》所记之伊吾路和柳中路。

高昌城北至北庭的道路可能有两条，一条 450 里，一条 500 里。

1 《通典》卷一百七十四《州郡四》，中华书局 1988 年版，第 4557—4558 页。

2 《元和郡县图志》卷四十《陇右道下》，中华书局 1983 年版，第 1031 页。

3 《太平寰宇记》卷一百五十六《陇右道七》，中华书局 2007 年版，第 2994 页。

450 里之道，当自高昌城直北经木头沟至宁戎城、宁戎驿，再越天山至北庭之路，即 P.2009 号文书《西州图经》所记之乌骨道。500 里之道经金婆（娑）岭，即 P.2009 号文书《西州图经》所记之他地道。

高昌城西至焉耆的道路，有西、西南两道。西向之道，从高昌城向西（有阿瓦提烽火台、恰特喀勒烽火台），至安乐城、交河馆，再折西南经无半城至天山城，出银山道至焉耆，即玄奘西行之道路。西南之道，从高昌城向西南，经南平城、安昌城至天山城，再接银山道，即《新唐书·地理志》所记西州至焉耆的驿道。

高昌城东南至沙州、敦煌的道路，即 P.2009 号文书《西州图经》所记之大海道；高昌城西北至轮台的道路，即 P.2009 号文书《西州图经》所记之白水涧道。

上述诸道，本书蒲昌城、赤亭镇城、罗护镇城、纳职城、柳中城、交河城、天山城、白山镇城、轮台城等相关章节有较为详细的论述。

高昌城南至楼兰、吐蕃之道，上引《通典·州郡四》称：“南至三百五十里过荒山千余里至吐蕃”，又有朝鲜本作“南至三百五十里荒过山千余里至吐蕃”。正确标点应为：“南至三百五十里荒过山，千余里至吐蕃”，这样可与《太平寰宇记》之记载合。又高昌城南至吐蕃必经罗布泊一带，故《元和郡县图志》有西州至楼兰道路的记载。该道具体路线，自高昌城南偏东约 32 公里有阿其克墩烽火台，又东南约 10 公里有阿萨协亥尔古城；高昌故城西南约 30 公里有庄子坎烽火台，又西南约 17 公里有艾丁湖塔什烽火台。阿萨协亥尔古城和艾丁湖塔什烽火台在唐代当有路经沙碛入库鲁克塔格山，所谓荒过山，较大可能就在库鲁克塔格山中。库鲁克塔格山以南即罗布泊地区，罗布泊向南穿越阿尔金山即入吐蕃界。

第二节　高昌东部的交通枢纽：柳中城

贞观十四年（640）唐置西州，高昌城东部地区复汉代旧名，于原高昌国田地郡置柳中县。史载唐平高昌国以后，“以其地为西昌州，又改为西州。以交河城为交河县，始昌城为天山县，田山城为柳中县”[1]。《通典》对此也有记载，唯“田山城”作“田地城”[2]，即高昌国时期田地郡郡治。柳中城是西州东部诸道交汇之地，自然环境优越，耕地资源丰富，有柳中屯，又置北馆，是唐代丝绸之路上一个十分重要的屯城。

一、柳中城的位置和水环境

《元和郡县图志》记柳中县“西至州三十里”[3]，又《太平寰宇记》记柳中县在州治高昌城“东四十四里”[4]。吐鲁番出土高昌县户籍、给田、退田文书中多记高昌县居民有土地在高昌城东20里、40里的柳中县，按高昌城东20里为高宁城（乡）或酒泉城（里），二城均属柳中县境，而城东40里或为柳中县城所在地，《太平寰宇记》记载的里程比较可信。

今鄯善县鲁克沁镇附近存一古城，黄文弼、巫新华、王素认为即汉代之柳中、晋唐时代之田地城、唐代之柳中县所在地[5]。该古城今名柳中古城（图36），西距高昌故城直线距离约22公里，与《太平寰宇记》记载之里程甚合，当为唐代柳中县城无疑。柳中古城位于鲁克沁镇西约500米，破坏较为严重，现仅存古城西南角一段城墙约50米，城墙夯筑，一处保存较好的墙基宽5至8米，残高约12米。据说以前该古城保存虽不完整，但轮廓较清晰，平面呈长方形，南北400米，东西宽约1千米。古城内曾出土唐代风格的陶器、铜像，第三次文物普查时将年代定为唐至宋[6]。

---

1 《唐会要》卷九十五，中华书局1960年版，第1701页。

2 《通典》卷一百九十一《边防七》，中华书局1988年版，第5205页。

3 《元和郡县图志》卷四十《陇右道下》，中华书局1983年版，第1032页。

4 《太平寰宇记》卷一百五十六《陇右道下》，中华书局2007年版，第2995页。

5 黄文弼：《吐鲁番考古记》，中国科学院考古研究所，1954年，第12页；巫新华：《吐鲁番唐代交通路线的考察与研究》，青岛出版社1999年版，第55—56页；王素：《高昌史稿·交通编》，文物出版社2000年版，第59—61页。

6 《不可移动文物·吐鲁番地区卷4》，新疆美术摄影出版社2015年版，第117页。

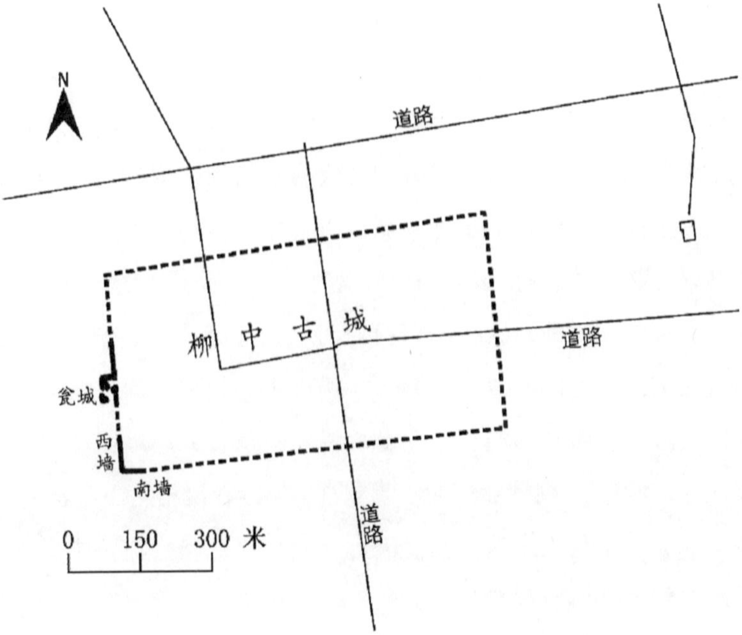

图 36　柳中古城平面图

鲁克沁所在之绿洲是鄯善县最大的一片农耕区，据 1995 年的统计数据，鲁克沁镇人口 27927 人[1]，仅次于其北的连木沁镇，如果加上附近的达浪坎乡、迪坎儿乡（与鲁克沁镇相距仅 5、6 公里），这一地区的人口远超于该县的其他乡镇。该地农业得以发展，除地形平坦开阔外，水源充足是另一重要因素。现今该地主要引连木沁沟（斯尔克甫沟）之水灌溉，该河谷之水源，一部分来自火焰山北部连木沁绿洲之泉水，一部分来自二塘沟干渠。二塘沟发源于连木沁北博格达山，源区冰川面积 4.25 平方千米，为河流提供稳定的水源。二塘沟山口以上河长 47 公里，集水面积 489 平方千米，多年平均年径流量约 0.79 亿立方米[2]。出山口处建有水利枢纽接二塘沟干渠，将水源引入连木沁镇，余水经连木沁沟、吐峪沟流入火焰山南部的吐峪沟乡、鲁克沁镇、达

1　鄯善县志编纂委员会编:《鄯善县志》，新疆人民出版社 2001 年版，第 127 页。

2　王世江主编:《中国新疆河湖全书》，中国水利水电出版社 2010 年版，第 174 页。

浪坎乡、迪坎尔乡供生产生活所用。

现今水渠当与唐代地表水流向有一定的关联性，尤其是火焰山南部的鲁克沁、吐峪沟、洋海等地，其引连木沁沟、吐峪沟之水灌溉从古至今应当没有什么变化。另外，古代的柯柯亚河似也能流至鲁克沁镇。现今鲁克沁镇以东、鄯善县城以南为库木塔格沙漠，但从卫星影像图上看，鄯善县城向西南约 10 公里处，夹在库木塔格沙漠与火焰山之间，尚有大片耕地，这表明柯柯亚河水在流经鄯善县城以后，有余水沿着火焰山南麓向西流。实际上，历史上的柯柯亚河可流至连木沁沟南口附近，并与二塘沟之水会合后南流，供鲁克沁诸城使用，余水甚至可入艾河湖[1]。柯柯亚河的水量非常丰富，在博格达山南麓诸河中，其多年年径流量仅次于白杨河，因此在唐代，这条河流可能是柳中县的一处重要水源。

二、柳中屯田与柳中城军镇地位的变迁

西域“柳中”一地在正史中第一次出现是在东汉明帝永平十七年（74），《后汉书·耿恭传》记载：“（永平十七年）始置西域都护、戊己校尉，乃以恭为戊己校尉，屯后王部金蒲城，谒者关宠为戊己校尉，屯前王柳中城，屯各置数百人。”[2] 戊己校尉二人分驻天山南北的金蒲城和柳中城，控制车师前、后部的局势。后柳中城又作为西域长史治所，成为西域屯戍中心。值得注意的是，高昌城在西汉时期已出现，并一度作为戊己校尉治所，此时的屯戍中心不在高昌而在柳中城，一方面

1　王世江主编：《中国新疆河湖全书》，中国水利水电出版社 2010 年版，第 176 页。20 世纪初斯坦因在吐鲁番考察时，在鲁克沁南部大阿萨遗址（阿萨协亥尔古城）附近发现了季节性河渠（斯坦因：《西域考古图记》，巫新华等译，广西师范大学出版社 1998 年版，第 661 页）。大阿萨遗址系唐代古城，说明此地在唐代水源充足，来自鲁克沁之河水经此向西可流至艾丁湖。

2　《后汉书》卷十九《耿恭传》，中华书局 1965 年版，第 720 页。又殷晴认为西域“柳中”一名，得名于西汉时长安西之细柳营，汉代以细柳（柳中）称名为时尚光荣，车师“柳中”为吐鲁番屯田汉军军营的美称，而后引申为地名，西域“柳中”之名的出现，很可能在西汉，而著称于东汉。见殷晴：《汉唐时期西域屯垦与吐鲁番盆地的开发》，原载《吐鲁番学研究》2000 年第 2 期，又载《探索与求真——西域史地论集》，新疆人民出版社 2011 年版，第 249 页。

与新开辟的大海道有关[1]，另一方面与汉军在此长期屯田有重要的关系。高昌郡、国时代，柳中改称“田城”或“田地城”，该地名的由来，极有可能与汉代柳中屯田传统有关。

东汉时柳中的地位一度超过了高昌，但到了魏晋南北朝时期，政治中心又转移到了高昌城，这与高昌独立化趋势、更需要找到一个接近于地理中心的城镇作为其政治中心有关系，如此，高昌城是更加理想的选择。而原本作为与河西、中原连接西域的交通中枢——柳中城，现在却成为了抵抗东部政权西入的屏障[2]，一直到贞观十四年（640）唐朝攻打高昌国时仍是如此。《旧唐书·高昌传》记载，侯君集军至柳谷，进趋田地城（柳中城），将军契苾何力为先锋，与高昌军队接战而退，侯君集大军继至，所向披靡，攻陷田地城，虏男女七千余口，进逼高昌城[3]。此次进攻田地城，唐军使用的战术是诱敌出城，再以主力与之决战，《元和郡县图志》记载柳中城“当驿道，城极险固”[4]，当是事实。柳中城牢固的城防传统可能自高昌郡、国时代就已形成。

三、唐代柳中城在高昌东部的交通地位

唐置西州以后，基本延续了高昌国时期的政区地理，但此时的柳中在西州城镇布局中扮演的角色有所改变。原本作为抵御东部势力进

1 王素：《高昌史稿·交通编》，文物出版社 2000 年版，第 155—156 页。

2 哈拉和卓 91 号墓出土两件吐鲁番阚爽政权（435—442）时期文书《建□某年兵曹下高昌、横截、田地三县符为发骑守海事》《兵曹条次往守海人名文书》（《吐鲁番出土文书》壹，图录本，文物出版社 1992 年版，第 67、73 页），其中提到的“守海”，墓葬发掘者认为就是“守沙海”，亦即唐代的“大海道”，其防御的对象为南面的吐谷浑（新疆博物馆考古队：《1975 年吐鲁番哈喇和卓古墓群发掘简报》，《文物》1978 年第 6 期）。另外，朱雷认为是沮渠无讳为防备北魏军队从敦煌越大沙碛来袭（朱雷：《出土石刻及文书中北凉沮渠氏不见于史籍的年号》，《出土文献研究》，文物出版社 1985 年版，第 211 页）；白须净真认为是阚爽为了防备沮渠无讳的入侵（白须净真：《高昌、阚爽政权と缘禾、建平纪年文书》，《东洋史研究》第 45 卷，1986 年，第 100 页）。对于这两件文书，不管作何解释，但可以肯定的是，阚氏政权的确在柳中东南部的大海道设防，以抵御东部政权的西入。

3 《旧唐书》卷一百九十八《高昌传》，中华书局 1975 年版，第 5295 页。

4 《元和郡县图志》卷四十《陇右道下》，中华书局 1983 年版，第 1032 页。

入的屏障现在已失去了意义，唐朝于此置县大概是因该地重要的交通枢纽地位，从此向东南有大海道通敦煌，向东有道路通伊州，而向东北至蒲昌的道路为西州东西主干道。

柳中东南通沙州的大海道，P.2009号文书《西州图经》记载："大海道。右道出柳中县界，东南向沙州一千三百六十里，常流沙，人行迷误，有泉井咸苦，无草，行旅负水担粮，履践沙石，往来困敝。"[1]该道学界多有考察与论述[2]，几成定论。柳中城东通伊州的道路，史称"伊吾路"，其初段循大海道东南至今库木塔格沙漠南部，再折东至沙尔湖，沿白杨河至纳职城所在之拉甫却克古城，具体走向见本书第一章第二节。

唐代高昌城东部之驿路，也是一个需要注意的问题。现今的主要交通路线，包括国道和高速道路，是经鄯善县向西，沿着火焰山北麓至胜金乡，穿过木头沟以后至高昌故城北部，再折西至吐鲁番市。唐代的驿路与现今并不一致，《元和郡县图志》记柳中城"当驿道"，可知唐代之驿路是从高昌城沿火焰山南麓向东至柳中城[3]。至于柳中城至蒲昌城的驿道，或经连木沁沟至火焰山北部再折东而行。另外，前文已指出唐代柯柯亚河可能经蒲昌城折西南，沿火焰山南麓至柳中城北部，则柳中至蒲昌之驿道又可沿火焰山南麓，顺柯柯亚河东北而上。就里程而言，柯柯亚河之道更为接近。

这样一来，从东部地区前往高昌，无论是从伊西道、伊西北道，还是柳中道、大海道，似乎都要经过柳中城，此地在高昌郡、国时代

1 上海古籍出版社、法国国家图书馆编:《法国国家图书馆藏敦煌西域文献》1，上海古籍出版社1995年版，第76页。

2 见曹洪勇:《探索大海道——吐鲁番至敦煌古道行》,《西域研究》1995年第1期；巫新华:《吐鲁番唐代交通路线的考察与研究》，青岛出版社1999年版，第135—142页；王素:《高昌史稿·交通编》，文物出版社2000年版，第170—175页。

3 又有开元九年（721）前后《唐西州高昌县牒为盐州和信镇副孙承恩人马到此给草踖事》记载和信镇副孙承恩从天山以西经交河至柳中请给草踖事；《唐开元二十一年（733）西州都督府案卷为勘给过所事》记安西镇满放归兵孟怀福从州治返回内地经柳中县患病停留事，这些文书均说明唐代西州驿道是经火山南部的柳中县。见《吐鲁番出土文书》肆，图录本，文物出版社1996年版，第82、282页。

是吐鲁番政权东部最重要的屏障，而在唐代则成为一个重要的驿站。吐鲁番出土文书记载柳中县有北馆、柳中馆、柳中县馆之名，以下是对三馆之关系的梳理。

北馆。大谷文书以及金祖同《流沙遗珍》收录了一批吐鲁番出土的“北馆文书”[1]，此北馆较大可能位于柳中城附近。文书内容主要为仪凤二年、三年（677、678）北馆厨牒上西州都督府请酬柴价、酱（可能是酒）价事，涉及北馆厨接待来往客使过程中，日常所用之柴、酱等的具体来源，以及仓曹审核并支付柴主、酱主的详细过程。其中有一件记述柳中县曾给北馆提供柴，文书较长，摘录相关内容如下：

10. 北馆厨典周建智等牒
11. 请酬刺柴价。各准估
12. 付讫记。其酱牒市勘
13. 估上。柳中县申，供客柴，
14. 往例取户税柴，今为百
15. 姓给复，更无户税，便取
16. 门夫采斫用供，得省官
17. 物，以状下知。谘，恒让白。
18. 廿三日[2]

文书第13至16列所记内容大概为：柳中县向西州都督府说明北馆所用之柴，往年来自百姓户税，但今年“给复”免税，无户税来源，原本北馆应当用官府留存之柴，但此次北馆取用门夫提供之物。该文书所记之事又见《流沙遗珍》之“北馆文书”，其载“下柳中县为供客柴用门夫采供事”[3]，可见柳中县的确曾负责为北馆提供“供客柴”。日本学者大庭脩认为，此北馆较大可能就位于柳中县，“它（北馆）位于唐

1 有关“北馆文书”的流传及研究情况，详见朱玉麒：《“北馆文书”的流传及早期研究史》，《西域研究》2018年第2期。这批文书图版及录文分散在《大谷文书集成》第一至四卷以及金祖同《流沙遗珍》中。

2 Ot.2842号，见小田义久：《大谷文书集成》第一卷，法藏馆1983年版，第112页。

3 金祖同：《流沙遗珍》，载《敦煌丛刊初集5》，新文丰出版公司1986年印行，图四之四，第255页；录文，第291页。

内地郡连接瓜州、西州的交通线上，地处要冲，是西州都督府界内的大驿馆”[1]。北馆所在之柳中县地处由东向西诸道的交汇处，来往客使自然频繁，北馆文书记该馆大量频繁采购柴、酱、米等物资，也间接说明柳中县在唐代西域交通中的重要地位。

柳中馆。《唐天宝十四载（755）交河郡长行坊申十三载郡坊帖马侵食交河等馆九至十二月马料帐》有“柳中馆”之名：

（前略）

13. 贰伯玖硕贰斟闰十二月支在蒲昌县仓

14. 捌拾肆硕玖斟叁勝 蒲昌馆

15. 伍拾硕伍斟陸勝 柳中馆

16. 贰拾陸硕叁斟壹勝 达匪馆

17. 肆拾柒硕肆斟 草堆馆

（后略）[2]

此处记载蒲昌县仓为诸馆提供马料，其中蒲昌馆、达匪馆、草堆馆在蒲昌县境，但柳中馆明显不在蒲昌县境，《唐天宝十三载（754）交河郡长行坊具一至九月踖料破用帐请处分牒》及 Ot.3354 号《河西天山军兵员给粮文书》有“柳中仓”之名[3]，为何柳中馆之马料是由蒲昌仓而不是柳中仓供应？这一点十分令人费解。颇疑柳中馆与北馆并非同一驿馆，北馆在柳中县城附近，而柳中馆在柳中县东部靠近蒲昌县某处。

柳中县馆。《唐天宝十四载（755）柳中具属馆私供马料帐历上郡长行坊牒》记天宝十三载（754）闰十一月柳中县某馆私供马料帐，由于牒首只记“柳中县牒上长行坊”，而未记馆名，以前只能确定是柳中县某馆，但不能确定是何馆之马料帐。实际上，据该马料帐结尾处几行内容可推知该馆名是“柳中县馆”，相关内容转录如下：

86. □□□□别将朱承泰状称：在馆客使繁闹，准牒每季支帖马料

1 大庭脩：《吐鲁番出土的北馆文书：中国驿传制度史上的一份资料》，载《敦煌学译文集》，甘肃人民出版社 1985 年版，第 800 页。

2 《吐鲁番出土文书》肆，图录本，文物出版社 1996 年版，第 538 页。

3 《吐鲁番出土文书》肆，图录本，文物出版社 1996 年版，第 487 页；《大谷文书集成》第二卷，法藏馆 2002 年版，第 79 页。

叁拾硕，并已食尽，季终

87. □重，不可阙饲，貣（贷）便私供，具通斛斗如前。请牒上长行坊，听裁处分，状上者。县馆

88. □[行]坊帖马侵食当馆斛斗青麦、床等共肆拾玖硕壹斗玖胜。具状牒上长行坊听裁者。

89. □上，谨牒。[1]

此段记述与《唐天宝十四载（755）柳中县具达匪馆私供床麦帐历上郡长行坊牒》尾十分相似，为直观起见，转录相关内容如下：

30. 牒得捉馆[官]□[各]（按："各"当为"客"）使繁闹，准牒每季支帖马料叁拾硕，并已食尽，季终未

31. □[馆]（按："馆"当为"饲"），贷便私供，具通斛斗如前，请牒上长行坊听裁处分状上者。达匪

32. 馆状称，长行坊帖马侵食当馆斛斗床麦等[叁][佰]叁拾伍硕，具状牒上长行坊听裁者。谨

33. 录牒上。谨牒。[2]

据此可将上引《唐天宝十四载（755）柳中具属馆私供马料帐历上郡长行坊牒》缺损内容补充为：

86. [牒][得]别将朱承泰状称：在馆客使繁闹，准牒每季支帖马料叁拾硕，并已食尽，季终

87. 未□重，不可阙饲，貣（贷）便私供，具通斛斗如前。请牒上长行坊，听裁处分，状上者。县馆

88. [状][称]，[长][行]坊帖马侵食当馆斛斗青麦、床等共肆拾玖硕壹斗玖胜。具状牒上长行坊听裁者。

89. [谨][录][牒]上，谨牒。

这样一来文书内容就比较清晰了，由于该牒为柳中县上交河郡都督府，第87列所为"县馆"应该就是"柳中县馆"。上引《唐天宝十四载（755）柳中县具达匪馆私供床麦帐历上郡长行坊牒》记达匪馆私供马料日历为"捉馆官"状上，而柳中县馆为"别将朱承泰"状上，这亦

1 《吐鲁番出土文书》肆，图录本，文物出版社1996年版，第442页。
2 《吐鲁番出土文书》肆，图录本，文物出版社1996年版，第446页。

反映出柳中县馆与交河郡其他驿馆有不同之处。柳中县馆及达匪馆同处在东西向的交通驿馆上，据这二位驿馆负责人称，来往并经过二馆之客使较多，郡长行坊每季支给驿馆之马料侵食殆尽，为保障驿馆的正常进行，二馆大概是从其他地方借贷粮料以供来往之客使，本件牒文就是驿馆呈递给郡司以供审核并请求填还的凭证。

此件驿馆私供马料帐亦证柳中县馆在交河郡交通线上之繁忙景象，结合前文北馆文书大量采购物资供客使之用的记载，我们推测，柳中县馆亦即北馆，该馆位于柳中城附近。

第三节　南平、安昌垦区

南平、安昌垦区大致位于今艾丁湖乡、恰特喀勒乡南至托克逊河下游地区。南平在麹氏高昌国时期置郡，有城，是高昌国西南部重要防御屏障。唐置西州后废郡，将盆地西南部军镇重心西移至笃进城，南平降为乡，属天山县。同时，南平附近又有安昌城，两地南部之托克逊河下游是天山屯所在地。唐代这一地区自然环境优越，是西州西南部的重要垦区。

一、南平城、安昌城的位置

吐鲁番出土西州时期的文书中，“南平乡”“南平城”都有出现，南平乡是唐朝对高昌国郡县改制后新设立的政区，可能是当地居民多以城居，因此在日常文书中仍然沿用高昌国时期南平城的称谓。《新唐书·地理志》记载：“自（西）州西南有南平、安昌两城，百二十里至天山西南入谷。”[1]可知南平、安昌在高昌城西南。其具体位置，1976

1 《新唐书》卷四十《地理志》，中华书局1975年版，第1046页。

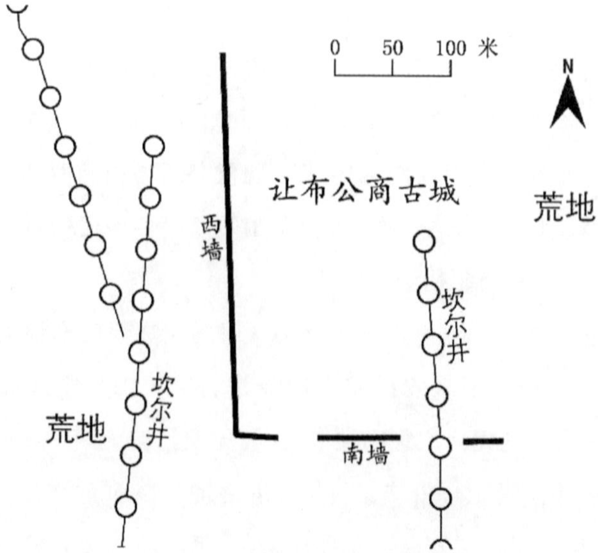

图 37　让布公商古城平面图

年、1979 年在吐鲁番五星公社[1]出土两方墓志《唐天山县南平乡残墓志》《唐永徽五年董□隆母令狐氏墓志》记载，墓主人为天山县南平乡人[2]，墓志出土的地点，据柳洪亮称，位于让布公商古城（图 37）西北约 4 公里、吐鲁番县城南约 7.5 公里处[3]。让布公商古城或为唐代南平城所在地。

“让布公商”又称“拉木帕公相”，清代称为“勒木丕”，与高昌国和西州时代的“南平”音近，将二者作为一地，有一定的道理[4]。让布公商古城位于吐鲁番市高昌区恰特喀勒乡公相村西约 1 公里处，西北距

1　五星公社成立于 1958 年，其地域包括今天的亚尔乡、艾丁湖乡。1962 年，艾丁湖从五星公社析出成立艾丁湖公社，1984 年改为艾丁湖乡。详见吐鲁番市志编纂委员会编：《吐鲁番市志》，新疆人民出版社 2002 年版，第 91—92 页。70 年代出土的这两方砖志，按当时的行政区划当属于艾丁湖公社而非五星公社。

2　侯灿、吴美琳：《吐鲁番出土砖志集注》，巴蜀书社 2003 年版，第 478、652 页。

3　柳洪亮：《唐天山县南平乡令狐氏墓志考释》，《文物》1984 年第 5 期。

4　“让布公商”古音之变迁，学界多有讨论，详见嶋崎昌：《高昌国の城邑について》，《隋唐时代の东トルキスタン研究——高昌国史研究を中心として》，东京大学出版会 1983 年重印本，第 133—146 页；钱伯泉：《高昌国郡县城镇的建置及其地望考实》，《新疆大学学报》1988 年第 2 期；郁越祖：《高昌王国政区建置考》，《历史地理研究》第 2 辑，复旦大学出版社 1990 年版，第 174 页。

交河故城约17公里，东距高昌故城约26公里，西距天山县城（托克逊县夏乡附近）约46公里。1930年黄文弼曾到此考察，拾得红底黑花彩陶片，与交河故城所出相同，当为同时代遗址[1]。古城平面略呈方形，东西约415米，南北约435米，现仅存西墙和南墙部分墙垣，墙体为夯筑，破坏严重。古城西南和东南两角尚存角楼残基。城内曾发现陶片、瓷片，为南北朝至元代遗存[2]。

安昌城的位置。吐鲁番出土文书《唐西州都督府勘检天山县主簿高元祯职田案卷》记载安昌城人唐建进告发天山县主簿高元祯非法侵占南平还公、逃死、户绝田地事[3]，可见安昌城离南平城不远。现今吐鲁番地名中，尚无与古“安昌”音近之地，以前有学者认为清代之“安吉彦”可能是古“安昌”发展而来[4]，但《新疆图志》记载此地在“雅木什西五里，东距辟展城三百七十三里。城周里许，不当孔道”[5]。雅木什即今也木什村，在交河故城西南约3公里处，前文已指出南平城位于今吐鲁番城南约11公里的让布公商古城，也木什村在让布公商古城西北约16公里，不在南平至天山县的道路上，因此将安昌城置于安吉彦不太符合实际情况。另有黄文弼认为安昌城“在雅尔湖南15公里柏克布拉克”[6]，该地存一古城，名为帕克拉克城址，位于艾丁湖乡庄子村5队，东距让布公商古城约9公里，仅从方位来看，似为安昌城所地。巫新华、王素公布的经纬度信息（北纬42° 51′ 47″，东经89° 51′ 31″）误差很大[7]，实际应为北纬42° 51′ 5″，东经89° 6′ 10″。该遗址现仅存一道断续夯筑的北墙，长约111米，城内散布着许多陶

---

1 黄文弼：《吐鲁番考古记》，中国科学院考古研究所1954年版，第11页。

2 《不可移的文物·吐鲁番地区卷1》，新疆美术摄影出版社2015年版，第168—169页。

3 陈国灿：《对唐西州都督府勘检天山县主簿高元祯职田案的考察》，《陈国灿吐鲁番敦煌出土文献史事论集》，上海古籍出版社2012年版，第371—392页。

4 最早提出此说为陶保廉，《辛卯侍行记》云：“今厅城西南三十里凉州工，旧名安吉彦，或是古安昌也。”岑仲勉赞同此说，见氏著《西突厥史料补阙及考证》，中华书局1958年版，第170页。

5 傅恒等：《西域图志》卷十四《疆域七》，钟兴麒等校注，新疆人民出版社2002年版，第236页。

6 黄文弼：《高昌疆域郡城考》，载《黄文弼历史考古论集》，文物出版社1989年版，第168页。

7 巫新华：《吐鲁番唐代交通路线的考察与研究》，青岛出版社1999年版，第39页；王素：《高昌史稿·交通编》，文物出版社2000年版，第82页。

片，多为夹沙红陶，第三次全国文物普查公布为南北朝至元代遗址[1]。

二、南平、安昌的水环境

按吐鲁番盆地地势，大河沿河、塔尔郎河、煤窑沟河（葡萄沟）分别在穿过盐山和火焰山以后，便进入一片平坦的土地，非常适合发展灌溉农业。20世纪30年代，黄文弼在吐鲁番考察完交河故城及附近墓地以后，“初向南行；出土子诺克塔格沟口，转东南行；过摄提项村庄，转东行，沿让布工商渠东行南，渠水自雅尔湖沟中流出，以灌让布公商者，故以地名为渠”[2]。这说明，民国时期雅尔乃孜沟尚有地表水源流至让布公商古城附近；而其北部的葡萄沟，在古代也有地表水向南流至让布公商城址附近与雅尔乃孜沟之水合，再折东南入艾相湖。因此我们可以推断，唐代及唐以前的让布公商古城，是一个水源充沛之地，是高昌国及西州时代吐鲁番盆地的重要农耕区。

让布公商古城和帕克拉克城址所在之艾丁湖乡和帕克拉克乡，现今主要的引水工程有大旱沟引水渠、雅尔乃孜沟引水渠和大草湖引水干渠。大旱沟为二二一团南部的盐山谷地，该水渠主要是将大河沿河余水引至东南部的艾丁湖乡；雅尔乃孜沟为交河故城南部的盐山谷地，此地建有盐山水库（又称雅尔乃孜水库），主要为蓄积上游塔尔朗沟余水，并接南部的雅尔乃孜沟引水渠将水源引至艾丁湖乡；大草湖位于艾丁湖乡西北约30公里的土孜塔格北部，其西北还有小草湖，二湖水源主要来自西北部白杨河的地下潜水，大草湖干渠将这股水源引至艾丁湖乡为生产生活所用。三条水渠分别对应清代的雅木什渠、头工——二工渠、都广湖渠，可见水利工程的修建是有延续性的，且遵循地形、河流的走向。唐代或许没有这些水利工程，但可能有地表径流流到艾丁湖乡及以东地区，供安昌、南平城生产生活所用。

---

1 《不可移动的文物·吐鲁番地区卷1》，新疆美术摄影出版社2015年版，第173页。

2 黄文弼：《吐鲁番考古记》，中国科学院考古研究所1954年版，第11页。

三、晋唐时期南平城由军城向农垦区的转变

南平置城时间相对较晚。5 世纪中期以前，此地是以交河城为中心的车师国势力范围，农垦与城镇建设在此之前几无文献记载。5 世纪中叶车师国灭亡后，位于高昌城的沮渠氏政权开始将郡县制向吐鲁番盆地西部推广，直到麹氏高昌国前期，一些文献中开始出现南平这一地名。《太平广记·梁四公》记载天监中高昌国向南朝萧梁进贡方物，其中的“刺蜜是盐城所生，非南平城者。”[1] 这里提供的信息，南平城或在南朝梁武帝时期（502—519）已有城镇建制[2]。《高昌建昌三年（557）令狐孝忠随葬衣物疏》记载墓主令狐孝忠曾为南平主簿，死于高昌国建昌三年（557）[3]，进一步证实萧梁末期南平城已有建制。王素认为，南平县初置于麹氏高昌国前期（502—561）[4]。此后，南平城地理位置越显重要，至高昌国后期，此地置郡，《永昌元年（689）张雄夫人麹氏墓志铭》记载张雄死于高昌国延寿十年（633），追赠南平太守，又《高昌延寿十七年（640）屯田下交河郡、南平郡及永安等县符为遣麹文玉等勘青苗事》亦记载高昌国灭亡前夕有南平郡的建制[5]，可能是由于高昌国后期与焉耆逐渐交恶，作为与焉耆国对峙的前沿阵地，南平城的军镇地位逐渐提升。

《大慈恩寺三藏法师传》记载玄奘于贞观初途经焉耆国，“其国先被高昌寇扰，有恨不肯给马。法师经停一宿而过”[6]。此处未交待高昌国

1 《太平广记》卷八十一《梁四公》，中华书局 1961 年版，第 519 页。

2 另外，荣新认为，新获吐鲁番出土文献《阚氏高昌永康九年、十年（474、475）送使出人、出马条记文书》（《新获吐鲁番出土文献》，中华书局 2008 年版，第 163 页）中记载的“柳婆”一地，与麹氏高昌国及西州时代“南平”为同名异译。见氏著《吐鲁番新出送使文书与阚氏高昌王国的郡县城镇》，《敦煌吐鲁番研究》第 10 卷，上海古籍出版社 2007 年版，第 37 页。如此，南平城镇史可提前至 5 世纪后期的高昌阚氏王朝时代。

3 《吐鲁番出土文书》壹，图录本，文物出版社 1992 年版，第 131 页。

4 王素：《高昌史稿·交通编》，文物出版社 2000 年版，第 39 页。

5 《吐鲁番出土文书》贰，图录本，文物出版社 1994 年版，第 71 页。

6 慧立、彦悰：《大慈恩寺三藏法师传》，孙毓棠、谢方点校，中华书局 2000 年版，第 25 页。

与焉耆国交恶的原因与经过，但在贞观六年（632），高昌国又出兵攻打焉耆，史载焉耆王突骑支“请开碛路以便往来，上许之。由是高昌恨之，遣兵袭焉耆，大掠而去”[1]。又贞观十二年，“处月、处密与高昌攻焉耆五城，掠男女一千五百人，焚其庐舍而去”[2]。文献未见焉耆进攻或反击高昌的记载，但双方在贞观前期关系紧张当是事实[3]。出于安全或军事进攻的考虑，南平城成为吐鲁番盆地西南部的一个重要军镇。

唐置西州以后，吐鲁番盆地西南部行政格局发生了很大的变化。唐朝将盆地西南部区域中心置于更靠西部的天山县，而南平郡，此时成为天山县下辖的一个乡。《元和郡县图志》记载天山县、前庭县为上县，柳中、蒲昌、交河中下[4]，天山县当是西州富庶之地，人口众多，耕地广布。从高昌国以来吐鲁番盆地西南部的开发情况来看，其人口和耕地可能集中在南平城和安昌城附近。天山县城所在之地在唐代有非常重要的军事战略地位，但其人口和耕地可能并不如南平、安昌二城。Ot.4937、4090 号《武周天授二年（691）一月西州郭文智辨》记载：

1. □□[缺]
2. 文智辨：被问，既称主簿不种还公
3. 逃死、户绝等田、陶、菜，未知主簿惣
4. 检南平年别营种几许职田？并
5. 言几段，段当几亩，并仰一一具实
6. 审答，拟凭检勘，不得虚妄者。谨审：
7. 但文智，主簿南平职田惣有五十五亩八十步。
8. 出租已外，见佃廿五亩八十步，惣有五段：一段四亩，
9. 一段九亩，一段四亩八十步，一段二亩，一段六亩。如后不依此
10. 款，求受重罪。被问依实，谨辨，感

1 《资治通鉴》卷一百九十四“太宗贞观六年七月丙辰”条，中华书局 2011 年版，第 6208—6209 页。

2 《旧唐书》卷一百九十八《焉耆传》，中华书局 1975 年版，第 5301—5302 页。

3 贞观前期高昌、焉耆、西突厥、唐朝之关系，以及高昌攻焉耆的来龙去脉，详见吴玉贵：《突厥汗国与隋唐关系史研究》，商务印书馆 2017 年版，第 255、266—268 页。

4 《元和郡县图志》卷四十《陇右道下》，中华书局 1983 年版，第 1032 页。

11. 天授二年壹月 日[1]

陈国灿曾将该文书与阿斯塔那203号、214号墓出土文书，以及斯坦因所获吐鲁番文书进行比对，发现其中的22件文书残片记录的是天授二年西州都督府审理天山县主簿高元祯可能以职田名义侵占南平乡还公、逃死、户绝等田地案，并认为这些案卷是唐代前期均田制下官僚地主兼并土地的一个典型事例[2]。从上引文书来看，作为天山县的一个九品主簿，高元祯在南平乡占有大量的职田，天山县城距南平城约46公里，高元祯使用手段将自己的职田安插在距县城遥远的南平乡，极有可能是因该地耕地广布，且多是肥沃的良田。

相对而言，南平城距高昌城更近（约26公里），我们又在吐鲁番文书见到高昌县居民寄居南平的现象，《唐景龙三年（709）十二月至景龙四年（710）正月西州高昌县处分田亩案卷》记载：

104. 景龙三年十二月 日，宁昌乡人张智礼辞

105. 县司：智礼欠口分常田四亩，部田六亩，未□

106. 给授。然智礼寄住南城，请勘责 ______

107. 于天山县宽□请授。谨辞。[3]

第106列“南城”应为“南平城”，高昌县宁昌乡人张智礼长期寄住南平城，可能是因其在南平乡租佃有大量的耕地，需要长期经营。景龙三年（709）西州再次分配欠田，张智礼请求将口分常田[4]分在南平城，一则便于集中经营，再则这里的耕地资源更加丰富，且土壤肥沃，张智礼可能根本就不想再回到高昌县了。《唐天宝七载（748）杨雅俗与某寺互佃田地契》记载的也是高昌城人寄居南平城的情况：

1. ______ 渠口分常田一段肆亩 东 西 南 北

---

1 小田义久：《大谷文书集成》第三卷，法藏馆2002年版，第70页。

2 陈国灿：《对唐西州都督府勘检天山县主簿高元祯职田案的考察》，《陈国灿吐鲁番敦煌出土文献史事论集》，上海古籍出版社2012年版，第371—392页。

3 《吐鲁番出土文书》叁，图录本，文物出版社1996年版，第561页。

4 一般认为，常田是优质土地，见黄永年：《唐代籍帐中“常田”“部田”诸词试释》，《文史》第19辑，中华书局1983年版，第41页；刘进宝：《也谈吐鲁番文书中的“部田”》，《中华文史论丛》2010年第2期。

2. ＿＿＿＿平城南地一段叁□东 西南 北

3. □□七载十二月十三日杨（雅）俗寄住

4. 南平，要前件寺地营种，今将郡

5. 城樊渠口分地彼此逐□□种。缘

6. 田地税及有杂科税，仰□□□

7. 各自知当。如已后不愿佃地者，

8. 彼此收本地。契有两本，各执一

9. 本为记。[1]

契约将互佃之耕地具体地点和亩数写在开头，第1列“渠”字前面一字存下半部，似为一“大”字，从第5列记载的情况来看，应为“樊”字；第二列“平”字前应为一“南”字；天宝元年（742）西州改称交河郡，第4列末所谓郡城就是郡治高昌城。这样一来，该件互佃田地契就有意思了，高昌城人杨雅俗寄居南平城，将自己在郡城附近樊渠耕地一段4亩与某寺在南平城南部耕地一段3亩交换耕种，如此交换杨雅俗岂不吃亏？这笔交换之所以能进行，可能就是因南平城附近之耕地比高昌城更加肥沃，杨雅俗长期寄居南平城，将自己的田产在此集中营作，省去了往返的成本，如此3亩地之实际收益可能接近于在高昌城附近的4亩土地。总之，上引文书均说明，唐代南平城附近是一片肥沃之地，有大片的耕地，并吸引着周边地区人口在此聚居，成为天山县最富庶的农耕区之一。

优越的自然环境使南平、安昌在唐代成为一个重要的农垦基地，Ot.3354号《河西天山军兵员给粮文书》记载天宝时代交河郡有“安昌仓”[2]，其位置应当在安昌城附近的农垦区内。另外，《唐张惟迁等配役名籍》记有“安昌馆”[3]，该文书未记年，但同墓出土其他文书见“交河郡”，可知为天宝元年（742）以后的文书。唐代高昌城至天山城的驿道与高昌国时代有所不同，据《新唐书·地理志》记载是经南平、安

1 《吐鲁番出土文书》肆，图录本，文物出版社1996年版，第567页。

2 小田义久:《大谷文书集成》第二卷，法藏馆1989年版，第80页。

3 《吐鲁番出土文书》肆，图录本，文物出版社1996年版，第244页。

昌二城再折西至天山县，此时的安昌城处在交通驿道上，东距高昌故城约35公里，西距托克逊县约38公里，几乎位于两地之正中区域，设置驿馆也非常符合实际情况。另外，在《唐天宝十三—十四载（754—755）交河郡长行坊支贮马料文卷》中，我们经常能看到交河郡诸仓为附近驿馆提供马料的记载，为安昌馆提供马料的粮仓，当以安昌仓为主。

四、南平与安昌南部的屯戍遗址与天山屯位置考

吐鲁番盆地是唐代西域重要的屯田基地之一，《唐六典》记载，西州有“天山一屯”[1]，为天山军的屯田之所，Ot.3786号《西州屯营收谷计会》文书明确记载“天山屯营田五十顷”[2]，是具有一定规模的军州屯田。前引《河西天山军给粮文书》已证天山军有1400多人（包括天山军使、副使及主要僚属）集中在州（郡）城高昌城内，但天山屯可能并不在高昌城附近。

实际上，高昌城附近的人地关系是十分紧张的，吐鲁番出土大量给田、退田等文书记载高昌城居民分地到了十多公里外的柳中县高宁城附近，说明高昌城附近人多地少的现象十分严重（详见本章第四节），这里不太可能是天山军的屯田所在地。那么天山屯的具体位置在何处呢？Ot.3473号《西州天山县到来文书》记载：

> 营田使牒为天山屯车牛、农具，差人领屯官农具，限牒到日送事。营田使牒为十八年屯。[3]

该件文书钤有天山县之印，是一件天山县官府的事目历，因此其记载内容均与天山县有关，其中提到的天山屯，当在天山县境内。看来天山军名称的由来，与天山县、天山屯有很大的关系。天山屯50顷，为

1 《唐六典》卷七《尚书工部·屯田郎中》，中华书局1992年版，第223页。

2 小田义久：《大谷文书集成》第二卷，法藏馆1989年版，第154—155页。

3 小田义久：《大谷文书集成》第二卷，法藏馆1989年版，第106页。池田温：《中国古代籍帐研究》，龚泽铣译，中华书局2007年版，第215页。

西州最大的屯田基地，其具体地点，方英楷认为在今托克逊县城东北[1]，此说没有太多的根据。从现今吐鲁番唐代遗址分布来看，南平、安昌以南的托克逊河下游，较大可能是唐代天山屯所在地。

由于托克逊河中上游用水过度，今托克逊县夏乡以东至艾丁湖，东西约 40 公里的范围内，大多为盐碱地、荒滩，没有城镇和村落，但在古代时期并非如此。1930 年黄文弼从高昌故城南下至该区域搜寻古城遗迹，至托克逊河畔，“两岸泥淖，深没马蹄”[2]，可见当时尚有少量河水流经此地。黄文弼在此见到的第一座古城，名为“阿萨土拉”，并在古城南部见到了车行痕迹，认为在这片碱滩中可能有东西向的古道。该古城今为“阿萨墩戍堡”，位于托克逊县夏乡南湖村东约 5 公里处，平面大致呈方形，东西约 53 米，南北约 50 米，由外围墙、烽火台和房屋组成。烽火台位于西北角，土坯砌筑，坍塌严重。据称古城内曾发现一枚“开元通宝”，可知为唐代遗存[3]。此类戍堡或置于险要之地，或位于交通路线旁，从地形以及唐代西州周边的军防形势来看，此地实在称不得险要。从天山县向东至艾丁湖，甚至延伸至鲁克沁镇、迪坎儿乡，在唐代可能有道路通行，黄文弼的判断当是正确的。

黄文弼在这一带见到的第二座遗址，名为“卜柯洛克土拉”，从其绘制的“吐鲁番考察路线图”中遗址相对位置和描述来看，卜柯洛克土拉应当就是现今的考克烽火台。该烽火台位于托克逊县夏乡东偏南约 27 公里处，现今烽火台台体干裂成数块，平面呈矩形，底边东西约 20 米，南北约 15 米，残高约 5 米，台体中心为夯筑，四周存土坯围墙，烽火台附近有附属建筑，但形制难明，曾采集到夹砂粗灰陶片、红陶片和绿釉陶片，第三次文物普查时定为唐代[4]。值得注意的是，黄文弼考察之时，在烽火台附近见有古渠，东西环绕，古渠旁又有池塘，疑为古时蓄水之用；又在距烽火台 1.5 公里处，见到了田亩遗迹，疑

1　方英楷:《新疆屯垦史》，新疆青少年出版社 1989 年版，第 318—319 页。

2　黄文弼:《吐鲁番考古记》，中国科学院考古研究所，1954 年，第 10 页。

3　《不可移动的文物·吐鲁番地区卷 5》，新疆美术摄影出版社 2015 年版，第 51—54 页。

4　《不可移动的文物·吐鲁番地区卷 5》，新疆美术摄影出版社 2015 年版，第 37 页。

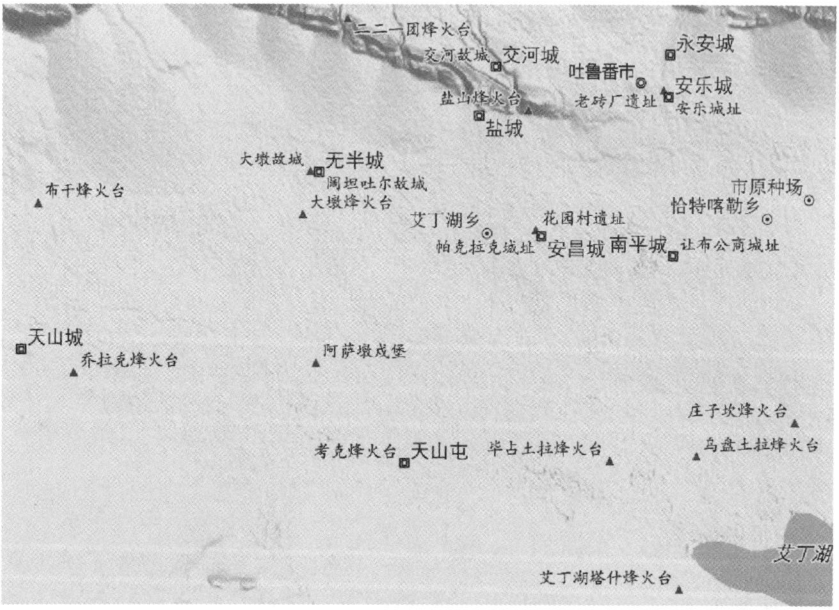

图 38　艾丁湖西部唐代军城分布图

为古时屯田之所。方英楷认为黄文弼发现的这处灌溉、田亩遗址是汉朝在车师的屯田之地[1]，但从考克烽火台遗址断代来看，此地当是唐代西州的屯田遗址，又附近见戍堡、烽火台，此屯田极有可能是军屯。前文已证天山军并非全部驻屯于高昌城，另有一部分从事屯田活动，其驻屯之天山屯，可能就位于托克逊河下游的考克烽火台附近（图 38）。

除此之外，黄文弼考察路线图中还标注有乌盘土拉、毕占土拉两处遗址。乌盘土拉即今乌盘土拉烽火台，位于让布公商古城南约 13 公里处的碱滩上，现已倒塌成一高约 2.5 米的土堆，形制不明。从残存遗迹看，烽火台外侧有泥土夯筑的护墙，内为土坯砌筑而成，第三次文物普查定为唐代遗址[2]。毕占土拉即今毕占土拉烽火台，由于破坏殆尽，第三次文物普查时尚未找到遗址所在地，从黄文弼绘制的地图来

1　方英楷：《新疆屯垦史》，新疆青少年出版社 1989 年版，第 71 页。

2　《不可移动的文物·吐鲁番地区卷 1》，新疆美术摄影出版社 2015 年版，第 212 页。

看，大致在乌盘土拉烽火台西约 5 公里处。1915 年 2 月，斯坦因从吐鲁番南下库鲁克塔格时曾途经毕占土拉，当时所见烽火台由夯土和土坯筑成，朽坏很严重[1]。乌盘土拉南约 9 公里有艾丁湖塔什烽火台，平面呈长方形，东西约 11 米，南北约 6.3 米，残高约 5 米，土坯砌筑而成；乌盘土拉烽火台东北约 7 公里处有庄子坎烽火台，平面近正方形，东西约 12 米，南北约 11.3 米，残高约 5 米。第三次文物普查时将两座烽火台定为唐代遗址[2]。由此可见，在唐代，从艾丁湖塔什烽火台沿艾湖南岸向东，似有烽燧警戒线延伸至柳中县；从庄子坎烽火台向东北，也可能有路至高昌、柳中等地。沿途的这些烽火台，应该都是天山屯驻军的镇戍范围。

第四节　高宁垦区

高宁垦区大致位于今吐峪沟乡，此地自然环境较好，屯垦由来已久，西汉吐鲁番屯田“莎车之地”即在此处，晋唐以来该地陆续置高宁城、酒泉城。西州时代吐鲁番盆地军防形势逐渐改变，高宁城、酒泉城军镇地位下降，但仍是重要的垦区。又该地东至柳中城一带耕地资源丰富，高昌县居民有东向徙耕的现象。

一、高宁城的位置

高宁一地在高昌郡、国时代就已出现，唐置西州后，以其地置乡，有酒泉里，属柳中县。吐鲁番出土的一批高昌县授田、退田簿记载高昌城东 20 里有高宁城，城东 30 里有高宁渠、高宁北部渠、高宁宋渠等地，据此我们可知高宁城大致在高昌城东部 20 至 30 里的范围内。

1　斯坦因:《亚洲腹地考古图记》，巫新华等译，广西师范大学出版社 2004 年版，第 1005 页。

2　新疆维吾尔自治区文物局:《新疆维吾尔自治区长城资源调查报告》，文物出版社 2014 年版，第 196、199 页。

对于高宁城的具体位置，学界有不同意见，冯承钧认为在今鄯善县西部20余里的罕都[1]，此地今属鄯善县连木沁镇，有汉墩夏大烽墩火台、汉墩阿克墩烽火台等遗址，但该地与高昌故城距离超过40公里，与出土文书所记之里程相去甚远。又有嶋崎昌、钱伯泉、荣新江、巫新华等认为在吐峪沟乡[2]，此说大致不错。

郁越祖进一步将高宁城精确在吐峪沟乡洋海村[3]，该地与高昌城里程约10公里，与文书所记较为吻合。洋海村附近有一处洋海墓地，2006年，吐鲁番文物局对一号台地四号墓地进行发掘，据出土的一件与墓主人直接相关的“冥讼文书”记载，墓主“赵货”为高昌郡高宁县都乡安邑里籍，又一纸鞋中拆出《前秦建元二十年（384）三月高昌郡高宁县都乡安邑里籍》[4]，这些文书的发现说明高昌郡时代的高宁一地，在洋海墓地附近。2001年，鄯善县公安部门追缴到一双纸鞋，据说其原出地在洋海夏村，极有可能就是洋海墓地，陈国灿对该纸鞋进行拆解，整理为23件唐代文书，其中有一件定名为《唐仪凤三年（678）十月三十日西州柳中县高宁乡人左盈云租田契》，又在其他文书中多见“酒泉城”之名，可知该批文书为唐代高宁乡（城）、酒泉城社会经济文书[5]，这亦证明唐代高宁城在洋海墓地、洋海村附近。

现今在洋海墓地附近发现的唐代古城有两处，一处位于洋海墓地南部，第三次文物普时定名为“酒泉古城”(详见下文)。另一处位于

---

1 冯承钧:《高昌城镇与唐代蒲昌》，载《冯承钧学术论文集》，上海古籍出版社2015年版，第301—312页。

2 嶋崎昌:《高昌国の城邑について》，《隋唐时代の东トルキスタン研究——高昌国史研究を中心として》，东京大学出版会1983年重印本，第120页；钱伯泉:《高昌国郡县城镇的建置及其地望考实》，《新疆大学学报》1988年第2期；荣新江:《吐鲁番的历史与文化》，《吐鲁番》，三秦出版社1987年版，第40页；巫新华:《吐鲁番唐代交通路线的考察与研究》，青岛出版社1999年版，第67页。

3 郁越祖:《高昌王国政区建置考》，《历史地理研究》第2辑，复旦大学出版社1990年版，第168页。

4 荣新江、李肖、孟宪实主编:《新获吐鲁番出土文献》，中华书局2008年版，第169—180页。

5 陈国灿:《鄯善县新发现的一批唐代文书》，载《吐鲁番学新论》，新疆人民出版社2006年版，第36—52页；又载《论吐鲁番学》，上海古籍出版社2010年版，第200—217页。又见荣新江、李肖、孟宪实主编:《新获吐鲁番出土文献》，中华书局2008年版，第362—374页。

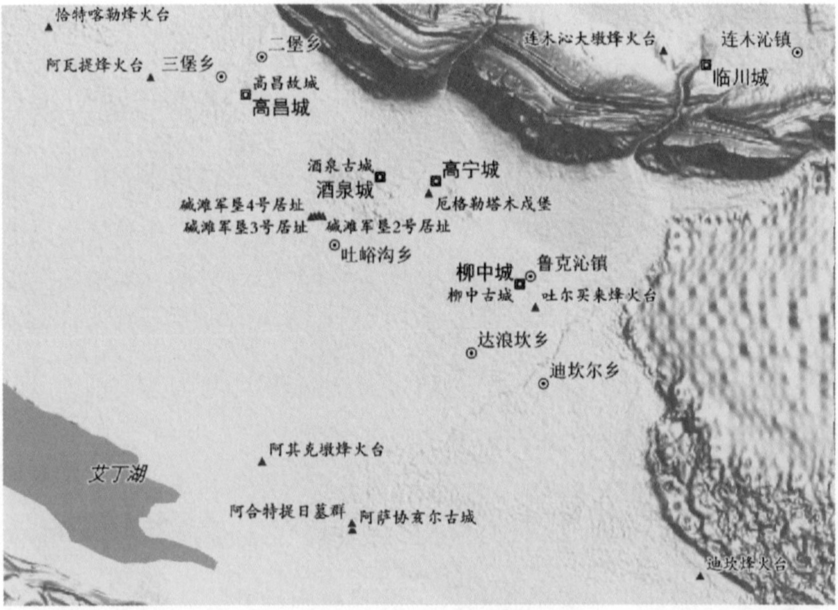

图 39　艾丁湖东北部唐代军城分布图

洋海墓地东南部、洋海村东面，名为“厄格勒塔木戍堡”，该古城平面呈方形，东西约 21 米，南北约 19.5 米，墙体为夯筑，现存东墙厚 1.5 米、残高约 4 米；南墙厚约 1.6 米，高约 3.8 米；西墙倒塌严重；北墙原来厚约 2 米，残高约 4 米。遗址现今损毁严重，墙体内外均不见房屋遗迹，零星可见轮制泥质陶片，第三次文物普查时定唐代遗址[1]。厄格勒塔木戍堡当是唐代柳中城至高昌城交通大道上的交通或军事遗址，或为一处驿站，吐鲁番出土文书记载高宁城南有驿田[2]，则高宁城可能就在厄格勒塔格戍堡附近。

吐鲁番酒泉之地，郑炳林、王素认为是沮渠无讳西迁高昌后建立的一个县[3]，该县建制直至麹氏高昌国灭亡。唐置西州以后，吐鲁番出

1　新疆维吾尔自治区文物局:《新疆维吾尔自治区长城资源调查报告》，文物出版社 2014 年版，第 191 页。

2　《吐鲁番出土文书》肆，图录本，文物出版社 1996 年版，第 194 页。

3　郑炳林:《高昌王国行政地理区划初探》，《西北史地》1985 年第 2 期；王素:《高昌史稿·统治编》，文物出版社 1998 年版，第 261 页。

土文书多称“酒泉城”，有城主，徐畅认为是乡一级的行政单位，但Ot.4162号文书又有“酒泉里”的记载[1]，可见唐代酒泉一地可能连乡一级的行政单位都算不上。

酒泉城的行政区划归属，以前一度认为是唐代高昌县下辖的一座城，如《吐鲁番出土文书》（肆）对一件出土文书《唐西州高昌县授田簿》作题解时，认为“本件记城东酒泉、高宁，城北新兴等地名，及城西胡麻井、神石，城南白地等渠名，皆属高昌县。故此件应是高昌县授田簿”[2]。据文书内容，将该文书定名为高昌县授田簿没有问题，但将酒泉、高宁归属高昌县却是不符合事实的。高宁乡已可确定为柳中县辖乡，而酒泉城的位置，唐西州高昌县诸授田、退田簿中多记“城东廿里酒泉璅渠”“城南廿里酒泉璅渠”“城东卅里酒泉莎城部”“城东廿里酒泉莎城部”“城东廿里酒泉辛渠”“城东卅里酒泉辛渠”“城东卅里酒泉渠”，可见酒泉城在高昌城东20里至30里的范围之内，与高宁乡靠得很近。因此，酒泉城（里）不太可能是10多公里以外高昌县某乡下辖的里，很可能隶属于附近的高宁乡[3]。

关于酒泉城之地点，一般认为就在今洋海村[4]，如巫新华认为“酒泉当在高昌城东南20里至30里的范围内。今洋海阿斯喀勒村西北距高昌城14公里，地理方位，及里程大致相当”[5]。其说大致不误。陈国灿进一步指出今洋海下村旁的一处古城遗址（今名“酒泉古城”），就

1 小田义久：《大谷文书集成》第二卷，法藏馆1989年版，第210页。

2 《吐鲁番出土文书》肆，图录本，文物出版社1996年版，第128页。刘子凡：《高昌国郡县与西州县乡名称对应表》中亦将酒泉城置于高昌县下，见氏著《瀚海天山：唐代伊、西、庭三州军镇体制研究》，中西书局2016年版，第62页。

3 张永兵：《吐鲁番酒泉城的历史及今地考》，《吐鲁番学研究》2017年第2期。另，张广达：《西州乡里表》（《唐灭高昌国后的西域形势》，《新疆历史论文选编·隋唐卷》，新疆人民出版社2008年版，第194—195页），刘子凡：《西州县、乡里结构表》（《瀚海天山：唐代伊、西、庭三州军镇体制研究》，中西书局2016年版，第59页）均漏载酒泉里，据此补之于柳中县高宁乡下。

4 荒川正晴：《麴氏高昌国における郡县制の性格をめぐつて——主としてトウルフアン出土资料による》，《史学杂志》1986年第95编第3号，第40页；荣新江：《吐鲁番的历史与文化》，《吐鲁番》，三秦出版社1987年版，第40页；钱伯泉：《高昌国郡县城镇的建置及其地望考实》，《新疆大学学报》1988年第2期。

5 巫新华：《吐鲁番唐代交通路线的考察与研究》，青岛出版社1999年版，第68页。

是唐代酒泉城所在地[1]。古城东南距柳中古城约11公里，西北距高昌故城约10公里，近年来吐鲁番文物局对古城进行了初步发掘，遗址东西长约210米，南北宽约130米，残存墙体为夯筑，“通过对夯层、夯窝的测量，对比与我们现存所发现唐代古城墙建筑形制完全一致，另外城址发现的大量陶器残片均为夹粗砂灰陶，轮制属典型的吐鲁番境内唐代遗物”[2]。该遗址所在之位置与吐鲁番出土文书较为符合，将其作为酒泉城所在地，比较可信。

二、“莎车之地”——高宁屯垦溯源

高宁、酒泉城北部的吐峪沟为该地提供了充足的水源，吐鲁番出土文书所见高宁、酒泉城附近部分水渠即引吐峪沟之水，供洋海村附近之农田所用。该地屯垦及屯城的初兴时期，可以上溯至汉代。《汉书·西域传》记载，汉宣帝时期郑吉为西域都护，“于是徙屯田，田于北胥鞬，披莎车之地，屯田校尉始属都护”[3]，此处之“北胥鞬”“莎车”二地的具体地点，有比较大的争论。“北胥鞬”较大可能位于今鄯善县，即唐之蒲昌城，详见本书第二章第一节。对于“莎车”，一般认为不是塔里木盆地的莎车国，而在吐鲁番盆地的车师国境内，如徐松《汉书西域传补注》认为“莎车”为“车师”之误[4]；余太山也认为此莎车在车师，又认为“胥鞬”(sia-kian）与“莎车”为同名异译，皆得为Sakā或Sacarauli之对译，车师国有“莎车之地”并非完全没有可能[5]；殷晴认为此“莎车”即吐鲁番胜金口出土文书《北凉承平年间(443—460）高昌郡高昌县赀簿》中记载的“沙车”，朱雷认为该文书

1 陈国灿:《论吐鲁番学》，上海古籍出版社2010年版，第217页。

2 张永兵:《吐鲁番酒泉城的历史及今地考》,《吐鲁番学研究》2017年第2期。

3 《汉书》卷九十六《西域传》，中华书局1962年版，第3874页。

4 徐松:《西域水道记》，中华书局2005年版，第400页。

5 余太山:《〈汉书·西域传〉所见塞种——兼说有关车师的若干问题》，载《塞种史研究》，商务印书馆2012年版，第276页。

中所谓“田地沙车田”是田地县（柳中）沙碛（大沙海）边缘地带开发的农田，又新获吐鲁番出土文献《前秦建元二十年（384）三月高昌郡高宁县都乡安邑里籍》中有“沙车城下田”的记载，荣新江认为此“沙车城”为田地县（柳中）沙碛旁的一个城镇[1]。

从汉代吐鲁番新兴的一些屯城（如高昌、柳中）来看，该地的屯垦有从交河城沿火焰山南麓向东发展的趋势，将“北胥鞬”“莎车”定位于交河城以东的地区，是比较符合实际情况的。因此上述殷晴等人的观点有可取之处，但将沙车城与沙碛联系起来，并将其定位于库姆塔格沙漠旁的鲁克沁，即古之田地县（柳中）附近，并无充足的依据，沙车城较大可能在高宁县境。

前引《前秦建元二十年（384）三月高昌郡高宁县都乡安邑里籍》记高宁县人崔奣“得李亏田地桑三亩”[2]，对于此段桑田前为何要单独加“田地”二字，荣新江认为“本户籍是高昌郡的户籍，所以提到田地郡下辖的地方，即以地名加以区别”[3]。这里应当指出的是，前秦时期吐鲁番盆地可能只有高昌郡而无田地郡，文书中出现的“田地”一名，恐怕是指“高昌郡田地县”而非“田地郡田地县”。又该文书记载高宁县人张晏有地一段在“沙车城下道北田二亩”，同县另一人（缺名）有地一段在“沙车城下田十亩入赵□”[4]，若沙车城在田地县，那么此处沙车城为何又没有“田地”二字加以区分呢？只能有一种可能，即此时的沙车城地处高宁县境。

又上引《北凉承平年间（443—460）高昌郡高昌县赀簿》中屡见“田地沙车田”之记载，则北凉时期之沙车一地，似又在田地县境。我

1 殷晴：《汉唐时期西域屯垦与吐鲁番盆地的开发》，《探索与求真——西域史地论集》，新疆人民出版社2011年版，第249页；朱雷：《吐鲁番出土北凉赀簿考释》，原载《武汉大学学报》1980年第4期，又载《朱雷敦煌吐鲁番文书论丛》，上海古籍出版社2012年版，第12页；荣新江：《吐鲁番新出〈前秦建元二十年籍〉研究》，《中华文史论丛》2007年第4期。《北凉承平年间（443—460）高昌郡高昌县赀簿》藏于中国科学院图书馆，录文见朱雷文附录。

2 荣新江、李肖、孟宪实主编：《新获吐鲁番出土文献》，中华书局2008年版，第177页。

3 荣新江：《吐鲁番新出〈前秦建元二十年籍〉研究》，《中华文史论丛》2007年第4期。

4 荣新江、李肖、孟宪实主编：《新获吐鲁番出土文献》，中华书局2008年版，第179页。

们认为，沙车一地较大可能在田地城以西、高宁城以东之两县交界地带，如此才会出现不同时期沙车城分属于不同县的情况。

总之，西汉时期车师国之莎车屯田，确可作为高昌郡、国时期的高宁县，以及唐代之高宁乡境的最早屯田和屯城。西汉以后，屯戍重心逐渐向沙车城东、西两个方向转移，西汉末年出现的高昌壁，东汉时期又出现的柳中，都是新兴的屯城。而沙车一带的屯垦，也在不断发展，至4世纪郡县制在吐鲁番地区初兴，此地为高昌郡属之高宁县[1]。至5世纪中期以后郡县制在吐鲁番地区进一步推广，该地又置酒泉县，此时的高宁、酒泉属于东部之田地郡，这一政区地理格局一直延续至麹氏高昌国时期。唐置西州以后，高宁降为柳中县之一乡，酒泉降为高宁乡之一里，《唐西州高昌县授田簿》记“城东廿里酒泉莎城部”“城东卅里酒泉莎城部”[2]，颇疑此“莎城”与西汉之“莎车”、高昌郡时期之“沙车”、“沙车城”为同一地。

三、高昌向高宁、柳中等地的徙耕现象

均田制下土地零碎化、分散化十分严重，我们在吐鲁番出土的一些手实、户籍、给田、退田等文书中发现，有不少高昌县人的土地分散在柳中、交河、天山、蒲昌县境内。但在我们统计的90户（寺）中，有8户9段土地在交河县；2户1段在蒲昌县横截城；1户1段在天山县；1户1段在天山县安昌城；1寺4段在天山县南平城；77户115段土地在柳中县，可见高昌县居民分布在其他县的土地，主要是在柳中县。

这些土地中，有56段是较为优质的常田、部田，5段为潢田，5段为薄田，5段为桃、枣等果园，有27段不能确定优劣。总体而言，

1 《初学记》注引《舆地志》云：“晋咸和二年，置高昌郡，立田地县。”（《初学记》卷八《陇右道》，中华书局1962年版，第181页）此处虽未记置高宁县，但其设置的年代当不晚于前秦建元二十年（384）。

2 《吐鲁番出土文书》叁，图录本，文物出版社1996年版，第138页。

柳中县的土地还是以良田占多数。文书记载这些田地具体方位时，一般记城东20里、25里、30里、40里、60里，此城是指高昌城，高昌城东20里、25里、30里大概在今吐峪沟乡，即唐代之柳中县酒泉城（里）、高宁乡（城）所在地，统计高昌县居民有50段土地在此地；城东40里即今鲁克沁镇，亦即唐代柳中县城所在地，统计高昌县居民有33段土地在此地；城东60里已近库姆塔格沙漠边缘，此所谓城东60里的田地，或在鲁克沁镇南部的迪坎尔乡，但这一带的土地毕竟是少数。

总之，高昌县居民之土地确有向高宁、柳中转移的迹象，这或许就是高昌城附近土地问题及柳中县可垦资源丰富的具体表现。吐鲁番出土《唐开元四年（716）西州柳中县高宁乡籍》(b) 记载柳中县高宁乡某户耕地四至情况，其中有:

12　壹段伍拾步永业菜　城北壹里　东还公　西左善恭　南高昌人　北道

15　壹段肆拾步永业菜　城北壹里　东高昌人　西道　南郎中寺　北左恭

18　壹段壹亩肆拾步永业常田　城西伯步　东还公　西高昌人　南渠　北高昌人

19　壹段伍拾步永业菜　城北壹里　东废寺　西还公　南高昌人　北道

25　壹段壹亩永业常田　城西壹里　东高昌人　西张致德　南李智通　北左峻行

29　壹段壹亩半永业常田　城西壹里　东自至　西高昌人　南自至　北道[1]

文书太长，此处暂录相关部分。文书末骑缝有“柳中县高宁乡”印章，可知该文书为高宁户籍，其中各户的土地以“常田”居多，为优质土地。文书中多见高宁乡人的土地与高昌人相邻，可见高昌县农民之土地的确与高宁、酒泉农民之土地出现交叉现象，这与前述高昌县户籍、给田、退田文书记载相符，亦证高昌县民众东向徙耕的事实。

另外，前引《唐景龙三年（709）十二月至景龙四年（710）正月

1　池田温:《中国古代籍帐研究》，龚泽铣译，中华书局2007年版，第103页。

西州高昌县处分田亩案卷》及《唐天宝七载（748）杨雅俗与某寺互佃田地契》记载高昌县人可能因土地主要集中在南平城，且长其寄住于此，并进一步提请将未给土地分配在南平城附近，或通过互佃的形式将土地集中于南平城（详见本章第三节）。高昌县人既然有大量土地在高宁、柳中，其居民也有向高宁、柳中转移的情况，《唐神龙元年（705）高昌县白神感等辞为放免户备马事》[1]就记载神龙元年（705）高昌县人白神感寄住高宁城。白神感寄住高宁城可能就是因为他的口分、永业田主要集中在高宁城附近。文书记载白神感为高昌县户备之马为高宁城有司征调并遣送州处分，可见这种寄居他乡的情况在当时户口管理体制下也会造成不小的麻烦。

1　陈国灿:《斯坦因所获吐鲁番文书研究》，武汉大学出版社 1995 年版，第 266 页。

第四章　西州西部的军城与军防意图

唐代西州西部的军城分布，有西向拓展的趋势。西州交河城置岸头府，其北部、西北部天山谷道有柳谷镇和白水镇。从高昌国到西州，西州西南部军政中心由南平城西移至天山城。唐代天山城是进一步西入焉耆、塔里木盆地前沿阵地；天山城西部的阿拉沟口又有鹳鹆镇，控制西入天山腹地的通道。这些军镇的设置，体现出唐朝西向进取的姿态，贞观后期唐太宗对处月、焉耆、龟兹的几次战争，集中体现唐朝积极经营天山廊道的意图。

第一节　高昌西部重镇：交河城

今吐鲁番市高昌区三堡乡高昌故城为唐西州治所高昌县所在地，而雅尔乡的交河故城为交河县所在地，这基本得到了学界公认。《元和郡县图志》《太平寰宇记》均记载交河县东南至州 80 里[1]，高昌故城位于交河故城东部偏南，两城之间的直线距离约 39.5 公里，可见史料记载的里程是十分精准的。交河故城位于吐鲁番市区西约 10 公里的雅尔乃孜沟河床之间的台地上（图 40），呈柳叶形，采用“减地留墙法”建造，以天然崖壁为城墙，南北狭长约 1700 米，东西最宽约 300 米，面积约 50 万平方米。现今所见遗址功能分区明显，南北向的中心大道将古城分为东、西两地，大体南北、东西向垂直交叉的街道把城市密集的建筑群划分为寺院、官署、居民、墓葬等区，以街巷为骨架的交通网

1 《元和郡县图志》卷四十《陇右道下》，中华书局 1983 年版，第 1032 页；《太平寰宇记》卷一百五十六《陇右道七》，中华书局 2007 年版，第 2995 页。

络、城门及其他建筑，突出反映交河城的防御性质[1]。

一、交河城地形的优势和劣势

“交河”地名之由来，钱伯泉先认为是早期车师语词汇的汉字音译[2]，此说在理，因为汉朝初通西域之时，对西域诸国地名的记述多由当地语言音译而来，只有由中央政权在西域新筑屯城，才会使用具有汉风意味的地名，如后来的高昌、柳中，就是汉人聚居、屯戍之地。《汉书》及以后的史料均认为“交河”是“水分流绕城下，因以为名”，这种说法有一定的巧合性，且不是很准确，现今交河故城东侧和西侧的两河自西北向东南流，在交河故城东南部汇合，因此并非“水分流于城下”而应该是“水合于城下”。

交河故城东侧和西侧的两条河谷今名雅尔乃孜沟，现今水量较小，但在汉唐时期并非如此。《元和郡县图志》记载“交河，出县北天山”，上游的塔尔郎河可能直接以地表径流的方式流入雅尔乃孜沟，水量自然也比现在大。车师国或更早时期在此筑城，将台地的北部截断，东、西两河在北部连通，使故城成为一个孤岛，四周的崖壁就是城墙，而河谷则起到了护城河的作用。这种都城选址考虑更多的是军事和防御，当人口能够控制在一定范围内，交河城所在之台地的确是建城的绝佳之地。

建都于交河城的车师国是一个以游牧业为主的政权。交河故城沟北一号车师墓地出土的大量狩猎用具、马具等遗物，说明车师人非农业的属性很强，大量的殉马现象，“特别是为大墓中的主墓室大量殉马，绝非是狩猎经济所能解决的问题，它是一种畜牧经济非常发达的反映和表现”[3]。实际上，从汉宣帝时期车师国分裂为前、后部及山北六

1 《不可移动的文物·吐鲁番地区卷1》，新疆美术摄影出版社2015年版，第58页。

2 钱伯泉：《车师语言与车师种族初探》，《新疆大学学报》1997年第3期。

3 羊毅勇：《交河故城沟北一号台地墓葬所反映的车师文化》，《西域研究》1992年第2期。

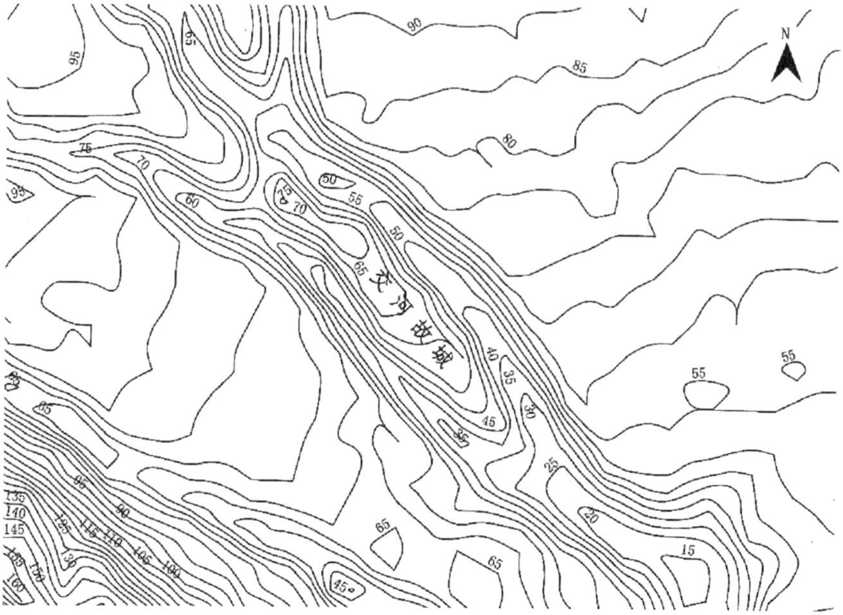

图 40　交河故城地形

国来看，早期的车师国范围包括今东部天山南北大片山地、平原草原，游牧政权在都城选址上并不考虑都城附近的农业因素，但中央政权进入吐鲁番盆地以后，却十分注重屯城的农业发展前景。雅尔乃孜沟因长期的河水下切作用，沟谷越来越深，两侧台地取水变得十分困难[1]，这不利于农业的发展。

自汉代以来，吐鲁番盆地东部火焰山南部高昌、柳中等地因自然环境更为优越，逐渐发展成为该地区的经济、政治中心，而交河城附近地区由于水资源利用相对困难，主要从事畜牧业的车师人尚可依托交河险要的地势作为国都，但农耕政权在此确立统治以后，该地的自然环境决定了它不可能再作为一个政权的政治中心。一则由于其处在一个封闭的台地上，限制了城市的扩大和发展；二则因其附近的灌溉农业发展很困难，城镇依托的农业经济发展受到很大的局限。该地在

1　刘学堂：《论交河城的兴起、构筑特色、发展和废弃》，《边疆考古研究》2004 年第 2 期。

高昌国时代仍作为一个郡城，原因在于这里是高昌西部交通线上的重要据点，且易守难攻，《周书》记载，高昌国“官有令尹一人，比中夏相国；次有公二人，皆其王子也，一为交河公，一为田地公”[1]，交河和田地（柳中）是高昌国西部和东部的两个重要屏障，具有突出的军事地位。而在唐代，交河城在西州西部的交通和军事地位同样重要。

二、交河城的交通区位

交河城东接高昌、南接天山、西至白水镇、北通柳谷，是西州西部的一个交通枢纽。吐鲁番出土文书见高昌城东部、南部、西部、北部均有驿馆或城镇分布，与交河城构成西州西部完善的交通体系。

（一）交河馆与交河东部交通

交河城东部当有道路经永安、安乐等地至高昌城。阿斯塔那506号墓出土天宝时代交河郡马料文卷中多次出现“交河馆”[2]，其位置当距交河城不远。另有《武周某馆驿给乘长行马驴及粟草帐》记载：

1. 右肆[月][　　　　　]
2. 判官等乘往柳谷[回]
3. 粟壹蚪捌胜[同达]　　草壹拾贰束[同达]
4. 右同日给高昌县长行驴壹拾贰头，秦惠等乘往柳谷回，壹日料。
5. 粟贰蚪叁胜[同达]　　草拾束[同达]
6. 右同日给高昌县长行马肆疋、驴两头，使人王波护等乘往天
7. 山壹日料。
8. 粟伍蚪陸胜伍合[同达]　　草贰拾柒束[同达]
9. 右同日给高昌县长行马捌疋、驴壹拾壹头，使人骨利干乘往
10. 胡城回，壹日料。
11. 粟捌胜[同达]　　草肆束[同达]

---

1 《周书》卷五十《高昌传》，中华书局1971年版，第914页。

2 《吐鲁番出土文书》肆，图录本，文物出版社1996年版，第537、544、545页。

12. 右同□给高昌县长行马壹疋、驴两头，使人刘嘉福乘往柳谷

13. 回，□日料。

14. 粟□□□[勝]五合[同达]　　草伍束[同达]

15. □伍月贰日给柳谷长行马两疋、驴壹头，使人宋怀乘往州，壹[日][料]

（后缺）[1]

该文书是西州某驿馆的马、驴料帐，不记馆名，但详细记录了每一批马或驴从何地来，往何地去，从中可推断该馆就是交河馆。第 4 列记载高昌县长行驴经此馆前往柳谷（龙泉馆北部），说明该馆位于高昌城至柳谷的交通道路上；第 6 列记载高昌县长行马经此馆前往天山县（无半城西南部），说明该馆位于高昌城至天山城的交通道路之；第 9 列记载高昌县长行马驴经此馆前往胡城，说明该馆位于高昌城至胡城的交通道路上。现今诸文献中发现的高昌、柳谷、天山三地之间的驿馆有龙泉馆、酸枣馆、交河馆（图 41），上引文书当是其中一馆的马驴料帐。其中酸枣馆在交河城西部（见后文），龙泉馆在交河城北部，高昌城至柳谷之间的驿道有可能经此二馆，但高昌城至天山城的驿道当不可能从这两驿馆经过。如此，在尚未发现其他驿馆的情况下，上引《武周某馆驿给乘长行马驴及粟草帐》记载的只可能是交河馆的马料帐。

交河馆的位置当在交河城东部，因为高昌城经交河县至天山城的驿道并不经过交河城[2]，而在安乐城附近便折西南至无半城。如此我们可知，交河馆是交河城东至高昌城交通驿道上的驿馆，而高昌城至天山城之驿道，也并不只是《新唐书·地理志》记载经南平、安昌城的道路，高昌国时期经安乐、无半城的驿道在唐代仍然通行。

（二）无半城与交河南部交通

交河城南部之交通，亦即上述交河馆至天山城的驿道。但如果从交河城出发，则当沿雅尔乃孜沟南下，与安乐城至无半城的交通驿道

1 《吐鲁番出土文书》叁，图录本，文物出版社 1996 年版，第 531 页。

2 交河城南靠盐山，其通无半城、天山城的道路需先向东南经雅尔乃孜沟至盐山烽火台附近，再折西南行。如此，高昌城至天山城的驿道不可能经交河城绕行。

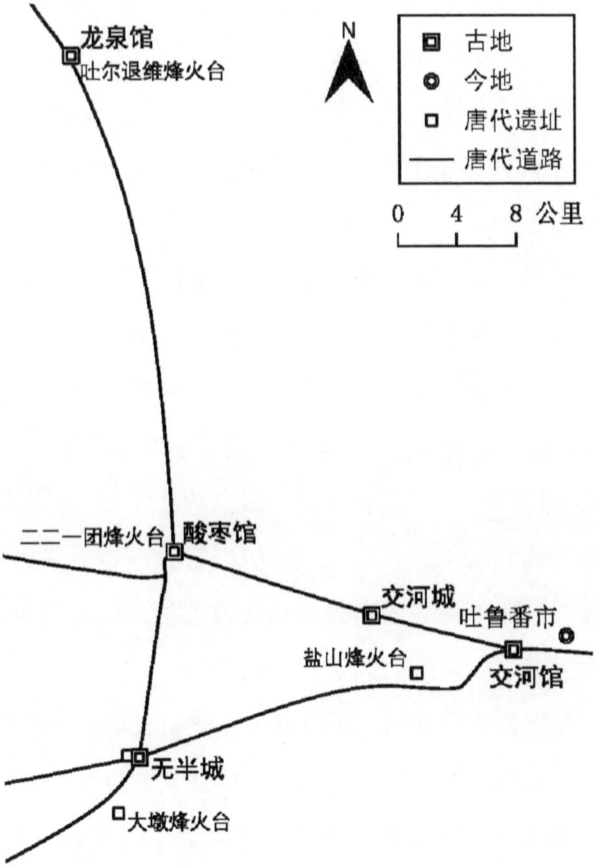

图 41 交河城附近交通形势图

相接。无半城出现在高昌国时期，贞观二年（628）玄奘自高昌城西行时，“度无半城、笃进城后，入阿耆尼国”[1]，“笃进”即托克逊，已为学界公认，如此，无半城当在托克逊以东。

岑仲勉、嶋崎昌考证古音之演变，认为清代以来之“布干”一地，当为高昌国时代之“无半”所在[2]。《西域图志》记载：

1 慧立、彦悰：《大慈恩寺三藏法师传》，孙毓棠、谢方点校，中华书局 2000 年版，第 23 页。

2 岑仲勉：《吐鲁番一带汉回地名对证》，《中外史地考证》，中华书局 1962 年版，第 724 页；嶋崎昌：《高昌国の城邑について》，《隋唐时代の东トウルスタン研究——高昌国史研究を中心として》，东京大学出版会 1983 年重印本，第 64—72 页。

布干，在安济彦西南三十里，东距辟展城三百八十三里。有城周二里许。山北有泉名哈毕尔噶，南流成大泽，在碛中。[1]

此地在清代有水、有城，是一个可以屯戍的地方，《新疆图志》记载此地附近置布干台驿，“（吐鲁番）城西南三十里雅木什，三十里布干台驿，六十里托克逊驿”[2]。该驿站现今尚存遗址，位于托克逊县郭勒布依乡喀拉布拉克村西北约 2 千米，南北长约 84 米，东西宽约 70 米，内有多间房址，遭严重破坏[3]。

距布干驿站遗址东约 5.6 公里处，有一大墩烽火台，该烽火台现存遗址下部为夯筑，上部用土坯垒砌，台基呈四棱台形，平面呈矩形，底边东西约 44.5 米，南北约 38 米，残高约 2.5 米，附近有类似羊马城建筑，据建筑方式和出土遗物，当为唐代遗址[4]。

大墩烽火台北部约 5 公里处有一古城遗址，名为阔坦吐尔古城，亦即黄文弼所谓“大墩子北古城”[5]，该古城略呈方形，边长约 180 米，坐西向东，东墙偏北部开门。现存遗址主要由城墙、中心建筑和房址三部分组成，城墙采用红土泥垛堆积而成，其中西墙和北墙可能修补过，或存马面建筑；中心建筑性质尚不明确，近方形，立面呈梯形，结构为 4 个东西向的券顶建筑组成，门开在东侧；房址多依四周城墙而建，在中心建筑与北墙中间地带较为集中，房间中残留有圆形坑，

1 傅恒等:《西域图志》卷十四《疆域七》，钟兴麒等校注，新疆人民出版社 2002 年版，第 236 页。

2 王树枏等纂修:《新疆图志》卷八十《道路二》，朱玉麒等整理，上海古籍出版社 2015 年版，第 1522 页。

3《不可移动的文物·吐鲁番地区卷 5》，新疆美术摄影出版社 2015 年版，第 55—56 页。

4《不可移动的文物·吐鲁番地区卷 5》，新疆美术摄影出版社 2015 年版，第 43 页。

5 早年黄文弼在托克逊考察时，其说在托克逊之东 10 公里处发现一处遗址，“维民呼为窝额梯木，汉人名为大墩子，审其陶片及形式或为唐代建筑。在北 5 公里有城址一间，有城基甚古，但其倾圮之墙壁甚新，盖为后人就原址重建新城也。其南车辙道深丈余，皆为数百年前往来人所遗留。盖此处适应东西交通之衢，由高昌至焉耆或龟兹者所必经之途径。且南北均为天山，与《元和郡县志》所述之地位与距离亦相合。我认为天山城当在此”。（黄文弼:《高昌疆域郡城考》，载《黄文弼历史考古论集》，文物出版社 1989 年版，第 168 页）黄文弼提到的“窝额梯木”“大墩子”，应该就是今大墩烽火台，位于今吐鲁番至托克逊县道旁，距离今托克逊县直线距离约 22 公里，黄文弼记 10 公里恐有误，其将唐代之天山县城定位于此烽火台北 5 公里的遗址，也是值得商榷的。

可能作为储物之用。此外，城墙外还有护城河遗迹[1]。该古城亦为唐代遗址。

阔坦吐尔古城西部约 250 米还有一个大墩故城，平面呈长方形，略小于阔坦吐尔古城，南北约 126 米，东西约 90 米，古城内见房址，亦多呈方形，房址内见大小圆坑[2]。古城年代暂定为唐代，性质及年代上限、下限有待于进一步确定。

总体来看，阔坦吐尔古城东北距交河故城约 14 公里，东北距安乐古城约 22 公里，西南距托克逊县城约 25 公里，巫新华认为是吐鲁番出土文书中出现的盐城（明代之盐泽城）[3]，然实际里程与文献记载误差较大，不取。"阔坦吐尔"又名"布干吐拉"，与布干驿站遗址相距不远，当为《西域图志》所记之布干城，亦即高昌国、唐代的无半城所在地[4]。

该地现今荒凉无比，但在古代并非如此，诚如《西域图志》记载，有泉水南流至此，可供城镇使用。古代白杨河经小草湖、大草湖向东南，似可流经阔坦图尔古城、大墩故城、大墩烽火台附近；而自北而来的大河沿河，在交河城西部穿过盐山以后，也可流经阔坦吐尔古城。我们知道，唐代之他地道南坡段基本是沿着大河沿河向南延伸，北庭都护府成立以后，北庭至安西的军政事务往来日益频繁[5]，北庭南下西州交河县境，再向天山县出银山道，必定经过阔坦图尔古城附近。

---

1 《不可移动的文物·吐鲁番地区卷 1》，新疆美术摄影出版社 2015 年版，第 206—207 页。

2 《不可移动的文物·吐鲁番地区卷 1》，新疆美术摄影出版社 2015 年版，第 216 页。

3 巫新华：《吐鲁番唐代交通路线的考察与研究》，青岛出版社 1999 年版，第 59 页。陈诚《西域番国志》（中华书局 2000 年版，第 109 页）记盐泽城"去土尔番城三十里"，明代土尔番城为今安乐古城，安乐古城与阔坦吐尔古城直线距离约 24 公里，与明代 30 里差距甚大，此说存疑。又《西域同文志》云："雅木什，相传其地多盐池，旧有汉人居之，因习学汉语，后遂讹为雅木什云。"（刘义堂：《钦定西域同文志校注》，台湾商务印书馆 1984 年版，第 68 页）雅木什即今也木什，自唐以来，此地随着人种、语言的变迁，其地名经历盐城——盐池——雅木什——也木什的变化。

4 吐鲁番出土西州时代的文书中未发现该地名，其是否仍称无半城，抑或改为其他名称，有待进一步的考古资料佐证。

5 王玉平：《天宝十三载封常清在交河郡的行程》，《中国历史地理论丛》2021 年第 1 期。

如此，阔坦图尔古城所在地当为唐代西州南北交通路线上的一个重要屯戍、补给地点，可能也设置有驿馆。《唐天宝十四载（755）交河郡长行坊申十三载郡坊帖马侵食交河等馆九至十二月马料帐》记载：

（前略）

4. 合郡坊帖马从九月廿一日已后至十二月卅日以前侵食

5. 交河等馆马料斛㪷总壹阡陆拾捌硕叁㪷陆勝

6. 叁伯肆拾硕先支给讫

7. 壹伯硕交河馆（内贰拾硕十月给 参拾硕十一月给伍拾硕十二月给）

8. 壹伯硕柳谷馆（内贰拾硕十月给 叁拾硕十一月给伍拾硕十二月给）

9. 捌拾硕石舍馆（内叁拾硕十一月给 伍拾硕十二月[给]）

10. 叁拾硕天山[仓][十]□

11. 叁拾硕礌□[馆]十一月

12. 柒伯贰拾捌硕叁㪷陆勝未给

13. 贰伯玖硕贰㪷闰十一月支在蒲昌县仓

14. 捌拾肆硕玖㪷叁勝　蒲昌馆

15. 伍拾硕伍㪷陵勝　柳中馆

16. 贰拾陆硕叁㪷壹勝　达匪馆

17. 肆拾柒硕肆㪷　草堆馆

18. 贰伯贰拾硕闰十一月支在天山县仓

19. 壹伯肆拾叁硕玖㪷叁勝天山仓

20. 叁拾硕礌石馆

21. 壹拾肆硕叁㪷捌勝□

22. 叁拾壹硕陆㪷玖勝□

23. 贰伯玖拾玖硕壹㪷陆勝（支）在郡□

24. 壹拾硕天山□

25. 捌拾贰硕叁㪷柒勝礌石□

26. 捌拾贰硕酸枣馆

（后略）[1]

另有《唐天宝十四载（755）郡坊申十三载（754）九至十二月诸馆支

1 《吐鲁番出土文书》肆，图录本，文物出版社 1996 年版，第 538—539 页。

贮马料帐》记载：

17. 壹伯伍拾硕九月廿三日得西北两路巡官天山县人李大简
18. 状称：恐大夫朝夕过，请每馆预支帖马料叁拾硕者。其月
19. 廿五日判：牒天山、交河两县预令支给。准前十一月破讫。
20. 叁拾硕给交河馆
21. 壹拾壹硕伍㪷叁勝伍合青麦
22. 壹拾捌硕肆㪷陸勝伍合床。
23. 叁拾硕给柳谷馆
24. 壹拾伍硕青麦
25. 壹拾伍硕粟
26. 叁拾硕给□舍馆
27. 壹拾伍硕青麦
28. 壹拾伍硕床
29. 叁拾硕青麦给天山县仓
30. 叁拾硕青麦给礌石馆

（后略）[1]

值得注意的是，上述两件文书中记载的“天山仓”“天山县仓”，既作为给交河郡诸驿馆提供马料的粮仓，也直接充当了驿馆的职能[2]。上引两件文书所列驿馆主要分三路：一路在郡治高昌城东部，包括蒲昌馆、柳中馆、达匪馆、草堆馆；一路在高昌城西北部，包括交河馆、柳谷馆、石舍馆、酸枣馆；一路在高昌城西南，包括天山仓、礌石馆、天山县仓，实际上，从阿斯塔那506号墓出土的马料帐来看，西南路上的驿馆还有天山馆、银山馆。

对于西南路上之驿馆，礌石馆、银山馆位于今托克逊县南部的苏巴什沟及库米什镇，天山县仓可能与天山馆同处一地，位于天山县城附近，如此一来，天山县境内的驿馆就只有天山仓没有具体地点。从

1 《吐鲁番出土文书》肆，图录本，文物出版社1996年版，第544—545页。

2 凌文超《普林斯顿大学葛斯德图书馆藏两件天山县鹳鹆仓牒考释》（《吐鲁番学研究》2009年第2期）一文曾指出，天山县西部的鹳鹆仓可能附带驿馆的职能。此处再证交河郡一些粮仓与驿馆职能重合现象的存在。

唐代天山县交通路线来看，阔坦吐尔古城所在地向北是通往北庭的驿道，向东是通往郡治高昌城的驿道，实为一交通枢纽，设置驿馆的可能性很大。古城附近的三处遗址，阔坦吐尔古城面积最大，大墩烽火台最小，而大墩故城居中，且与阔坦吐尔古城十分接近，疑为驿站遗址，亦即天山仓所在地。

（三）酸枣馆与交河西部交通

交河城西部交通，P.2009 号文书《西州图经》记白水涧道："右道出交河县界，西北向处月已西诸蕃，足水草，通车马。"[1] 此道即从交河城西至大草湖，再西北至小草湖，再西北入后沟，沿白杨河谷至白水镇所在之达坂城。此道《新唐书·地理志》未载，前引《武周某馆驿给乘长行马驴及粟草帐》记载高昌县使人骨利干经交河馆至"胡城"，该"胡城"位置不详，从文书来看，当不在天山县和柳谷镇方向，或为白水涧道之某城。另外，吐鲁番出土天宝十三载、十四载（754、755）马料文卷中多次出现"酸枣馆"一地[2]，该馆较大可能在交河城西部交通线上。

《唐神龙元年（705）西州都督府兵曹处分死马案卷》记载西州长行坊送使北庭后返回，其路线似要经过酸枣折东，经交河至高昌城[3]。又《唐天宝十四载（755）交河郡某馆具上载帖马食踖历上郡长行坊状》记载封常于天宝十三载（754）九月、十二月从安西返回北庭，经酸枣馆前往柳谷馆[4]，可知酸枣在柳谷馆以南，并处在南北向交通驿道上。又《唐开元二十一年（733）西州都督府案卷为勘给过所事》记载西州王奉仙、蒋化明二人无过所从蒲昌、高昌去北庭，在酸枣被捉

1 上海古籍出版社、法国国家图书馆编：《法国国家图书馆藏敦煌西域文献》1，上海古籍出版社1995 年版，第 77 页。

2 《吐鲁番出土文书》肆，图录本，文物出版社 1996 年版，第 425、426、428、434、539 页。

3 陈国灿：《斯坦因所获吐鲁番文书研究》，武汉大学出版社 1995 年版，第 249 页。

4 王玉平：《天宝十三载封常清在交河郡的行程》，《中国历史地理论丛》2021 年第 1 期。

事[1]，看来酸枣是西州去往北庭驿路的必经之地。由此，酸枣可能是交河西部的一个交通枢纽，唐朝在此设戍和驿馆[2]。

酸枣戍、馆的位置，交河故城西约11公里有二二一团烽火台，交河故城西偏北约26公里有土孜塔格烽火台，两处烽火台均为唐代遗址，都有可能是唐代酸枣戍、馆所在地。古代道路与水系有密切的关系，土孜塔格烽火台位于古白杨河河道旁，白杨河自西北达坂城而来，因此该烽火台较大可能地处东西向交通道路上，其南北是大片的荒滩，难以想象会有道路通行；二二一团烽火台则位于盐山北麓，其附近现今虽少有地表径流，但在古代时期大河沿河似经红柳河向南流到此地，并穿越盐山继续向南至大墩古城附近，再折向东南至艾丁湖，因此该烽火台处在南北向交通道路上。同时，二二一团烽火台以东即今二二一团垦区，自然环境较好，烽火台向东当有大道至交河城。二二一团西至土孜墩格烽火台15公里，其间虽以戈壁滩为主，鲜有水源，但P.2009号文书《西州图经》记载白水涧道“右出交河县界，西北向处月已西诸蕃”，其道经盐山北部或南部路途最短，既有烽火台为证，白水涧道从二二一团至土孜塔格烽火台再沿白杨河西北而上当符合实际。如此二二一团烽火台所在地是南下北上、东来西往的交通枢纽，出土文书所载之酸枣馆当在此地。

（四）龙泉馆与交河北部交通

交河城北部交通，《新唐书·地理志》记载：“自（交河）县北八十里有龙泉馆，又北入谷百三十里，经柳谷，渡金沙岭，百六十里，经石会汉戍，至北庭都护府城。”[3] 此为交河通北庭驿道，亦即P.2009号文书《西州图经》所记之他地道。其中记载的龙泉馆在交河城北80里，

---

1 《吐鲁番出土文书》肆，图录本，文物出版社1996年版，第288—296页。

2 酸枣戍见《武周牒为安西大都护府牒问文但送酸枣戍事》，《吐鲁番出土文书》叁，图录本，文物出版社1996年版，第452—453页。

3 《新唐书》卷四十《地理志》，中华书局1975年版，第1046—1047页。

巫新华认为其与交河县龙泉乡均位于今大河沿镇的夏普吐勒克村[1]，该地与交河古城直线距离为32公里，但并没有唐代古城遗址发现。而在该村西部偏南约4公里、大河沿镇北约4公里处，有一吐尔退维烽火台，残存北侧护墙，残高约2米，第三次全国文物普查定为唐代烽火台[2]。烽火台的发现，表明今大河沿镇在唐代确是一个交通据点。再，烽火台北约3公里处有一地名曰“一万泉”，以前称“一碗泉”，因出泉水而得名，唐时龙泉馆之设置，也当与泉水有关，此地作为龙泉馆所在地较为合理。龙泉馆以北即柳谷馆，其北入金娑岭之道详见本章第二节。

第二节　他地道上的补给站：柳谷镇城

吐鲁番出土文书《唐西州都督府上支度营田使牒为具报当州诸镇戍营田顷亩事》记载西州有柳谷镇[3]，《唐西州某县事目历》又记“为柳谷镇守捉兵元怀□停给粮”[4]，可见这个军镇的兵力一度增加，形成了一个守捉的规模。

一、潘家地城堡与柳谷镇城的位置

柳谷镇的位置，据前引《新唐书·地理志》可知位于交河城北通北庭都护府的交通驿道上（他地道），处在金沙岭南部，与交河城之间的驿程超过80里。金沙岭即今石窑子达坂，其南部至交河一段唯潘家地、大河沿镇、红柳河地形和水源可供利用，三地现今仍有聚落，可驻屯，或为唐之柳谷镇所在，但大河沿镇与红柳河距交河城太近（大河镇与交河城距离为约54里，红柳河与交河故城距离约40里），

1　巫新华：《吐鲁番唐代交通路线的考察与研究》，青岛出版社1999年版，第61页。

2《不可移动的文物·吐鲁番地区卷1》，新疆美术摄影出版社2015年版，第242页。

3《吐鲁番出土文书》肆，图录本，文物出版社1996年版，第101页。

4《吐鲁番出土文书》叁，图录本，文物出版社1996年版，第464页。

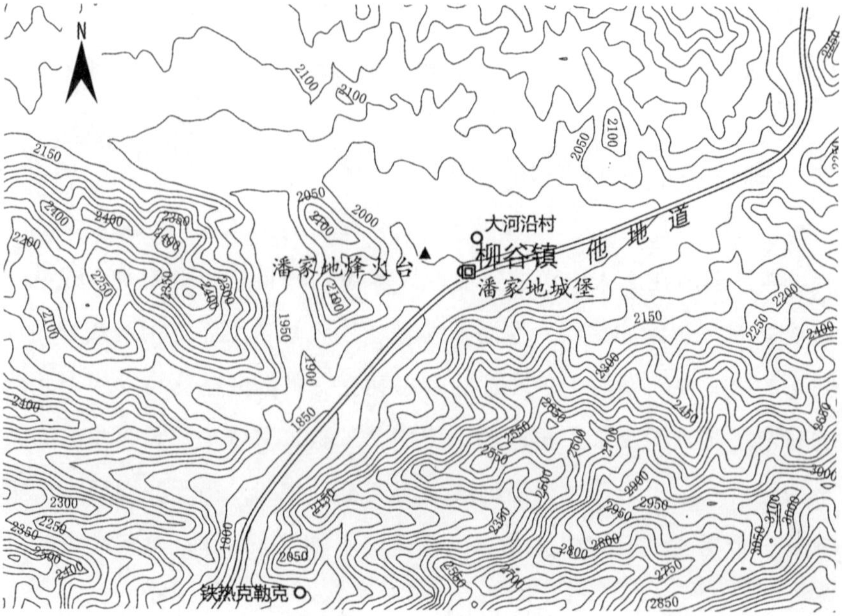

图 42　柳谷镇位置图

与《新唐书·地理志》所记之里程不符。潘家地与交河城之间的谷道约 120 公里，与《新唐书·地理志》记载较为吻合，如此潘家地较大可能为唐代柳谷镇城所在地[1]。（图 42）潘家地附近有一三岔口，1914 年，斯坦因从泉子街南下吐鲁番，在三岔口河谷两岸内多见柳树[2]，这或许就是该地称“柳谷”的原因。

现今该地存一城堡遗址和一烽火台（潘家地城堡与潘家地烽火台），城堡位于大河沿村南 700 米的河北岸，平面呈梯形，面积约 2432 平方米，东、西、北三面筑墙，南临河，城墙沙砾土夯筑，厚约 3 米，残高约 1.4 米。烽火台位于城堡西北约 500 米的山头上，现今已全部坍塌，存长约 6 米，宽约 3 米的黄土包。烽火台与城堡当为

1　严耕望、巫新华主张此观点，见《唐代交通图考》第二卷《河陇碛西区》，“中央研究院”历史语言研究所 1985 年版，第 594 页；《吐鲁番唐代交通路线的考察与研究》，青岛出版社 1999 年版，第 153 页。

2　斯坦因:《亚洲腹地考古图记》，巫新华等译，广西师范大学出版社 2004 年版，第 800 页。

一组相关联的军事设施，据烽火台附近采集的陶片推测遗址年代为唐代[1]。遗址较大可能就是唐代柳谷镇或附近相关的驿路军事设施。

二、柳谷镇的水环境和屯田

柳谷镇所在之天山南坡谷地绝大多数地段自然环境较差，驻屯一定规模的军队绝非易事，唯潘家地城堡所在地自然环境相对较好，有驻屯的可能性。发源于东北部的喀尔勒克艾肯沟，在此与发源于北部的石窑子艾肯沟交汇，再向西南流约7公里，又与发源于西北部的大干沟汇合，自此始称大河沿河。三河交汇的地带，由于四面环山，实际是一个相对平坦的小盆地，在有充足水源的条件下，具备驻屯的可能性。

现今烽火台及城堡所在的大河沿村有30户居民，以畜牧业为主，也经营部分耕地，烽火台所在的山头附近有一些农田，城堡东北部以及城堡内部种植有苜蓿。该地在唐代与现今的情况可能相似，亦耕亦牧的特点也使这里便于驻军屯田，《唐西州都督府上支度营田使牒为具报当州诸镇戍营田顷亩数事》及《唐西州都督府所属镇戍营田顷亩文书》就记载了柳谷镇屯田的情况：

柳谷镇兵肆拾人□□□肆顷

______柳谷镇肆______[2]

两件文书出自同一墓地，所记内容相似，都是记载西州镇戍营田的情况。所谓“营田”实际就是屯田，是西域“支度营田使”职官出现以后对屯田的另一种称呼，第一件文书记录了柳谷镇参与屯田的人数以及屯田顷亩数，人数与顷亩数之间缺损数字，我们不知道具体是“肆顷”还是“拾肆顷”（按西州镇戍屯田的规模，当不可能为“贰拾肆顷”甚至更多），第二件文书“肆”字后当为一“顷”字，因为从该件文书其

1 《不可移动的文物·乌鲁木齐卷》，新疆美术摄影出版社2015年版，第35—37页。

2 《吐鲁番出土文书》肆，图录本，文物出版社1996年版，第101—102页。

余内容来看，似只记录顷亩数而不记屯田人数。由此我们可将第一件文书补全为“柳谷镇兵肆拾人营田肆顷”，其屯田的人数和顷亩数也就十分明确了。至于柳谷营田屯种的粮食，文书中没有记载，其西南约45公里的达坂城，即白水屯所在地，唐代屯种青稞、大麦[1]，这类作物宜清凉气候，白水镇所在地达坂城海拔1000米左右，而柳谷镇所在地海拔2000米左右，应当更加适合青稞、大麦的生长[2]。

三、柳谷镇的交通区位

柳谷镇地处交通要道，三岔口向西有谷道去达坂城，向南有谷道去大河沿镇，向东北有谷道入天山，军事地理位置非常重要。向北入天山的道路，P.2009号文书《西州图经》称之为他地道，通北庭都护府，但在吐鲁番出土文书中仅称柳谷，无他地道之名，大概因此路以山谷为主，日常公文中不记道路名称而只记谷名。

此道又称“车师古道”，“柳谷”一名来源于汉代“车师柳谷”。《汉书·西域传》记载车师国北山有狐胡国，“王治车师柳谷，去长安八千二百里”[3]，此狐胡国为一小型游牧部落，其游牧的特点当为山地垂直游牧，在不同的季节游走于车师古道的不同海拔地区。车师古道天山北坡段的草场比南坡段更为优质，现今吉木萨尔南部的车师古道从头道桥沿着东大龙口河谷溯流而南，每至路的尽头便搭桥至河谷对岸，继续沿河谷至山顶，如此总有六道桥。而这条河谷的两岸，至今仍然有哈萨克牧民在山间放牧，他们非常熟悉这条山道，并经常越过山岭前

1 见《唐神龙二年（706）白涧屯纳官仓粮帐》，载《吐鲁番出土文书》叁，图录本，文物出版社1996年版，第477—478页。

2 1907年9月芬兰探险家马达汉自泉子街沿他地道南下吐鲁番，其间经过一个名为“三山沟”的地方，据其描述应该就是今天潘家地附近的三岔口。当时他看到此地有几块田地，由于温暖的气候不太长，这里只能种植大麦，产量是种子的10倍。见马达汉：《马达汉西域考察日记1906—1908》，王家骥译，中国民族摄影艺术出版社2004年版，第290页。又1914年斯坦因经过三岔口时，亦听说此地一度有过不大的农田，在他到达的前几年已废弃，因此没能见到该地的种植情况。见斯坦因：《亚洲腹地考古图记》，巫新华等译，广西师范大学出版社2004年版，第800页。

3 《汉书》卷九十六下《西域传》，中华书局1962年版，第3921页。

往南坡放牧。如此我们有理由相信，古代游牧于此地的狐胡国，其放牧之所必定不仅限于天山南坡，同样，其所谓柳谷，不仅包括南坡从石窑达坂至大河沿村的谷地，也应包括天山北坡的东大龙口河谷地。[1]

(一) 唐代西州柳谷考辨

唐代西州柳谷，诸史记载有所不同，除上述他地道上之柳谷，贞观十四年（640）交河道行军也经过一个柳谷，《旧唐书·高昌传》记载：

> 既而君集兵奄至柳谷，进趋田地城，将军契苾何力为前军，与之接战而退。大军继之，攻拔其城，虏男女七千余口，进逼其都。[2]

此所谓“田地城”，系高昌国田地郡，即汉代的柳中，唐代置柳中县，位于今鄯善县鲁克沁镇。从侯君集之交河道行军路线判断，上引文献之柳谷当在柳中以东或东北，与他地道之柳谷不在一个方向。《西域图志》认为此柳谷在辟展即今鄯善县城附近[3]；长泽和俊认为在今鄯善县北部的柯柯亚，并认为唐代西州有两个不同的柳谷[4]；严耕望认为在伊州西百里以上，当大道，并说：“伊西地区多柳，故西州之东有柳中县，交河之北有柳谷渡，《元和志》柔远县有柳谷水，不可执一而说也。”大至亦主张西州有不止一处柳谷的观点[5]。

但值得注意的是，唐朝攻灭高昌国以后，此地板籍归唐，唐代诸地理志记载这一地区的柳谷只有一处，即交河北部的车师柳谷。吐鲁番出土文书中至今亦未发现可以确定在此以外的第二处柳谷，这让我们对交河道行军中提到的柳谷产生怀疑，如此重要的一个军事据点，在设置西州以后的高昌驿路系统中丝毫不见，这着实让人费解。另外

1 即严耕望所谓“岭北之北段柳谷”。

2 《旧唐书》卷一百九十八《高昌传》，中华书局 1975 年版，第 5295 页。

3 傅恒等：《西域图志》卷十四《疆域七》，钟兴麒等校注，新疆人民出版社 2002 年版，第 232 页。

4 长泽和俊：《唐の高昌远征について》，《史观》第 102 册，1980 年，第 24—31 页。王素亦认为交河道行军所经之柳谷在今柯柯亚，见氏著《高昌史稿·统治编》，文物出版社 1998 年版，第 425 页。

5 严耕望：《唐代交通图考》第二卷《河陇碛西区》，“中央研究院”历史语言研究所 1985 年版，第 455、601 页。

一种可能，当时交河道行军初到高昌时对于本地地理、交通并不熟悉，在记录行军路线时出现了混乱的现象，而当高昌灭国以后，该地板籍入唐，明确的地理信息为唐人所知，因而在唐书地理志中便有了准确的记录。

有学者指出，P.2009 号文书《西州图经》记载西州蒲昌县通北庭四道（花谷道、移摩道、萨捍道、突波道）西北合之柳谷，与交河北部他地道上的柳谷不全为一地[1]，但此说有待商榷。严耕望认为:“按他地道之南段既有柳谷渡且置柳谷镇，疑岭北之北段亦有柳谷之名，他地道北段行此谷，由蒲昌县北境北行诸谷道踰天山正脉之后，亦折西至此谷，云合柳谷也。”[2] 严耕望此段推论是正确的，西州当不应有第二个柳谷，否则 P.2009 号文书《西州图经》及诸史中应该会注明。他地道之柳谷是唐代西州通庭州之主干道，沿途馆驿设施齐备，其余支线当尽量与之汇合。

（二）他地道的走向及沿途驿馆

宋代王延德出使高昌，从高昌城前往北庭，其所经路线就是唐代经柳谷的他地道，“师子王避暑于北庭……邀延德至其北庭，历交河州，凡六日至金岭口”[3]，此所谓“金岭”就是唐代的“金娑岭”，而金岭口或在今大河沿镇北部[4]。自金岭口北上入谷，经潘家地所在之柳谷镇，再沿着石窑子艾肯沟入山，越金岭后沿东大龙口河谷北下，至今泉子街镇西部偏南约 7 公里的东大龙口遗址出山谷。

从金岭口至东大龙口遗址的这一段山道统称为柳谷，是他地道最

1　此四道的具体走向见《西州图经》，载上海古籍出版社、法国国家图书馆编:《法国国家图书馆藏敦煌西域文献》，上海古籍出版社 1995 年版，第 76 页。持这一观点的学者如长泽和俊，其观点详见上引《唐の高昌远征について》。

2　严耕望:《唐代交通图考》第二卷《河陇碛西区》，“中央研究院”历史语言研究所 1985 年版，第 602 页。

3　《宋史》卷四百九十《外国传》，中华书局 1977 年版，第 14112 页。

4　严耕望持这一观点，详见《唐代交通图考》第二卷《河陇碛西区》，“中央研究院”历史语言研究所 1985 年版，第 594 页；图九《唐代瓜、沙、伊、西、安西、北庭交通图》。

为艰难的一段。尽管如此，文献记载该道仍是西州至北庭最主要的交通驿道，沿途设置有龙泉、柳谷、石舍等驿路设施（图43）。龙泉馆详见本章第一节，此处对柳谷馆、石舍馆进行讨论。

1. 柳谷馆

除柳谷镇外，吐鲁番出土文书又见柳谷馆，其地可能也在今三岔口潘家地附近。柳谷馆是他地道上的一处重要补给站，《唐神龙元年（705）西州都督府兵曹处分致死马案卷》记载：

> 5. 西州长行回马壹疋赤騟敦拾岁
>
> 6. 　　右检案内得马子高怀辞称：先从西州领得前件马送
>
> 7. 　　使，往至北庭，今月廿八日郤回至柳谷镇，停经三日饲
>
> 8. 　　餧，渐发向酸枣，其马行至镇南五里，忽即急黄致死。[1]

此件文书仍记柳谷镇不记柳谷馆，但从内容看柳谷镇已承担了馆驿的职能。马子高怀从西州乘长行马送使至北庭，来回之路线自然是他地道，其返回时到达柳谷镇，停留了三日之久，可能就是因此段山道十分艰难，需要在柳谷镇好好休养。柳谷下一站是酸枣，该地也设驿馆，其地理位置前已证在今二二一团附近，两地之间的驿路大致是沿大河沿河，长约100里，其间原来可能有龙泉馆，但此时可能已被裁撤[2]。如此，在柳谷镇作长时休整以备之后的艰难行程，就显得很有必要。

2. 亚尔乃孜牧场石窑与石舍戍、馆位置考

《新唐书·地理志》记载交河至北庭驿道时，未记石舍一地，但据吐鲁番出土文书可知，该地位于柳谷镇北部。Ot.3472号《西州岸头府到来文书》有“仓曹符当县石舍等镇戍秋冬委勾历符到当日申事”的记载，可知该地有镇戍，又3475号文书记“为石舍等（三馆）勘申事”，可知该地又置驿馆[3]。实际上，柳谷镇北部已至天山深处，驻屯大量的军队难度较大，但此地设置驿馆，却十分必要。阿斯塔那506号

1　陈国灿：《斯坦因所获吐鲁番文书研究》，武汉大学出版社1995年版，第249页。

2　龙泉馆见于《新唐书·地理志》，在吐鲁番出土文书中尚未出现，疑该馆设置的时间较短。

3　小田义久：《大谷文书集成》第二卷，法藏馆1989年版，第104、106页。

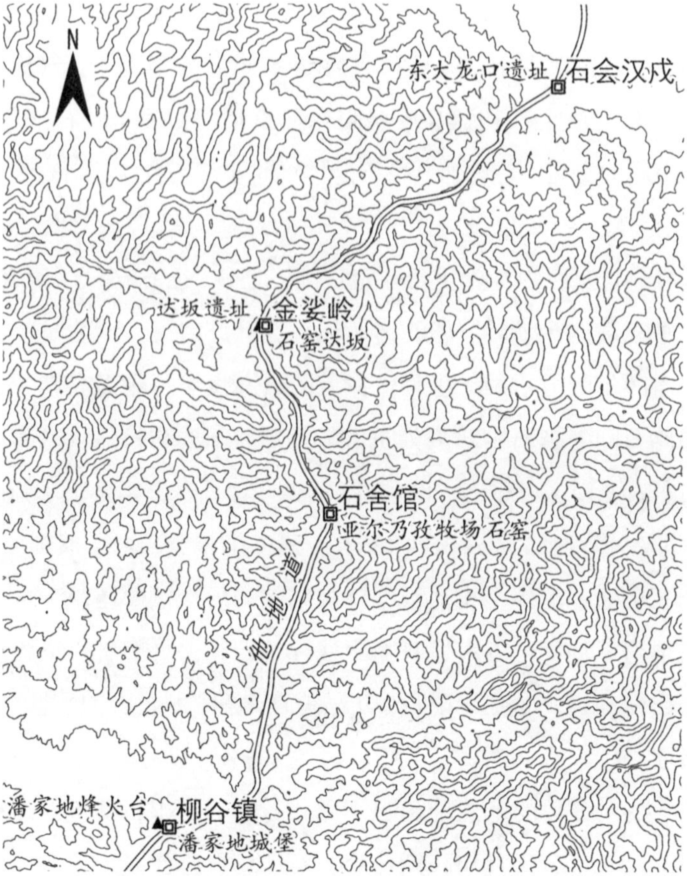

图 43　他地道及柳谷、石舍位置图

墓出土的天宝时代马料文书中，我们经常能看到石舍馆之名称[1]，此地长行驿马来往频繁，交通区位尤显突出。

今潘家地城堡北约 17 公里处有一亚尔乃孜牧场石窑遗址，俗称"下石窑""石窑子"，此地位于一处山前洪积平坦开阔处，北临黄羊沟，附近沟谷中常年流水不断。石窑为窑洞式建筑，坐东北向西南，长 10 米、宽 4.3 米、高 2.5 米，墙体用卵石砌筑，砖砌穹顶。墙面上

1 《吐鲁番出土文书》肆，图录本，文物出版社 1996 年版，第 424、426、428、485、538、544、545 页。

不开窗，只留有通气孔。门向西南，宽 0.7 米、高 1.6 米。依南东墙用卵石砌筑院落，类似于羊马城，边长 19.5 米，高 1 米。石窑极其特殊的地理位置，决定其初建年代当与他地道相同。[1] 所谓“石窑”，就是用卵石砌成的房屋，这与唐代“石舍”一地非常契合，下石窑当为唐代石舍馆所在地。

下石窑北偏西约 9 公里至石窑达坂，俗称“上石窑”。《新唐书·地理志》中记载的金沙岭，即石窑达坂，这已是定论。该地是吐鲁番盆地与吉木萨尔的分水岭，也是该古道的最高点，两座高高堆起的石堆远望像座石门。越石窑达坂沿东大龙口河谷下坡北行，从六道桥至头道桥出东大龙口，可达吉木萨尔县泉子街镇[2]。在石窑达坂附近存一大石堆遗址，南北 15 米，东西 11 米，残高 1.2 至 3 米，顶部有凹坑。遗址为石垒框木墙体结构，根据壁柱结构布局推测原建筑应为坐西向东。遗址附近地面可见大型灰陶罐残片等遗物，具有唐代风格。北宋王延德出使高昌，在金岭附近曾见一寺庙名曰“龙堂”，故建筑可能是寺庙遗址[3]。

与新疆大多数的土遗址建筑不同，石窑子是卵石砌筑，这种建筑方式不易被损坏，因此可长期使用。石舍馆自唐代兴建以来，为历代沿用，明代陈诚至吐鲁番，记载了他地道上柳谷、石舍等地的情况，《西域番国志》记载：

> 去城（交河城）西北百余里，有灵山，相传为十万罗汉佛涅槃之处。近山有土台，高十余丈，云唐时所筑。台畔有僧寺，寺下有石泉一泓，林木数亩。由此而入，山行二十余里，经一峡之南，有土屋一间，傍多柳树。沿土屋之南，登山坡，坡上有石垒小屋一间，高不五尺，广七、八尺，房中有小佛像五位，傍多木牌，皆书夷字，云游山者纪其姓名。[4]

陈诚所记之灵山，似为唐代金娑岭或南部某山，近山有唐时所筑之土

1 《不可移动的文物·吐鲁番地区卷 1》，新疆美术摄影出版社 2015 年版，第 246 页。

2 《不可移动的文物·吐鲁番地区卷 1》，新疆美术摄影出版社 2015 年版，第 209 页。

3 《不可移动的文物·昌吉回族自治州卷 1》，新疆美术摄影出版社 2015 年版，第 591 页。

4 陈诚：《西域番国志》，中华书局 2000 年版，第 106 页。

台，抑或大河沿镇东部之吐尔退维烽火台，由此而北入谷，即为柳谷，陈诚记旁多柳树即为证。经柳谷上山，陈诚所见之石垒小屋，当是唐代之石舍所在地。其时所见房中有佛像，有题刻，现今无存。

该驿馆至清末仍在沿用，光绪十二年（1886），有乡约毛希鹏请求在石窑子开设店房：

> 窃约民前往古城，行至半途，有石窑子站口甚为要紧。行人到此总要住歇，往北去下达坂要住歇，往南来上达坂又要住歇，虽有两间窑房，人能暂住，无有圈垣，是与牲畜不便，常常不是失遗，即是虫伤，屡遭此害。再，天冷雨雪，人站此处，不惟柴薪难以找寻，即找寻来亦且水湿不燃，行人到此常受冻饿，实与行人不便，是无人开设店房之故耳。若有店房，则天晴时将柴草收拾齐备，墙垣修理齐整，无论何人到此，诸样应手，一则行人方便，二则牲畜安然，两有益也。今约民情愿在石窑子开设店房，理合，禀明。恳祈仁明大老爷作主，赏准出示晓谕，严禁差弁不得骚扰。再，除柴草外，店钱凭心付给，约民亦不留难，伏乞批示遵行。[1]

1907年9月，芬兰探险家马达汉沿他即沟道（他地道）南下吐鲁番，其间经过一地，名为“泉子村客栈”，实际就是石窑子，其日记记载：

> 客栈是用石头建的，但已严重倒塌。废墟上方的土墙上有几个人工挖掘的洞穴，过往商队把它们用作庇护所。这里没有饲料或者备用食物可买的。一个关卡在这里向过往行人收取税费。吐鲁番向古城运销鲜葡萄干以及棉花；古城向吐鲁番运销鸦片烟土、烟叶、火柴和各种小商品，还有日本棉布等。这里的交通常年都很繁忙。积雪很厚的时候，只用马和驴子驮运。据说对骆驼来说，道路太窄。[2]

1914年，斯坦因从泉子街南下吐鲁番，在越过石窑达坂后，“一直走到了一个用石砌成的小屋，这就是路边的小站石窑子。三岔口离这儿还有10英里，在到那儿之前，石窑子是最后一个能找到水的地方。但由于石窑子既没有草，也没有秸秆，我们只好顺着谷地继续往

1　中国边疆史地研究中心、新疆维吾尔自治区档案局：《清代新疆档案选辑》第79册，广西师范大学出版社2012年版，第223页。

2　马达汉：《马达汉西域考察日记1906—1908》，中国民族摄影出版社2004年版，第289页。

下走。……谷地两侧的山坡上完全寸草不生，谷底布满砾石的河床上也是光秃秃的。这跟我们在天山北麓遇到的优美的草地和森林形成鲜明对比”[1]。斯坦因称石窑子是三岔口以北少数能找到水源的地方，该地当是他地道南坡段一个重要的补给之地，唐于此设驿站，也是符合实际情况的。

第三节　白水涧道上的屯城：白水镇城

王炳华考证白水镇在西州通轮台的白水涧道上，其故址即今白杨沟峡谷北口处的古堡[2]。（图 44）古堡今名峡口古城，位于乌鲁木齐市达坂城区达城镇八家户村南 1 公里处的峡口河滩内，白杨河由城东流过。古城平面略呈梯形，周长 360 米，分南北两城，整体保存较差[3]。

一、白水镇的水环境和屯田

所谓“白水”，即今白杨河。白杨河发源于博格达山峰，海拔 5445 米，是东部天山海拔最高峰，山体高大，高山区降水丰富，南坡海拔 4100 米以上的高山地区年降水量平均 700 到 750 毫米，冰川总储量 43.26 亿立方米，为白杨河提供了充足、稳定的水源[4]。白杨河水系及各支流在出山口处大都渗入地下，至达坂城附近溢出地表，形成泉水和沼泽，供当地农业生产和城镇所用[5]。现今达坂城山间盆地平均海拔 1000 到 1700 米，以潮土为主，土层在 0.5 到 2 米之间，土壤肥力好，是典型的灌溉农田。该区农耕历史悠久，有乌鲁木齐粮仓之称，

1　斯坦因：《亚洲腹地考古图记》，巫新华等译，广西师范大学出版社 2004 年版，第 800 页。

2　王炳华：《唐白水镇考》，载《西域考古文存》，兰州大学出版社 2010 年版，第 154—163 页。

3　《不可移动的文物·乌鲁木齐卷》，新疆美术摄影出版社 2015 年版，第 42—44 页。

4　王世江主编：《中国新疆河湖全书》，中国水利水电出版社 2010 年版，第 168 页。

5　乌鲁木齐市党史地方志编纂委员会编：《乌鲁木齐市志》第 1 卷，新疆人民出版社 1994 年版，第 199 页。

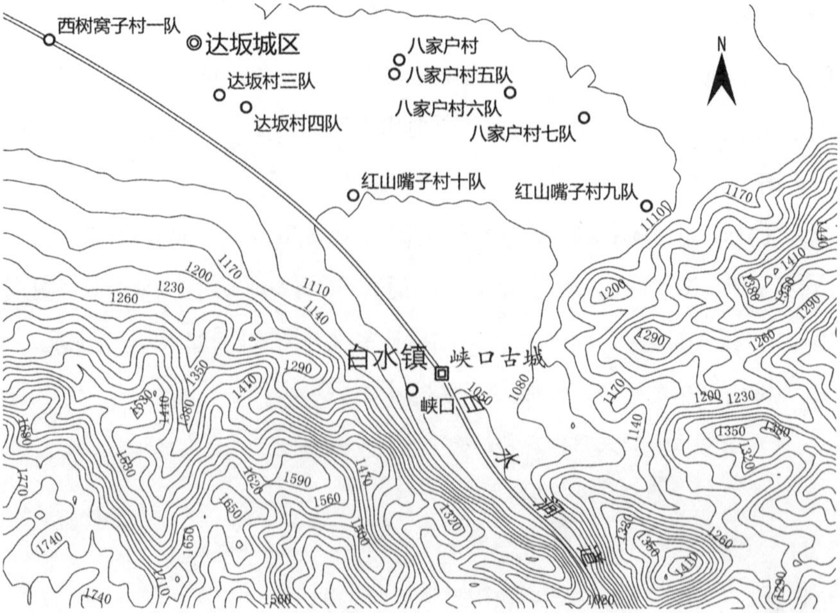

图 44　白水镇位置图

宜种植春麦、胡麻、油菜、蚕豆等作物。[1]

此地在车师时代是游牧部落活动地区，高昌郡、国时代逐渐为农耕政权控制，吐鲁番出土《高昌出用、杂除、对额役使车牛残奏》有“白水间（涧）耕田”的记载[2]，该文书不见记年，同墓出土有高昌延和二年（613）纪年，可知为高昌国后期文书。此处耕田虽未明确记载地理位置，但从整个白水沿线地区自然环境来看，较大可能就是今达坂城附近的耕地。

设置西州以后，唐朝在此进行屯田。《唐西州都督府上支度营田使牒为具报当州诸镇戍营田顷亩数事》有“白水镇营田”的记载[3]，此地既有驻军、军镇、屯田，是一个不折不扣的屯城。另外，《唐神龙二年

1　乌鲁木齐市党史地方志编纂委员会编:《乌鲁木齐市志》第 3 卷，新疆人民出版社 1997 年版，第 392 页。

2　柳洪亮:《新出吐鲁番文书及其研究》，新疆人民出版社 1997 年版，第 71 页。

3　《吐鲁番出土文书》肆，图录本，文物出版社 1996 年版，第 101 页。

（706）白涧屯纳官仓粮帐》[1]中记载的“白涧屯”，以及《唐西州某县事目》中记载的“白水屯”[2]，陈国灿推测“应是在白水镇城至交河县城一线足水草之地作的屯种”[3]。所谓“白水屯”、“白涧屯”就是白水镇附近的屯田[4]。

“白水”、“白涧”在吐鲁番出土唐代文书中多次出现，Ot.3154号《官厅文书》有“白水镇将王某某”的记载[5]，另有确切年代的文书《唐咸亨元年（670）五月二十二日西州高昌县宁大乡白欢信雇人契》记载：

1. □亨元年五月廿二日，宁大乡人
2. □欢信交用钱三文，故（雇）同乡人
3. □守议作白水为用五日，若有□
4. □者，一仰守议知当官罪。白欢
5. □两和立契，画指为信。
6. 钱主白欢信[6]

文书内容为西州高昌县宁大乡人白欢信雇同乡人上番事[7]，第3列“白水”后似脱一“镇”或“屯”字，即“作白水镇（屯）为用五日”。我们不知道雇佣的这个人具体负责什么工作，但从《唐王君子等配役名籍》中可见西州府兵卫士上番具体的工作有屯田、望子、烽上、捉道等[8]。另外，在其他的一些文书中我们见到了西州“助屯输丁”的现象，因此不排除这个人前往白水镇从事农田劳作的可能。

前引《唐神龙二年（706）白涧屯纳官仓粮帐》记载了西州白涧屯

1 《吐鲁番出土文书》叁，图录本，文物出版社1996年版，第477—478页。

2 《吐鲁番出土文书》叁，图录本，文物出版社1996年版，第464页。

3 陈国灿：《斯坦因所获吐鲁番文书研究》，武汉大学出版社1995年版，第95页。

4 白水镇至交河城一线由于坡度大，多沙质土壤，河水渗漏严重，可供开垦之“足水草之地”并不多，仅二二一团、小草湖、大草湖算得上是水源充足之地。但二二一团前已证为酸枣馆所在地，而小草湖、大草湖一带是吐鲁番著名的大风区，这里风灾盛行，人烟稀少，更不可能进行屯田。按“白水屯”“白涧屯”应当与白杨河相近，能提供充足劳动力的地方只能与军镇靠近，所以此处屯田应当在白水镇附近。

5 小田义久：《大谷文书集成》第二卷，法藏馆1989年版，第34页。

6 荣新江、李肖、孟宪实主编：《新获吐鲁番出土文献》，中华书局2008年版，第63页。

7 另外，《武周天山府索进达辞为白水镇上番事》明确记载有“白水镇番”，见《吐鲁番出土文书》叁，图录本，文物出版社1996年版，第332页。

8 《吐鲁番出土文书》叁，图录本，文物出版社1996年版，第326页。

的纳粮状况。文书记载了该屯在神龙二年（706）九月十五至二十九日纳青稞杂大麦两次，一次660硕，一次360硕，九月二十九日又纳一次，但文书残缺，不知具体数量。总之，该屯一年交纳官仓粮食当不下千石，是一个规模可观的屯田基地。前引《唐西州都督府上支度营田使牒为具报当州诸镇戍营田顷亩数事》记载“白水镇兵叁拾□营田陆顷”，其中所谓“营田”与“屯田”性质大同小异，只是“支度营田使”出现以后对屯田的一种新的称法。这里明确了白水屯的屯田人数和亩数，即有屯田士卒30多人，屯种6顷土地[1]。至于其屯种的粮食，前引《唐神龙二年（706）白涧屯纳官仓粮帐》记载屯种有青稞、大麦，有学者认为吐鲁番出土马料帐中记载的“青麦”，就是“青稞杂大麦”的简称，也有认为“青麦”是青稞的俗称[2]。

白水屯田对白水镇戍防有非常重要的意义。白水镇隶属于交河县，但又与交河城路途遥远，且要经过30里大风灾区，穿过30公里地形险要的白杨河峡谷，翻山越岭，粮食补给十分困难。因此白水镇的屯田显得尤为重要。清代达坂城的军台或驿站后勤主要由乌鲁木齐供给，二地之间的道路十分平坦，转运的难度不大。而在唐代，今乌鲁木齐附近轮台县的设置已是8世纪以后的事情，史料中也无轮台县补给白水镇的记载。白水镇通过屯田维持上百军士[3]的后勤补给，甚至可能对沿途的长行马坊、馆驿提供一定的粮草供应，对于保障白水涧的安全起到了重要的作用。

---

1 陈国灿将西州白水屯与天山屯、柳中屯相提并论，认为是西州三个屯田基地之一，见氏著《斯坦因所获吐鲁番文书研究》，武汉大学出版社1995年版，第100—101页。就白水镇营田的规模来看，其说缺乏足够的依据，西州的大型军州屯田，当只有天山屯和柳中屯。

2 陈国灿:《斯坦因所获吐鲁番文书研究》，武汉大学出版社1995年版，第96页；王炳华:《新疆农业考古初论》，《西域考古文存》，兰州大学出版社2010年版，第369页。《唐开元二十一年（733）西州蒲昌县定户等案卷》有“青小麦”之记载，不知与“青麦”是否为同一种作物。见《吐鲁番出土文书》肆，图录本，文物出版社1996年版，第312页。

3 唐代白水镇具体驻军数量我们不得而知，前引《唐西州都督府上支度营田使牒为具报当州诸镇戍营田顷亩数事》记载30多人应该只是负责屯田的人员，除此以外当还有负责望子、烽上、捉道、游弈等职责的军士。阿拉沟戍堡出土唐代西州鹳鸽镇文书显示，该镇仅游弈人数就有48人（黄楼:《唐代西州鹳鸽镇文书研究》，《西域研究》2019年第1期），总人数上百人应该不是问题。白水镇与鹳鸽镇镇守的都是军事要道，其驻屯规模应大致相当。

二、达坂城的烽燧分布与白水镇城西北交通

途经白水镇的道路在唐代称白水涧道，其走向与白杨河有十分密切的关系。历史上的白杨河在白杨沟峡谷出山口处向东南流，经过今小草湖、大草湖，穿过盐山西部，继续东南与阿拉沟汇合。在今交河城西部约 11 公里处的盐水北麓，存一唐代烽火台（二二一团烽火台），在大草湖南部的盐山北麓，又有唐代土孜塔格烽火台，疑唐代之白水涧道，是从今交河城向西北，沿着盐山北部至大草湖附近，再沿白杨河西北至白水镇。

白水镇以西的道路，较少有文献记载，不过现今达坂城有一系的唐代烽火台和古城沿着 312 国道西北而行。峡口古城西北约 22 公里至盐湖烽火台，再西北约 15 公里至柴窝堡烽火台，再西北约 23 公里至乌拉泊村烽火台、新疆化肥厂烽火台，再西北约 11 公里至乌拉泊古城。乌拉泊古城西约 17 公里有永丰乡烽火台，该烽火台近乌鲁木齐河出山口，经此烽火台似有道路入天山腹地。乌拉泊古城西北约 48 公里至昌吉古城，此地或为唐代轮台城所在地。从峡口古城于昌吉古城的烽燧线，当为唐代白水涧道的西段。

唐代白水镇驻军有其必要性，尤其是北庭轮台县设置以前，此地位于天山北麓进入吐鲁番盆地的隘口，若无戍防，敌对势力一旦穿过白杨沟峡谷，居高临下，势如破竹，交河县、天山县的驻防形同虚设，整个西州的军防将陷入极度危险的境地。《新疆通志》对达坂城评价云:“城在两山之间，形势险要，为南疆门户。”[1] 这是以北疆为政治重心的清朝对达坂城作出的评价，而以南疆为统治重心的唐朝，达坂城的军事战略地位就更为凸显。我们应看到，初置西州且庭州建置尚未完善之时，西州的军防往往延伸至天山北部，因为仅仅在天山南麓设防

---

1 王树枏等纂修:《新疆图志》卷七十九《道路一》，朱玉麒等整理，上海古籍出版社 2015 年版，第 1510 页。

而不控制穿越天山的南北通道，是无法限制游牧部落南下侵犯的。

第四节　银山道的入口：天山城

贞观十四年（640），侯君集平高昌国，“下其郡三，县五，城二十二。……以交河城为交河县，始昌城为天山县”[1]，明确指出唐代天山县以高昌国之始昌城为县城。天山城置天山府，是唐代西州西南部的军政中心，其地自然环境优越，又扼银山道隘口，在西州西部交通及军防格局中占有重要的地位。

一、天山城的位置与水环境

《元和郡县图志》记载天山县东至州一百五十里[2]，又《新唐书·地理志》记天山西南入谷至银山、焉耆。该道即银山道，此谷地即今314国道所经之苏巴什沟谷，天山县在苏巴什沟谷北部，当在今托克逊县境。

而天山城的具体位置，钱伯泉认为在今托克逊县东60余里，“根据地理形势及离西州的路程，始昌城应在新疆托克逊县城以东六十余里阿撒尔萨里，其地处在托克逊河下游，水源丰富，古代河渠、村落、坟墓遗址颇多，唐朝的天山县为上等县，必然人口众多，农业生产发达，因而非此地莫属”[3]。这里提到的“阿撒尔萨里”，似指今“阿萨墩戍堡”，该遗址长约53米，南北长50米[4]，当为一处军事设施遗址，不太像是县城治所。巫新华认为，今托克逊县城西北约3公

---

1 《通典》卷一百九十一《边防七》，中华书局1988年版，第5205页。《唐会要》卷九十五记载相同（中华书局1960年版，第1701页），《旧唐书》卷四十《地理志》记载蒲昌“贞观十四年，于始昌故城置，县东南有蒲类海，胡人呼为婆悉海。”认为蒲昌城为原高昌国始昌城，此说恐误。

2 《元和郡县图志》卷四十《陇右道下》，中华书局1983年版，第1032页。

3 钱伯泉：《高昌国郡县城镇的建置及其地望考实》，《新疆大学学报》1988年第2期。

4 《不可移动的文物·吐鲁番地区卷5》，新疆美术摄影出版社2015年版，第53页。

里的且克曼遗址为唐代天山县城所在地[1]。该遗址破坏严重，在方圆3公里的范围内发现大量夹砂灰陶和炼渣，有唐代遗物的典型特征[2]。但该遗址形制、大小不明，又过于偏西北，不当道。且其所处的郭勒布依乡，在古代自然环境并非优越（详见后文），作为县址的可能性较小。

从地理位置来看，唐代天山城较大可能在今夏乡境内。以下结合托克逊县的水环境和水系变迁试作分析。

现今托克逊盆地主要有三个灌溉区：伊拉湖——博斯坦灌溉区、郭勒布依乡灌溉区、夏乡灌溉区[3]。其中的郭勒布依乡灌溉区位于托克逊县城北部、托克逊河北岸（北部的白杨河及西部的阿拉沟在托克逊县西部汇合后始称托克逊河），区内有郭勒布依乡，地势北高南低，土质为沙壤土，渠道渗漏严重。该灌溉区主要利用自北而来的白杨河，该河自达坂城向南出白杨河峡谷（俗称后沟）以后，被引向谷口西南部的红山水库，再向南经红山沟至托克逊县城西部，为郭勒布依乡等地生产生活所用。但历史上白杨河的走向与现今不太一样，《西域图志》记托克三郭勒（即托克逊河）云：

> 源出于博克达鄂拉（按："博克达鄂拉"即博格达山）南麓。有三源，合而南流，名鄂兰布拉克。过都鲁达巴，又一水出伊拉里克东，西南来，经流托克三城南，入托克三郭勒。托克三、布干、伊拉里克诸城，咸资灌溉。[4]

又《吐鲁番乡土志》载：

> （吐鲁番）城西百五十里曰托克逊山，即夹尔盖斯山，有河出迪化，东南流经托克逊城东而南。其西一水自托城（按："托城"当为"托克逊城"）西而东南来会，又东南潴为觉洛浣（按："觉洛浣"即"艾丁湖"），东南流入于沙。正北（按："正北"当为"西北"）百七十里曰白杨河，水自迪化东南流经厅属之小草湖，西（按："西"当为"南"）趋入于沙。城西百五十里曰伊拉克里山，今呼伊拉湖，山之西南有水东北流，潴为湖（按："伊拉

---

1 巫新华：《吐鲁番唐代交通路线的考察与研究》，青岛出版社1999年版，第55页。

2 《不可移动的文物·吐鲁番地区卷5》，新疆美术摄影出版社2015年版，第24页。

3 托克逊县地方志编纂委员会编：《托克逊县志》，新疆人民出版社2005年版，第178—179页。

4 傅恒等：《西域图志》卷二十七《水四》，钟兴麒等校注，新疆人民出版社2002年版，第390页。

湖”系维吾尔语，意为“蛇出没的地方”，与湖泊并无关系）。[1]

又《新疆图志》载：

> 托克逊河，源出博克达山南麓，南流经达坂城东。又南流，经托克逊驿东。又东南，潴于觉洛浣之泊。[2]

清人均已认识到，托克逊河的正源出自博格达山，亦即白杨河，《西域图志》未记白杨河入托克逊河的地点，但其曰“托克三、布干、伊拉里克诸城，咸资灌溉”，“布干”即“布干台驿”，前文已指出，该地在无半城（阔坦吐尔古城）附近，若要引托克逊及支流河水至此，需当从白杨河峡谷南口向东南经小草湖、大草湖等地。《吐鲁番乡土志》在记载该水系时，方位、里程均有不实之处，但记诸支流最为详细。其所谓有河出迪化，即指白杨河，《吐鲁番乡土志》明确记其流经托克逊城东，《新疆图志》亦记流经托克逊驿东，这与现今该河流经托克逊县城西有明显的区别。《吐鲁番乡土志》又记白杨河流经小草湖入沙，如此，白杨河在出山口处当有两条支流，一支直向东南流入托克逊城东与西来之伊拉里克布拉克会合（会合点或在今夏乡境内）；另一支在出山口处折东，再东南流入小草湖、大草湖、阔坦吐尔古城一带。因此，托克逊县北部红山沟一带在古代可能并无地表径流，即便存在可能水量也是很有限的。这样一来，托克逊县北部的郭勒布依乡，在古代并非水资源优越之地，不太可能为天山城驻屯之所，上引巫新华之观点不可取。

托克逊县的另一个灌溉区——夏乡灌溉区，主要位于托克逊县城东部、东南部，区内有夏乡、托克逊镇和平原林场等镇场。该区位于托克逊河南岸，地势平坦，地下水位高，是三个灌溉区中水资源利用最为便捷的地区。前已指出，清代之白杨河，极有可能在该乡境内与西来之伊拉里克布拉克会合。此地水资源丰富，加之地形平坦开阔，是托克逊县三个灌溉区中最适合设置屯城的地点。夏乡之“夏”为“夏

1 马大正等整理：《新疆乡土志稿》，新疆人民出版社 2010 年版，第 134 页。

2 王树枬等纂修：《新疆图志》卷七十一《水道五》，朱玉麒等整理，上海古籍出版社 2015 年版，第 1303 页。

合尔”的变音，“夏合尔”在维吾尔语中意为“城”，《吐鲁番乡土志》记载托克逊有新、老二城[1]，其老城就在今夏乡境内[2]。从地理环境来看，唐代之天山城，极有可能就在今夏乡境内。

夏乡境内现存一乔拉克烽火台，位于夏乡安西村东南约 3 公里处，土坯垒砌，台基呈四棱台形，平面呈矩形。建筑形体不存，台基底部泛碱，见多处蛀洞，第三次文普查定为唐代[3]。该烽火台可能与唐代天山城存在一定关系。

二、汉唐时期托克逊绿洲城镇发展概况

托克逊绿洲在吐鲁番盆地占有重要的地位，但其真正进入农耕、城镇的历史却相对较晚。史前时期该地的历史是一片空白，我们只能从境内发现的一些墓葬初步了解其社会经济和文化特征。在今托克逊县东部的夏乡境内，曾发现两处墓地，一为喀格恰克墓地，一为英亚依拉克墓地，两处墓地的年代为春秋至汉，出土文物反映出游牧与定居并存的社会经济面貌，一般认为是属于东部天山南北姑师文化圈[4]。汉代的姑师国、车师前国居西部交河城，戊己校尉居东部的高昌、柳中等地，托克逊一带极大可能由车师国统治，但车师人游牧属性强，因此汉代托克逊并无城郭的记载。

松田寿男认为，汉代史料中出现的东且弥国，是姑师分裂出来小国，与车师人有相似的社会经济属性。其部落处在今中部天山尤路都斯一带，此地水草丰美，是游牧理想之所，又《后汉书·西域传》记其“庐帐居，逐水草，颇田作”，似又说明东且弥国也是亦耕亦牧的部

1 《吐鲁番乡土志》，载马大正等整理：《新疆乡土志稿》，新疆人民出版社 2010 年版，第 135 页。

2 明清时代，夏乡境内有布拉克拜西城、布提铁米城，前者位于今夏乡布拉克拜西村，后者位于今夏乡旧巴扎尔村，惜遗址无存。见托克逊县地方志编纂委员会编：《托克逊县志》，新疆人民出版社 2005 年版，第 97—98 页。二城均选择在夏乡，说明此地在古代时期确为自然环境优越之地。

3 《不可移动的文物·吐鲁番地区卷 5》，新疆美术摄影出版社 2015 年版，第 31 页。

4 吐鲁番地区文管所：《新疆托克逊县英亚依拉克古墓群调查》，《考古》1985 年第 5 期；吐鲁番地区文管所：《新疆托克逊县喀格恰克古墓群》，《考古》1987 年第 7 期。

落，其农耕之地点，乃是小尤路都斯东部的阿拉癸河谷（阿拉沟）[1]。此观点很有见地，阿拉沟上游地带并不适合耕种，东且弥国所谓“颇田作”，只能在阿拉沟谷地，或出阿拉沟山口，向东至40公里以外的托克逊绿洲一带。古代天山的游牧部落实际是一种垂直游牧方式，夏秋季在山区高海拔地区放牧，冬春季则在海拔较低的盆地绿洲活动。从地理位置来看，托克绿洲是中部天山游牧部落的冬节或春季牧场，在后汉时代，很有可能作为东且弥国的移牧之所。

后汉以来，直到5世纪中叶，该地的族群、政权情况不是很明了，但车师前国一直占据着吐鲁番盆地交河以西地区，托克逊绿洲当为车师前国的势力范围。5世纪中叶，车师国被屯据在高昌的北凉流亡政权沮渠安周所灭，自此吐鲁番进入全面的郡县化时代。北凉流亡政权在吐鲁番地区推广郡县制，在交河城设郡，但未见其在托克逊一带筑城设县。至阚氏高昌王国时期出现“喙进”一名，荣新江认为即“笃进”[2]。到6世纪初麴氏高昌国时期，始见始昌县、无半县、笃进县、南平县，四县均在后来唐之西州天山县境内，其中的始昌县城就是唐代天山县治所在地。始昌等城的出现，标志着托克逊绿洲城镇时代的到来。

古代托克逊绿洲比现今范围要大，托克逊河向东经托克逊县后，直到艾丁湖畔约30公里的河流两岸，都是适合垦殖的土地。如此，托克逊县城附近实际是这片绿洲的西部边缘，在麴氏高昌国时期，其西南部区域中心为南平郡，始昌城只是南平郡下属的一个县[3]。但到唐代设西州以后，该地的政区地理格局又发生了很大的变化，唐朝于始

---

1 松田寿男：《古代天山历史地理学研究》，中央民族学院出版社1987年版，第98—110页。

2 荣新江：《吐鲁番新出送使文书与阚氏高昌王国的郡县城镇》，《敦煌吐鲁番研究》第10卷，上海古籍出版社2007年版，第36页。

3 有关高昌郡、国政区地理的变迁，详见王素：《高昌史稿·交通编》，文物出版社2000年版，第26—57页。另外，荒川正晴曾指出高昌“郡县互不相统属”（荒川正晴：《麴氏高昌国における郡県制の性格をめぐつて——主としてトウルフアン出土资料による》，《史学杂志》第95编第3号，1986年，第37—74页），但王素认为，高昌外部四郡（南平郡、交河郡、横截郡、田地郡）各负责国家一角，一角平均四县，四县诸军事，郡府都有权过问。高昌国郡县之间，至少在军事上是有统属关系的。

昌县城置天山县，而南平郡城只是天山县下辖的一个城，相当于乡的行政建制。这也反映出唐代前期的西向策略，将西州境内的区域中心天山县设在更靠近西部的托克逊县城附近，使之成为唐朝深入西部天山腹地，并打击焉耆、挺进塔里木盆地的桥头堡，这大概就是唐太宗将该地由“始昌县”改名为“天山县”的蕴意。

三、天山城的交通区位

天山城的交通十分发达，其东部有系列烽燧线可通柳中城；东北有两条驿道至高昌城；北部有道路通无半城，无半向北经酸枣、柳谷通北庭，无半向东北通交河；西部有路至鹳鹆镇；南部即银山道，通焉耆。（图 45）

（一）天山城东部的城址烽燧与交通路线

天山城东部托克逊河下游至艾丁湖一带现今是一片荒滩，但在唐代是一片垦区，天山屯就在此处。从天山县城向东的道路，史籍无载，但现今发现的一系列唐代古城和烽火台，可证该地确有道路通行。从天山城所在之夏乡向东偏南，约 4 公里至乔拉克烽火台，再东约 16 公里至阿萨墩戍堡，再东南约 9 公里至考克烽火台，再东约 14 公里至毕占土拉烽火台。自毕占土拉烽火台有两路，一路向南约 10 公里至艾丁湖塔什烽火台，该烽火台向东沿艾丁湖南岸约 34 公里至阿萨协亥尔古城；另一路从毕占土拉烽火台向东约 6 公里至乌盘土拉烽火台，再东偏北约 7 公里至庄子坎烽火台，再东南约 22 公里至阿其克墩烽火台，再东南约 7 公里至阿萨协亥尔古城。1930 年黄文弼在吐鲁番考察时，在阿萨协亥尔古城北部发现一古道，车迹犹存，本地居民称为“北京邮路”，系汉唐以来内地通西域之大道[1]。阿萨协亥尔古城东约 23 公里至迪尔儿烽火台，迪尔儿烽火台东为通敦煌的大海道和通伊吾的伊吾路。

---

1 黄文弼：《吐鲁番考古记》，中国科学院考古研究所 1954 年版，第 13 页。

图 45　天山城周边交通形势图

天山县城至高昌城之两道，《新唐书·地理志》记其中一条经南平、安昌城，其走向或经阿萨墩戍堡折东北约 23 公里至安昌城所在之帕克拉克城址，再东约 9 公里至南平城所在之让布公商城址，再折东北至高昌故城。另一道即《大慈恩寺三藏法师传》所记经无半城的道路，当从天山城东北约 24 公里至无半城所在之阔坦吐尔故城，再折东部至吐鲁番，东至高昌故城。

（二）礌石馆、银山馆与银山道的走向

天山县西南至焉耆的道路称银山道，《新唐书·地理志》记载："自（西）州西南有南平、安昌两城，百二十里至天山西南入谷，经礌石碛，二百二十里至银山碛，又四十里至焉耆界吕光馆。"[1] 此处未记载"天山""礌石""银山"设馆，但吐鲁番出土文书证实三地至少在天宝十三

1 《新唐书》卷四十《地理志》，中华书局 1975 年版，第 1046 页。

载（754）是有驿馆的。天山馆或在天山县侧近，关于礌石馆的位置，《西域图志》记苏巴什塔克（“塔克”即“塔格”，意为“山”）云：

其北谷口，在托克三西南五十里。谷内有两大石，入谷行十里，微有水草，盖古车师通焉耆道也。……《唐书·地理志》称西州西南入谷者，当指苏巴什山谷而言。谷内有两大石，意即所谓礌石也。[1]

这里的苏巴什山在今托克逊县南部，今有苏巴什沟，其北口在县城南约 20 公里处，礌石馆就在这条沟谷之中，严耕望、巫新华等人亦主张此观点[2]，并无太大的异议。《新疆图志》又载：

（苏巴什驿）西南行七十里，至阿哈尔布拉沟，左右石壁陡峭，高插云霄。中画一道，仅容双轮。逶迤百数十里，石径荦确，车如簸箕。每当盛夏，山水暴发，状如奔马，呼吸间有波臣之叹，行者视为畏途。丁未（光绪三十三年）之秋，命游击张鸿畴凿平石磴，其阻路大石，用火药炸除，不似从前之狭逼矣。《图志》所谓两大石者，当即指此。[3]

这里进一步指出礌石馆所谓“两大石”，是在苏巴什驿西南 70 里处的阿哈尔布拉沟，这个沟谷应是苏巴什沟的一段，此地气候干旱，降水稀少，山谷两侧都是寸草不生的荒山。然而“苏巴什”又译作“苏贝希”，“水源”之意，沟谷中常年有泉水流出，可供来往行人饮用，唐代玄奘从高昌至焉耆途经银山道时见一“阿父师泉”[4]，或在苏巴什沟谷内。清代亦在此沿线设置馆驿，《新疆图志》记载：“自托克逊驿偏南九十里苏巴什驿，八十里阿哈布拉克驿，六十里桑园驿，七十里库木什阿哈玛驿，七十里旧房川驿，接焉耆东境官道。”[5] 其中的阿哈布拉克驿，应该就在阿哈尔布拉沟附近，此地今名“阿格布拉克”，周边高山环绕，洪水冲击出多个深沟，沟中有多处泉眼。泉水附近有一清代遗

---

1 傅恒等:《西域图志》卷二十三《山四》，钟兴麒等校注，新疆人民出版社 2002 年版，第 341 页。

2 严耕望:《唐代交通图考》第二卷《河陇碛西区》，“中央研究院”历史语言研究所 1985 年版，第 465 页。巫新华:《吐鲁番唐代交通路线的考察与研究》，青岛出版社 1999 年版，第 107—108 页。

3 王树枏等纂修:《新疆图志》卷六十一《山脉三》，朱玉麒等整理，上海古籍出版社 2015 年版，第 1082 页。

4 慧立、彦悰:《大慈恩寺三藏法师传》，孙毓棠、谢方点校，中华书局 2000 年版，第 24 页。

5 王树枏等纂修:《新疆图志》卷八十《道路二》，朱玉麒等整理，上海古籍出版社 2015 年版，第 1522—1523 页。

图 46　银山道及礌石馆、银山馆位置图

址，建于314高速公路东侧的一处醒目的黄土岗下。建筑南依断崖，其余三面砌筑围墙，墙体夯土中夹碎石片，最高处2.5米，最低处与地表平，门开在北墙。遗址内原有13间房屋，屋内有炉灶、烟道痕迹等，院落平坦，曾采集到青花瓷片，为酱色釉陶片，定为清代遗址[1]。该遗址应该就是阿哈布拉克驿，而唐代的礌石馆，应当也在附近。

至于银山馆的位置，《西域图志》记载托克逊南有“库木什阿克玛塔克”（“库木什”又译作“库米什”），“在苏巴什塔克北谷口西南一百四十里。……回语库木什，银也。阿克玛，积而不散之谓。库木什阿克玛塔克，即《唐书》所谓银山碛也”[2]。这一观点亦被后人采用，几

1　《不可移动的文物·吐鲁番地区卷5》，新疆美术摄影出版社2015年版，第70页。

2　傅恒等：《西域图志》卷二十三《山四》，钟兴麒等校注，新疆人民出版社2002年版，第342页。

无异议，银山馆当在银山碛中水源充沛之地，巫新华将其定位在今托克逊县城西南约 95 公里（公路路程）的库米什镇[1]，比较可信。唐史记载天山县距银山碛“二百二十里”，与实际距离有出入，但问题不大。

库米什镇实际是一处山间盆地，北部为觉罗塔格山（亦即清代文献中的“苏巴什塔克”“纳林奇喇塔克”等山），西部有博尔塔格山和榆树沟山，南部是库鲁克塔格山（清代文献中称“沙山”），其农业主要依靠库米什艾肯的泉水（现今可利用机电井取地下水），有耕地 5000 亩[2]。此地以前人口较少[3]，但作为一驿站，水和耕地资源是可以满足的。

唐朝在这里不仅设银山馆，还驻兵屯戍。《唐西州都督府上支度营田使牒为具报当州诸镇戍营田顷亩数事》载“银山戍兵□营田柒拾伍□”[4]，昔文书残损，我们不能确定屯兵的具体人数，“伍”后应缺一“亩”字，另有《唐西州都督府所属镇戍营田顷亩文书》记载“银山戍捌拾□”[5]，“拾”字后也应缺一“亩”字，银山馆、戍的屯田大概在 75 至 80 几亩。

第五节　西州西入天山腹地的桥头堡：鹳鹆镇城

1976 年，王炳华在托克逊县西部阿拉沟口调查发掘阿拉沟戍堡，出土了一批文书[6]。文书记载了唐代西州鹳鹆镇兵员、烽铺、游弈、甲杖、屯田、馆客等信息，具有非常重要的历史研究价值。同时，文书的发现亦证实唐代的鹳鹆镇就是今天的阿拉沟戍堡。古堡位于托克逊县伊拉湖乡布尔加依村西南约 29 公里（今属阿乐惠镇），南疆铁路鱼

1　巫新华：《吐鲁番唐代交通路线的考察与研究》，青岛出版社 1999 年版，第 108 页。其说该地有清代驿站遗址，惜第三次文物普查时尚未在库米什镇发现城址遗存。

2　托克逊县地方志编纂委员会编：《托克逊县志》，新疆人民出版社 2005 年版，第 78 页。

3　《吐鲁番乡土志》记载 1886 年该地为吐鲁番厅的一个村，仅有 33 人。见马大正等整理：《新疆乡土志稿》，新疆人民出版社 2010 年版，第 132 页。

4　《吐鲁番出土文书》肆，图录本，文物出版社 1996 年版，第 101 页。

5　《吐鲁番出土文书》肆，图录本，文物出版社 1996 年版，第 102 页。

6　王炳华：《阿拉沟古堡与唐鹳鹆镇》，原载《唐研究》第 8 卷，北京大学出版社 2002 年版，第 323—345 页；又载王炳华：《西域考古文存》，兰州大学出版社 2010 年版，第 186—207 页。

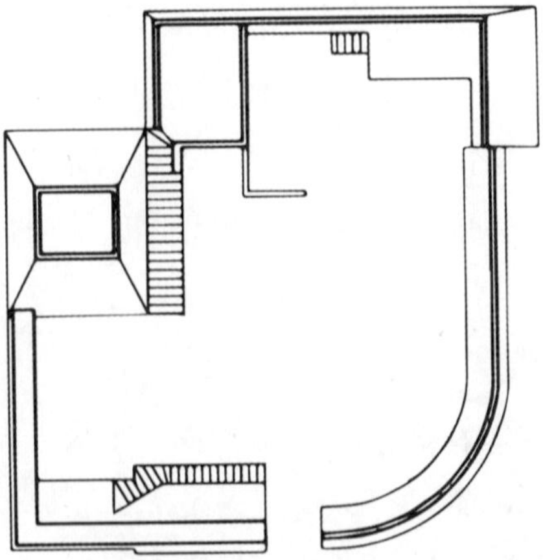

图 47　阿拉沟戍堡平面示意图

儿沟站西约 500 米处，又称“塔什土尔”，意为石垒，主要以砾石垒砌，少数辅以土坯。戍堡由城外围墙、烽火台、城墙和房屋几部分组成，整体略呈方形，剖面呈梯形，南北约 31 米，东西约 30 米，城门位于南墙中间。外围墙相对较矮，高 50 到 70 厘米，宽 40 到 50 厘米，以砾石和土坯垒砌；烽火台位于戍堡西北角，用砾石砌成，呈梯形，维修后高约 10 米；北墙内侧东西两角各存一平台，西角较高，东角较低，均有砾石砌成的台阶可登至平台顶部；房屋遗址有两处，现存有两间房屋的残垣（王炳华 1976 年考察时可见 6 间房址，位于北墙和东墙内侧，其绘制的平面示意图方向有误）。戍堡内外有文化层堆积，含马粪、杂草、毛毡、皮革、陶片。碳十四测定为唐代遗址[1]。

一、鹳鹆镇的屯田及鹳鹆仓的性质

阿拉沟所在地位于南北向倾斜的山前洪积扇上，地表为沙砾戈壁或黄土夹砾石，植被稀少。据王炳华当时所见，阿拉沟和鱼儿沟河谷至此，地势开阔，河面宽达百米，但河滩中乱石纵横，河岸峭壁陡立，

1 《不可移动的文物·吐鲁番地区卷 5》，新疆美术摄影出版社 2015 年版，第 27—29 页。

高达二三十米。戍堡附近水源充足，但取水并不方便，实际上，从阿拉沟口东至伊拉湖乡约 40 公里的范围内，由于坡度较大，时至今日虽有引水工程，但仍然不能开垦成为耕地。尽管如此，阿拉沟戍堡出土鹳鹆镇文书仍可见该地有少量烽铺、镇戍屯田，并有鹳鹆仓。

（一）鹳鹆镇的屯田

阿拉戍堡出土文书《唐某年鹳鹆镇牒为申报当界诸烽铺破除外见在人数》记载鹳鹆镇游弈所有“一十三人在麦场”，文书可识别有麦场的烽铺、镇戍包括揔见铺、赤山烽、忩榡烽、臯水烽、鹳鹆镇等[1]。鹳鹆镇的麦场可能就在阿拉沟戍堡附近，其他烽铺位置很难考证。该文书所记时间为“闰八月八日”，此为秋收季节，按托克逊县物候，平原地区小麦 6 月下旬收获[2]，托克逊县城附近平原地区海拔 8 米，而阿拉沟戍堡海拔 767 米，随着海拔升高，气温降低，阿拉沟附近的作物成熟季节也当推后。抑或此地种植的本就是喜温凉气候之青稞（又称裸大麦）、大麦等作物[3]，种植的地点可能向阿拉沟戍堡西部的谷地延伸。1928 年黄文弼在阿拉沟戍堡西部谷地中见一古城，当时已辟为耕地种麦[4]，可见此河谷的确有作物种植传统。

但是，烽铺屯田毕竟是补充，产出肯定不大，鹳鹆镇的粮料补给应该主要还是靠天山县诸粮仓。唐朝于此屯戍实际并不便利，粮食补给可能主要靠其他地方调运。

（二）鹳鹆仓的驿馆职能

斯坦因所获吐鲁番文书《唐鹳鹆仓残片》有“鹳鹆仓”的记载[5]，但

1 黄楼：《唐代西州鹳鹆镇文书研究》，《西域研究》2019 年第 1 期。

2 托克逊县地方志编纂委员会编：《托克逊县志》，新疆人民出版社 2005 年版，第 119 页。

3 西州青稞、大麦的种植又见《唐神龙二年（706）白涧屯纳官仓粮帐》，载《吐鲁番出土文书》叁，图录本，文物出版社 1996 年版，第 477 页。

4 黄文弼：《吐鲁番考古记》，中国科学院考古研究所，1954 年，第 2 页。

5 陈国灿：《斯坦因所获吐鲁番文书研究》，武汉大学出版社 1995 年版，第 316 页。

此仓之性质仍需进一步讨论。普林斯顿大学葛斯德图书馆所藏《唐天宝八载（749）牒为驼马驴料事》记载鹳鹆仓云：

（前略）

4. 日填陪者。准状，□郡仓曹者。依问，仓史令狐

5. 琼得款，替鹳鹆仓应勾当，于仓典侯亲

6. 处，领得破用帐及文牒至郡，依状通历，有

7. 麦贰拾叁硕五斗，称奉中丞处分，给诸官马

8. 料［　　　　　　　　］是实者。又款三

（后缺）[1]

文书记载的是仓史令狐琼对鹳鹆仓粮料破用帐进行审计，并发现其中有一批粮料支出为“奉中丞处分，给诸官马料”，这种情况在阿斯塔那506号墓出土的交河郡驿馆马料帐中经常出现，因此推测这里的鹳鹆仓实际是一个驿馆，至少是充当了驿馆的职能[2]。阿拉沟出土文书也有相关内容，王炳华编号阿拉沟七号鹳鹆镇关系文书记载：

（前缺）

1. □□给使首领康［　　　　］

2. □　　　　六品官一人［　　　　］

（后缺）[3]

黄楼认为该文书为供给往来官府客使的帐簿[4]。唐代天山县向西，经鹳鹆镇至天山腹地之道路，似有经常性的人员往来，而负责迎送诸使，自然是由鹳鹆仓来执行。

二、鹳鹆镇的烽铺与交通形势

阿拉沟戍堡出土两件涉及鹳鹆镇镇兵及所在烽铺的文书，黄楼曾

1 录文转引自丁俊：《从新出吐鲁番文书看唐前期的勾征》，载《西域历史语言研究集刊》第2辑，科学出版社2009年版，第154页。

2 西州天山仓、天山县仓也有相似的职能，详见本章第一节。

3 王炳华：《阿拉沟古堡与唐鹳鹆镇》，《西域考古文存》，兰州大学出版社2010年版，第195页。

4 黄楼：《唐代西州鹳鹆镇文书研究》，《西域研究》2019年第1期。

将两件文书缀合，正反两面的文字信息得以完整呈现，并将文书重新定名为《唐某年鹳鹆镇牒为申报当界诸烽铺破除外见在人数》和《唐某年闰八月鹳鹆镇□元亮牒为申报当界诸烽铺破除外见在人数》。两件文书记载鹳鹆镇游弈所见在镇兵 48 人分散于附近各烽铺，地名中大致可释读的铺 5 处：□蓄铺、揔见铺、临蓄铺、断贼铺、□觉铺；烽 9 处：鹳鹆烽、赤山烽、岔椟烽（椟岔烽?）、臯水烽、黑鼻烽、阿施烽、名岸烽、壃石烽、小白水烽、泥岭烽[1]。另外，2016 年吐鲁番市文物局考古队在吐峪沟石窟中发现一件文书，上面记录许多烽燧和上烽之人，其中的鹳鹆烽、泥岭烽、壃石烽、名岸烽、黑鼻烽、赤山烽同样出现在上述阿拉沟戍堡出土文书中，该文书记载的也当是鹳鹆镇戍防情况，推测剩下的漠大烽、尖山烽也属鹳鹆镇界[2]。

（一）鹳鹆镇西入天山腹地道路

上述烽铺具体地点，已很难找寻。第二次、第三次文物普查时，在阿拉沟一带发现的城址、烽燧也比较少，除后文提及的吾斯提沟烽火台以外，在阿拉沟戍堡西约 30 公里处，发现一夏尔沟城堡遗址。该地地处夏尔沟与阿拉沟的交汇处，两河上源为天格尔山可克达坂南侧，越达坂后即乌鲁木齐河、头屯河上源。古代时期天山腹地河谷多有道路通行，而夏尔沟所在地控扼着天山腹地东入吐鲁番盆地的交通要道，有易守难攻之势。城堡依地势而建，东、西、北侧皆为悬崖峭壁。与阿拉沟戍堡相似，城堡整体以土石垒砌而成，平面略呈方形，残存东墙约 21 米，南墙约 20 米。遗址内发现部分陶片，第三次文物普查定为唐代遗址[3]。介于此地特殊的位置，其在唐代当为鹳鹆镇界范围的一处军事建筑。

1976 年，王炳华曾在阿拉沟一带调查，除发现上述夏尔沟戍堡

1 黄楼：《唐代西州鹳鹆镇文书研究》，《西域研究》2019 年第 1 期。

2 文书图版尚未公布，录文见陈国灿：《唐西州的四府五县制——吐鲁番地名研究之四》，《吐鲁番学研究》2016 年第 2 期。

3 《不可移动的文物·巴音郭楞蒙古自治州卷 1》，新疆美术摄影出版社 2015 年版，第 83 页。

外，在其西约 4 公里处见一烽火台，该烽火台处在一处山梁上，以土、石垒砌而成。距阿拉沟口 32 公里处，又见一较大的古垒遗址，平面近方形，边长 30 多米，墙高 4 米多。在巴仑台镇附近又见烽燧[1]，该地已远离阿拉沟范围，位于乌拉斯台河旁，沿河流南下和静县的道路，是古代阿拉沟上源折南入焉耆盆地的重要谷道。王炳华发现的这些遗址在第三次文物普查时并未收录，其具体形态以及年代、性质有待于进一步调查和发掘。

从现存的夏尔沟城堡、吾斯提沟烽火台等遗址来看，唐代鹳鹆镇镇戍重心主要为天山县西部的山地、谷地。美国普林斯顿大学盖斯特图书馆收藏一件吐鲁番文书，陈国灿定名为《唐西州高昌县下武城城牒为贼至泥岭事》，记载的是西州探子西入天山腹地刺探军情之事，录文如下：

1. 高昌县　　牒武城城
2. 牒：令（今?）日夜三更，得天山县五日午时状称：得曷畔戍主张长年
3. 等状称：今月四日夜黄昏，得探人张父师、簿君洛等二人口云：
4. 被差往鹰娑已来探贼，三日辰时行至泥岭谷口，遥见山头
5. 两处有望子，父师等即入柳林里藏身，更近看，始知是人，见两
6. 处山头上下，始知是贼。至夜黄昏，君洛等即上山头望火，不见
7. 火，不知贼多少。即得此委，不敢不报者。张父师等现是探子。

（后缺）[2]

据文书内容，情报是由张父师、簿君洛二人探得。二人在鹰娑刺探敌情，此鹰娑即唐史中出现的“鹰娑川”，位于焉耆西北[3]，即今开都河上游尤路都斯盆地一带。二人在泥岭谷口见山头有敌军望子，阿拉沟出土鹳鹆镇文书见“泥岭烽”，当在此泥岭谷附近。张父师、簿君洛二人当是经阿拉沟入开都河上游一带，得知此地有敌情后，返回至曷畔戍

1　王炳华：《阿拉沟古堡与唐鹳鹆镇》，《西域考古文存》，兰州大学出版社 2010 年版，第 207 页。

2　录文见陈国灿：《美国普林斯顿所藏几件吐鲁番出土文书跋》，《魏晋南北朝隋唐史资料》第 15 辑，武汉大学出版社 1997 年版，第 109 页。图见 Judith Ogdem Bullitt，Princeton's Manusript Fragments from Tun-Huang，The Gest Library Journal，Volume 111 Numbers 1—2，Spring 1989.

3　《新唐书》卷二百一十七下《回鹘》，中华书局 1975 年版，第 6142 页。

告知戍主张长年，张长年再将消息传递至天山县，天山县转至武城，武城呈牒至州司。陈国灿认为这次探敌可能与显庆元年（656）程知节、苏定方在鹰娑川击西突厥鼠尼施等部有关，并认为曷畔戍在银山戍以北、白水镇以南某处[1]。此说有一定道理，但曷畔戍的位置不够确切。按此情报自西向东传，曷畔戍当在托克逊县城（唐天山县所在地）与阿拉沟之间，甚至可能就在阿拉沟谷地之内[2]。情报传递过程中当从鹳鹆镇经过，但文书并未提及，此时鹳鹆镇尚未成立？抑或鹳鹆镇与曷畔戍为一地？具体情况有待于进一步研究。

（二）鹳鹆镇南入焉耆的道路

Ot.3354号《河西天山军兵员给粮文书》记载鹳鹆镇兵食仓情况：

> 支银山仓，及。
>
> 5. 一十二人鹳鹆镇界
>
> 郡仓支，十五日
>
> 6. 一十人烧炭支安昌界[3]

---

1 陈国灿：《美国普林斯顿所藏几件吐鲁番出土文书跋》，《魏晋南北朝隋唐史资料》第15辑，武汉大学出版社1997年版，第111—112页。又见李方：《唐西州军政官吏的本地升迁》，《吐鲁番学新论》，新疆人民出版社2006年版，第520—521页。该文书记载的张父师，二者指出可能与《武周西州高昌县某堰堰头牒为申报田主、亩数、佃人等事》《唐阚洛□等点身丁中名籍》《武周天山府下张父师团帖为勘问右果毅阙职地子事》等文书中记载的张父师为同一人，并依据此人的年龄推断文书的具体年代。值得注意的是，"父师"一名可能出自佛教，如《大慈恩寺三藏法师传》记载银山道上的"阿父师泉"。"父师"作为人名使用在佛教高度盛行的西州地区可能是普遍现象，除张父师，《唐西州高昌县梁仲德等户主田亩簿》（《吐鲁番出土文书》肆，文物出版社1996年版，第110页）中还有"辛父师"，Ot.2860号（《大谷文书集成》第一卷，法藏馆1983年版，第118页）有"冯父师"，《周如意元年（692）西州高昌县诸堰头等申青苗亩数佃人牒》（《中国古代籍帐研究》，中华书局2007年版，第188、190页）有"窦父师"、"康父师"，《唐西州高昌县顺义等乡勘田簿》（《吐鲁番出土文书》贰，图录本，文物出版社1994年版，第12、14页）有"姜阿父师""田阿父师"的记载，因此不能排除当时以"父师"为名的同姓人之存在。此处故且从其说。程知节、苏定方等与西突厥在鹰娑川一战详见《资治通鉴》卷二百，"高宗显庆元年十二月"条，中华书局2011年版，第6413—6414页。

2 程喜霖认为曷畔戍位于交河县西北白水涧道上某要隘处，恐误。见氏著《吐鲁番文书所见唐代镇戍守捉》，载《吐鲁番唐代军事文书研究·研究篇》，新疆人民出版社2013年版，第261页。

3 小田义久：《大谷文书集成》第二卷，法藏馆1989年版，第80页。部分内容据王永兴《北庭天山军食仓粮问题初探》一文改，见《唐代前期西北军事研究》，中国社会科学出版社1994年版，第66—68页。

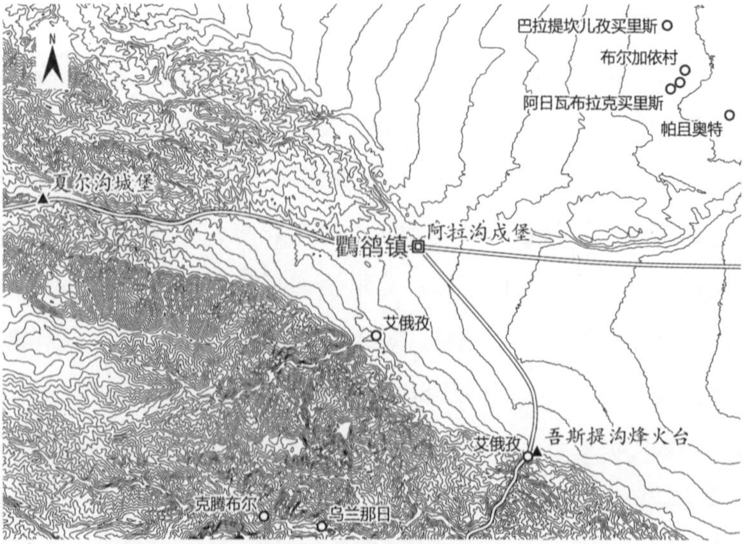

图 48　鹳鹆镇位置及交通图

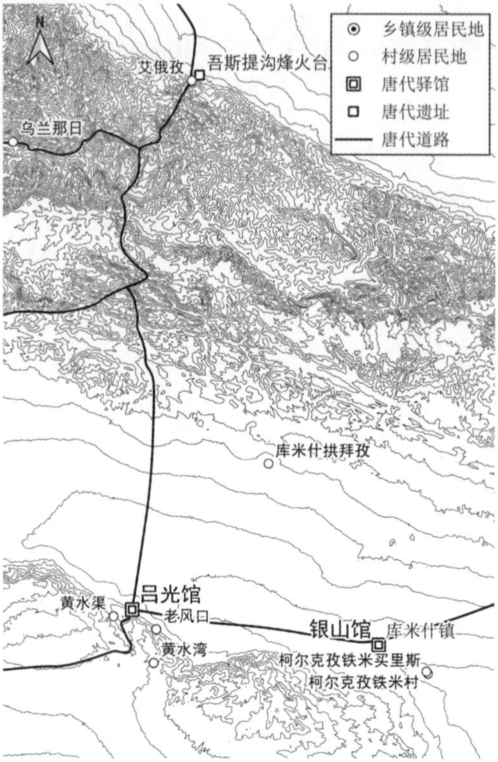

图 49　鹳鹆镇南入焉耆的道路

王永兴曾对整件文书进行过精审的分析。另有凌文超认为上段文书中第5列"一十二人鹳鹆镇界"的勾检内容是后面的"郡仓支，十五日"，并提出鹳鹆镇粮料由郡仓直接支给，这一观点恐误[1]。实际按照唐代文书勾检习惯，为第5行进行勾检的应该其前面的"支银山仓，及"[2]。这样一来，为鹳鹆镇兵提供粮料的为银山仓，而非郡仓。唐有银山道，道上设银山馆、银山戍，均位于今托克逊县库米什镇附近，银山仓也当在此处。从此地前往阿拉沟戍堡，需要翻越觉罗塔格山，路途并非便利，且山北的托克逊县附近有天山仓、天山县仓，按理并不需要从银山馆为鹳鹆镇兵提供粮料。颇疑阿拉沟戍堡向南有道路通向库米什盆地（图49），鹳鹆镇的镇界不仅西入天山腹地，而且南越觉罗塔格山，与焉耆界相邻。

阿拉沟戍堡南部沿着吾斯提河谷西入天山腹地，又有道路向南越觉罗塔格山入库米什盆地，与银山道合。这条山道的防务，属于鹳鹆镇界。如此一来，从库米什镇附近的银山仓为南坡一段的戍防提供粮料就说得通了。

1988年第二次文物普查时，在今托克逊县西部的吾斯提沟口发现了一座烽火台，为我们提供了一些新的证据。该烽火台位于阿拉沟戍堡东南约18公里的吾斯提沟口附近一处小山冈上，平面呈长方形，东西约4.3米，南北约3.9米，残高约1.5米，基体由砾石块垒砌，时代为唐[3]。该烽火台的发现，足证唐代鹳鹆镇向南有道路入觉罗塔格山。入山以后，一道折西沿河谷西入吾斯提沟上源，与鹳鹆镇西入阿拉沟之道汇合；另一道南下库米什盆地，接吕光馆，西南入焉耆盆地。

这条谷道，在清代的文献中也有记载，《西域图志》记载：

> 博罗图塔克，在纳林奇喇塔克西五十里，当哈喇沙尔东北境。山多积

1 凌文超：《普林斯顿大学葛斯德图书馆藏两件天山县鹳鹆仓牒考释》，《吐鲁番学研究》2009年第2期。

2 王永兴：《北庭天山军食仓问题初探》，《唐代前期西北军事研究》，中国社会科学出版社1994年版，第66—68页。

3 《不可移动的文物·吐鲁番地区卷5》，新疆美术摄影出版社2015年版，第48—50页。

雪。博罗图郭勒发源北麓。乾隆二十六年，遣官告祭，每岁春秋致祀。入北谷口西行，通裕勒都斯。出西南谷口西南行，即哈喇沙尔境。[1]

钟兴麒等注云，此“博罗图塔克”即和硕县东北的阿拉沟山，包尔河发源于其东南，流经库米什。《图志》所云“博罗图郭勒”，实际就是今吾斯提沟，“北谷口”就在今吾斯提沟烽火台附近。沿此河谷向西可至阿拉沟山主峰附近，接阿拉沟上源，西入裕勒都斯，即今尤路都斯盆地；而在该河谷的中段某处，有道路向西南，出南谷口接哈喇沙尔境，即今焉耆盆地。

在唐代，位于天山腹地的游牧部落，可能从阿拉沟、吾斯提沟、包尔河等多条河谷进入天山县境，这一带军防实际面临着严峻的挑战，鹳鹆镇戍防对于西州西部、西南部军防发挥着非常重要的作用。

第六节　唐代西州西向策略——以贞观后期唐朝在西域的战事为中心

西州交河县、天山县以西的天山腹地，对于唐朝西域军防及区域稳定具有非常重要的战略意义。贞观后期唐朝的西向经略，都是以西州为前沿阵地，进而沿天山谷道向西推进。唐太宗与处月、焉耆、龟兹的几次战争，集中体现唐朝积极经营天山廊道的意图。

一、天山腹地廊道的战略意义

《西域水道记》记载，今天山腹地的大、小尤路都斯、巴音布鲁克、开都河上游一带，“地当西域之中。东达阿拉癸山，西接伊犁空格斯（巩乃斯）河源。准部未靖时，自哈密至伊犁者，恒取道于兹”[2]。阿拉癸山即阿拉沟南部的阿拉沟山，空乃斯河是伊犁河的上源，准噶尔

1　傅恒等:《西域图志》卷二十三《山四》，钟兴麒等校注，新疆人民出版社 2002 年版，第 341 页。
2　徐松:《西域水道记》，中华书局 2005 年版，第 105 页。

部未收复之前，天山北麓路阻，从吐鲁番至伊犁河谷下游一带地区，经天山腹地的这条道路最为接近。成书于乾隆年间的《西域闻见录》，在卷首舆图中绘出了这条道路[1]。

唐西域政治形势一度比清代更为严峻。初置西州时，西突厥五咄陆占据天山北麓，又有处月等部占据巩乃斯河上游，时常东入天山县西部的阿拉沟，焉耆也逐渐投靠西突厥与唐朝为敌。如此，唐朝向西经营，无论是走天山南部的丝绸之路中道，还是走北部的丝绸之路北道，都受到了极大的阻碍。在突破这一阻力的一系列军事活动中，唐朝选择了深入并控制天山腹地，占领地缘优势，再经营天山南北两道的军事策略。这种战略思想在唐代史料中较少有人总结，但清代经略西域的过程，却有人看到这一军事策略的优越性。《新疆图志》卷八十《藩部三》载《珠勒都斯考》（珠勒都斯即今尤路都斯）一文甚为精辟，摘录如下：

> 伊犁赴南疆有三道：一出阿克苏，一出喀什噶尔，一出喀喇沙尔，则开都河其要冲也。……考《唐书·突厥传》：永徽五年，“前军苏定方击贺鲁别帐鼠尼施于鹰娑川。”《回鹘传》：“鹰娑川，在焉耆西北。”《水道记》意即开都河，唐置鹰娑川都督府于此。盖以其地南接龟兹，西通伊犁，与安西都护所辖之十六都督府、四十八羁縻州遥相联络，诚要地也。
>
> 准噶尔时，有沙拉斯玛呼斯者，准部二十四鄂拓克之一也，居喀喇沙尔之海杜河西。乾隆丁丑春，将军成衮札布、参赞舒赫德由朱勒都斯进伊犁，道遇克特勒、乌鲁特、沙喇斯玛虎斯等，皆抚降其众，大军过而复叛，都统满福中伏死。又，和硕特台吉子诺尔布敦多克游牧额琳哈毕尔噶，击阿逆于诺尔斯哈济拜甡，不胜，偕萨拉尔间道行，由珠勒都斯至巴里坤。又，《贡格郭丹传》：“阿睦尔撒纳叛，定西将军策楞引大军赴伊犁，贡格敦丹由珠勒都斯间道至。”审是则珠勒都斯为天山南北相通之要道。盖是时大军驻巴里坤，阻于乌鲁木齐，故由西北两路进则会于博罗塔拉，由南路进则经珠勒都斯，以偏师剪其羽翼也。
>
> 计由乌鲁木齐自托克逊至喀喇沙尔，一千五百余里。由伊犁踰纳喇岭至开都河，踰河即喀喇沙尔，则仅一千一百余里，程途较捷。东可由吐鲁番而

1 《西域闻见录》卷首《舆图》，日本宽政十三年（1801）刻本。

达哈密，北可由大、小裕勒都斯合流之哈尔沙图即哈尔玛图而达巩宁。惟中经那喇特岭、察罕通格山不能通车，若于山内开通陕隘，于开都河增设渡船，酌设一营，置卡以卫商旅，安台以通军报，西可避出凌山，东可免纡戈壁，将来必成孔道，南北有事，亦易应援。如库舍图岭之廿四盘道、果子沟之四十八桥，施功虽艰，为利甚远，是亦为伊犁疆计者所当措注者尔。[1]

清代前期西域的政治中心在伊犁，其通南疆道路，一出喀什，一出阿克苏，一出焉耆，其南北形势与唐之“安西四镇”（碎叶、疏勒、龟兹、焉耆）有相似之处。如果再考虑东部的西州、东北部的庭州，自开都河上游小尤路都斯盆地别道出阿拉沟可入天山县，经乌鲁木齐河、头屯河、呼图壁河等谷地又有道路通庭州之轮台县，是为唐朝西域战略格局的总体形势。如此来看，尤路都斯盆地实则为一个地理枢纽，其北通乌鲁木齐，西通伊犁河谷，南通库车、轮台，东通吐鲁番、焉耆，当中央王朝向西开拓之时，其位置如同一个军事制高点，占领此地便可对天山周缘地区实施有效控制；反之，若该地为游牧部落控制，则北庭、安西，甚至东部三州都将陷入紧张的局面。

唐太宗后期是唐朝经营天山廊道最积极进取的时期。置西州以后，唐太宗发动对处月、焉耆、龟兹等部落和绿洲城邦的几次战争，都体现出唐朝试图控制天山腹地的意图，以下对这几次战争作详细分析。

二、贞观十六年郭孝恪西入天山腹地的战争

史载贞观十六年（642）西突厥处月、处密部进犯天山县[2]，安西都

---

1 王树枏等纂修：《新疆图志》卷十八《藩部三》，朱玉麒等整理，上海古籍出版社 2015 年版，第 413—414 页。

2 处月、处密二部侵犯天山县事见《通典》卷一百九十九、《旧唐书》卷一百九十四下、《新唐书》卷二百一十五下《突厥传》、《新唐书》卷二百一十八《沙陀传》、《资治通鉴》卷一百九十六。《新唐书》记“处月、处蜜兵围天山而不克”，但实际此次侵犯可能攻破天山城。吐鲁番出土文书《唐妇女郭阿胜辞为请官宅事》（《吐鲁番出土文书》贰，图录本，文物出版社 1994 年版，第 187 页）及 Ot.2831 号《西州奴俊延妻孙氏辨》（《大谷文书集成》第一卷，法藏馆 1983 年版，第 103 页）有“突厥抄掠”、“大军一来，天下平太”、“破城之日”等记载，刘安志认为两件文书所记之战事均为贞观十六年西突厥侵犯天山县一事，见氏著《读吐鲁番所出〈唐贞观十七年西州奴俊延妻孙氏辩辞〉及其相关文书》，《敦煌研究》2002 年第 3 期。

护、西州刺史郭孝恪率军击走之，并乘胜追及，于遏索山斩首千余级，降处月、处密二部。岑仲勉认为，遏索山为额林哈毕尔噶山，处月在今巩乃斯河流域，处密在塔城东南、额尔齐斯河西南，其云：“遏索山产金，故亦名金沙山，处月居其阳，则今空格斯流域一带，唐于此置金满州，度必以产金而命名，非取义于后汉之金满城者。……余颇疑处密即‘bolcu’之倒译，其牧地当今塔尔巴噶台之东南，额尔齐斯（曳咥）河之西南。（郭）孝恪所以踰遏索山而北降处密也。”[1]

岑仲勉对于唐金满州与遏索山出金之关系的描述，以及将处月定位于巩乃斯河流域的观点，是很有见地的。如此，郭孝恪反击处月、处密的道路，亦即二部侵犯吐鲁番盆地的道路，当是经天山县向西，沿阿拉沟至小尤路都斯盆地，再经那拉提山口入巩乃斯河流域[2]。此道在汉唐时期鲜有直接的文献记载，但据松田寿田考证，此道在汉晋时期就被利用[3]，在唐代，一些行军路线，以及现今在阿拉沟、巩乃斯河谷发现的唐代遗址表明此时的中央王朝对该道也在努力经营。明代陈诚西行之路线，似与郭孝恪击处月之路线相同[4]。

近年来，在巩乃斯河谷新源县东约 9 公里处发现了一处阿勒吞古城遗址，“阿勒吞”为哈萨克语，意为“出金子”，因盛世才时期设置的金矿局在古城内掏挖黄金而得名。古城为方形，南北约 189 米，东

1 岑仲勉：《西突厥史料补阙及考证》，中华书局 1958 年版，第 198—199 页。岑仲勉多据清代之文献，所述地理位置有的与现今情况存在出入，额林哈毕尔噶山即今依连哈比尔尕山，位于今乌苏、独山子、沙湾等县南部，处月所处的空格斯河流域（巩乃斯河），实际不与依连哈比尔尕山相邻，其间尚有阿吾拉勒山和喀什河谷，即今尼勒克县。处密位于依连哈比尔尕山北部的准噶尔盆地，具体位置在塔尔巴哈台（今塔城）东南、额尔齐斯河西南，依照现今的地图，大致在克拉玛依市一带。

2 刘安志：《读吐鲁番所出〈唐贞观十七年西州奴俀延妻孙氏辩辞〉及其相关文书》，《敦煌研究》2002 年第 3 期。

3 《魏略·西戎传》记载：“从玉门关西北出，经横坑，辟三陇沙及龙堆，出五船北，到车师界戊己校尉所治高昌，转西与中道合龟兹，为新道。”（《三国志》卷三十，中华书局 1959 年版，第 859 页）对于这条“新道”与中道汇合点在龟兹而不在焉耆或尉犁的原因，松田寿男赞同藤田丰八的观点，认为“新道”自高昌向西，所经路线是从今托克逊向西经阿拉沟至小尤路都斯盆地，再沿开都河向西折南至大尤路都斯盆地（巴音布鲁克草原），再向南至库车。详见松田寿男：《古代天山历史地理学研究》，中央民族学院出版社 1987 年版，第 104 页。

4 陈诚：《西域行程记》，中华书局 2000 年版，第 37—49 页。

西约188米，夯土而成，城墙保存基本完整，局部地段有土坯补筑痕迹。东西墙中部各有一个较低洼的缺口，似为城门所在。城内建筑物皆毁无遗，挖掘黄金形成的一条宽达45米，深约1米的宽沟，将城辟为东西两半。城内地表散布有陶片、砖块，曾出土过石磨盘等遗物，从文物特征来看，该城时代为唐至宋元时期[1]。古城南岸为河谷平原，地势开阔，周围草场广布，当为唐代西突厥处月部落境内的一处古城。永徽年间唐朝于处月部落置金满州[2]，实为一羁縻州，并没有在此筑城，但该地是天山中部西通伊犁河谷至碎叶一带的必经之地，地理位置尤显突出，不排除唐朝在此设军事据点的可能。

总之，贞观十六年（642）郭孝恪出击处月、处密一战，并不完全是一场自卫反击战，而在一定程度上反映出唐朝的西向策略，其降服处月，试图控制天山腹地核心区，为其进一步向西、向南发展奠定基础。如此，我们便可清晰地洞察贞观十六年（642）郭孝恪深入天山腹地的战略意义，以及唐朝在更靠近西部的托克孙附近设置天山县的战略意图。

三、贞观十八年郭孝恪西入焉耆的战争

贞观十四年（640）交河道行军灭高昌国，于其地改置州县，将高昌王及群臣豪杰尽数迁入中原[3]，此事对西突厥反唐势力以及焉耆、龟兹等绿洲诸国造成极大的震动。安西都护郭孝恪深入天山腹地数百里而还，西域诸国对于唐朝的西进产生了畏惧情绪。之前一度和唐朝交好的焉耆国，此时也和西突厥乙毗咄陆可汗重臣联姻，“相为唇齿”[4]，

---

1 《不可移动的文物·伊犁哈萨克自治州卷2》，新疆美术摄影出版社2015年版，第12页。

2 《旧唐书》卷四十三下《地理志》，中华书局1975年版，第1131页。

3 《资治通鉴》卷一百九十五“太宗贞观十四年九月乙卯”条，中华书局2011年版，第6269页。

4 焉耆国王与西突厥联姻事见《旧唐书·焉耆传》：“西突厥重臣屈利啜为其弟娶焉耆王女，由是相为唇齿，朝贡遂阙。”又《旧唐书·郭孝恪传》载：“焉耆王寻叛归欲谷可汗，朝贡稀至。”吴玉贵认为此“欲谷可汗”就是西突厥欲谷设可汗，即乙毗咄陆可汗的异称，见氏著《突厥汗国与隋唐关系史研究》，商务印书馆2017年版，第290页。另有《册府元龟》卷一百二十五《帝王部·料敌》（凤凰出版社2006年版，第1520页）记载“焉耆背德怀贰，归诚于咄陆可汗”，均证实焉耆投诚的对象为西突厥反唐势力乙毗咄陆可汗，而与焉耆国王联姻的屈利啜，即为乙毗咄陆可汗的臣属。

我们尚不清楚郭孝恪在遏索山击败处月部以后，西突厥是否加强了天山腹地的防御，但贞观十八年（644）前西突厥反唐势力与焉耆、龟兹绿洲诸国结成同盟的确阻碍了唐朝西进的脚步。为打破这一局面，贞观十八年（644）唐朝又任命郭孝恪为西州道行军总管，出兵击焉耆。《旧唐书·焉耆传》记载：

> 其年（贞观十八年），西突厥重臣屈利啜为其弟娶焉耆王女，由是相为唇齿，朝贡遂阙。安西都护郭孝恪请击之，太宗许焉。会焉耆王弟颉鼻叶护兄弟三人来至西州，孝恪选步骑三千出银山道，以颉鼻弟栗婆准为向导。焉耆所都城，四面有水，自恃险固，不虞于我。孝恪倍道兼行，夜至城下，潜遣将士浮水而渡，至晓，一时攀堞，鼓角齐震，城中大扰。孝恪纵兵击之，虏其王突骑支，首虏千余级。以栗婆准导军有功，留摄国事而还。时驾幸洛阳宫，孝恪锁突骑支并其妻子送行在所，诏宥之。[1]

又《旧唐书》卷八十三《龟兹》记载：

> 安西都护郭孝恪来伐焉耆，龟兹遣兵援助，自是职贡颇阙。[2]

又《资治通鉴》卷一百九十七记载：

> 孝恪去三日，屈利啜引兵救焉耆，不及，执栗婆准，以劲骑五千，追孝恪至银山，孝恪还击，破之，追奔数十里。……西突厥处那啜使其吐屯摄焉耆，遣使入贡。上数之曰："我发兵击得焉耆，汝何人而据之！"吐屯惧，返其国。焉耆立栗婆准从父兄薛婆阿那支为王，仍附于处那啜。[3]

郭孝恪此次行动实际是一次偷袭，讲求出奇制胜，其出军之地，必定是西州西部的天山城。我们从阿斯塔那506号墓出土的《唐天宝十三—十四载（754—755）交河郡长行坊支贮马料文卷》就可知，经银山道从天山县南部礌石馆至焉耆，一天的时间便可到达，但此道"多沙碛卤，唯近烽足水草"[4]，贞观十八年（644）此道沿线绝无烽铺驿馆补给，实际上行军是有风险的。好在有熟悉地形的焉耆王子颉鼻

---

1 《旧唐书》卷一百九十八《焉耆传》，中华书局1975年版，第5302页。

2 《旧唐书》卷一百九十八《龟兹传》，中华书局1975年版，第5303页。

3 《资治通鉴》卷一百九十七"太宗贞观十八年九月"条，中华书局2011年版，第6325页。

4 上海古籍出版社、法国国家图书馆编：《法国国家图书馆藏敦煌西域文献》1，上海古籍出版社1995年版，第77页。

叶护兄弟三人作向导，郭孝恪方能备道兼行，出其不意，一举俘虏了焉耆王突骑支。此役让焉耆，以及与焉耆“唇齿相依”的西突厥屈利啜、龟兹都始料未及，二部之援兵到达之时，郭孝恪已俘焉耆王离去三日。

屈利啜援军前赴焉耆的道路，当是从大尤路都斯盆地沿开都河东下，龟兹援军之路线自然是沿天山南麓的丝绸之路中道经铁门关而来，此亦可证焉耆与天山腹地一带有便捷的道路相通，是为唐朝努力经营焉耆的重要原因之一。

四、贞观十九年唐军再入天山腹地

焉耆一战后，西突厥在天山腹地及焉耆一带的政治局势发生了变化，乙毗咄陆可汗西逃，乙毗射匮可汗势力逐渐壮大并控制天山腹地及焉耆一带。吴玉贵认为，前引《通鉴》记载“西突厥处那啜使其吐屯摄焉耆”，与“屈利啜引兵救焉耆”并非一事，后者屈利啜代表的是乙毗咄陆可汗，而前者代表是的乙毗射匮可汗，乙毗射匮可汗原为西突厥亲唐势力，为唐太宗册封，大概在贞观十九年（645）前后已与唐朝出现了矛盾[1]。

乙毗射匮可汗仍以处月、焉耆作为遏制唐朝深入天山腹地的屏障，其后又有唐太宗派遣阿史那忠抚慰处月、处密事。《贞观年中抚慰处月处蜜诏》记载：

> 可令左屯卫将军阿史那忠为西州道抚慰使，屯卫将军苏农泥孰仍兼为吐屯检校处月、处蜜（密）部落。宣布威恩，招纳降附，问其疾苦，济其危厄。务尽绥怀之道，称朕意焉。[2]

该诏所记阿史那忠抚慰处月、处密一事，吴玉贵认为是在贞观十九年（645）上半年[3]。诏书记载此次抚慰，言辞尚不激烈，另有《阿史那忠碑》及《阿史那忠墓志》更为详细地记述了此次战争：

1　吴玉贵：《突厥汗国与隋唐关系史研究》，商务印书馆2017年版，第298页。

2　日藏弘仁本《文馆词林》卷六六四《贞观年间抚慰处月处蜜诏一首》，第250页。又载陈尚君辑校：《全唐文补编》卷二，中华书局2005年版，第23页。

3　吴玉贵：《突厥汗国与隋唐关系史研究》，商务印书馆2017年版，第304页。

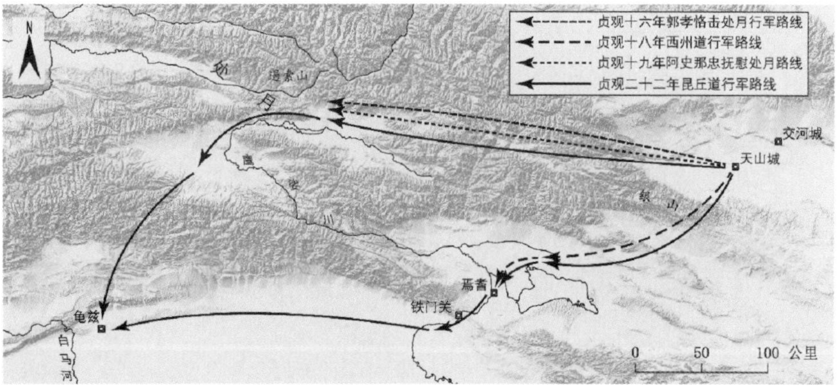

图 50　贞观后期唐朝在天山廊道的四次行军路线图

> 公讳忠，字义节，其先代人，今为京兆万年人也……既而句丽百济，互相侵逼，处月焉耆，各为唇齿，□□邪于荒裔□□伐□皇情□□□□□□□□□□□□□□□□绥边□□诏公□城域安抚□□□□之寄右地砻□加授上柱国。[1]

> 公讳忠，字义节，其先代人，今为京兆万年人也……圣驾雷动，问罪东夷，公衔命风驰，慰抚西域，旌悬泑泽，骑越葱河，处月焉耆，共稽王略。公扬威电击，诸戎瓦解，前庭宝马，驱入阳关，罽宾飞鸾，将充禁御。[2]

墓志及碑文均记录了此次阿史那忠出西域抚慰的对象是处月和焉耆，并未提及《抚慰处月处密诏》中之处密部，所谓“处月焉耆，各为唇齿”，是因处月部位于巩乃斯河流域，并可能向东延伸至西州天山县西部的阿拉沟一带，而焉耆则位于开都河下游。二者扼守从东部进入天山腹地的两条道路，阻碍了唐朝西进的脚步，因此太宗下诏明为“抚慰”，实则是军事打击。总之，郭孝恪、阿史那忠于贞观十六年（642）、十八年（644）、十九年（645）三次打击处月、焉耆，打通了通往天山腹地的道路，熟悉沿途地理环境，为昆丘道行军作准备。

---

1 《全唐文》卷九九一，中华书局 1983 年版，第 10259 页。

2 周绍良主编：《唐代墓志汇编》（上），上海古籍出版社 1992 年版，第 601—603 页。

五、贞观二十二年昆丘道行军路线考察

史载昆丘道行军起止时间大概在贞观二十一年（647）十二月至贞观二十二年（648）十二月，但据新出《大唐故天山县令侯府君墓志铭》记载，在此之前唐朝与龟兹等势力就有军事摩擦，该《墓志铭》记载：

君讳仁愷，字友悌，上谷人也。……上以西州创置，邻狄跨羌，天山一邦，寔惟襟带，妙练文武，镇遏边垂。君勇冠三军，当斯五辟，遂应嘉命，朝野荣之。亦既下车，政平讼息。乃降恩敕，深难能官。以征龟兹有功，酬庸之赏巨万。……以贞观廿一年二月十三日非命于任，春秋卌有九。[1]

侯仁愷于贞观十四年（640）初置西州时出任西州天山县令，死于贞观二十一年（647）二月十三日，此时昆丘道行军尚未进行，但墓志却记其"以征龟兹有功，酬庸之赏巨万"。天山县是唐军西入天山、焉耆、塔里木盆地的桥头堡，侯仁愷出任天山县令，肩负起唐朝经略西域的重任，所面临的压力也很大，贞观十六年（642）处月、处密围天山，其作为天山县令，没有让游牧部落攻破县城。其后郭孝恪反击处月、处密，追至天山腹地，贞观十八年（644）又突袭焉耆，侯仁愷可能也参与了行军的一些任务。昆丘道行军前夕，由于天山县的特殊位置，其可能承担了探察地形和敌情的任务，其间可能与敌对势力有一些零星的战斗并取得胜利[2]。这时虽是准备阶段，但叙功之时仍将其归入征龟兹之功。

（一）昆丘道行军的将领和选派意图

贞观二十一年（647）十二月，唐太宗下诏讨龟兹，《册府元龟》收录了这份诏书，记载了昆丘道行军的主要将领和部队：

可遣使持节昆丘道行军大总管左骁卫大将军阿史那社尔，副大总管左（按："左"当为"右"）骁卫大将军契苾何力、金紫光禄大夫行安西都护郭孝恪、司农卿清河郡公杨弘礼，行军总管左武卫将军李海崖（按："崖"当

1　毛阳光、余扶危主编：《洛阳流散唐代墓志汇编》，国家图书馆出版社 2013 年版，第 7 页。

2　王庆卫：《唐贞观二十二年昆丘道行军再探讨——以新出〈杨弘礼墓志〉为中心》，《魏晋南北朝隋唐史资料》第 35 辑，上海古籍出版社 2017 年版，第 141 页。

为"岸"）等，总挈鼋斩蛟之士，帅曳牛佩豕之曹。莫不感义长驱，誓探巢穴之志，循躬距跃，将谢肉骨之恩。又发铁勒岳牧十有三部，突厥侯王十余万骑。沸渭动沙场之地，呼吸振广漠之风，道自金微，会于葱岭。又遣吐蕃君长，踰悬度而北临，步摇酋渠，绝昌海而西鹜，齐飞白羽，周设天罗。[1]

关于昆丘道行军，已有学者指出其为针对西突厥乙毗射匮可汗的一场战争，龟兹一战只是行军的部分内容[2]。这份讨伐诏书记载参与此次行军的还有铁勒、突厥、吐蕃等军队，但这些游牧部落的具体作战部署不得而知，仅从传世文献记载看，阿史那社尔、郭孝恪等人行军的最终目标仍是塔里木盆地的龟兹国。

这份诏书对诸将领头衔的记载模糊不清、模棱两可，致使诸史对于行军大总管阿史那社尔下分军记述不一。阿史那社尔和契苾何力分别为行军大总管和行军副大总管，这没有什么问题，但郭孝恪、杨弘礼是否也是大总管或副大总管却存异议。如《旧唐书·龟兹传》记载："二十年（按："二十年"当为"二十一年"），太宗遣左骁卫大将军阿史那社尔为崑山道（按："崑山道"当为"昆丘道"）行军大总管，与安西都护郭孝恪、司农卿杨弘礼率五将军，又发铁勒十三部兵十余万骑，以伐龟兹。"[3]其意思似乎是阿史那社尔与郭孝恪、杨弘礼共同率领五将军讨伐龟兹，相互间没有统属关系。又《新唐书·龟兹传》记载："二十一年，……乃以阿史那社尔为昆丘道行军大总管，契苾何力副之，率安西都护郭孝恪、司农卿杨弘礼、左武卫将军李海岸等发铁勒十三部兵十万讨之。"[4]其意思似乎是阿史那社尔和契苾何力分别为行军大总管和副大总管，郭孝恪、杨弘礼、李海岸等均是其下属。又《资治通鉴》记载："（二十一年十二月）诏使持节·昆丘道行军大总管·左骁卫大将军阿史那社尔、副大总管·左骁卫大将军契苾何力、安西都护郭孝恪等将兵击

1 《册府元龟》卷九百八十五《外臣部·征讨四》，凤凰出版社2006年版，第11405页。
2 薛宗正：《安西与北庭：唐代西陲边政研究》，黑龙江教育出版社1995年版，第54—58页。又见吴玉贵：《突厥汗国与隋唐关系史研究》，商务印书馆2017年版，第312页。
3 《旧唐书》卷一百九十八《龟兹传》，中华书局1975年版，第5303页。
4 《新唐书》卷二百二十一《龟兹传》，中华书局1975年版，第6230—6231页。

之，仍命铁勒十三州、突厥、吐蕃、吐谷浑连兵进讨。”[1] 此处几乎照搬讨龟兹诏书内容作模糊化处理，并省去了杨弘礼等人。

实际上，据《旧唐书·郭孝恪传》记载，可以确定郭孝恪在此次行军中充当行军副大总管一职，又据《旧唐书·杨弘礼传》和《杨弘礼墓志》，杨弘礼担任的职务也是行军副大总管[2]。如此我们可以确定，此次昆丘道行军，行军大总管下辖三行军副大总管，行军副大总管下还有行军总管，下诏之时可以确定的行军总管为李海岸，后有阿史那贺鲁投诚，请为昆丘道行军向导，授予行军总管一职[3]。

三位副大总管所领军队各有分工，一路负责后勤，另两路负责进攻。负责后勤的应该是杨弘礼[4]，此人以司农卿之职出任昆丘道行军副大总管。《唐六典》记载，司农卿之职“掌邦国仓储委积之政令”[5]，唐太宗以此前从未经历西域战事的杨弘礼充任行军副大总管之职，当有此用意。且文献记载此次行军中的几次重要战役，包括击处月、处密，杀焉耆王，俘龟兹王，说于阗王，我们均未见到杨弘礼的踪影，本传叙其功曰：“破处月，降处密，杀焉耆王，降驳支部，获龟兹、于阗王”[6]，几乎是此次行军所有功劳，其是否都与杨弘礼有直接关系，是值得怀疑的。

另外两位行军副大总管——契苾何力和郭孝恪，负责的是军事进攻任务，当然，行军大总管阿史那社尔也在此两路大军中，负责整体调度。之所以选此三人为主力，是因他们熟悉当地自然环境，或者有

1 《资治通鉴》卷一百九十八“太宗贞观二十一年十二月壬申”条，中华书局 2011 年版，第 6364 页。

2 《旧唐书》卷八十三《郭孝恪传》，中华书局 1975 年版，第 2774 页；《旧唐书》卷七十七《杨弘礼》，中华书局 1975 年版，第 2674 页；《杨弘礼墓志》图版及录文见王庆卫：《唐贞观二十二年昆丘道行军再探讨——以新出〈杨弘礼墓志〉为中心》，《魏晋南北朝隋唐史资料》第 35 辑，上海古籍出版社 2017 年版。

3 《资治通鉴》卷一百九十九“太宗贞观二十二年四月乙亥”条，中华书局 2011 年版，第 6370 页。

4 王素：《唐华文弘墓志中有关昆丘道行军的资料——近年新刊墓志所见隋唐西域史事考释之一》，《西域研究》2013 年第 4 期。

5 《唐六典》卷十九《司农寺·司农卿》，中华书局 1992 年版，第 523 页。

6 《旧唐书》卷七十七《杨弘礼传》，中华书局 1975 年版，第 2674 页。又上引《墓志》记其“凡平处月等六国，并获名王入朝”。

在西域作战的经历。

史载阿史那社尔于贞观二年（628）西保可汗浮图，此地即北庭所在地；又西击西突厥，半有其国，得众十余万，自称都布可汗。后又东讨薛延陀，反为其所败，复保高昌国。贞观十四年（640），阿史那社尔为交河道行军总管之一，参与高昌之役[1]。由此可见，阿史那社尔对于天山自然地理状况，以及西突厥形势非常熟悉，唐太宗将其作为昆丘道行军大总管，是明智之举。

契苾何力，其先虽为铁勒别部酋长，但至其父契苾葛之时，便向西迁徙，西出龟兹，居于热海之上[2]。热海即今伊塞克湖，又《新唐书·回鹘传》记载："契苾亦曰契苾羽，在焉耆西北鹰娑川，多览葛之南。"[3]此鹰娑川即今开都河上游一带。如此，契苾部西迁以后，其势力可能一度自伊塞克湖向东发展至天山腹地的尤路都斯盆地，契苾何力当对这一带地理状况十分熟悉，唐太宗以此作为一路大军，先入天山腹地再南下龟兹，当有此考虑（详见后文）。另外，契苾何力曾于贞观十四年（640）作为葱山道行军副大总管，沿天山北麓西击可汗浮图城，再南下天山与交河道军合攻高昌（详见第一章），看来其对天山山地作战有十分丰富的经验。

郭孝恪时任安西都护，驻高昌城，其入天山击处月，出银山道击焉耆，对天山廊道自然环境及焉耆、西突厥、龟兹等地的情况自然十分熟悉。另外，此次行军提到的其他将领，也尽量挑选熟悉天山之人，投诚唐朝的西突厥阿史那贺鲁和屈利啜自不必多说[4]，另有行军总管李海岸，此人在《唐书》中虽无本传，生平履历不甚清楚，但《姜行本纪功碑》记其在贞观十四年（640）参与交河道行军平定高昌国，其

1 《旧唐书》卷一百九《阿史那社尔传》，中华书局 1975 年版，第 3289 页。

2 《旧唐书》卷一百九《契苾何力传》，中华书局 1975 年版，第 3291 页。

3 《新唐书》卷二一七下《回鹘传》，中华书局 1975 年版，第 6142 页。

4 屈利啜投诚唐朝并请帅部从讨龟兹事见《资治通鉴》卷一百九十九"太宗贞观二十二年七月庚寅"条，中华书局 2011 年版，第 6372 页。

时在姜行本麾下入伊吾北时罗漫山伐木修造攻城之具[1]，对于西域作战当有丰富的经验。又有伊州刺史韩威，在龟兹城决战之时出任前锋将军，诱敌出城，以少胜多建奇功一件；沙州刺史苏海政，在追击龟兹王过程中担任主力之一，拨换城擒龟兹王也当有其一份功劳[2]。这些曾在西域任职或参与过战斗的将士（详见下表“文献所见昆丘道行军将领表”），成为此次昆丘道行军的主要力量[3]。

表 3 文献所见昆丘道行军将领表

姓名	行军职务	原职	既往相关经历
阿史那社尔	使持节、行军大总管	左骁卫大将军	（1）贞观二年（628），为薛延陀击败，西保可汗浮图城。（2）引兵击西突厥奚利邲咄陆可汗，半有其国，自称都布河汗。（3）引兵击薛延陀，返为薛延陀以步战所败，退保高昌国。（4）贞观十四年（640），授交河道行军总管，平高昌国。[4]
契苾何力	行军副大总管	右骁卫大将军	（1）隋大业中随父西迁，经龟兹至热海。（2）贞观十四年，为葱山道副大总管，讨平高昌。[5]
郭孝恪	行军副大总管	行安西都护、西州刺史	（1）贞观十六年（642），行安西都护，驻高昌，出乌骨道至天山北部击乙毗咄陆可汗。（2）贞观十六年，西突厥处月、处密等部围天山县，郭孝恪击走之，并乘胜进拔处月俟斤所居之城，追奔至遏索山，斩首千余级，降处密之众而归。（3）贞观十八年（644），率步骑三千从西州出银山道伐焉耆，夜袭其城，虏其王龙突骑支。[6]
杨弘礼	行军副大总管	司农卿	贞观十九年（645），为兵部侍郎，随太宗征辽东，专典兵机之务。[1]

1 《姜行本纪功碑》文载《镇西厅乡土志》，见马大正等整理：《新疆乡土志稿》，新疆人民出版社 2010 年版，第 112 页。

2 韩威、苏海政事见：《旧唐书》卷一百九十八《龟兹传》，中华书局 1975 年版，第 5303—5304 页。

3 斯加夫（Jonathan Karam Skaff）对于昆丘道行军、葱山道行军、伊丽道行军三位主将出身背景、作战习惯对战争胜败的影响分析非常有启发性，但作者似对西域的地理不甚熟悉，对三次行军描述多有错讹的地方。见氏著《何得“边事捷报”？——唐代西北 648、655、657 年诸战役指挥官的军事文化行动》，孙琢译，载《法国汉学第 12 辑：边臣与疆吏》，中华书局 2007 年版，第 11—30 页。

4 《旧唐书》卷一百九《阿史那社尔传》，中华书局 1975 年版，第 3289 页；同书卷一百九十九下《铁勒传》，第 5345 页。

5 《旧唐书》卷一百九《契苾何力传》，中华书局 1975 年版，第 3291 页。

6 《旧唐书》卷一百九十四下《突厥传》，中华书局 1975 年版，第 5185 页；同书卷八十三《郭孝恪传》，第 2774 页。

续表

姓名	行军职务	原职	既往相关经历
李海岸	行军总管	左武卫将军	（1）贞观十四年（640）五月为交河道行军副总管姜行本麾下左武侯郎将，至伊吾北时罗漫山伐木修造攻城之具。（2）贞观二十一年（647）三月至七月，为青丘道行军副大总管，乘楼船自莱州渡海击高丽。[2]
阿史那贺鲁	行军总管	左骁卫将军	西突厥阿史那步真降唐后，被乙毗咄陆可汗任命为叶护，统处密、处月、姑苏、歌罗禄、弩失毕五姓之众。[3]
薛万备	行军长史	尚辇奉御	贞观十八年（644），太宗亲征高丽，以薛万备为马军总管。贞观十九年辽东百岩城之战，契苾何力身陷敌陈，薛万备单骑救契苾何力于万众之中。[4]
韩威	前锋将军	伊州刺史	
曹继叔		右骁卫将军	
苏海政		沙州刺史	
崔义超		仓部郎中[5]	
张昌龄	行军记室	通事舍人里供奉[6]	
薛孤训	仓曹参军[7]		
元武寿	虞候总管	右卫长上校尉	贞观十四年（640）至十九年（645）出使西域。[8]
武思元	兵曹		其父为武士逸，叔父为武士彟。贞观十五年（641）明经擢第。[1]

1 《旧唐书》卷七十七《杨弘礼传》，中华书局 1975 年版，第 2674 页；《杨弘礼墓志》，载王庆卫《唐贞观二十二年昆丘道行军再探讨——以新出〈杨弘礼墓志〉为中心》，《魏晋南北朝隋唐史资料》第 35 辑，上海古籍出版社 2017 年版，第 139—140 页。

2 《姜行本纪功碑》文载《镇西厅乡土志》，见马大正等整理：《新疆乡土志稿》，新疆人民出版社 2010 年版，第 112 页；《资治通鉴》卷一百九十八“太宗贞观二十一年三月”条，中华书局 2011 年版，第 6359 页。

3 《旧唐书》卷一百九十四下《突厥传》，中华书局 1975 年版，第 5186 页。

4 胡戟：《珍稀墓志百品》，陕西师范大学出版总社有限公司 2016 年版，第 69 页；《资治通鉴》卷一百九十七“太宗贞观十九年五月丙申”条，中华书局 2011 年版，第 6334 页。

5 韩威、曹继叔、苏海政、崔义超四人原职见《资治通鉴》卷一百九十九“太宗贞观二十二年十月癸丑”条、“十二月庚午”条，中华书局 2011 年版，第 6376—6377 页。

6 《旧唐书》卷一百九十上《张昌龄传》，中华书局 1975 年版，第 4995 页。

7 《太平广记》卷一一六，中华书局 1961 年版，第 519、811 页。

8 《元武寿墓志》，载胡戟、荣新江主编：《大唐西市博物馆藏墓志》，北京大学出版社 2012 年版，第 172—175 页。此人出使西域的细节，详见荣新江撰、梶山智史译：《大唐西市博物馆所藏墓志の整理と唐研究上の意义》，《东アジア石刻研究》第 5 号，2013 年，第 81—82 页；王素：《唐麹建泰墓志与高昌“义和政变”家族——近年新刊墓志所见隋唐西域史事考释之二》，《魏晋南北朝隋唐史资料》第 30 辑，上海古籍出版社 2014 年版，第 157—158 页。

续表

姓名	行军职务	原职	既往相关经历
华文弘	右一军骑曹	左虞候率府录事参军	贞观十八年（644）选充辽东右二军骑曹。[2]
刘文祎[3]			
侯任愷	天山县令		
仵钦			曾参与征讨辽东战役。[4]
执失奉节		常乐府左果毅都尉[5]	
郭待诏			郭孝恪之子。
屈利啜		西突厥重臣	娶焉耆王女，贞观十八年（644）郭孝恪击焉耆，曾带兵援焉耆。[6]

（二）昆丘道行军的分军和行军路线

关于昆丘道行军的分军及行军路线，诸史记载有出入，现将相关文献转引如下：

> 阿史那社尔既破处月、处密，引兵自焉耆之西趋龟兹北境，分兵为五道，出其不意，焉耆王薛婆阿那支弃城奔龟兹，保其东境。社尔遣兵追击，擒而斩之，立其从父弟先那准为焉耆王，使修职贡。龟兹大震，守将多弃城走。[7]

> 二十年，太宗遣左骁卫大将军阿史那社尔为崑山道行军大总管，与安西

1 《元和姓纂》卷六，中华书局 1994 年版，第 886、889 页；《武思元墓志》，载赵力光主编：《西安碑林博物馆新藏墓志续编》，陕西师范大学出版总社有限公司 2014 年版，第 190—193 页。溥清音认为武思元入昆丘道行军可能与杨弘礼有关，见氏著《新见武则天堂兄〈武思元墓志〉考释》，《文博》2014 年第 5 期。

2 《华文弘墓志》，载张全民：《〈唐华文弘墓志铭〉所载唐朝经略边疆史实考略》，《唐研究》第 17 卷，北京大学出版社 2011 年版，第 442—445 页。华文弘入昆丘道行军或与杨弘礼有关，参见王素：《唐华文弘墓志中有关昆丘道行军的资料——近年新刊墓志所见隋唐西域史事考释之一》，《西域研究》2013 年第 4 期。

3 《刘文祎墓志》尚未公布，部分内容见王庆卫《唐贞观二十二年昆丘道行军再探讨——以新出〈杨弘礼墓志〉为中心》，《魏晋南北朝隋唐史资料》第 35 辑，上海古籍出版社 2017 年版，第 147 页。

4 《仵钦墓志》，载《唐代墓志汇编》，上海古籍出版社 1992 年版，第 526 页。

5 《执失奉节墓志》，载吴钢主编：《全唐文补遗》，三秦出版社 1996 年版，第 362—363 页；又载中国文物研究所、陕西古籍整理办公室编：《新中国出土墓志》（陕西贰），文物出版社 2003 年版，第 30 页。

6 《旧唐书》卷一百九十八《焉耆传》，中华书局 1975 年版，第 5302 页。

7 《资治通鉴》卷一百九十九“太宗贞观二十二年十月癸丑”条，中华书局 2011 年版，第 6375 页。

都护郭孝恪、司农卿杨弘礼率五将军，又发铁勒十三部兵十余万骑，以伐龟兹。社尔既破西蕃处月、处密，乃进师趋其北境，出其不意，西突厥所署焉耆王弃城而遁，社尔遣轻骑追擒之。[1]

闰十二月，阿史那社尔与郭孝恪、杨弘礼率五将军，又发铁勒十三部兵十余万骑以伐龟兹。社尔既破西蕃处月、处密，乃进师趣其北境，出其不意。西突厥所署焉耆王弃城而遁，社尔遣骑追擒之，龟兹大震，守将多弃城而走。[2]

社尔分五军掠其北，执焉耆王阿那支，龟兹大恐，酋长皆弃城走。[3]

二十一年，以昆丘道行军大总管与契苾何力、郭孝恪、杨弘礼、李海岸等五将军发铁勒十三部及突厥骑十万讨龟兹。师次西突厥，击处蜜、处真月，败之。入自焉耆西，兵出不意，龟兹震恐。[4]

诸史均载昆丘道行军分五道，由五位将军分别率领进攻龟兹，这当是事实，但分军的时间、地点以及诸道将领究竟是谁却存在分歧。

《通鉴》认为分军在阿史那社尔击破处月、处密之后，前文已指出处月部在天山腹地小尤路都斯盆地以西的巩乃斯河谷，处密在天山北部，但从新近出土的墓志来看，阿史那社尔所率军队是否真的与处密部有交战，是值得怀疑的[5]。阿史那社尔击处月，自然是与贞观十六年(642)郭孝恪击处月的路线一致，即从天山县向西，经阿拉沟入小尤路都斯盆地，再西入巩乃斯河谷。如果仅仅是对付处月，阿史那社尔没有必要将全军主力带入天山腹地再行分军，且进攻焉耆，自天山县西南出银山道即可，也没有必要向西深入天山腹再沿开都河折返回击。如此，《通鉴》的分军描述不可取。

《旧唐书·龟兹传》与《册府元龟》记载分军似在阿史那社尔击破处月之前，较为符合事实，而且其率队击处月，也不应该是昆丘道行

---

1 《旧唐书》卷一百九十八《龟兹传》，中华书局1975年版，第5303页。

2 《册府元龟》卷九百八十五《外臣部·征讨第四》，凤凰出版社2006年版，第11406页。

3 《新唐书》卷二百二十一上《龟兹传》，中华书局1975年版，第6231页。

4 《新唐书》卷一百一十《阿史那社尔传》，中华书局1975年版，第4115页。

5 如《武思元暨妻韦氏墓志》(赵力光主编:《西安碑林博物馆新藏墓志续编》，陕西师范大学出版总社有限公司2014年版，第192页）记载武思元为昆丘道行军兵曹，从阿史那社尔平龟兹、处月，以勋加上骑都尉，未提到处密，《旧唐书·杨弘礼传》叙功时亦云“破处月，降处密”。如此，史载昆丘道行军诸将领可能并没有到天山以北与处密交战，该部落极大可能是慑于兵威不战而降。

军的全部力量。《新唐书·龟兹传》记述过于简略，其说五路大军全部出龟兹北境，并擒东部的焉耆王，也不符合实际情况。《新唐书·阿史那社尔传》记载所谓“五将军”似乎就是契苾何力、郭孝恪、杨弘礼、李海岸等人，此说有一些道理，契苾何力、郭孝恪、李海岸均是西域沙场老将，熟知环境，且均为副大总管、总管等要职，各领一军分道出击确有可能；唯杨弘礼一人，此前已证此人极大可能负责后勤，出任先锋将军的可能性较小。

根据昆丘道行军在出击龟兹以前先攻处月、焉耆的事实，以及焉耆王的逃跑方向（自东向西退保龟兹东境），可以确定五将军主要分两路进军，其分军的地点，极大可能是在高昌西部的天山县。一路大军由阿史那社尔、契苾何力率领[1]，从天山县西入天山腹地，击破处月以后，经大尤路都斯盆地沿着库车河谷南下龟兹；另一路大军可能多由伊、西、庭三州府兵组成[2]，当由郭孝恪率领，从天山县西南出银山道，击破焉耆以后再出铁门关西趋龟兹。郭孝恪贞观十八年（644）曾出银山道击焉耆，此时由他率军由天山南麓西趋焉耆、龟兹当是最好的选择。史载阿史那社尔遣兵追击焉耆王，实际应该是郭孝恪某部负责该项任务。

唐军在擒杀焉耆王以后，龟兹大震，其惊恐之原因有二：一则北部后援力量处月部被击破，二则东部屏障焉耆王被擒杀。此次行军与交河道行军有异曲同工之妙，当初侯君集率领军队一路自东向西趋柳中、高昌，一路先击天山北部的可汗浮图城，再南下天山兵临高昌北境。而击破可汗浮图城的将领正是这次昆丘道行军副大总管契苾何力，同样的战术唐朝用了两次，无论是西突厥还是城郭诸国，看来都无法阻挡唐朝的西进。

---

1 《新唐书·龟兹传》记载：“阿史那社尔为昆丘道行军大总管，契苾何力副之”，此处之“副”有“副大总管”之意，但可能也有作为具体作战副手的意思，如此二人在行军之时极有可能兵出一道。昆丘道行军具体作战极少提及契苾何力，可能也是由于他时刻处在阿史那社尔身边的缘故，文献记述往往只提阿史那社尔而不提契苾何力。

2 《唐令狐鼠鼻等差科簿》记载西州人令狐鼠鼻、张智觉“昆丘道征给复”，当是西州军民参与此次昆丘道行军的事实。详见《吐鲁番出土文书》叁，图录本，文物出版社 1996 年版，第 111 页。

唐军分别从北路、东路进逼龟兹城，《旧唐书·龟兹传》记载：

> 社尔进屯碛石，去其都城三百里。遣伊州刺史韩威率千余骑为前锋，右骁卫将军曹继叔次之。西至多褐城，与龟兹王相遇，及其相那利、将羯猎颠等，有众五万，逆拒王师。威乃伪遁而引之，其王侯利发见威兵少，悉众而至。威退行三十里，与继叔军会，合击大破之。其王退保都城，社尔进军逼之，王乃轻骑而走，遂下其城，令孝恪守之。[1]

阿史那社尔进屯“碛石”，《通鉴》记为“碛口”，当在龟兹北境。其所率以骑兵为主，擅长翻山越岭、长途奔袭、突袭，但不擅长攻城之战，因此最终攻龟兹诸城，还是需要以郭孝恪统领的汉军主力。负责攻城的将领为伊州刺史韩威、右骁卫将军曹继叔，此二人“西至多褐城，与龟兹王相遇”，说明其行军是自东向西，这也间接说明其为郭孝恪统属之部队。昆丘道行军可能并不像交河道行军有专门的部队负责修造攻城之具，这可能是由于此次行军是以骑战见长的阿史那社尔为主帅，他并不注重攻城之具的准备。但郭孝恪军团战术运用极为得当，其以小股部队佯装败退，将龟兹王大军引诱出城，在城外与之决战，这样龟兹国的城防优势就完全没有了。此次龟兹王在与韩威、曹继叔等人接战过程中遭重创，在外无援军的情况下，即便退保龟兹都城，但已丧失了守城的信心，阿史那社尔自北进逼其城，龟兹王只得西逃拨换城。

唐军占领龟兹城以后，郭孝恪负责驻守，阿史那社尔率沙州刺史苏海政、尚辇奉御薛万备等人继续向西追击龟兹王。其后郭孝恪疏于防范，为龟兹反叛势力所杀，其所部仓部郎中崔义超，以及前此破龟兹功臣曹继叔、韩威等人又召集军士击退反叛势力，重新稳定龟兹城。阿史那社尔等围龟兹王于拨换城，可能是由于不善于攻城，抑或龟兹王吸取了前此贸然出城接战的教训，拨换城一战显得有些吃力，前后达四旬之久方才擒获龟兹王布失毕等人。[2]

---

1 《旧唐书》卷一百九十八《龟兹传》，中华书局1975年版，第5303页。

2 郭孝恪被杀以及阿史那社尔破拨换城、擒龟兹王事见《资治通鉴》卷一百九十九“太宗贞观二十二年十二月庚午”条、“闰十二月丁丑”条，中华书局2011年版，第6377页。

第五章　天山北麓庭州的军城与军防

唐代天山北麓军政体制由庭州逐渐转变为北庭都护府，其属县也由一州一县到一州二县，再到一州三县，甚至一州四县，这表明唐代东部天山北麓军防有逐渐加强的趋势。金满城作为州治、府治，是天山北麓城防的核心，瀚海军主要驻屯于此；以金满城为中心的东西交通线上又设置了诸守捉城，瀚海军之部分兵马分驻于各城。以蒲类城为中心的东部诸军城，控扼着从东部、东北部进入东部天山北麓的交通要道，是北庭东部屏障，亦是西州蒲昌府北部防线的纵深区域。以轮台城为中心的西部诸军城，有效保障碎叶道、白水涧道的安全，对于唐朝的西向经营，具有十分重要的战略意义。

第一节　东部天山北麓屯戍中心：金满城

据《通典》记载："大唐贞观中，征高昌。于时西突厥屯兵于可汗浮图城，与高昌相影响。及高昌既平，惧而来降，以其地为庭州，后置北庭都护。"[1] 由此可知，唐朝在平高昌国置西州的同时，又在天山北部可汗浮图城附近置庭州。史载庭州下置三县：金满县、蒲类县和轮台县，三县有城，而庭州州治在金满城[2]。金满城的位置，据《西域水

1 《通典》卷一百七十四《州郡四》，中华书局 1988 年版，第 4559 页。

2 《元和郡县图志》记载庭州州治在后庭县，又说此县贞观十四年（640）称蒲昌县，长安二年（702）称金蒲县，宝应元年（762）称后庭县（《元和郡县图志》卷四十《陇右道下》，中华书局 1983 年版，第 1034 页）。然此说有问题，蒲昌县实为西州下属之县，这在吐鲁番出土文书中得到证明。金蒲与金满当为同一地，薛宗正认为金蒲、金满为同音、同名而异写（《北庭历史文化研究》，上海古籍出版社 2010 年版，第 13 页）。如此看来，《元和郡县图志》所记之金蒲县就是金满县。金满县之名又见《通典》卷一百七十四《州郡四》、《旧唐书》卷四十《地理志》、《新唐书》卷四十《地理志》、《太平寰宇记》卷一百五十六《陇右道七》等，该地作为庭州州治所在，应该是没有问题。

道记》记载，吉木萨尔县北部护堡子破城曾发现《金满县残碑》，上有“惠敬泰摄金满县令”等文可辨[1]，可见护堡子破城就是唐之庭州州治金满城所在地。尽管初置庭州时金满城位置可能有一个迁移的过程（详见后文），但在多数时期，该地作为庭州州治是没有问题的。

护堡子破城即今北庭故城遗址，该古城位于吉木萨尔县北约11公里处。古城东靠河谷，西部是一片平坦开阔之地。古城平面呈不规则长方形，南北约1666米，东西约959米。整个城镇布局，是一个典型的多重成结构，分内城、中城和外城。内城位于整个遗址中部偏东北，平面呈方形，东西约232米，南北约310米；东墙与中城东墙较近，约35米；西墙与中城西墙较远，约330米；北墙与中城北墙相距约80米；南墙与中城南墙相距约260米。中城在内城西侧，呈不规则方形，东西约615米，南北约1000米；其东墙与外城共用，紧靠河谷；西墙与外城西墙相距约170米；南墙与外城南墙相距约520米；北墙与外城北墙相距约150米；中城除东墙外，其余三面墙外均有马面，除东北角外其余三隅都有角楼台基，有城门残迹。外城在中城西侧，呈不规则方形，东西约920米，南北约1640米，东墙与中城东墙共用，靠河；外城四面城墙都有城门、马面，城墙四隅有角楼台基，其中北门保存较好，西、南两门已遭破坏，东门已无存。外城北面有瓮城，瓮城外侧似有羊马城，呈方形，东西约185米，南北约112米，南墙与外城北墙共用。外城西侧现今已辟为耕地，但在外城西墙西约680米处有一佛寺遗址（西大寺），这说明在今遗址范围的西侧，可能还有古城遗迹，有待于进一步发掘[2]。遗址内曾发现红陶，泥质灰陶、钱币、瓷器等遗址，

---

1 徐松：《西域水道记》，中华书局2005年版，第173页。《西域图志》又记该碑出于古城（奇台县），其说待考，详见傅恒等：《西域图志》卷九《疆域二》，钟兴麒等校注，新疆人民出版社2002年版，第185页。

2 详见中国社会科学院考古所新疆队：《吉木萨尔北庭古城调查》，《考古》1982年第2期；薛宗正：《北庭历史文化研究》，上海古籍出版社2010年版，第7—10页；《不可移动的文物·昌吉回族自治州卷1》，新疆美术摄影出版社2015年版，第560—564页。

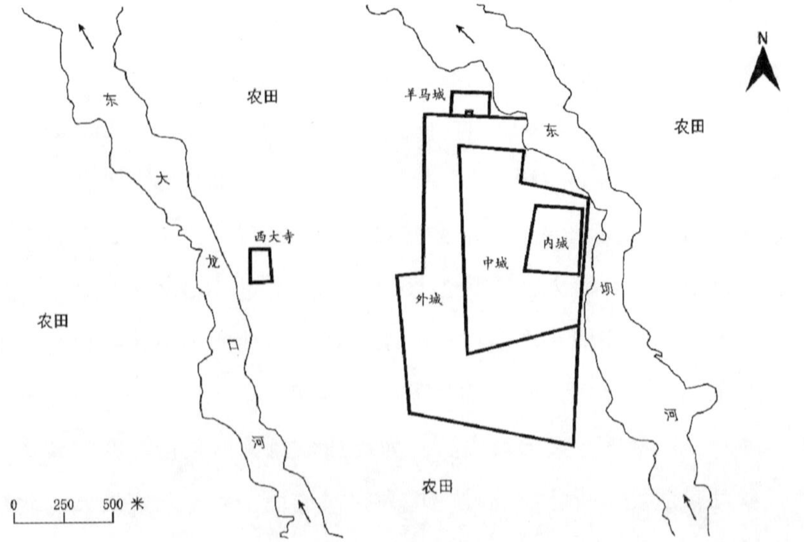

图 51　北庭故城及周边水系图

1914 年，斯坦因在北庭故城附近考察时，曾征集到 3 枚“开元”年号的唐币（应该是“开元通宝”）[1]，第三次文物普查将遗址定为唐至明初。

一、金满城的水环境

今北庭故城南部主要有三条河流，即东大龙口河、吾塘沟和白杨河。东大龙口河发源于石窑子达坂，即唐代他地道之金娑岭所在地。该河上源有少量冰川和永久性积雪，又天山北坡海拔较高处降水丰富，因此水量较为稳定。河流经车师古道从“六道桥”至“头道桥”出东大龙口，进入泉子街盆地，与吾塘沟合。吾塘沟在东大龙口河东侧，其在出山口处分为东、西两支，西支进入泉子街与东大龙口河汇合，东支向北流汇入白杨河。龙大龙口河与吾塘沟汇合后北流至东大龙口水

1　斯坦因:《亚洲腹地考古图记》，巫新华等译，广西师范大学出版社 2004 年版，第 795 页。

库，由渠道引水至吉木萨尔县周边地区；水库下泄之水从吉木萨尔县东侧向北流，经北庭乡、北庭故城西侧注入下新湖水库。

白杨河发源于博格达山托库孜达坂附近的高山区，最高海拔4025米，源头亦有少量冰川分布，水源稳定。其向北流至下红山子村、吴家湾村与吾塘沟汇合，再向北有引水渠分别将河水引入奇台县东湾镇和吉木萨尔县。流入吉木萨尔县的一支，穿过303省道以后，注入青疙瘩水库、夹滩地水库、东二畦水库和黄水槽水库，余水再注入北庭故城东部之东坝河，向北流入下新湖水库。东大龙口河、白杨河在下新湖水库汇合后，又向西北流，为红旗农场灌区所用。红旗农场发现有营盘梁遗址、青圪垯遗址，均为唐代遗址，可见北庭故城西北红旗农场一带，在唐代也是庭州的屯戍区域。

从现今水系分布来看，北庭故城东西两侧均有河流，两河之间的距离约1.7公里，中间是一片南北向延伸的平原。这种地形与交河城相似，不过交河城所在地更为狭窄，东西两侧河谷很深，而北庭故城所在地平坦开阔，河谷之险要形势也不及交河城。但北庭故城东墙紧靠东坝河，说明其的确将该河作为护城河之用。其西部之东大龙口河流经地区，与西大寺较为接近，这一带现今已开辟成耕地，我们虽不能确定北庭故城的西部是否到达这一区域，但东大龙口即便不能作为护城河，也很容易将河流引自城下，为护城之用。因此，北庭城之选址，考虑地形、军事因素的痕迹是很明显的。

二、金满城屯田和城镇变迁

金满城之屯田可上溯至东汉时期，但汉金满城与唐金满城并非一地，汉金满城在今北庭故城南约32公里的小西沟遗址。唐代金满城北移至吉木萨县北部，其屯田亦随之向北推移。金满城驻军12000人，有屯田二十屯，是唐代西域最大的屯田区域之一。

（一）东汉金满城及屯田的位置

《后汉书·耿恭传》记载："永平十七年冬，骑都尉刘张出击车师，请恭为司马，与奉车都尉窦固及从弟驸马都尉（耿）秉破降之。始置西域都护、戊己校尉，乃以恭为戊己校尉，屯后王部金蒲城，谒者关宠为戊己校尉，屯前王柳中城，屯各置数百人。"[1] 此为东汉戊己校尉分屯东部天山南北的记载，其中耿恭驻屯的"金蒲城"，前已论证为"金满城"之讹。如此，永平十七年（74）可作为金满城屯田的最早记载。

关于汉之金满城与唐之金满城是否为同一地，尚存一些争议。松田寿男、孟凡人、王素等认为汉唐之金满城均在今吉木萨尔北部的北庭故城[2]，尤其孟凡人指出："护堡子古城（即北庭故城）一带，地势平坦，土地肥沃，水源充足，树木较多。当地群众介绍说，这里是县内土地最好，最适于农耕的地区，粮食产量一向居全县首位。此外，古城遗址交通也很方便……"，据此分析东汉在此屯垦的可能性。但是，北庭故城一带虽然地形平坦，但要进行农耕活动却还需要开辟水利灌溉系统（正如高昌附近复杂的水渠系统），上引《后汉书·耿恭传》载金满城屯田仅数百人，且该城面临着较大的军事压力[3]，屯田的时间很短，汉朝不太可能选择一个需要修建水利工程方能耕种的地段进行驻屯。

薛宗正认为，汉之金满城在今北庭故城南约32公里的小西沟遗址，否定汉唐之金满城为同一地之说[4]。其论据依托了很多考古资料，较为可信。值得注意的是，小西沟遗址所在之泉子街镇，海拔约1300米，处在天山北麓的迎风地带，降水丰富，地形虽多山地丘陵，

---

1 《后汉书》卷十九《耿恭传》，中华书局1965年版，第720页。

2 松田寿田：《古代天山历史地理学研究》，中央民族学院出版社1987年版，第380页；孟凡人：《北庭史地研究》，新疆人民出版社1985年版，第28页；王素：《高昌史稿·统治编》，文物出版社1998年版，第90页。

3 史载金满城置屯的第二年，"北单于遣左鹿蠡王二万骑击车师。（耿）恭遣司马将兵三百人救之，道逢匈奴骑多，皆为所殁。匈奴遂破杀后王安得，而攻金蒲城。……恭以疏勒城傍有涧水可固，五月，乃引兵据之。"见《后汉书》卷十九《耿恭传》，中华书局1965年版，第720—721页。

4 薛宗正：《北庭历史文化研究》，上海古籍出版社2010年版，第13—17页。

但可依靠降水发展农业。1914年斯坦因从吉木萨尔县向南至泉子街镇，就曾敏锐地观察到当时的泉子街农民依靠降水从事农业活动的现象：

> 我们过了韭菜园村后，看到路两侧的小山都被开垦成了梯田，田地只靠雨水灌溉。高原上到处是农田，缓缓朝覆盖着雪的天山山麓抬升。高原的海拔在4500到6000英尺之间。田地里没有任何灌溉用的水渠，说明只靠降雨就可以成功地从事农耕。一些中国拓荒者被吸引到这片肥沃的土地上来，他们的小村落相隔很远，散布在高原上。我们到了泉子街，当晚就住在那儿。[1]

泉子街镇现今已建立了引水工程，但在20世纪初，这里的农业依靠的仍然是天然降水。现今新疆依靠降水从事农业活动的地区并不多见，而吉木萨尔泉子街东至奇台江布拉克山前地带的大片麦田，却是新疆罕见的雨养农耕区。这些麦地多分布在山坡之上，巨大的坡度使该地不可能通过引水进行灌溉，我曾在江布拉克考察石城子遗址，询问当地的一位农民，其称这里的农业均是“靠天吃饭”。因此，东汉时期天山北部初兴屯城和屯田之时，其选择的地点应当在这些能够依靠天然降水进行农业活动的地区。小西沟遗址处在东大龙口出山口处，扼守车师古道之北端，面对北部游牧势力有居高临下之地形优势，对于汉代东部天山之北向军防有十分重要的意义。

（二）初置庭州时金满城的位置考辨

成书于贞观十六年（642）的《括地志》记载：“……凡县一千五百五十一，至十四年西克高昌，又置西州、都护府及庭州并六县，通前凡三百六十州，依叙之为十道也。”[2] 又《旧唐书·地理志》亦载：“至十四年平高昌，又增二州六县。”[3] 此处记载克高昌置六县，明显为西州、庭州之县，史籍以及吐鲁番出土文书均证初置西州时西州下辖五县（高昌、交河、柳中、天山、蒲昌），由此推测初置庭州时庭州

1 斯坦因：《亚洲腹地考古图记》，巫新华等译，广西师范大学出版社2004年版，第796页。

2 《括地志辑校》卷首，中华书局1980年版，第5页。

3 《旧唐书》卷三十八《地理志》，中华书局1975年版，第1384页。

下辖只有一县，《旧唐书·地理志》记庭州“旧领县一，户二千三百。天宝领县三，户二千二百二十六”，也证实了这一情况[1]。那么初置庭州时的这个县究竟是金满、轮台、蒲类中的哪一个呢？吴震认为是蒲类县，刘子凡认为是金满县[2]，后说较为可信。

但初置金满县可能并不在北庭故城。史载永徽二年（651）“西突厥沙钵罗可汗（阿史那贺鲁）寇庭州，攻陷金岭城及蒲类县，杀略数千人”[3]。此处阿史那贺鲁陷庭州二地中，没有金满县，这存在两种可能，第一种是阿史那贺鲁没有攻击金满县，第二种则金岭城就是金满县初置时的驻地。但据《元和郡县图志》记载：“庭州，因王庭以为名也。后为贼所攻掠，萧条荒废，显庆中重修置，以来济为刺史，理完葺焉。”[4]此处记北庭为贼所攻掠明显是永徽初至显庆三年（658）之间的阿史那贺鲁叛乱，由此可见永徽二年（651）阿史那贺鲁攻金岭城、蒲类县曾使北庭一度废置。另有《新唐书·地理志》记载“北庭大都护府，本庭州，贞观十四年平高昌，以西突厥泥伏沙钵罗叶护阿史那贺鲁部落置，并置蒲昌县，寻废，显庆三年复置”[5]。此段记载颇有问题，这里暂且不作讨论，但其提供了一个重要信息，即显庆三年（658）之前庭州确曾废弃过，废置之原因，自然是与永徽二年阿史那贺鲁的入侵有关，且阿史那贺鲁肯定是攻陷了州治金满城才使庭州废弃。如此看来，上述第一种可能性不成立，第二种金岭城即金满县驻地的可能性较大。金岭城应与庭州南部他地道上的金岭（又称金娑岭、金婆岭、金沙岭，今石窑子达坂）有关，当在金岭北部不远处，或与前述汉代之金满城为一地，即泉子街附近的小西沟遗址。

小西沟遗址以前一直认为是汉代甚至更早时期的遗址，近年新疆

1 《旧唐书》卷四十《地理志》，中华书局 1975 年版，第 1646 页。

2 吴震：《唐庭州西海县之置建与相关问题》，《新疆社会科学》1989 年第 2 期；刘子凡：《瀚海天山——唐代伊、西、庭三州军镇体制研究》，中西书局 2016 年版，第 72 页。

3 《资治通鉴》卷一百九十九“高宗永徽二年七月”条，中华书局 2011 年版，第 6387 页；又见《旧唐书》卷四《高宗纪》，中华书局 1975 年版，第 69 页。

4 《元和郡县图志》卷四十《陇右道下》，中华书局 1983 年版，第 1033 页。

5 《新唐书》卷四十《地理志》，中华书局 1975 年版，第 1047 页。

维吾尔自治区第三次文物查时又在遗址中发现了一些不同于汉代质地的陶器，这些陶片多为夹细沙和泥质红、灰陶，胎质厚，为轮制，结实坚硬，器形有瓮、罐等，为典型唐代遗物[1]。可见该古城在唐代仍在使用，可能就是初置庭州时的金满县驻地金岭城。

贞观十四年（640）唐朝初置庭州，驻屯于泉子街附近的金岭城，也符合当时天山北部的政治形势。史载“大唐贞观中，征高昌。于时西突厥屯兵于可汗浮图城，与高昌相影响。及高昌既平，惧而来降，以其地为庭州，后置北庭都护府”[2]。根据这段材料，庭州初置之地点似在可汗浮图城，但据《大慈恩寺三藏法师传》记载，可汗浮图城明显处在天山北部东西向交通大道上[3]，有资料显示，初置庭州时唐朝并没有控制丝绸之路北道。史载贞观十六年（642）西突厥乙毗咄陆可汗“自恃强大，遂骄倨，拘留唐使者，侵暴西域，遣兵寇伊州，郭孝恪将轻骑二千自乌骨邀击，败之”[4]。乙毗咄陆可汗攻击伊州，当是沿天山北部东西向平原丝绸之路东进，如此看来，此时唐朝虽设庭州，据守的不过是南部山口之金岭城等地，北部平原地区仍然在西突厥控制之下。又贞观二十二年（648）阿史那贺鲁降唐，“处其部于庭州莫贺城，密招携散，庐幕益众”[5]。这里的“莫贺城”，据陈戈推断在今北庭故城东南约 20 公里处的头工古城，其地位于今吉木萨尔至奇台东西向公路附近，可见贞观末年平原地区仍是西突厥活动区域。

（三）徙民实边与金满城的迁移

金满县驻地何时由金岭城迁至北庭城，难以考证，但应当有一个徙民充实的过程。与西州不同，庭州所在之天山北麓，自汉代屯戍以后一直是游牧部落活动场所，唐朝初置庭州之时，此地可能根本就没

1 《不可移动的文物·昌吉回族自治州卷 1》，新疆美术摄影出版社 2015 年版，第 546 页。
2 《通典》卷一百七十四《州郡四》，中华书局 1988 年版，第 4559 页。
3 慧立、彦悰：《大慈恩寺三藏法师传》，孙毓棠、谢方点校，中华书局 2000 年版，第 18 页。
4 《资治通鉴》卷一百九十六“太宗贞观十六年九月癸酉”条，中华书局 2011 年版，第 6290 页。
5 《新唐书》卷二百一十五下《突厥传》，中华书局 1975 年版，第 6060 页。

有从事农耕之编户齐民，缺乏建立州县乡里制的基础。吐鲁番出土文书《唐贞观廿二年（648）庭州人米巡职辞为请给公验事》记载：

1. 贞观[廿][二][　　　]庭州人米巡职辞：
2. 米巡职年叁拾，奴哥多弥施年拾伍
3. 婢娑年拾贰，驰壹头黄铁勤敦捌岁
4. 羊拾伍口。
5. 州司：巡职今将上件奴婢驰等，望于西
6. 州市易。恐所在烽塞，不练来由。请乞
7. 公验。请裁，谨辞。
8. 巡职庭州根民，任往
9. 西州市易，所在烽
10. 塞勘放。怀信白。
11. 廿一日[1]

该文书记贞观二十二年庭州人米巡职带领奴、婢、牲口等前往西州交易事，米巡职为庭州“根民”，这个“根民”之性质待考，其与唐代一般州县之编户齐民是否有区别，亦不得而知。但可以肯定的是，此人为“昭武九姓”粟特人，其带领的奴婢，从名字来看，像是突厥人。这件文书为我们提供了一些关于庭州初置时期的人口构成情况，即该地可能是以突厥人和粟特人为主的地区，突厥人一般不城居，置州以前的可汗浮图城可能是一个以粟特商人为主城市。无论如何，初置庭州时该地缺乏足够的农民当是事实。

《元和郡县图志》庭州条记载：“其俗帐居，随逐水草。帐门皆向东开门，向慕皇风也。其汉户，皆龙朔已后流移人也。”[2] 这段资料反映出来两个信息，其一是庭州之地原来以游牧部落为主，其二是该地的汉户（可以认为是农民）为龙朔以后逐渐迁移聚集。龙朔年间庭州发生了两件重要的事情，一是来济出任刺史期间在庭州附近设置了大量

1 《吐鲁番出土文书》叁，图录本，文物出版社 1996 年版，第 306 页。

2 《元和郡县图志》卷四十《陇右道下》，中华书局 1983 年版，第 1033 页。

的羁縻府州[1]；二是唐朝大概在龙朔三年（663）至麟德元年（664）在庭州置金山都护府[2]。设置羁縻府州，“又置参将一人知表疏等事”，实际是加强对突厥部落的监控；设置金山都护府实际是加强庭州的军防。吐鲁番出土文书《唐永隆元年（680）军团牒为记注所属卫士征镇样人及勋官签符诸色事》就有西州人“庭州镇”的记载[3]，这些都在很大程度保障了庭州的安全形势。随着农耕人口的不断迁入，庭州有了设置州县乡里的基础和安全环境，其州治也逐渐由地形险要的山区迁至地形平坦开阔之地，即今北庭故城一带。

值得注意的是，金岭城所在之他地道北段对于东天山军防有非常重要的意义，州治从金岭城北移后，该地附近仍驻军设防，如神山镇、悬信镇、汉成等地，均是他地道北段沿线的重要军城。

神山镇。《新唐书·地理志》记载瀚海军南有神山镇[4]，吐鲁番出土文书《唐开元十一年（723）状上北庭都护所属诸守捉斸田顷亩牒》有神山守捉斸田的记载[5]，疑金满县治由小西沟遗址迁至北庭故城以后，该地附近由县治改为军镇，继续在他地道上戍守和屯田。不过神山镇的位置可能较小西沟遗址偏北，《元和郡县图志》记载“神仙镇，在府南五十里。当西州路”[6]，此“神仙镇”当为“神山镇”之讹，其地位于北庭府南五十里，实测北庭故城南约23.6公里、小西沟遗址北约10公里的大龙口木材检查站，扼东大龙口河出山口，地势险要，或为神山镇所在地（图52）。昔该地附近至今尚未发现唐代古城遗址，具体地点有待于进一步考证。

悬信镇。《唐神龙元年（705）交河县录申上西州兵曹为长行官马致死金娑事》记载：“丞判：长行官马送使北庭，回至金娑便称致死。

1 《元和郡县图志》卷四十《陇右道下》，中华书局1983年版，第1033页。

2 金山都护府之设置时间详见刘子凡：《瀚海天山——唐代伊、西、庭三州军镇体制研究》，中西书局2016年版，第147—157页。

3 《吐鲁番出土文书》叁，图录本，文物出版社1996年版，第280页。

4 《新唐书》卷四十《地理志》，中华书局1975年版，第1047页。

5 《吐鲁番出土文书》肆，图录本，文物出版社1996年版，第92页。

6 《元和郡县图志》卷四十《陇右道下》，中华书局1983年版，第1034页。

图 52　金岭城、神山镇、石会汉戍位置图

图 53　东大龙口遗址及车师古道出山口

悬信镇牒：未可依从。以状录申听裁者，谨以状申。”[1] 陈国灿认为此“悬信镇”属北庭镇界[2]，又从长行官马送使北庭经金娑（岭）来看，当在他地道沿线附近，具体位置尚难考证。

汉戍。吐鲁番出土文书《唐天宝十四载（755）某馆申十三载三至十二月侵食当馆马料帐历状》记载天宝十三载（754）封常清从柳谷返回北庭时途经“汉戍”一地，此地应该就是《新唐书·地理志》中记载的“石会汉戍”[3]。其地在金娑岭至北庭的道路之上，具体地点可能距金岭城不远。在今小西沟遗址南约 8 公里处，有一东大龙口遗址。该遗址西临东大龙口河长山渠水系，南侧正当车师古道（他地道）出山口（图 53），地形及交通位置险要。遗址略呈长方形，东西约 77 米，南北约 54 米。遗址内不见建筑遗迹，地表散见陶器与北庭故城类型、风格相同，因此年代定为唐宋时期[4]。以前有学者认为该古城是汉代戊己校尉耿恭驻屯的疏勒城，引起了很大的争论[5]，就目前初步调查来看，东大龙口遗址尚未出土汉代遗物，其年代判定有待于进一步的考古发掘。但该古城在唐代确在使用，遗址比金岭城所在之小西沟遗址小，当是他地道上一处戍堡之类的建筑，较大可能就是“汉戍”一地。

三、金满城的交通区位变迁

如前所述，唐代金满城之位置有一个迁移的过程，迁移前金满城位于东大龙口出山口之泉子街，其交通区域比较简单，只有南北向之他地道；迁移后的金满城位于今吉木萨尔县北部，此地平坦开阔，四

1 陈国灿：《斯坦因所获吐鲁番文书研究》，武汉大学出版社 1995 年版，第 245—246 页。

2 陈国灿：《唐西州在丝绸之路上的地位和作用》，载《陈国灿吐鲁番敦煌出土文献史事论集》，上海古籍出版社 2012 年版，第 205 页。

3 王玉平：《天宝十三载封常清在交河郡的行程》，《中国历史地理论丛》2021 年第 1 期。

4 《不可移动的文物·昌吉回族自治州卷 1》，新疆美术摄影出版社 2015 年版，第 568 页。

5 详见孟凡人：《北庭史地研究》，新疆人民出版社 1985 年版，第 30 页；魏大林：《疏勒城考辨》，《西部学刊》1987 年第 3 期；王炳华：《天山东段考古调查纪行》，《新疆文物》1988 年第 1 期；薛宗正：《务涂谷、金蒲、疏勒考》，《新疆文物》1988 年第 2 期；戴良佐：《新疆奇台石城子遗址汉疏勒城今地之争》，《中国边疆史地研究》1995 年第 4 期。

图 54　金满城与高昌城交通图

方均有道路通行。另外，天山北麓驻屯于金满城的军政机构先后有庭州、金山都护府、北庭都护府等，庭州、金山都护府时期东部天山军政中心在西州高昌城，而北庭都护府时期军政中心又北移至金满城，两种军政格局下金满城通周边地区的交通状况也不尽相同。尽管《通典》《元和郡县图志》《太平寰宇记》《新唐书》《西州图经》等资料较为详细地记录了庭州四至八到及里程，以及部分路线的具体走向，但这只是一种静态陈述，不能完全反映交通的动态变迁。以下试对庭州金满城交通区位的变迁略作考述。

《通典》《元和郡县图志》《旧唐书》《太平寰宇记》等文献对庭州或北庭都护府至周边各地里程之记载，略有出入，其反映出来的可能是道路变迁，兹先将相关记载转录如下:

《**通典·州郡四**》：（北庭府）东至伊吾郡界六百八十里。南至交河郡界四百五十里。西至突骑施三千六百八十里。北至坚昆七千里。东南到伊吾郡界六百八十里。西南到焉耆镇守军八百七十里。西北到突骑施三千一百八十里。东北到回纥界一千七百里。[1]

《**元和郡县图志·陇右道下**》：（庭州）东南至伊州九百七十里。东（按："东"当为"南"或"东南"）至西州五百里。西南至焉耆镇一千一百里。西至碎叶二千二百二十里。北至坚昆衙帐约四千里。东北至回鹘衙帐三千里。[2]

《**旧唐书·地理志**》：（北庭都护府）东至伊州界六百八十里，南至西州界四百五十里，西至突骑施庭一千六百里，北至坚昆七千里，东至回鹘界一千七百里。[3]

《**太平寰宇记·陇右道七**》：（庭州）东至伊州界六百八十里。南至西州界四百五十里。西至碎叶突骑施庭三千六百八十里。北至坚昆衙帐约四千里。东南至伊州界九百八十里。西南至焉耆镇守军八百七十里。西北至突骑施三千一百八十里。东北至回纥界一千七百里，至回纥衙帐三千里。[4]

（一）金满城至西州的交通

由于唐朝对东部天山的经营有一个由东向西、由南向北的过程，庭州初置时期天山北部的军防从属于西州都督府，金满城与西州之间的交通可能是唐朝在东部天山南北最早开辟的驿道之一。《通典》《旧唐书》及《太平寰宇记》记庭州至西州450里，而《元和郡县图志》为500里[5]，里程之不同说明庭州至西州可能有两路通行。500里之道路，据《元和郡县图志》西州条"北自金婆岭至北庭都护府五百里"的记载，"金婆岭"又称"金岭"、"金娑岭"、"金沙岭"，即今石窑子达坂，由此可知该道是经交河、柳谷、石舍、金岭、石会汉戍、金满城的他地道。

1 《通典》卷一百七十四《州郡四》，中华书局1988年版，第4559页。
2 《元和郡县图志》卷四十《陇右道下》，中华书局1983年版，第1033页。
3 《旧唐书》卷四十《地理志》，中华书局1975年版，第1646页。
4 《太平寰宇记》卷一百五十六《陇右道七》，中华书局2007年版，第2996页。
5 又有天山军驻西州城（高昌城）内，在理（金满城）南五百里。见《元和郡县图志》卷四十《陇右道下》，中华书局1983年版，第1033页。

450里之道路可能不是他地道。此道较他地道更近，当从金满城东南直通高昌城。史载贞观十六年（642）安西都护郭孝恪从西州自乌骨道出天山击西突厥，是为唐朝开辟西州北部天山廊道的较早记载。疑初置西州、庭州时高昌城至天山北部之驿道是乌骨道，该道较其他道路更近，符合以高昌城为军政中心时期西州通天山北部的道路选择。该道具体走向，详见本书第三章“宁戎城”一节。另外，P.2009号文书《西州图经》记载乌骨道“出高昌县界北乌骨山，向庭州四百里”[1]，此处记载乌骨道之里程只有400里，比前述450里少，颇为不解。不过P.2009号文书《西州图经》记他地道里程也只有450里，比《元和郡县图志》之500里较少，疑P.2009号文书《西州图经》计算西州至庭州之里程，起始点不在高昌城，是为诸道里程变短的原因。

乌骨道与他地道，反映的是不同时期、不同政治格局下西州至庭州间的交通状况。西州都督府节制伊、西、庭三州军事时期，西州通庭州可能多走乌骨道，此时期庭州镇戍主要靠西州支援，吐鲁番出土唐高宗时期文书中亦多见西州人前往庭州镇戍的现象。由此，从西州到庭州，需要选择一条最近的道路，以保障通讯和支援的及时性，本书第二章第四节提到的宁戎驿，就是乌骨道上的交通设施。他地道的广泛通行，则是北庭和安西分治天山南北的结果，阿斯塔那506号墓出土的马料文卷证实天宝时期安西与北庭有非常频繁的往来[2]，其经行之路线，必然是经他地道南下至西州交河县、天山县，再出银山道至焉耆、龟兹。在这种政治格局下，我们发现西州只是北庭前往安西的经停地，金满城与高昌城之间的直接来往显得不是那么重要，所以此时的乌骨道便不能成为两地驿路的首选。由于他地道上已建立驿馆、长行坊等交通保障体系，庭州至西州之间的直接往来也改由他地道经交河折东行，这便是《新唐书·地理志》中有关庭州、西州间驿道的叙

1　上海古籍出版社、法国国家图书馆编:《法国国家图书馆藏敦煌西域文献》1，上海古籍出版社1995年版，第76页。

2　王玉平:《天宝十三载封常清在交河郡的行程》,《中国历史地理论丛》2021年第1期。

述，并且也在吐鲁番出土文书中得到证明。

（二）金满城至焉耆的交通

上引《通典》《太平寰宇记》均记庭州至焉耆870里，而《元和郡县图志》记为1100里，金满城至焉耆也当有两条道路通行。按金满城南下经他地道、银山道至焉耆的道路最为接近，也最为安全，870里道似指此道。1100里道路多出230里，其道路必定迂回，今乌鲁木齐（唐庭州轮台县在乌鲁木齐附近）南至焉耆之216国道大致沿乌鲁木齐河谷南越天山达坂，再沿乌拉斯台河谷南下焉耆盆地，疑1100里之道路是经金满城西行至轮台县南部，再沿河谷至焉耆。这条道路过于迂远，且高海拔山地较多，路况不是太好，但《元和郡县图志》既然记有此道，说明在唐代某个时期确在通行，至于是何原因要经此道绕行，有待于进一步研究。

（三）金满城至伊州的交通

上引《通典》和《太平寰宇记》均记载北庭东、东南分别有路通伊州，而《旧唐书》只记东有路680里，《元和郡县图志》只记东南有路970里；《通典》记两道驿程相同，均为680里，而《太平寰宇记》记东向之道680里、东南之道980里。很明显，庭州东至伊州的道路是指金满城至时罗漫山北部蒲类海附近的伊吾军[1]，而庭州东南至伊州的道路是指金满城至时罗漫山南部的伊吾城。东至伊吾军的道路自然较近，因此《太平寰宇记》的记载较为可信。

金满城至伊吾军的道路，是随着伊吾军的迁移逐渐被广泛使用。本书第一章第五节已指出，伊吾军于开元六年（718）由柔远县迁至蒲类海，其隶属关系也逐渐由伊西节度转为北庭节度，北庭至伊吾军的

1　庭州州治金满城至伊吾军的里程，《太平寰宇记》伊吾军条作“七百里”，与680里较为接近，见《太平寰宇记》卷一百五十六《陇右道七》，中华书局2007年版，第2998页。又金陵本《元和郡县图志》作“五百里”，又有其他版本作“七百里”，“五百里”恐误，详见《元和郡县图志》卷四十《陇右道下》校勘记，中华书局1983年版，第1044页。

交通也当在此时逐渐繁忙起来，吐鲁番出土文书《唐伊吾军上西庭支度使牒为申报应纳北庭粮米事》记有伊吾军屯种之粮食上缴北庭[1]，其转运之“粮道”自当沿天山北麓之道路。

金满城至伊吾城的道路，当是《新唐书·地理志》所载经蒲类、独山、罗护、纳职等地的道路，此道金满城至罗护一段何时开辟尚难考证，不过在北庭都护府成立以前可能并不发达。7 世纪东部天山的军政中心在高昌城，伊吾城与金满城之间的直接往来不是太有必要，两地之间的驿道开辟缺乏足够的动力；北庭都护府成立以后，金满城军政地位逐渐超过了高昌城，北庭节制伊州、西州，要求其军政中心与各辖区之间，以及北庭与中央之间建立更加完善和便捷的交通体系，金满城经罗护守捉至伊州的驿道应运而生。此道在清代称“小南路”，一开始并不是驿道，但由于路途较近，一些商人经常从此道至古城、迪化以西，为保护巴里坤在东西交通上的经济利益，清朝曾一度禁止此道通行[2]。但随着迪化、古城政治、经济地位逐渐超过镇西府，经巴里坤的道路逐渐萧条，小南路由于里程较近，逐渐成为一条驿道。清代东部天山驿道的变迁对于认识唐代的交通很有启示，从西州都督府到北庭都护府，政治格局的变迁对道路交通的影响，值得关注和进一步研究。

金满城至伊州道路走向，据《新唐书·地理志》记载，金满城东至蒲类城只一站，蒲类城即今奇台县唐朝墩古城，其东南至罗护的道路将在本章第二节详述。至于蒲类至伊吾军之道路，本书第一章第四节有论述，此处不再重复。

（四）金满城至碎叶的交通

上引《通典》《太平寰宇记》记庭州西至突骑施 3000 多公里，但

---

1 《吐鲁番出土文书》肆，图录本，文物出版社 1996 年版，第 98 页。

2 见长龄：《懋亭自定年谱》卷二，道光二十一年（1841）桂丛堂刻本，载《北京图书馆馆藏珍本年谱丛刊》第 121 册，北京图书馆出版社 1999 年版，第 297—299 页。王启明对小南路有较为详细的考述，见氏著《天山廊道：清代天山道路交通与驿传研究》，陕西师范大学出版总社有限公司 2016 年版，第 107—122 页。

突骑施为游牧部落，逐水草而居，不知其里程所据为何。《元和郡县图志》记庭州至碎叶 2220 里，其道路当从金满城西至轮台县，再沿天山北麓西行。其具体走向，《新唐书·地理志》记载："庭州西延城西六十里有沙钵城守捉，又有冯洛守捉，又八十里有耶勒城守捉，又八十里有俱六城守捉，又百里至轮台县"[1]，这些守捉城的具体位置，以及轮台县以西的道路，将在后文详述，此处暂不展开讨论。需要注意的是，北庭都护府成立以前，金满城西至轮台城的道路可能不是驿道，而仅作为军事路线使用，这是因为东部天山军镇中心高昌城西至碎叶的道路是经白水镇的白水涧道。北庭都护府成立以后，碎叶镇一度受北庭都护节制，二地之间的交通往来日益频繁，北庭以西的交通体系逐渐完善。

金满城至坚昆的道路，较难考证；金满城至回鹘的道路，从《元和郡县图志》蒲类县界郝遮镇、盐泉镇、特罗堡子"当回鹘路"的记载来看，当是从蒲类城出发，后文将详述，此处暂不作讨论。另外，P.2009 号文书《西州图经》记载西州蒲昌县有几条道路通庭州（详见本书第二章），这些道路恐怕只作为军事路线，在严格控制人口流动的唐朝，当不为一般人使用，亦未见这些道路上有驿馆的设置，因此不在本节讨论范围之内。

第二节　庭州东部蒲类城及蒲类县界诸军镇

庭州东部为蒲类县，境内军城较多。其中蒲类城、蒲类镇城是庭州东部屏障，同时，二城与东南部的独山守捉又构成南部西州蒲昌县的北向纵深防御带。蒲类城东北部有郝遮镇、咸泉镇、特罗堡，均位于回鹘入东部天山北麓的交通要道上，是保障庭州东北部安全的重要军城。

---

1 《新唐书》卷四十《地理志》，中华书局 1975 年版，第 1047 页。

一、蒲类城、蒲类镇

蒲类城即蒲类县治所在地，蒲类镇与县同名，当与县同置。其设置时间，《通典》记载："初，西突厥遣其叶护屯兵于可汗浮图城，与高昌为影响，至是惧而来降，以其地为庭州，并置蒲类县，每岁调内地更发千人镇遏焉。"[1] 据此，蒲类县与庭州同置，在贞观十四年（640）。又《元和郡县图志》记载："蒲类县，贞观十四年置，因蒲类海为名。"[2] 此段记载颇有问题，此处暂且不论，但它提供了一个重要信息，亦即蒲类县设置于贞观十四年。但是，前文引成书于贞观十六年（642）的《括地志》记载初置庭州时该州只领一金满县，可见《通典》《元和郡县图志》记载蒲类县设置的时间是有问题。刘子凡认为蒲类县设置于贞观十六年至永徽二年（651）之间[3]，具体在哪一年尚难确定。

（一）蒲类城的位置

上引《元和郡县图志》记载蒲类县在庭州北十八里，又据《新唐书·地理地》伊州条之伊州至北庭都护府驿程，蒲类在北庭都护府治所金满城东部，不超过160里，又《太平寰宇记》明确记载蒲类县在庭州州治"东八十里"[4]，可见《元和郡县图志》之记载为误。北庭都护府治所金满城即今北庭故城，陶保廉、松田寿田认为蒲类县在木垒[5]，但北庭故城与木垒直线距离超过90公里，与史书记载里程差距甚大，其说不可取。岑仲勉据《西域图志》，认为蒲类城在吉木萨东北40里

1 《通典》卷一百九十一《边防七》，中华书局1988年版，第5206—5207页。

2 《元和郡县图志》卷四十《陇右道下》，中华书局1983年版，第1034页。

3 刘子凡：《瀚海天山：唐伊、西、庭三道军镇体制研究》，中西书局2016年版，第72页。

4 《新唐书》卷四十《地理志》，中华书局1975年版，第1046页；《太平寰宇记》卷一百五十六《陇右道七》，中华书局2007年版，第2997页。

5 陶保廉：《辛卯侍行记》，中国国际广播出版社2016年版，第388页；松田寿田认为蒲类县初置于金满城，后迁移至木垒，见氏著《古代天山历史地理学研究》，中央民族学院出版社1987年版，第371—375页。

之伯什特勒克[1]，里距与唐史记载不符，且并无古遗址发现，今不取。李光廷《汉西域图考》认为蒲类县在古城（即今奇台县城），孟凡人承其说，薛宗正进一步指出是在今奇台县北约1公里的唐朝墩古城[2]。唐朝墩古城西偏北约31.5公里至北庭故城，与《太平寰宇记》之“八十里”有一些差距；其东南部约5.2公里处又有吐虎玛克古城，与唐朝墩古城规模相当，该古城与北庭故城直线距离约35公里，若先经唐朝墩古城，再折西北至北庭故城，实际距离约36.7公里，这个里程与“八十里”就比较接近了。又吐虎玛克古城东北距唐郝遮镇所在之北道桥古城约18公里（详见后文），与《元和郡县图志》之“四十里”[3]更接近。因此本书主张吐虎玛克古城为唐代蒲类城所在地（图55）。

吐虎玛克古城位于奇台县新汽车站东部的一片空地上，东距水磨河约500米。遗址散布大量泥质灰陶、夹砂红陶，与唐朝墩古城唐代遗物相似，因此可确定为一处唐代遗址。遗存平面近方形，东墙长约406米，南墙长约332米，西墙长约410米，北墙长约362米，面积较大。四面墙体都有一至二处向外或向内突出的部分，似为马面，西门南侧一段有双层城墙，似为瓮城，西北角、西南角可能还有角楼[4]，军事性质特征明显。以前薛宗正测得吐虎玛克古城南北150米，东西150米，比唐朝墩古城小[5]，2018年8月笔者曾前往考察，发现该古城规模实际与唐朝墩古城不相上下。

（二）蒲类镇城的位置

《元和郡县图志》记载：“蒲类镇，在蒲类县西。”[6]按镇与县同名，

---

1 岑仲勉：《西突厥史料补阙及考证》，中华书局1958年版，第165页。

2 李光廷：《汉西域图考》卷三，乐天出版社1974年版，第3页；孟凡人：《北庭史地研究》，新疆人民出版社1985年版，第137页；薛宗正：《北庭历史文化研究》，上海古籍出版社2010年版，第85—86页。

3 《元和郡县图志》卷四十《陇右道下》，中华书局1983年版，第1034页。

4 《不可移动的文物·昌吉回族自治州卷2》，新疆美术摄影出版社2015年版，第113页。

5 薛宗正：《丝绸之路北庭研究》，新疆人民出版社2009年版，第231页。

6 《元和郡县图志》卷四十《陇右道下》，中华书局1983年版，第1034页。

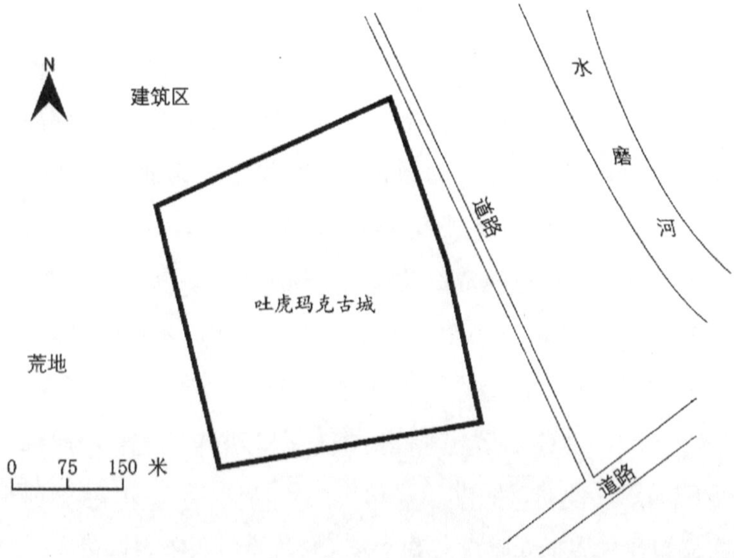

图 55 吐虎玛克古城平面图

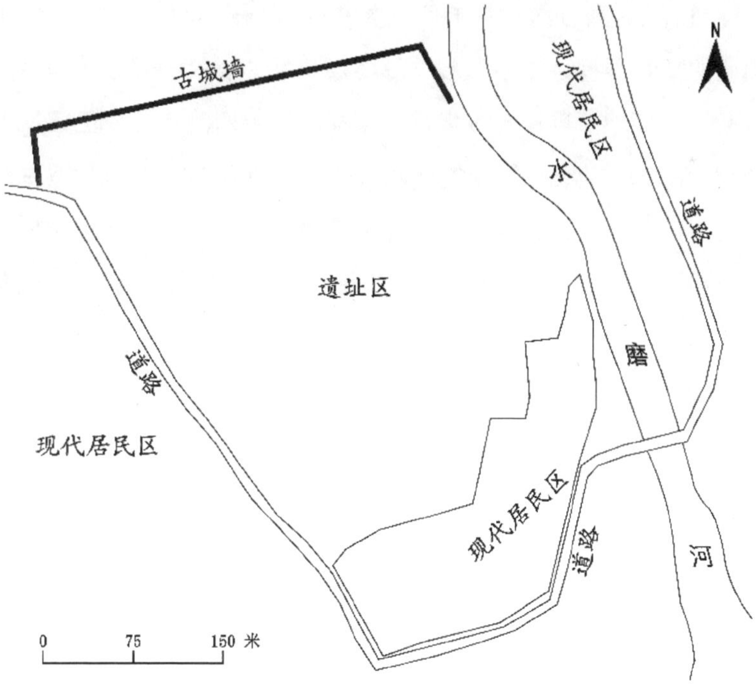

图 56 唐朝墩古城平面图

蒲类城当距蒲类镇城不远。薛宗正认为唐朝墩古城为蒲类县、吐虎玛克古城为蒲类镇[1]，但二城之相对方位与《元和郡县图志》记载不符。前已证吐虎玛克古城为蒲类城，则将蒲类镇城定位于唐朝墩古城较为符合史料记载。但现今学界普遍认为唐朝墩古城为蒲类县城所在地，本文也只是一种推测，期待进一步的考古发掘能够提供更多的证据。

唐朝墩古城遗址紧邻奇台县城，东临水磨河，北、西、南均是居民区（图 57）。该遗址是现今天山北麓北庭古城以东发现最大的古城之一，南北约 490 米，东西约 315 米，北墙中部有一长约 35 米、宽约 17 米、高约 7.5 米的突出部分，俗称“唐朝墩”，可能是壁楼、敌台之类的建筑，西北、东北角存角楼（图 56）。遗址内曾出土典型的唐代陶器和开元通宝等遗物，第三次文物普查时定为唐代遗址[2]。近年来，中国人民大学历史学院考古文博系与新疆文物考古研究所对遗址进行局部发掘，发现地层自上而下包括西辽至蒙元、高昌回鹘、唐代等几个时期的堆积。又在早期遗迹中发现大量成串的开元通宝，以及较多的石磨、石杵、纺轮等工具和带墨书“白米”字样的陶片，农业城镇性质明显。清理过程中发现一处浴场遗址，年代上限在唐至高昌回鹘时期。早期地层堆积及城墙夯层采样的碳十四测定，校正后年代为 596±42AD，与蒲类县始建年较为吻合[3]。发掘者亦主张唐朝墩古城为唐蒲类县治所，该古城与吐虎玛克古城距离较近，规模亦相当，二者之间究竟是何关系，有待于进一步发掘。

（三）蒲类城、镇的水环境

吐虎玛克古城及唐朝墩古城东侧的水磨河，发源于奇台县城南偏东约 9 公里处，补给源主要来自泉水和南部灌溉区余水。但从地图上看，水磨河的上源实际是发源于天山北麓的碧流河和宽沟河。

---

1 薛宗正：《丝绸之路北庭研究》，新疆人民出版社 2009 年版，第 231—232 页。

2 《不可移动的文物·昌吉回族自治州卷 2》，新疆美术摄影出版社 2015 年版，第 108 页。

3 任冠、戎天佑：《新疆奇台县唐朝墩古城遗址考古收获与初步认识》，《西域研究》2019 年第 1 期。

图 57 唐朝墩古城北墙

碧流河位于奇台县南部，上源诸支流中，有的海拔超过 4000 米，有小冰川区。该河山口以上河长约 23 公里，集水面积 172 平方千米，多年平均年径流量约 0.65 亿立方米[1]。山口位于碧流河乡南偏西约 9 公里处，有引水枢纽，将河水引至碧沟河乡及以北灌溉区供生产生活所用，余水散失在耕地中。但在汛期，河水流经碧河乡以后偏东北行，在刘家庄南侧与宽沟河汇合。宽沟河位于碧流河东侧，其上源最高海拔 3320 米，出山口以上河长约 20 公里，集水面积 59 平方千米，多年平均年径流量约 624 万立方米[2]。出山口北约 2 公里有宽沟水库引水至北部灌溉区使用。从卫星影像图上看，宽沟河出山口以北有一条明显的沟谷向北延伸，最终与碧流河相连，因此可以推测，古代宽沟河有河水自出山口继续向北流，最终流入碧流河。碧流河与宽沟河汇合处以北是一片农耕区，现今河水很少流到此处，但从卫影像图上看，

1 王世江主编:《中国新疆河湖全书》，中国水利水电出版社 2010 年版，第 158 页。
2 王世江主编:《中国新疆河湖全书》，中国水利水电出版社 2010 年版，第 158 页。

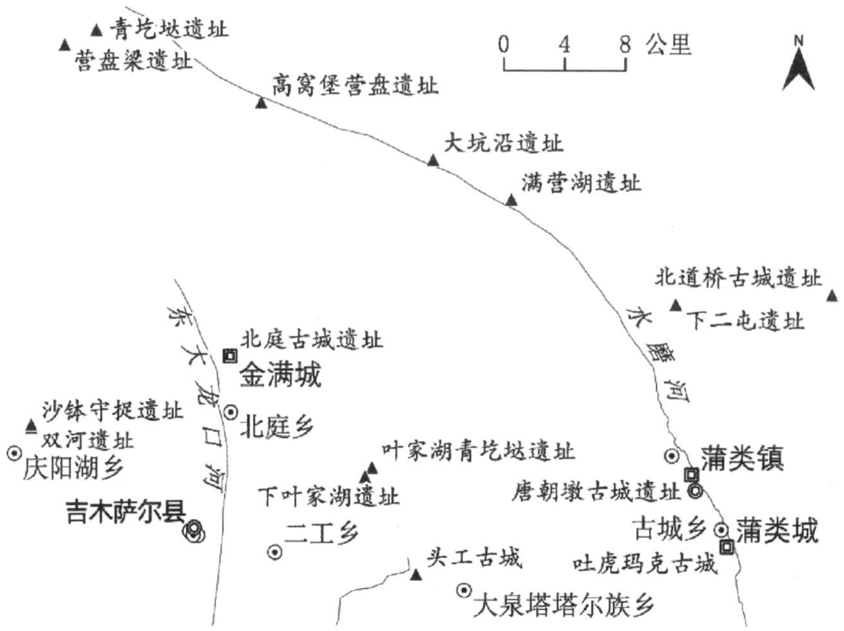

图 58　蒲类城水系唐代遗址分布图

丰水期河水北流的痕迹依然明显，最终竟然是与水磨河相接。水磨河从奇台县东南部向西北流，经古城村至吐虎玛克古城东侧，从奇台县城东部西北流至唐朝墩古城东侧，继续西北流 13 公里至八户地水库，为西北地区的红旗农场所用。

我们看到，整个碧流河—水磨河水系沿岸分布有许多唐代古城遗址。吐虎玛克古城西北约 5 公里为唐朝墩古城，二城均东临水磨河，似将该河作护城河之用。目前暂不能确定二城北、西、南三面是否还有护城河，仅从现在的位置来看，其东向防御的特征十分明显。从吐虎玛克古城与唐朝墩古城相对位置来看，二者似处在一条南北向交通路线上。吐虎玛克古城向南，沿着碧流河南入天山，翻越达坂后接哈尔干孜郭勒河（煤窑沟），与高昌北入天山之乌骨道相连；唐朝墩古城西北约 21 公里为满营湖遗址，再西偏北约 6 公里为大坑沿遗址，再西偏北约 12 公里为高窝堡营盘遗址，再西偏北约 12 公里为青圪垯遗址。这几处遗址均沿沙漠南缘水磨河尾闾分布，与河水走向紧密相关。《新唐书·地理志》在自东向西的交通形势下叙述蒲类、北庭都护府之关系，但从水系、遗址分布来看，蒲类城、镇明显处在一条南北纵深防线之上。

二、郝遮镇、独山守捉城

《新唐书·地理志》记载蒲类县有“蒲类、郝遮、咸泉三镇，特罗堡”[1]，蒲类镇见前文；郝遮镇、咸泉镇、特罗堡又见于《元和郡县图志》，郝遮镇在蒲类东北四十里，咸泉镇又称盐泉镇，在蒲类县东北二百里，特罗堡子在蒲类县东北二百余里，三地均“当回鹘路”[2]，里程由近及远，应在蒲类城至回鹘的交通道路上。独山守捉城位置尚存争议，本书认为其地在今老奇台镇附近（详见后文）。若从水系分布来看，独山守捉城与郝遮镇城实际同处开垦河水系。咸泉镇，特罗堡虽与郝遮镇同处一条交通线上，但位置已接近现今奇台北部之将军戈壁，已超出天山水系范围。本节只讨论郝遮镇及独山守捉城的位置和水环境。

（一）郝遮镇的位置

前已证吐虎玛克古城为唐蒲类县城所在地，其东部现今发现有五处唐代遗址。第一处为西地遗址，位于吐虎玛克古城东北约 14 公里处。遗址破坏严重，大致可确定遗址范围南北约 163 米，东西约 57 米，曾发现大量唐代风格的陶片[3]。第二处为大湾遗址，位于吐虎玛克古城东北约 18 公里，该遗址 20 世纪 80 年代被破坏，现地面仅存 55 个坑口遗址，出土有陶器，呈唐代风格，又在陶器中发现小麦粒，因此推测遗址为储粮窖藏之用[4]。第三处遗址为高泉遗址，位于吐虎玛克

1 《新唐书》卷四十《地理志》，中华书局 1975 年版，第 1047 页。
2 《元和郡县图志》卷四十《陇右道下》，中华书局 1983 年版，第 1034 页。
3 《不可移动的文物·昌吉回族自治州卷 2》，新疆美术摄影出版社 2015 年版，第 104 页。
4 《不可移动的文物·昌吉回族自治州卷 2》，新疆美术摄影出版社 2015 年版，第 106 页。

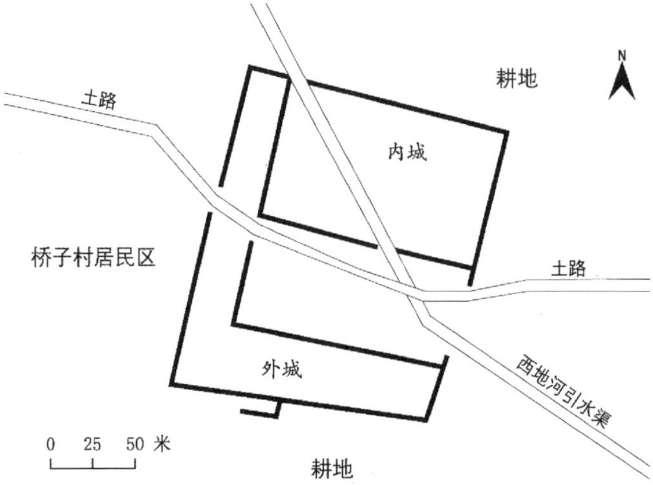

图 59　北道桥古城平面图

古城东北约 23 公里处，遗址以一处泉眼为中心，东西约 21 米，南北约 16 米，规模不大，出土部分陶器与唐朝墩古城相似，又出土青花瓷片，说明沿用至清代[1]。第四处遗址为臭水井子遗址，位于吐虎玛克古城东北约 28 公里处，遗址所处地带现今荒芜，地表皆是黄沙，呈不规则形状，长约 160 米，宽约 140 米，有两处陶片集中区，出土带唐代风格的陶片[2]。第五处为北道桥古城遗址，位于吐虎玛克古城东北约 17 公里处，呈长方形，分内外城，外城南北约 190 米，东西约 165 米；内城在外城东北侧，与外城共用北、东墙，南北约 140 米，东西约 105 米，内城内另有隔墙，将城分为南北两部分。外城北墙、东墙、西墙各开一门，南墙外侧有墙体建筑，似为瓮城[3]。（图 59）

综合上述五处唐代遗址来看，北道桥古城遗址较为符合唐代郝遮镇的位置和形制规模[4]。《元和郡县图志》记载郝遮镇“当回鹘路”[5]，北

1 《不可移动的文物·昌吉回族自治州卷 2》，新疆美术摄影出版社 2015 年版，第 119 页。

2 《不可移动的文物·昌吉回族自治州卷 2》，新疆美术摄影出版社 2015 年版，第 99 页。

3 《不可移动的文物·昌吉回族自治州卷 2》，新疆美术摄影出版社 2015 年版，第 101—102 页。

4 薛宗正：《丝绸之路北庭研究》，新疆人民出版社 2009 年版，第 232 页。

5 《元和郡县图志》卷四十《陇右道下》，中华书局 1983 年版，第 1034 页。

道桥古城所在之桥子村，在清代有驿道从古城经此出北塔山至科布多。《新疆图志》记载："（古城）城北十里头屯，十里二屯，二十里北道桥，一百二十里黄草湖驿，八十里将军戈壁，折东北八十里苏吉，八十里元湖驿，接科布多南境台路。"[1]古城经头屯、二屯至北道桥40里驿程，与《元和郡县图志》记蒲类至郝遮镇里程一至，再证北道桥古城为唐之郝遮镇所在地。

（二）独山守捉城的位置

独山守捉位于伊州至北庭驿道上，《新唐书·地理志》记载："别自罗护守捉西北上乏驴岭，百二十里至赤谷；又出谷口，经长泉、龙泉，百八十里有独山守捉；又经蒲类，百六十里至北庭都护府。"[2]罗护守捉在天山南部七角井附近，其西北之"乏驴岭""赤谷"当是越天山之山岭和山谷，如此则长泉、龙泉、独山守捉等地均在天山北部。《地理志》庭州蒲类县条虽没有独山镇或守捉的记载，但天山北部北庭以东只有蒲类一县，此处姑且将该守捉置于蒲类县镇界范围之内。

东部天山北部独山一地在唐代史料中较少出现，不过据《元史》记载，哈喇亦哈赤北鲁随成吉思汗西征，"至别失八里东独山，见城空无人，帝问：'此何城也？'对曰：'独山城。往岁大饥，民皆流移之它所。然此地当北来要冲，宜耕种以为备。'"[3]元代别失八里即北庭，独山城在其东部，与《新唐书·地理志》所记之独山守捉方位合，当是同一位置，可见独山捉城沿用至元代。又该地当北来要冲，交通位置十突出。

独山守捉城的具体位置，自清代以来多有探讨。徐松认为元之独山城在古城（今奇台县，徐松未提及唐独山守捉与元独山城的关系）[4]，

1 王树枏等纂修：《新疆图志》卷七十九《道路一》，朱玉麒等整理，上海古籍出版社2015年版，第1514页。

2 《新唐书》卷四十《地理志》，中华书局1975年版，第1046页。

3 《元史》卷一百二十四《哈喇亦哈赤北鲁传》，中华书局1976年版，第3047页。

4 徐松：《西域水道记》，中华书局2005年版，第174页。

前已证古城附近是蒲类所在地，则独山城仍在古城东部。陶保廉认为独山守捉在阿克塔斯[1]，阿克塔斯清代置驿，即今木垒县东偏南约34公里的三个泉；又严耕望认为在木垒河，戴良佐、薛宗正进一步指出在今木垒县南约3公里的油库古城[2]。

油库古城所在地扼木垒河出山口，地形险要，面积较大，平面近椭圆形，南北约685米，东西约420米，曾出土盔甲、皮练子、皮靴、铁剑等文物，又有陶器呈唐代风格，第三次文物普查时定为唐代遗址[3]。从出土文物看，该城作为军镇的性质较为明显，目前普遍认为就是唐独山守捉城所在地。

但是，这里仍存在一个难以解释的问题，油库古城西偏北距北庭故城超过90公里，而前引《新唐书·地理志》却记独山守捉距北庭都护府只有160里，古代驿程比现今实际里程长的情况经常出现，且很正常，但驿程比实际里程短的情况却不多见，因此将独山守捉城定位于油库古城仍存有很大的疑问。并且，油库古城明显处在一条南北向的谷道出口，与《新唐书·地理志》关于独山守捉处在东西向交通大道上的记载也有一些出入。孟凡人将独山守捉定位于老奇台镇[4]，从此西北经吐虎玛克古城（蒲类城）、唐朝墩古城（蒲类镇城）至北庭故城约67公里，比唐代驿程160里短，当属正常现象。综上，本书主张独山守捉城在老奇台之说。

（三）郝遮镇、独山守捉的水环境

郝遮镇及独山守捉城上源水系实际为开垦河，该河海拔最高处达3982米，有6条现代冰川，冰川面积1.1平方千米，水量稳定；山口

1 陶保廉：《辛卯侍行记》，中国国际广播出版社2016年版，第245页。

2 严耕望：《唐代交通图考》第二卷《河陇碛西区》，“中央研究院”历史语言研究所，1985年，第587页；戴良佐：《独山城故址踏勘记》，《元史及北方民族史研究集刊》第8期，南京大学历史系元史研究室，1984年，第107—108页；薛宗正：《丝绸之路北庭研究》，新疆人民出版社2009年版，第230页。

3 《不可移动的文物·昌吉回族自治州卷2》，新疆美术摄影出版社2015年版，第403—404页。

4 孟凡人：《北庭史地研究》，新疆人民出版社1985年版，第137页。

以上河长32公里，集水面积371平方千米，多年平均年径流量1.61亿立方米[1]。出山口在七户乡西南部，有渠首将河水引至老奇台灌溉区，余水散流至老奇台北部的耕地之中，至老奇台镇北约22公里的坎尔孜乡，当地维吾尔族又开辟坎儿井，供灌溉之用，余水又汇入西地河。西地河由南至北经西地镇、西地遗址，至北道桥古城遗址附近消失。但从现今河流冲积扇及绿洲分布推测，古代河水一部分折西与水磨河汇合；一部分向西北流入碛中，北道桥古城遗址北约11公里的臭水井子遗址，似在沙碛古河道附近。

独山守捉城所在之老奇台镇，不仅处在东西向交通路线上，还扼守着进入南部多条河谷之山口，体现出来的是一种南北纵深军防态势，这将在后文详述，此处不作过多讨论。

郝遮镇所在之北道桥古城东侧450米为西地河河床，桥子村村民在北道桥古城东部开凿有简易的引水渠，该水渠自东南向西北横穿古城遗址。可以想象唐代西地河从古城附近经过，并被引自古城附近为护城和城内军士使用的情景。沿西地河向南溯流而上，约7公里至西地遗址，北道桥古城与西地遗址同处一条水系，在蒲类县的城镇布局中当有一定的关联性。

北道桥古城所在地虽然是开垦河——西地河的尾闾区，但农耕环境并不差，1908年大谷光瑞探险队成员野村荣三郎从科布多前往奇台经过北道桥，见“此地多见支那农民之家，种植水稻、小米、高粱、稷、黍、豌豆、烟叶、西瓜、茄子等”[2]。可见清末此地农耕环境十分优越，唐代的情况我们很难知晓，不过前述大湾遗址（西北距北道桥古城约8公里）内发现的坑窖说明此地为粮仓遗址，从遗址与北道桥古城、西地遗址的位置关系来看，较大可能是唐代郝遮镇界的后勤保障基地。

---

1 王世江主编：《中国新疆河湖全书》，中国水利水电出版社2010年版，第160页。

2 野村荣三郎：《蒙古新疆旅行日记》，董炳月译，新疆人民出版社2013年版，第90页。

三、咸（盐）泉镇、特罗堡

郝遮镇位置已定，咸（盐）泉镇当在其东北部。《元和郡县图志》记盐泉镇西南距蒲类县200里，上引《新疆图志》记古城距北道桥40里，北道桥至黄草湖120里，则咸（盐）泉镇当在黄草湖东北部。今黄草湖东北约14公里处有一将军庙，系现代重修，据介绍为纪念8世纪末孤守北庭之杨袭古而建，此说依据不足，但该庙在清末就已存在，《奇台县乡土志》记“黄草湖迤北有将军庙一座”[1]，又大谷光瑞探险队成员野村荣三郎于1908年从科布多至奇台途经将军庙，见“庙内约四坪见方，置将军像，供奉羊腿、西藏葡萄、麦粉等。见刻有‘光绪二十三年’字样之小钟。”[2] 此地位于奇台通往科布多、蒙古高原必经之地，从唐到清驿路选择应无太大变化，其地与奇台之里距与《元和郡县图志》之200里较为吻合，可能就是唐代咸（盐）泉镇所在地。又将军庙附近有“苦水泉”，寒暖不减，或为“咸泉”地名之由来。

咸（盐）泉镇定于将军庙附近，而特罗堡子，《元和郡县图志》记其位于“蒲类县东北二百余里”，当在将军庙东北部，具体位置尚难确定，但应当北塔山南部之奇台县境。

四、蒲类城东向、南向交通形势

《通典》《元和郡县图志》《太平寰宇记》记载北庭东通回鹘、伊州交通，里程不尽相同[3]，但可以肯定的是，其路线必定经过北庭东部的蒲类县。蒲类城、镇作为蒲类县治和附近的军镇，东北有道路至回鹘，东南

1 马大正等整理:《新疆乡土志稿》，新疆人民出版社2010年版，第40页。

2 野村荣三郎:《蒙古新疆旅行日记》，董炳月译，新疆人民出版社2013年版，第87页。

3 《通典》卷一百七十四《州郡四》，中华书局1988年版，第4559页;《元和郡县图志》卷四十《陇右道下》，中华书局1983年版，第1033页;《太平寰宇记》卷一百五十六《陇右道七》，中华书局2007年版，第2996页。

有道路至伊州，向南又有山道至西州蒲昌县，是北庭东部的交通枢纽。

蒲类城至伊州的道路，据《新唐书·地理志》记载："别自罗护守捉西北上乏驴岭，百二十里至赤谷。又出谷口，经长泉、龙泉，百八十里有独山守捉。又经蒲类，百六十里至北庭都护府。"[1] 此段记载的是蒲类至罗护驿路（罗护至伊吾段详见本文第一章）。独山守捉前已证在今老奇台附近，长泉、龙泉难以考证，赤谷、乏驴岭当在今木垒县东南部之天山低海拔山区，罗护守捉前文已证在七角井附近。如此，该道可能与清代奇台至哈密的驿道走向相同，《新疆图志》记载：

> （奇台）城东三十里至三十里铺，二十里四十里腰站，四十里屏营驿，即奇台旧治城，三十里西吉尔庄，二十里东城口，二十里咬牙沟，二十里木垒河驿，四十里一碗泉，五十里三个泉，即可克他斯驿，九十里戈壁头，四十里大石头，即乌浪乌苏驿，五里小石头，三十五里色必口，由此分道。一东南行，三十里至头水驿，接鄯善北境官道；一东行三十里至噶顺沟北山庙，接镇西西境官道。[2]

清代之驿程，很难与现今实际里程对应，但这些因置驿而来的地名，有的一直沿用至今。如"三十里铺"在今奇台县东南约 9 公里，尚存一"三十里大墩烽火台"，烽火台破坏严重，残存一低矮土丘，底边长约 7 米，残高约 0.8 米[3]。"四十里腰站"今名腰站子村，在三十里大墩烽火台南偏东约 17 公里处。屏营驿即奇台县旧治，又称靖宁古城，即今老奇台镇，在腰站子村东约 12 公里，镇内尚存清代古城墙，呈方形，西墙长 400 米，北墙长 437 米，东墙长约 230 米，南墙已毁[4]。"西吉尔庄"即今西吉尔镇，在老奇台东约 11 公里处。"东城口"即今东城镇东城口村，在西吉尔镇东约 6 公里处。"木垒河驿"即今木垒县城，西距东城口约 14 公里。"一碗泉"在今木垒县城东偏南约 15 公里处，尚存一烽火台，平面呈方形，底部南北约 3 米，东西约 1 米，

1 《新唐书》卷四十《地理志》，中华书局 1975 年版，第 1046 页。

2 王树枏等纂修：《新疆图志》卷七十九《道路一》，朱玉麒等整理，上海古籍出版社 2015 年版，第 1513—1514 页。

3 《不可移动的文物·昌吉回族自治州卷 2》，新疆美术摄影出版社 2015 年版，第 128 页。

4 《不可移动的文物·昌吉回族自治州卷 2》，新疆美术摄影出版社 2015 年版，第 132—133 页。

残高约 1.2 米[1]。“三个泉”在一碗泉烽火台东偏南约 20 公里处，存一烽火台，平面方形，底部南北约 4 米，东西约 2.8 米，残高约 4 米[2]。“戈壁头”即今地名戈壁头子，在三个泉东约 30 公里处。“大石头”即大石头乡，在戈壁头子东约 13 公里处。“色必口”即今色皮口，存色皮口驿站遗址和烽火台，驿站由三个单元组成，总面积约 6306 平方米，烽火台呈圆丘状，直径约 6 米，残高约 1 米[3]。“头水”在色皮口东南约 8 公里处，此地为一河谷，沿谷地东南可至天山南部的七角井村。此道清代称“小南路”，是哈密通奇台最近的一条道路，在清代后期逐渐成为内地通奇台、乌鲁木齐的驿道，唐代北庭都护府成为东部天山军政中心以后，中原地区经伊州至北庭的驿道，也当沿此道西行。（图 60）

另外，蒲类至伊吾军的道路当沿上述道路至色皮口，折东偏北约 24 公里至噶顺沟，再折东约 6 公里至芨芨台子，沿今 S303 省道至巴里坤盆地。S303 省道沿线发现有不少清代烽燧遗址，一直延伸至巴里坤县城附近，详见本书第一章。

蒲类至回鹘的道路，前引《元和郡县图志》记载郝遮镇、盐泉镇、特罗堡子“当回鹘路”，这三个城堡由近及远，当在蒲类至回鹘交通道路上。郝遮镇在今北道桥古城，盐泉镇在将军庙附近，特罗堡子在将军庙东北。其路线，当与清代奇台至科布多驿道一致，前引《新疆图志》记该道沿线诸地名，如“头屯”“二屯”“北道桥”“黄草湖”“将军戈壁”“苏吉”等地，现今仍在使用。“头屯”即今头屯村，在奇台县城东北约 2 公里处。“二屯”即二屯村，在头屯村西北约 4 公里，位置存疑。“北道桥”即今桥子村，在头屯村东北约 14 公里处。“黄草湖”在桥子村东北约 42 公里处，从卫星影像图上看，附近似有一边长约 100 米的古址（44° 29′ 29″ N，89° 53′ 19″ E），可能是清代驿站所在地，

1 《不可移动的文物·昌吉回族自治州卷 2》，新疆美术摄影出版社 2015 年版，第 419 页。
2 《不可移动的文物·昌吉回族自治州卷 2》，新疆美术摄影出版社 2015 年版，第 417 页。
3 《不可移动的文物·昌吉回族自治州卷 2》，新疆美术摄影出版社 2015 年版，第 421、422、430 页。

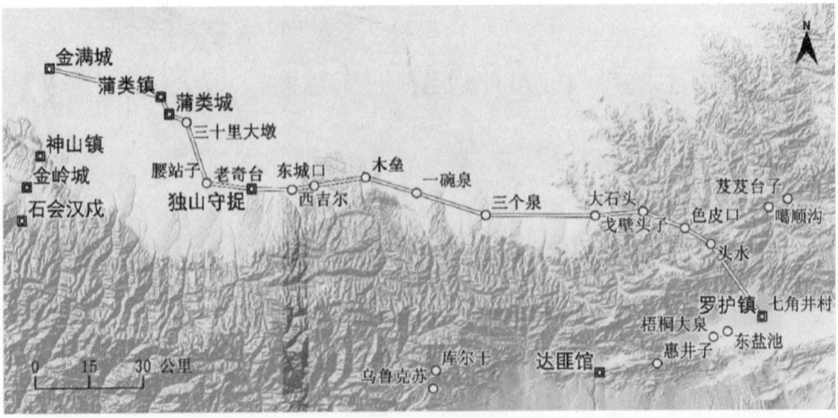

图 60　蒲类至罗护交通路线图

待考察。将军戈壁面积较广，在黄草湖北约 20 公里的范围内。苏吉在黄草湖东北约 68 公里处，苏吉东北约 56 公里至北塔山北部乌拉斯台口岸，出口岸至蒙古国境。唐代蒲类至回鹘交通，大概也从此道出北庭镇界，折东至蒙古高原。

蒲类至西州蒲昌县之道路，史料并没有明确的记载，但据 P.2009 号文书《西州图经》记载，从蒲昌县北入天山之维摩道、突波道、花谷道、萨捍道，其必先入蒲类县界，再折西至北庭都护所在之金满城。又《新疆图志》记老奇台“有支路，南行六十里下开垦，三十里上开垦，十里大西沟，踰山接吐鲁番北境支路”[1]，此道即从老奇台镇向南，经开垦河谷地越天山至辟展县界，老奇台前已证为唐代独山守捉城所在地，可见此地的确位于南通西州蒲昌县之山道入口处。另外，现今老奇台、木垒南部开垦河、英格堡河、木垒河山口附近发现的一些唐代古城，虽不能确定为唐代何城何堡，但其分布趋势似说明独山守捉等地沿河谷有道路南入天山；山南又有柯柯亚等河谷与之相连，山南、山北之河谷构成贯穿天山南北之山道。（图 61）

1　王树枬等纂修：《新疆图志》卷七十九《道路一》，朱玉麒等整理，上海古籍出版社 2015 年版，第 1513 页。

图 61　独山守捉南通蒲昌县山道

在今老奇台镇南偏西约 27 公里的开垦河大拐角处南侧，有一独山古城遗址，该古城依山而建，略呈长方形，现存城墙呈土垄状。南墙约 312 米，北墙约 332 米，东墙约 270 米，西墙约 150 米，四周临深沟，地势极为险要，南墙中段城墙断开，可能为城门，紧贴西墙北段内侧有一排轮廓较清晰的房屋遗址，遗址内曾出土陶器，为典型唐代器物[1]。古城地处山区，当不为一般聚落，较大可能是独山守捉南入天山道路上的军事遗址。

老奇台南偏东约 10 公里处有一英格堡古城遗址，平面呈梯形，南北纵长，分内外城。由于现今遗址被辟为耕地，内城不存；外城东、西墙约 330 米，北墙约 280 米，南墙约 120 米。第三次文物普查定为唐代遗址[2]。该古城西约 500 米为英格堡河，南约 6 公里为英格堡河出山口。该河上源可与开垦河通，因此英格堡古城扼守的仍然是开垦河谷道之北口。

1 《不可移动的文物·昌吉回族自治州卷 2》，新疆美术摄影出版社 2015 年版，第 94 页。
2 《不可移动的文物·昌吉回族自治州卷 2》，新疆美术摄影出版社 2015 年版，第 408 页。

木垒县南约3公里的油库古城，以前有学者认为是唐代独山守捉所在地，但本书认为独山守捉当在老奇台附近（详见前文）。该古城地处木垒河出山口处，并不处在东西向交通大道上，当为蒲类镇界南入蒲昌县界山道上的一处军事遗址。又油库古城北约8公里处有一新户古城，平面近方形，东西约200米，南北约296米，夯层厚度、土坯大小及大型陶制器皿残片的器型特征、制作工艺、规格与北庭故城、唐朝墩古城相同，均是唐代遗物[1]。该古城所处地带地形平坦开阔，无险可守，唯与南部之油库古城成南北呼应之势，且可作为东西交通的经停地。

总之，若从军事防御的角度去看蒲类城及蒲类县诸军镇的交通区位，其地处在东部游牧部落西进、南下天山地区的必经之地，一旦为游牧部落占领，不仅伊州通北庭的交通被阻断，整个东部天山的军防都会受到严重的威胁。诚如先天二年（713）默啜陷蒲类县[2]，北庭进而为突厥所攻[3]，西州蒲昌府的军防也受到巨大的挑战[4]。因此蒲类镇界之蒲类镇、独山守捉、郝遮镇等军镇驻防，对于整个东部天山的军防安全，具有十分重要的战略意义。

第三节　瀚海军的驻屯

史载瀚海军驻北庭府治金满城，但与天山军相似，其驻军并非全部集中在北庭城内，敦煌吐鲁番出土文书证实天山北部一些守捉、烽戍仍属瀚海军组织体系。这些守捉城、烽戍分布在天山北麓东西向交通道路上，驻屯士兵并发展屯田，保障丝绸之路北道的安全和畅通。

有关瀚海军设置的时间，尚有一些争议。据《唐会要》记载："瀚海军，置在北庭都护府。本乌孙王境也，贞观十四年置庭州，文明元年，

1 《不可移动的文物·昌吉回族自治州卷2》，新疆美术摄影出版社2015年版，第406页。

2 《元和郡县图志》卷四十《陇右道下》，中华书局1983年版，第1034页。

3 如开元二年默啜遣精骑围北庭，其事见《旧唐书》卷一百三《郭虔瓘》，中华书局1975年版，第3188页。

4 见宁乐美术馆藏吐鲁番出土蒲昌府文书。

废州置焉。长安二年十二月，改为烛龙军。三年，郭元振奏置瀚海军。”[1] 此处记载瀚海军于文明元年（684）废庭州时置。但是，《元和郡县图志》及《新唐书》均载瀚海军设置晚至长安二年（702），《旧唐书》甚至认为是在开元年间[2]。唐长孺赞同《唐会要》之说，又吐鲁番出土文书《武周天山府下张父团帖为新兵造幕一》中有“瀚海军”之名[3]，该件文书未见纪年，一般认为写成时间在载初元年（689）至久视元年（700）之间，孟宪实、孙继民据此进一步否定瀚海军置于长安二年（702）之说，并认为《唐会要》文明元年（684）之说可信[4]。近又有刘子凡认为上述《武周天山府下张父团帖为新兵造幕一》中记载的“瀚海军”是行军而不是军镇，并依据文明元年东部天山的边防形势，认为这一年前后没有置瀚海军的必要性[5]。此说颇为有理，《元和郡县图志》及《新唐书》关于瀚海军与北庭都护府同置于长安二年（702）的记载是正确的。

瀚海军的驻屯地点，诸史均记载在北庭都护府城内，即金满城所在之北庭故城。该地周边地区地形平坦，水源充足，是一个非常适合屯田的区域。史载瀚海军“管兵万二千人，马四千二百匹”[6]，与安西相比，驻军较少，但马匹更多[7]。《唐六典》记载“北庭二十屯”，此地是唐代西域最大的两个屯田基地之一（另一个为安西，同样为二十屯）。唐代屯田“大者五十顷，小者二十顷”，北庭之屯田当为大型军屯，其屯田总数可达 10 万亩，《敕河西节度牛仙客书》记载：“从瓜州宜给一月熟粮，若至北庭，粮贮可支五年以上”[8]，可见此地贮粮之多，为北庭军

1 《唐会要》卷七十八，中华书局 1960 年版，第 1429 页。

2 《元和郡县图志》卷四十《陇右道下》，中华书局 1983 年版，第 1033 页；《新唐书》卷四十《地理志》，中华书局 1975 年版，第 1047 页；《旧唐书》卷四十《地理志》，中华书局 1975 年版，第 1646 页。

3 《吐鲁番出土文书》肆，图录本，文物出版社 1996 年版，第 252 页。

4 孟宪实：《唐前期军镇研究》，北京大学博士论文，2001 年，第 83—84 页；孙继民：《唐代瀚海军文书研究》，甘肃文化出版社 2002 年版，第 85—86 页。

5 刘子凡：《瀚海天山：唐代伊、西、庭三州军政体制研究》，中西书局 2016 年版，第 226—229 页。

6 《通典》卷一百七十二《州郡二》，中华书局 1988 年版，第 4479 页。

7 史载安西二万四千人，马二千七百疋，见《通典》卷一百七十二《州郡二》，中华书局 1988 年版，第 4479 页。

8 《全唐文》卷二百八十四，中华书局 1983 年版，第 2885 页。

防提供充足的后勤保障。这类大型屯田，应该是军屯。随着边地局势紧张，屯田尤显重要，出现了“营田使”“支度营田使”之职，如开元二年（714）郭虔瓘头衔为“云麾将军、检校右骁卫将军，兼北庭都护、瀚海军经略使、金山道副大总管、招慰营田等使、上柱国、太原县开国子”[1]，吐鲁番出土文书又有“副大使、银青光禄大夫、检校北庭都护、营田使、上柱国杨楚客”的记载[2]，营田使直接由瀚海军经略使兼任，瀚海军屯田之重要性可见一斑。

但瀚海军应该不是全部驻屯于金满城，和天山军一样，其驻兵可能也是分布庭州各地。孙继民对敦煌吐鲁番文书中出现的瀚海军属守捉进行统计，共计 9 个，包括沙钵守捉、耶勒守捉、俱六守捉、轮台守捉、东道守捉、神山守捉、凭（冯）洛守捉、西北道守捉和石堡守捉。这些守捉有的没有出现在《新唐书·地理志》和《元和郡县图志》中，如西北道守捉、东道守捉、轮台守捉、石堡守捉。孙继民认为西北道守捉即冯洛守捉，东道守捉可能是蒲类镇、郝遮镇、盐泉镇、特罗堡子中的一个，轮台守捉与轮台县同置[3]。至于石堡守捉，其名称仅见于有邻馆 13 号文书，菊池英夫《唐代边防机关的守捉、城、镇等的成立过程》以及刘安志《唐朝西域边防研究》均有录文[4]，由于文书残缺，这个守捉名究竟是“石堡守捉”还是“张堡守捉”，尚不确定，但学界普遍认为这件文书是瀚海军相关文书，该守捉也当是瀚海军镇界的一个军事组织。至于石堡守捉的具体位置，目前尚难考证。

这样一来，瀚海军可考的守捉城主要有以下 7 个：沙钵守捉、凭（冯）洛守捉、耶勒守捉、俱六守捉、轮台守捉、东道守捉、神山守捉。神山守捉、轮台守捉以及东道守捉（蒲类镇、郝遮镇、盐泉镇、

1 《旧唐书》卷一百三《郭虔瓘传》，中华书局 1975 年版，第 3188 页。

2 见《唐北庭都护支度营田使文书》，载《吐鲁番出土文书》肆，图录本，文物出版社 1996 年版，第 98 页。

3 孙继民：《唐代瀚海军文书研究》，甘肃文化出版社 2002 年版，第 123—129 页。

4 菊池英夫：《唐代边防机关として守捉、城、镇等の成立过程について》，《东洋史学》1964 年第 27 辑，第 49—52 页；刘安志：《唐朝西域边防研究》，武汉大学博士学位论文，1999 年，第 46—47 页。

特罗堡子）在本章第一节、第二节、第四节详述，此处暂不作讨论，以下是对瀚海军剩下 4 个守捉位置、水环境、屯田等内容的讨论。

一、沙钵守捉

《元和郡县图志》记载："沙钵镇，在府西五十里。当碎叶路。"[1] 沙钵镇与沙钵守捉为不同时期之称谓，当是同一军镇机构。又《新唐书·地理志》记载："庭州西延城西六十里有沙钵城守捉。"[2] 可知该守捉是以城为基础的军镇机构。其位置，在庭州州治金满城西部 50 至 60 里范围之内。徐松《西域水道记》认为沙钵镇在"双岔河堡西"[3]，此观点为今人沿用，戴良佐进一步指出在今吉木萨尔县西双岔河北约 2 公里的古城，其依据是"唐代庭州，在今吉木萨尔县城北二十里的护堡子，和今双岔河的距离恰为六十里"[4]，与《新唐书·地理志》所记"六十里"合，薛宗正赞同此观点[5]。我曾亲自前往吉木萨尔县找寻双岔河的唐代古城，测得其地理位置为 44° 3'24"N，89° 2'30"E，而北庭故城地理位置为 44° 5'52"N，89° 12'29"E，用 QGIS 测得两地实际距离为 14.077 公里，与戴良佐所谓"六十里"相差甚大。陈戈亦发现了这一问题，但没有提供合理的解释[6]。孟凡人提供了另外一种方案，即用清代驿程去推断唐代地名之所在，《新疆图志》记载孚远（今吉木萨尔县城）"西四十里双岔河"，孚远"北十里后堡子（今北庭乡），十五里破城子（今北庭故城）"[7]，如此北庭故城南经吉木萨尔县城折西至双岔河的驿程为六十五里，考虑到唐代北庭直接至双岔河有裁弯取直的

1 《元和郡县图志》卷四十《陇右道下》，中华书局 1983 年版，第 1034 页。
2 《新唐书》卷四十《地理志》，中华书局 1975 年版，第 1047 页。
3 徐松：《西域水道记》，中华书局 2005 年版，第 172 页。
4 戴良佐：《唐代庭州守捉城略考》，《新疆文物》1989 年第 1 期。
5 薛宗正：《丝绸之路北庭研究》，新疆人民出版社 2009 年版，第 234 页。
6 陈戈：《别失八里（五城）名义考实》，载《新疆考古论文集》，商务印书馆 2017 年版，第 669 页。
7 王树枏等纂修：《新疆图志》卷七十九《道路一》，朱玉麒等整理，上海古籍出版社 2015 年版，第 1512—1513 页。

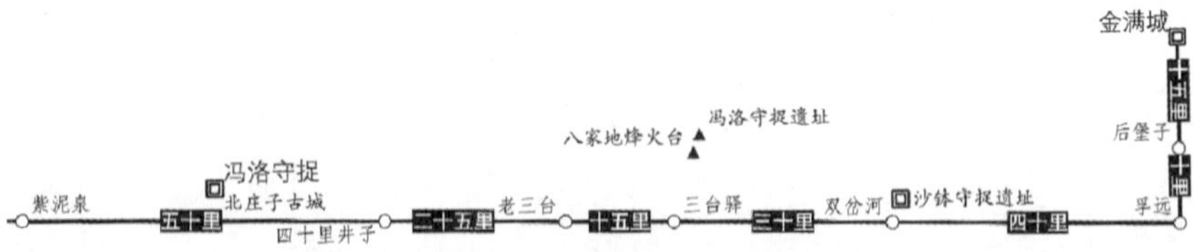

图 62　清代孚远以西驿道与唐代守捉分布示意图

可能，其驿程当少于 65 里而在 50 至 60 里之间，与《元和郡县图志》与《新唐书·地理志》所记之驿程较为符合[1]。这样一来，将双岔河北部之唐代古城作为沙钵守捉所在地，就有了合理的解释。

双岔河北部的唐代古城，第三次文物普查时直接将其命名为“沙钵守捉遗址”，但并没有提供充足的依据，据上引清代驿程推断来看，此地作为沙钵守捉所在地还是有一定道理的。该古城现今东、南、西三面皆为耕地，平面呈长方形，南北约 122 米，东西约 83 米，东、南、西三墙中部有城门，曾出土陶器，与北庭故城出土文物相似[2]。（图 63）

S.11459E 号文书有“沙钵屯”[3]之记载，可见唐代沙钵守捉驻兵并有屯田，此地自然环境较为优越。经实地调查，并结合卫星影像图，该古城北约 200 米有河自西向东流，东南约 300 米有河自西南向东北流，二河在古城东北约 500 米处合为一水，古城周边的水系即可作为城防之用，也为士兵屯戍提供充足的水源。

二、冯洛守捉

《新唐书·地理志》记载：“自庭州西延城西六十里有沙钵城守捉，又有冯洛守捉，又八十里有耶勒城守捉”[4]，根据这段记述，冯洛守捉

1　孟凡人：《北庭史地研究》，新疆人民出版社 1985 年版，第 156 页。

2　《不可移动的文物·昌吉回族自治州卷 1》，新疆美术摄影出版社 2015 年版，第 556 页。

3　http: //idp.bl.uk/database/oo_scroll_h.a4d?uid=820619247; recnum=22831; index=1.

4　《新唐书》卷四十《地理志》，中华书局 1975 年版，第 1047 页。

似在沙钵守捉西至耶勒城守捉之间的某处。又《元和郡县图志》记载“凭落镇，在府西三百七十里”[1]，古代“冯”“凭”二字混用，凭落镇与冯洛守捉当为同一地，但此处记其位置在北庭西370里，已靠近轮台县，绝无可能在沙钵守捉与耶勒城守捉之间。岑仲勉主《元和郡县图志》之观点，认为《新唐书·地理志》记载次序有倒错，孟凡人观点同[2]。严耕望不同意岑仲勉之说，认为《新唐书·地理志》全文例云“又若干里有某城守捉”，则“又有冯洛守捉”必脱里数，叙次倒错则较少可能；又据《太平寰宇记》庭州州治西距轮台420里驿程，而《新唐书·地理志》记庭州西至轮台各守捉间驿程总和为320里，推断冯洛守捉脱里数为“百里”，这样总驿程即可与420里合[3]。严耕望之观较有说服力，冯洛守捉当在沙钵守捉西100里处。

冯洛守捉的具体位置，以前一直认为是在今三台镇北约6公里的一处唐代古城遗址，第二次、第三次文物普查甚至直接以“冯洛守捉遗址”为名[4]，其附近的村庄也因此命名为“冯洛村”。此观点最早提出者为王秉诚，其后戴良佐、薛宗正等人赞同其说[5]，遂成今日之定论。然此说仍有较大的问题。前已证双岔河北部之唐代遗址为沙钵守捉所在地，其与今所谓冯洛守捉遗址直线距离约14公里，又《新疆图志》记载双岔河至三台驿程为30里[6]，今所谓冯洛守捉遗址在三台北部6公里，其与沙钵守捉之清代里程最多不过三四十里，与前述100里差距甚大。因此，上述将今三台镇北部之唐代古址定为冯洛守捉之观点，

---

1 《元和郡县图志》卷四十《陇右道下》，中华书局1983年版，第1034页。

2 岑仲勉：《庭州至碎叶道里考》，载《西突厥史料补阙及考证》，中华书局1958年版，第180页；孟凡人：《北庭史地研究》，新疆人民出版社1985年版，第157页。

3 严耕望：《唐代交通图考》第二卷《河陇碛西区》，“中央研究院”历史语言研究所，1985年，第604页。

4 新疆维吾尔自治区文物普查办公室、昌吉回族自治州文物普查队：《昌吉回族自治州文物普查资料》，《新疆文物》1989年第3期；《不可移动的文物·昌吉回族自治州卷1》，新疆美术摄影出版社2015年版，第553—554页。

5 戴良佐：《唐代庭州守捉城略考》，《新疆文物》1989年第1期；薛宗正：《丝绸之路北庭研究》，新疆人民出版社2009年版，第234页。

6 王树枏等纂修：《新疆图志》卷七十九《道路一》，朱玉麒等整理，上海古籍出版社2015年版，第1512页。

图 63　沙钵守捉遗址现状

是值得商榷的。

实际上，北庭故城以西的唐代遗址分布与清代驿路走向有一致性，我们不妨再以清代之驿程去推断唐代冯洛守捉之具体所在。《新疆图志》记载沙钵守捉所在之双岔河至四十里井子驿程为 70 里、至紫泥泉（今滋泥泉子镇）120 里[1]，则唐之冯洛守捉必在四十里井子与紫泥泉之间。今二地之正中地带正好有一唐代古址，名为北庄子古城，若按清代之驿程，则此古城东至四十里井子 25 里，这样北庄子古城与沙钵守捉城驿程为 95 里，与唐代“百里”较合。因此，北庄子古城才是唐之冯洛守捉所在地（图 64）。

北庄子古城位于阜康市滋泥泉子镇北庄子村西北约 700 米处，平面呈方形，南北约 223 米，东西约 190 米，北、西、南墙墙体可识，

1　王树枬等纂修：《新疆图志》卷七十九《道路一》，朱玉麒等整理，上海古籍出版社 2015 年版，第 1512 页。

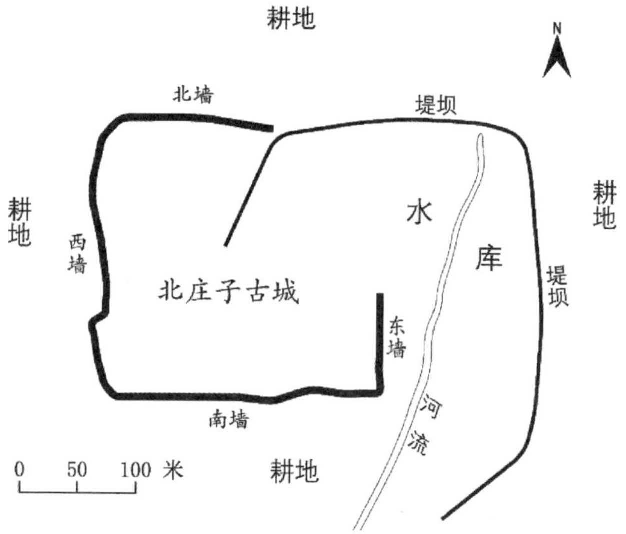

图 64 北庄子古城平面图

基宽 10 到 15 米，呈土垄状，残高 3 到 5 米；遗址东部原来修建有水库，致使东墙大部分及北墙部分浸蚀无存，尤其是东墙，现仅存南侧长约 70 米的墙体。据说古城东墙开门，但由于东墙多已不存，城门遗址亦难找寻。古城遗址军事性质较强，四角存土墩，似为角楼，又南墙外侧有三处明显的凸出部分，似为马面，南、西、北三墙外侧护城河尚可辨识，河宽约 40 米。古城内曾出土战刀、铁火盘、石磨盘、陶器等遗物，均为唐至元代遗存，又见烧焦麦粒、兽骨、生活器皿、炭灰等，驻屯性质亦很突出[1]。从古城形制规模以及出土遗物来看，作为唐代的一个守捉城，是比较合适的。

吐鲁番出土屯田文书《唐开元十一年（723）状上北庭都护所属诸守捉斸田顷亩牒》记载凭（冯）洛守捉有屯田[2]，可见唐代该守捉城附近自然环境优越，驻屯士兵兼营屯田。流经北庄子古城附近的水系为黄山河和西沟。黄山河发源于博格达山北坡，源头有少量冰川发

1 《不可移动的文物·昌吉回族自治州卷 1》，新疆美术摄影出版社 2015 年版，第 122—123 页。
2 《吐鲁番出土文书》肆，图录本，文物出版社 1996 年版，第 92 页。

育，山口以上河长 32 公里，集水面积 137 平方千米，多年平均年径流量约 417 万立方米[1]。该河自南向北经黄山台子、郑家庄、大黄山、黄山口村至 216 国道附近，与西沟汇合。西沟在黄山河西部，最高海拔 4344 米，源头位于博格达山脊的小型山谷冰川的尾端。黄山河与西沟汇合后流入北庄子南部的灌溉区，现今很难找寻水系的具体流向，不过以前两河之水似可继续向北流至北庄子古城附近。1983 年，王炳华考察该古城时，见古城东、西两侧有黄山河和西沟，故该地又称“双河”，古城东部之水库即蓄二河之水[2]。该古城之选址与河流有密切的关系。

三、耶勒城守捉

《新唐书·地理志》记载：“……又（百里）有冯洛守捉，又八十里有耶勒城守捉”[3]，由此可知耶勒城守捉在冯洛守捉西 80 里处。耶勒城守捉的具体位置，自清末以来一直就在讨论，陶保廉认为“疑在阜康，或即耿恭所守之疏勒城也”[4]，其说在阜康，方位大致不错，但耿恭所守之疏勒城现今已证实在奇台县南部之石城子遗址。冯承钧将耶勒城守捉比定为《世界征服者史》中出现的 Yarligh 一地，其位置在乌鲁木齐东 180 里之柏杨驿站[5]，据《新疆图志》记载，柏杨驿即紫泥泉，即今滋泥泉子镇，此地西距冯洛守捉所在之北庄子古城约 10 公里，清代之驿程最多不过 25 里（见图 62），与唐代之 80 里有较大的差距。又戴良佐认为在今滋泥泉子古城，据王炳华的调查，实际就是北庄子古城，前已证该古城为冯洛守捉，不可能为耶勒城守捉所在地。孟凡

1 王世江主编：《中国新疆河湖全书》，中国水利水电出版社 2010 年版，第 153 页。
2 王炳华：《天山东段考古调查纪行（一）》，《新疆文物》1987 年第 3 期。
3 《新唐书》卷四十《地理志》，中华书局 1975 年版，第 1047 页。
4 陶保廉：《辛卯侍行记》，中国国际广播出版社 2016 年版，第 275 页。
5 冯承钧：《西域地名》，中华书局 1980 年版，第 106 页。

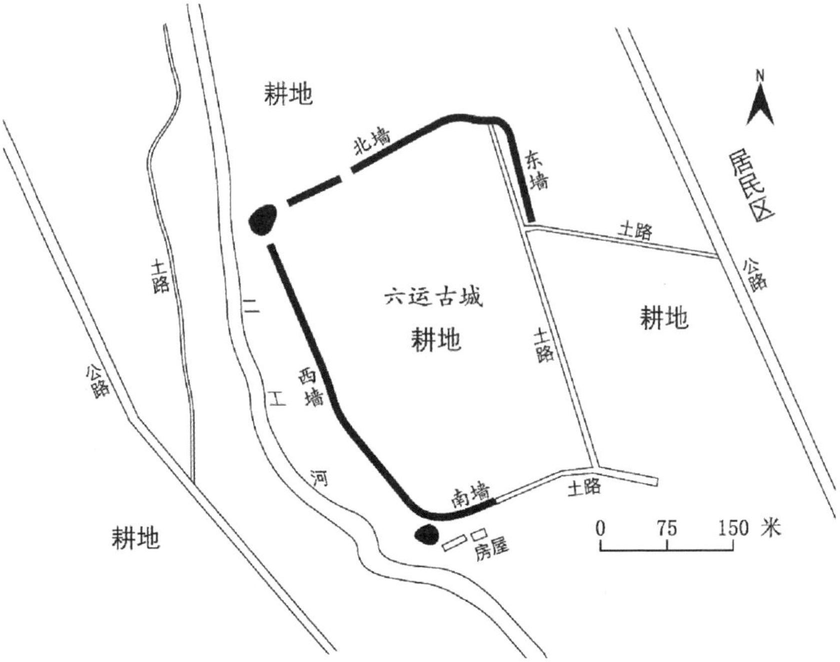

图 65 六运古城平面图

人认为在今三台附近，钱伯泉进一步指出在今三台八家地古城[1]，即现今所谓冯洛守捉遗址，该古城前已证既非唐代冯洛守捉遗址，又位于北庄子古城东部，当不可再作耶勒守捉之地。

薛宗正认为耶勒城守捉在今阜康市东偏北约 4 公里的六运古城[2]，但未提供依据。前述冯洛守捉所在之北庄子古城西至紫泥泉约清里 25 里，又《新疆图志》记紫泥泉西至大泉腰站 45 里、至九运街为 70 里[3]，则北庄子古城西至大泉腰站 70 里、至九运街 95 里。《新唐书·地理志》记载耶勒城守捉在冯洛守捉西 80 里，则该守捉当在大泉腰站

1 孟凡人:《北庭史地研究》，新疆人民出版社 1985 年版，第 157 页；钱伯泉:《唐轮台位置续考》，《新疆社会科学》1984 年第 4 期。

2 薛宗正:《丝绸之路北庭研究》，新疆人民出版社 2009 年版，第 234 页。

3 王树枏等纂修:《新疆图志》卷七十九《道路一》，朱玉麒等整理，上海古籍出版社 2015 年版，第 1511 页。

与九运街之间。但现今九运街与大泉之间并无唐代遗址，而在九运街西北约 3 公里处有六运古城。六运古城东距北庄子古城之清代驿程较唐之 80 里多了不少，但在未发现其他合适的古城情况下，本书姑从薛宗正之说，将耶勒城守捉定位于六运古城。

六运古城平面呈长方形，南北约 405 米，东西约 310 米，遗址内外皆耕地，现西墙较为完整，北墙次之，东墙和南墙几乎不存。西墙基底最宽 8 到 10 米，残高 3.5 到 5 米，外侧每隔 30 米左右有马面，南部墙外似有房屋建筑，性质不明，西北和西南两角有明显的角楼建筑，军事性质十分明显。（图 65）遗址内曾出土开元通宝、乾元通宝、察合台金币、乾隆通宝、咸丰通宝等钱币，可知遗址自唐代以来一直延续使用[1]。

六运古城西墙西侧约 50 米为自南向北流之二工河，又古城南北两侧有 20 到 25 米宽的护城河遗址，当是引二工河之水为护城之用。二工河之水实际是由三工河补给，三工河发源于博格达峰西北侧，流域海拔最早处 4613 米，有冰川 19 条，冰川面积 9.8 平方千米。三工河出山口以前河长 36 米，集水面积 295 平方千米，多年平均年径流量约 0.5 亿立方米[2]。河流由南向北流至阜康市东南约 9 公里处出山，散失于北部耕地之中，部分河水又汇集于阜康市东部的二工河，向北流经六运古城附近，至阜康东北部约 5 公里的冰湖水库。

三工河在六运古城以北至沙碛边缘是一片良好的垦区，耶勒守捉不仅在此驻军，还发展屯田。吐鲁番出土屯田文书《唐北庭诸烽斸田亩数文书》记载：

1. 野□
2. 耶勒守捉界耶勒[烽]□
3. 　乾坑烽床，伍亩□
4. 　　　白粟叁亩共刈得[贰]□
5. 　楺林烽床，伍亩[共]□

1 《不可移动的文物·昌吉回族自治州卷 1》，新疆美术摄影出版社 2015 年版，第 125 页。
2 王世江主编：《中国新疆河湖全书》，中国水利水电出版社 2010 年版，第 150 页。

6.　　　　白粟贰亩［　　　　　］

（后缺）[1]

由文书可知，耶勒守捉镇界有耶勒、乾坑、柽林等烽，这些烽燧均有屯田，种植床、白粟等作物。乾坑一地又见于《唐西州天山县申西州户曹状为张无瑒请往北庭请兄禄事》[2]，称“乾坑戍”，有戍主，此戍堡应当也属耶勒守捉镇界。现今冰湖水库为其北部二二二团垦区所用，其地有唐代遗址，名为阜北古城，在六运古城北约 18 公里，形制相对较小，东西约 108 米，南北约 80 米[3]，与六运古城当属同一水系，或为唐代耶勒守捉镇界某戍堡或屯城。

四、俱六城守捉

《新唐书·地理志》记载：“……又八十里有耶勒城守捉，又八十里有俱六城守捉。”[4] 可知俱六城守捉在耶勒城守捉西 80 里。又《元和郡县图志》记载俱六镇在庭州西 240 里，当碎叶路[5]，严耕望认为《元和郡县图志》“二百”为“三百”之形伪，这样才能与《新唐书·地理志》之驿程吻合[6]。俱六城守捉之位置，孟凡人认为在今阜康县城附近，钱伯泉认为在今滋泥泉子镇双泉古城（“双泉”又称“双河”，指的是黄山河和西沟，即前文提及的北庄子古城），戴良佐认为在今六运古城，薛宗正认为在今米东区的下沙河古城[7]。综合前文对沙钵守捉、冯洛守捉、耶勒城守捉的考察，薛宗正之观点较为合理。又据清代驿程，六运古城（耶勒守捉）附近之九运街西至黑沟驿 70 里、至古牧地 90

1 《吐鲁番出土文书》肆，图录本，文物出版社 1996 年版，第 102 页。

2 《吐鲁番出土文书》肆，图录本，文物出版社 1996 年版，第 334 页。

3 《不可移动的文物·昌吉回族自治州卷 1》，新疆美术摄影出版社 2015 年版，第 128 页。

4 《新唐书》卷四十《地理志》，中华书局 1975 年版，第 1047 页。

5 《元和郡县图志》卷四十《陇右道下》，中华书局 1983 年版，第 1034 页。

6 严耕望：《唐代交通图考》，“中央研究院”历史语言研究所，1985 年，第 604—605 页。

7 孟凡人：《北庭史地研究》，新疆人民出版社 1985 年版，第 157 页；钱伯泉：《唐轮台位置续考》，《新疆社会科学》1983 年第 4 期；戴良佐：《唐代庭州守捉城略考》，《新疆文物》1989 年第 1 期；薛宗正：《丝绸之路北庭研究》，新疆人民出版社 2009 年版，第 235 页。

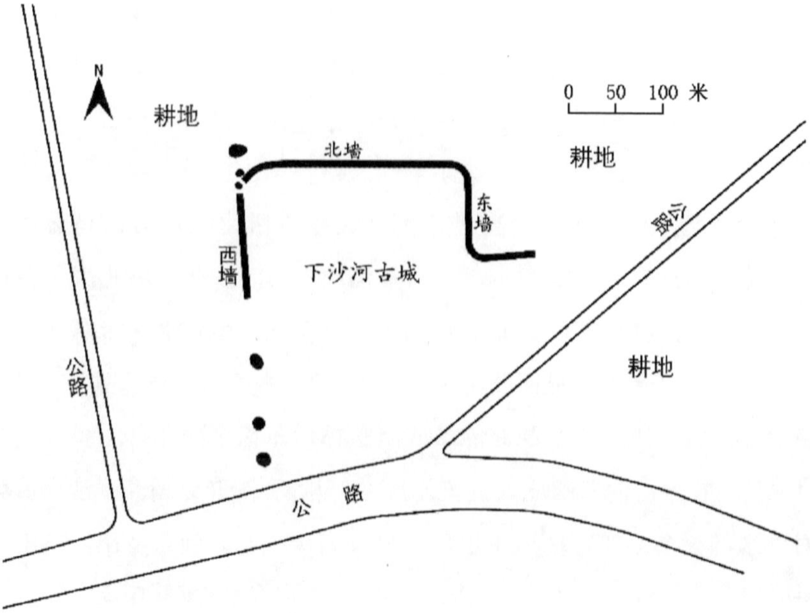

图 66　下沙河古城平面图

里[1]，耶勒守捉至俱六城守捉 80 里，则俱六城守捉在黑沟驿至古牧地之间。今下沙河古城位于古牧地西北约 5 公里处，将其作为俱六城守捉所在地，较为符合古代之驿程[2]。

下沙河古城现今南墙和部分东墙已毁，不能完全确定古城的形制和规模。现存城墙 4 段，西墙长经 430 米，保存较差，北部存高约 1 米的土埂，南部只有几个高约 3 米的土墩；北墙长约 230 米，残高约 3 米，城墙外有几处向外突出的部分，似为马面；东墙约 96 米，其南部又折东延伸约 70 米，由于遗址东南部已毁，无法确定东墙的后续延伸情况。第三次文物普查时定为唐至元时期遗址[3]。从现今保存的城墙来看，该古城规模不算太小，且军事性质较强。（图 66）

1　王树枏等纂修：《新疆图志》卷七十九《道路一》，朱玉麒等整理，上海古籍出版社 2015 年版，第 1509、1511 页。

2　近又有李树辉认为阜康市东北约 4 公里的六运古城为俱六城守捉所在地，见《丝绸之路“新北道”中段路线及唐轮台城考论》，《中国边疆史地研究》2019 年第 3 期。

3　《不可移动的文物·乌鲁木齐卷》，新疆美术摄影出版社 2015 年版，第 41—42 页。

俱六城守捉附近水环境较好，唐代在此有屯田。下沙河古城所在地现今由于农业开发迅速，附近的水系很难找寻。但从地势来看，古城附近当有两条河流，一为乌鲁木齐河，一为水磨河。乌鲁木齐河发源于乌鲁木齐市南部依连哈比尔尕山天格尔峰，河流自源头至白杨沟口称大西沟，白杨沟口至猛进水库（又称青格达湖）始称乌鲁木齐河，猛进水库以北称老龙河。自白杨沟出山后，该河折东北流入乌拉泊水库，经库区调节后折北穿越乌鲁木齐市区，至北部之米东区（原米泉县），经下沙河古城西侧流入猛进水库[1]。水磨河发源于博格达峰西南余脉，属迎风区，水源充沛，该河整体由东南至西北行，经过米东区以后，在下沙河东侧北入猛进水库[2]。从水系分布来看，下沙河古城附近水源充沛，加之地形平坦，十分有利于驻屯。吐鲁番出土屯田文书《唐开元十一年（723）状上北庭都护府所属诸守捉斸田顷亩牒》有"俱六守捉并床"的记载[3]，可见该地在唐代确有屯田，不过资料有限，屯田规模和成效不详。

第四节　庭州西部轮台城及轮台县界诸军镇

庭州西部为轮台县，有两个较大的军城，分别为轮台城和清海军城。轮台城处在白水涧道和碎叶道交通十字路口，在北庭西部军防格局中占有非常重要的地位。清海军城在轮台西部，其驻军分布于整个中天山北麓诸守捉城，清海军的守捉体系有效保障碎叶道的安全。

一、轮台城

轮台城即轮台县治所，而轮台县设置时间，诸史记载有出入。《通

1　王世江主编：《中国新疆河湖全书》，中国水利水电出版社 2010 年版，第 143 页。
2　王世江主编：《中国新疆河湖全书》，中国水利水电出版社 2010 年版，第 145 页。
3　《吐鲁番出土文书》肆，图录本，文物出版社 1996 年版，第 92 页。

典》记载："（庭州）三县（金满、蒲类、轮台）并贞观中平高昌后同置。"[1]《旧唐书·地理志》同，《太平寰宇记》亦称轮台县"与蒲类、金满二县同时置"[2]，此将轮台县设置时间定于贞观十四年（640），但本章第一节引《括地志》与《旧唐书》已证初置庭州时庭州只属一县，且较大可能是金满县。又永徽二年（651）阿史那贺鲁攻庭州时亦未见有轮台县之名。可见《通典》与《旧唐书》将轮台县设置时间定于贞观时期并不可信。刘子凡据新获吐鲁番出土文献《粟特语唐金满州都督府致西州都督府书》《唐龙朔二年、三年（662、663）西州都督府案卷为安稽哥逻禄部落事》认为龙朔年间唐朝尚未设立轮台县[3]。《元和郡县图志》记载轮台县"长安二年置"[4]，此将轮台县设置时间与北庭都护府同，就现有的资料来看，较为可信。

（一）轮台州、胡城、轮台城之关系考述

轮台县设置时间虽晚，但轮台之地在北庭都护府成立以前就已出现。《旧唐书·地理志》记载北庭所属十六蕃州中有轮台州都督府，《新唐书·地理志》又载："金满州都督府，永徽五年以处月部落置为州，隶轮台。龙朔二年为府。"[5]以处月部设置的金满州，隶属于轮台，即轮台州都督府[6]。可见，迟至永徽五年（654），轮台一地就已出现，性质为羁縻府州。

1 《通典》卷一百七十四《州郡四》，中华书局 1988 年版，第 4559 页。

2 《旧唐书》卷四十《地理志》，中华书局 1975 年版，第 1646 页；《太平寰宇记》卷一百五十六《陇右道七》，中华书局 2007 年版，第 2997 页。

3 刘子凡：《瀚海天山：唐伊、西、庭三州军镇体制研究》，中西书局 2016 年版，第 68—69、152 页。文书内容又见荣新江、李肖、孟宪实主编：《新获吐鲁番出土文献》，中华书局 2008 年版，第 59、308—325 页。

4 《元和郡县图志》卷四十《陇右道下》，中华书局 1983 年版，第 1034 页。

5 《新唐书》卷四十三下《地理志》，中华书局 1975 年版，第 1131 页。

6 贞观后期唐朝为争夺西州西部的天山腹地，与处月多次交战，岑仲勉已证处月游牧于今巩乃斯河上源一带（岑仲勉：《西突厥史料补阙及考证》，中华书局 1958 年版，第 198—199 页），为控制天山腹地交通并稳定天山南北局势，疑唐朝于永徽五年将处月部移至庭州境内并置金满州，处之于轮台附近。龙朔年间来济出任庭州刺史后，又在庭州所辖诸蕃广置羁縻府州（《元和郡县图志》卷四十《陇右道下》，中华书局 1983 年版，第 1033 页），金满州升为金满州都督府，与轮台州都督府平级而无隶属关系。

如前所述，唐代轮台之地最初设置的均为羁縻府州，皆“杂戎胡部落，寄于北庭府界内，无州县户口，随地治畜牧”[1]。但《太平寰宇记》又记载轮台县下辖四乡[2]，确有编户齐民之存在。此地当与金满县相似，定居人口有一个逐渐迁徙、聚集的过程。

《新唐书》记载，开元七年（719），“安西节度使汤嘉惠表以焉耆备四镇。诏焉耆、龟兹、疏勒、于阗征西域贾，各食其征，由北道者轮台征之”[3]。又同书《西域传》末赞云：“开元盛时，税西域商胡以供四镇，出北道者纳赋轮台。”[4]此为唐代在丝绸之路上征收商税的记载，出中道者，安西四镇征之；出北道者，轮台征之。可见轮台在丝绸之路北道上占有十分重要的交通位置，来往于此的商人尤其是粟特人数量较多，久而久之可能会出现城居、定居甚至入籍的情况。

如董永强就曾指出唐立西州以后，有不少粟特人入籍西州，成为西州均田农民、手工业者、兵将卫士、译语人等人员[5]。又池田温、姜伯勤指出《唐神龙三年（707）高昌县崇化乡点籍样》中，崇化乡安乐里的住户几乎都是粟特人，而该乡其他里则多为汉户[6]；荣新江进一步指出，“安乐里的粟特人名直译者较多，年龄大多在四十以上，而且非常集中，表明他们原本是生活在粟特聚落中的胡人，在神龙三年前四十年之内的某个时间，被西州地方官府编入乡里。从 707 年上溯四十年，也没有到贞观十四年，这说明崇化乡安乐里的胡人从聚落向乡里转变，应当是在唐灭高昌国、建立西州的二三十年以后的事情。”[7]

---

1 《旧唐书》卷四十《地理志》，中华书局 1975 年版，第 1647 页。

2 《太平寰宇记》卷一百五十六《陇右道七》，中华书局 2007 年版，第 2997 页。

3 《新唐书》卷二二一上《焉耆传》，中华书局 1975 年版，第 6230 页。

4 《新唐书》卷二二一下《西域传》，中华书局 1975 年版，第 6265 页。

5 董永强：《四至八世纪吐鲁番的多民族问题探索》，陕西师范大学博士学位论文，2007 年，第 62—66 页。

6 池田温：《神龙三年高昌县崇化乡点籍样について》，《中国古代の法と社会·栗原益男先生古稀纪念论集》，汲古书院 1988 年版，第 248—250、258 页；姜伯勤：《敦煌吐鲁番文书与丝绸之路》，文物出版社 1994 年版，第 167—174 页。该文书见《吐鲁番出土文书》叁，图录本，文物出版社 1996 年版，第 533—544 页。

7 荣新江：《中古中国与粟特文明》，生活·读书·新知三联书店 2014 年版，第 151—152 页。

实际上，早在唐朝设置伊、西、庭三州之前，东部天山南北就已出现了一些粟特人聚落，如东部天山南部的伊吾七城，北部的可汗浮图城，均是以粟特胡人为主的聚落[1]。又新获吐鲁番出土文献收录一件粟特语文书《唐金满州都督府致西州都督府书》，其内容，据吉田丰、荣新江研究，是龙朔三年（663）金满州都督府发往西州都督府为安置哥逻禄部落返回大漠都督府事，文书用粟特语写成，说明当时金满州都督府文秘人员由粟特人担任[2]。而前引《新唐书·地理志》已证金满州都督府为安置处月部设置的羁縻州，在轮台附近，我们推测，轮台城最初也是一个以粟特人为主的聚落，轮台州、金满州设置以后，便任用了这里的粟特人作为文职人员。

前文第四章第一节引吐鲁番出土文书《武周某馆驿给乘长行马驴及粟草帐》，记载的是交河馆长行马驴料账，其中提到交河西向交通有：交河至柳谷（镇、馆）、交河至天山（县）、交河至胡城。交河至柳谷即他地道，交河至天山衔接的是银山道；交河至胡城极有可能是经白水镇向西北的白水涧道，因为从现有资料来看，交河西部并无除此三道以外的第四条道路。因此我们推测，这个胡城可能就是白水涧道上的轮台城。其称胡城可能就是因该地是以粟特胡人为主的聚落城镇。

庭州各县设置的时间有先有后，其县、乡、里制度之推行也有一个徙民和发展农垦的过程。《元和郡县图志》记庭州汉户皆龙朔以后流移人[3]，轮台县之情况也当如此。至8世纪初该地农业人口可能形成一定规模，且当地的粟特人也受汉人影响逐渐城居并从事农业，这就为轮台置县奠定了坚实的基础。

1 伊吾七城为粟特胡人的观点，见荣新江：《中古中国与外来文明》，生活·读书·新知三联书店2001年版，第51—53页；可汗图浮城之粟特聚落情况见本章第一节。

2 荣新江：《新出吐鲁番文书所见唐龙朔年间哥逻禄部落破散问题》，《西域历史语言研究集刊》第一辑，科学出版社2007年版，第34页。文书内容详见荣新江、李肖、孟宪实主编：《新获吐鲁番出土文献》，中华书局2008年版，第59页。

3 《元和郡县图志》卷四十《陇右道下》，中华书局1983年版，第1033页。

（二）轮台城的位置

关于轮台城的位置，一直以来就有很大的争论。清末肖雄著《西疆杂述诗》认为“古轮台在北路阜康县西六十里，今设黑沟驿处也”[1]。黑沟驿今存地名黑沟店，在下沙河古城东北约 8 公里，处在 216 国道阜康南入米东区的出山口；又王有德认为轮台在米泉古城[2]，该古城即今下沙河古城，前已证为唐之俱六城守捉所在地，轮台城当在该地以西，更不可能在其东北之黑沟店。林必成认为在今乌鲁木齐南约 20 公里的乌拉泊古城[3]，此说为较多人认同，刘维钧、陈戈、钱伯泉、孟凡人、苏北海、徐百成等人均有论著赞同这一观点[4]。薛宗正力排众议，认为轮台县在今昌吉古城[5]。近又有李树辉连续发文，认为乌拉泊古城是汉代小金附国之都城、唐葛逻州州治和金附州都督府府治，不可能是唐轮台城，而阜康市北部的阜北古城才是轮台城所在地[6]。从现今的地理位置来看，乌拉泊古城在下沙河古城（俱六城守捉）南约 40 公里，地处达坂城谷地西出乌鲁木齐之口，扼守的是唐代白水涧道要隘；而昌吉古城在下沙河古城西约 22 公里，虽与《新唐书·地理志》所记“百里”有一些差距，但方向较合，且处在庭州西通碎叶之丝绸之路北道上，在无更多资料及古遗址发现的情况下，本书姑从薛宗正之说，将轮台城定位于昌吉古城。

昌吉古城平面呈长方形，由于处在昌吉市区，破坏严重，现仅存东

1 肖雄：《听园西疆杂述诗》卷四，中华书局 1985 年版，第 125 页。

2 王有德：《岑参诗中的轮台及其它》，《文史哲》1978 年第 5 期；《再谈唐代轮台问题——兼与林必成同志商榷》，《新疆大学学报》1980 年第 3 期。

3 林必成：《唐代轮台初探》，《新疆大学学报》1979 年第 4 期。

4 刘维钧：《轮台和乌鲁木齐》，《新疆大学学报》1980 年第 4 期。陈戈：《唐轮台在哪里》，《新疆大学学报》1981 年第 3 期。钱伯泉：《轮台的地理位置与乌鲁木齐渊源考》，《新疆社会科学》1982 年第 1 期；《唐轮台位置续考》，《新疆社会科学》1984 年第 4 期。孟凡人：《北庭史地研究》，新疆人民出版社 1985 年版，第 157 页。苏北海：《岑参〈轮台歌〉的几个考证》，《人文杂志》1984 年第 1 期；《唐轮台城位置考》，《中国历史地理论丛》1995 年第 4 期。徐百成：《轮台丝路今觅处》，新疆大学出版社 1996 年版。

5 薛宗正：《唐轮台名实核正》，《新疆社会科学》1983 年第 4 期；《唐轮台县故址即今昌吉古城再考》，《昌吉学院学报》2011 年第 4 期。

6 李树辉：《乌拉泊古城新考》，《敦煌研究》2016 年第 3 期；《丝绸之路“新北道”中段路线及唐轮台城考论》，《中国边疆史地研究》2019 年第 3 期。

墙、北墙和西墙部分墙体，遗址内发现3处方形台基，性质不明。残存东墙约475米，其北部有一向内拐角，继而接北部残墙，拐角处似有角楼，东墙每隔38米有一个马面。北墙存东部，与东墙相接，长约90米，每隔28米有一个马面。西墙存南侧部分墙，长约260米。东墙、北墙、西墙似有城门，存部分瓮城遗迹。古城城墙夯层较薄，为唐代风格，城内曾出土开元通宝、乾元重宝、察合台银币，以及素面红方砖、素面红长方砖、莲花纹青方砖等唐代建材，均与北庭故城出土唐代遗物类型、风格、规格相同。第三次文物普查将其年代定为唐至元[1]。现今古城残损严重，尚难确定遗址的形制规模，据记载原城南北1100米，东西600米，规模较大。（图67）

（三）轮台城的水环境和屯田

昌吉古城东约3公里为头屯河，与天山北麓金满城、蒲类城相比，该城与河流距离相对较远。但现今昌吉市区地形平坦，从卫星影像图上看，昌吉古城东北约4公里处有河流痕迹，古代头屯河似有支流自南向北穿城而过，经昌吉古城东侧向北流去。

头屯河又称昌吉河，发源于中部天山天格尔峰北麓，源头海拔4562米，有80条冰川，冰川面积20.46平方千米[2]，为下游灌溉区提供充足、稳定的水源。头屯河在出山口以后为昌吉市与乌鲁木齐市分界线，北偏西流约13公里后，又折向东北，经昌吉市区东部流向23公里外的猛进水库，与乌鲁木齐河、水磨河合。历史上头屯河、乌鲁木齐河、水磨河之水量均较丰富，以至于猛进水库北至五家渠一带形成沼泽湿地，如《西域水道记》记载："（昌吉）河经县城东八里，溉户屯、兵屯田。……河又北，潴为苇泽而止。"[3]古代丝绸之路北道没有直接从阜康西至五家渠南部再折西南至昌吉，而是在甘泉堡折南至黑

1 《不可移动的文物·昌吉回族自治州卷1》，新疆美术摄影出版社2015年版，第14页。

2 王世江主编：《中国新疆河湖全书》，中国水利水电出版社2010年版，第142页。

3 徐松：《西域水道记》，中华书局2005年版，第185页。

图 67 昌吉古城平面图

沟、下沙河古城，再转西至昌吉古城，其原因可就是因五家渠一带为沼泽，不能通行。总之，昌吉古城在古代尚处在河流中游一带，水源充足且排水通畅，比较适合驻屯。

唐代轮台城驻有大量军队，并有屯田。英藏敦煌文献 S.11459 及有邻馆文书《唐轮台守捉傅师表致三郎表》有轮台守捉之记载[1]，新、旧《唐书》又记大历六年（771）轮台置静塞军[2]，疑此军由轮台守捉演变而来。《新唐书》记载："玄宗继收黄河碛石、宛秀等军，中国无斥候警者几四十年。轮台、伊吾屯田，禾菽弥望"[3]，可见唐代轮台城驻军有屯田，但限于资料，目前尚不知轮台屯田的规模和成效。

1 详见孙继民：《唐代瀚海军文书研究》，甘肃文化出版社 2002 年版，第 123—129 页。

2 《旧唐书》卷十一《代宗纪》，中华书局 1975 年版，第 298 页；《新唐书》卷四十《地理志》，中华书局 1975 年版，第 1047 页。

3 《新唐书》卷二百一十六下《吐蕃下》，中华书局 1975 年版，第 6107 页。

二、清海军的驻屯

《元和郡县图志》庭州条下诸军镇中有清海军，“在州西七百里。旧名镇城镇，天宝中改名清海军”[1]。《新唐书·地理志》记北庭都护府“西七百里有清海军，本清海镇，天宝中为军”[2]。则清海军、镇城镇、清海镇为同地之不同时期称谓。又北庭至碎叶道中有清镇军城，据严耕望考证亦为清海军之讹[3]。至天宝时代，整个天山北麓丝绸之路北道，以轮台城为界，东部属瀚海军镇界，西部属清海军镇界。《新唐书·地理志》记清镇军城东至轮台县驿程为 290 里[4]，其间有张堡守捉、乌宰守捉；其西部有叶河守捉、黑水守捉、东林守捉、西林守捉、弓月城等，直达碎叶。清海军以西诸军城，已超出了庭州轮台县辖境，去东部天山之范围亦甚远，本书暂不作讨论。以下是对清海军、张堡城守捉、乌宰守捉位置及水环境等的讨论。

（一）清海军城

清海军的位置，目前尚存较大的争议。早年李光廷认为在今玛纳斯湖附近[5]，其地在今石河子北约 160 公里，过于偏北。按《新唐书·地理志》记“乌宰守捉又渡白杨河七十里，有清镇军城”。其地位于轮台西通碎叶之道，《西域水道记》认为此“白杨河”近乌兰乌苏[6]，此地在今石河子西约 17 公里处，则徐松之观点似将清镇军置于今乌兰乌苏以西的沙湾县境。又岑仲勉、严耕望等认为在今沙湾西约 21 公里的安集

1 《元和郡县图志》卷四十《陇右道下》，中华书局 1983 年版，第 1034 页。

2 《新唐书》卷四十《地理志》，中华书局 1975 年版，第 1047 页。

3 严耕望：《唐代交通图考》第二卷《河陇碛西区》，“中央研究院”历史语言研究所，1985 年，第 604 页。

4 轮台县至张堡城守捉 150 里，又至乌宰守捉 70 里，又至清镇军城 70 里，总计 290 里。见《新唐书》卷四十《地理志》，中华书局 1975 年版，第 1047 页。

5 李光廷：《汉西域图考》卷三，乐天出版社 1974 年版，第 259 页。李光廷所谓“阿雅尔泊”即今玛纳斯湖。

6 徐松：《西域水道记》，中华书局 2005 年版，第 191 页。

海附近[1]，然其说均将唐之轮台县定位于乌鲁木齐稍东，又断言《元和郡县图志》所记庭州西至清海军“七百里”为“九百里”之误，诸多推断没有充分的依据，很难让人信服。

又有学者将清海军与宝应元年（762）设置的西海县联系起来。如松田寿男就曾推测西海县是由清海军升格而来，其地即元代文献中的“仰吉八里”、清代文献中的“阳巴勒噶逊”[2]，具体位置在玛纳斯河东岸之城墉旧基，即现今之玛纳斯古城。松田寿男将清海军与西海县比定为同一地之观点目前为多数学者认同，但其具体位置却有不同说法。方英楷认为在今石河子；吴震认为在今达坂城盐湖北岸之破城子；戴良佐提供了两处可能的地点，一为唐朝渠（今玛纳斯湖附近），一为额敏河北岸的古城；王旭送认为在今玛纳斯湖附近；刘子凡主张应在距西州较近的某个位置[3]。上述诸观点中，石河子附近现今尚无唐代古城遗址发现；达坂城盐湖的方位与《新唐书·地理志》相违；玛纳斯湖、额敏过于偏北，并不处在轮台通碎叶的交通道路上，且位置与庭州州治相距太远，不符合常规州县之建制。

本书无意讨论西海县是否是由清海军升格而来，但上引松田寿男之将清海军定位于玛纳斯古城的观点，是值得肯定的。前文已证唐之轮台城位于昌吉市区之昌吉古城，又《新疆图志》记昌吉至绥来（今玛纳斯县）、石河子之驿程：

> （昌吉）城西八里过三屯河，四里小西河，十里洛克伦河左分第二渠，八里芦草沟，十五里榆树沟，十二里横水桥，接呼图壁东境官道。（57 里）
>
> （呼图壁）城东十里头工，二十里三十里墩，三里横水桥，接昌吉西境官道。（33 里）
>
> （呼图壁）城西二十里五工台，十里乱山子，三十里大土古里，五里乾河

---

1 岑仲勉：《西突厥史料补阙及考证》，中华书局 1958 年版，第 182—183 页。

2 松田寿男：《古代天山历史地理学研究》，中央民族学院出版社 1987 年版，第 370 页。

3 方英楷：《新疆屯垦史》，新疆青少年出版社 1989 年版，第 283 页；吴震：《唐庭州西海县之置建与相关问题》，《新疆社会科学》1989 年第 2 期；戴良佐：《唐庭州西海县方位初考》，《新疆文物》1995 年第 2 期；王旭送：《唐代庭州西海县考》，《昌吉学院学报》2013 年第 6 期；刘子凡：《瀚海天山：唐伊、西、庭三州军镇体制研究》，中西书局 2016 年版，第 71 页。

图 68　玛纳斯古城平面图

子，五里出境，接绥来东境官道。(70 里)

(绥来) 城东一里奎星楼，二十四里包家店，二十里塔西河堡，二十五里乐土驿，二十里深沟，接呼图壁西境官道。(90 里)

(绥来) 城西半里过磨河渠桥，一里半达格大，八里玛纳斯河，三十里石河子。[1] (40 里)

清代昌吉至玛纳斯驿程为 250 里，至石河子 290 里，《新唐书·地理志》记轮台县至清海军 290 里，考虑到清里比唐里略长[2]，则从上述推算来看，清海军似在今玛纳斯与石河子之间。但现今这一区间内并无唐代古城遗址，抑或唐之驿道走向与清代略有出入，而在今玛斯县东北约 3 公里的玛纳斯古城，是现今玛纳斯县发现最大的一处唐代遗

1　王树枏等纂修:《新疆图志》卷七十九《道路一》，朱玉麒等整理，上海古籍出版社 2015 年版，第 1515—1517 页。

2　清代一里约 576 米，唐代一里约 531 米。见胡戟:《唐代度量衡与亩里制度》，《西北大学学报》1980 年第 4 期；杨生民:《中国里的长度演变考》，《中国经济史研究》2005 年第 1 期。

址，且据第三次文物普查资料，该地以西至精河县近270公里的范围内没有发现唐代古城遗址。因此，将清海军定位于此，相对而言比较可信。

玛纳斯古城位于一片耕地中，平面呈长方形，规模较大，南北约620米，东西约520米，曾作为耕地使用，破坏较为严重，现今东、西、北三面城墙存基址，南墙几乎无存。残存墙体高约5米，基宽7到10米（我曾亲自前往考察，发现西墙部分墙基宽达30米），第二次文物普查时见四角有角墩，现今无存，亦无法辨识城门等遗迹。（图68）2018年8月我曾前往考察该遗址，发现其西墙中部外侧似有建筑遗迹，可能是翁城或羊马城之类的建筑，又见北墙中部外侧凸出一宽阔的平台，类似于奇台唐朝墩古城北墙中部之墩台建筑。城墙外有护城河遗迹，宽约15米。城东南部城墙外侧约70米处有一圆形土墩，直径约10米，残高约5米，现今确定为一烽火台，当与古城遗址有密切关系。古城内曾出土缸、罐、瓮、盆等陶器，是典型的唐代遗物[1]。有学者将玛纳斯古城比定为张堡城守捉或乌宰守捉[2]，从实际驿程来看，并不妥当。玛纳斯古城形制规模在整个天山北麓仅次于北庭故城和昌吉古城，且军事性质十分明显，作为唐代天山北麓西部重镇清海军城所在地，是比较合适的。

玛纳斯古城位于玛纳斯河灌溉区，现今文献虽未明确记载清海军在此是否有屯田，但该城规模足以说明其人口之多，而城市的发展与此地优越的自然环境必定有关系。玛纳斯古城西距玛纳斯河约6公里，相对较远，不过现今玛纳斯县地形平坦，农垦非常发达，古代水系出现变迁或分为多条支流亦有可能。今古城北约350米有一水渠自西向东流；北约1公里有水渠自西南向东北流，注入古城东北约10公里的水库。可见玛纳斯古城地形西南高、东北低，玛纳斯河似在出山口

---

1 《不可移动的文物·昌吉回族自治州卷1》，新疆美术摄影出版社2015年版，第388—391页。

2 薛宗正：《丝绸之路北庭研究》，新疆人民出版社2009年版，第236页；戴良佐：《唐代庭州守捉城略考》，《新疆文物》1989年第1期。

处有支流东北行（出山口在古城西南约 18 公里处），至古城附近为护城、驻屯之用。

玛纳斯河发源于依连哈比尔尕山北坡，上源最高海拔 4733 米，有冰川 800 条，冰川面积约 608 平方千米，是中天山冰川资源最丰富的地区[1]，玛纳斯河水量也是天山北麓诸河之最。玛纳斯河自南向北穿过玛纳斯山以后，绝大多数河水被引至西北和东北侧的石河子、玛纳斯垦区和城区，而主河道大多数时候呈干涸状态，但历史上该河可径直流入北约 170 公里的玛纳斯湖。在今玛纳斯县北约 63 公里处有一唐代烽火台（烽火台村烽火台），平面呈方形，底部南北约 9 米，东西约 8.5 米，残高约 7 米，东侧 30 米处有古河道南北穿过[2]，应为古代玛纳斯河或支流。该烽火台与玛纳斯古城属同一水系，当为唐代清海军镇界的一处通讯、警戒设施。

（二）乌宰守捉城

清海军城、轮台城位置已定，则据《新唐书·地理志》“轮台县又百五十里有张堡城守捉，又渡里移得建河，七十里有乌宰守捉，又渡白杨河，七十里有清镇军（清海军）”之记载[3]，乌宰守捉、张堡城守捉当在清海军与轮台之间。今昌吉古城至玛纳斯古城之间有两处遗址，一处在塔西河，一处在呼图壁河，二者或为乌宰守捉与张堡城守捉所在地。

先论乌宰守捉的位置。今塔西河管理处东北约 300 米处有一塔西河古堡，据第二次全国文物普查资料记载，该古城面积约 2.2 万平方米，破坏较为严重。残存东墙约 48 米，残高约 4 米，有马面建筑；南墙长约 48 米，残高约 2.3 米，东南角有角楼残迹；西墙时断时续；北墙无存。城堡中偏北有一烽火台（图 69），底部南北约 14 米，东西

---

1 王世江主编:《中国新疆河湖全书》，中国水利水电出版社 2010 年版，第 135 页。

2 《不可移动的文物·昌吉回族自治州卷 1》，新疆美术摄影出版社 2015 年版，第 395 页。

3 《新唐书》卷四十《地理志》，中华书局 1975 年版，第 1047 页。

约12米，残高约8米。20世纪80年代调查古城时，城内东部为民宅和菜地，西部长满野草。出土有陶器等遗物，定为唐宋时期遗址[1]。2018年8月我曾前往考察该古城，现今仅存烽火台，烽火台东侧是耕地，西侧为塔西河引水渠，其他城墙遗址已消失殆尽。

从文物普查资料来看，塔西河古堡规模不算太小，当是轮台以西碎叶道上的一处军城，或为乌宰守捉城所在地。只是该地西距清海军所在之玛纳斯县只约16公里，而清代驿程也仅有45里，与《新唐书·地理志》之70里有差距。乌宰守捉城可能在塔西河古堡东部不远处，或在今乐土驿（此地西距玛纳斯清代驿程为70里）。但现今乐土驿一带尚未发现唐代古遗址，本书姑且将塔西河古堡作为乌宰守捉所在地。

塔西河古堡附近水环境较为优越，东、西约数百米皆有塔西河支流经过，20世纪80年代第三次文物普查时亦见有一条河道南北穿城而过，现今烽火台西侧仍有引水渠。塔西河发源于依连哈比尔尕山北坡冰川，最高海拔5290米，有冰川107条，冰川总面积48平方千米，水源充足、稳定[2]。该河向北穿越玛纳斯山以后，河水分为两支，一支向东北部之乐土驿，一支向西北部之包家店，乐土驿至塔西河古堡一带地形平坦，水源充足，土地肥沃，号称玛纳斯县之“东粮仓”。唐代清海军之乌宰守捉驻屯于此，可发展屯田，地理区位比较优越。

（三）张堡城守捉

今五工台烽火台附近或为唐代张堡城守捉所在地。该烽火台位于今呼图壁县城西偏南约9公里处，保存较为完好，平面呈长方形，底部南北约9米、东西约8米，顶部南北约6米、东西约4米，残高约7米。（图70）其建筑特点与奇台唐朝墩古城、吉木萨尔北庭故城相

1 新疆维吾尔自治区文物普查办公室、昌吉回族自治州文物普查队：《昌吉回族自治州文物普查资料》，《新疆文物》1989年第3期；《不可移动的文物·昌吉回族自治州卷1》，新疆美术摄影出版社2015年版，第392—394页。

2 王世江主编：《中国新疆河湖全书》，中国水利水电出版社2010年版，第138页。

同，第三次文物普查定为唐代遗址[1]。五工台烽火台现今地处一片葡萄园中，附近长期作为耕地，不见其他遗迹。但既然有烽火台存在，说明此地在唐代地处轮台西通碎叶的交通道路上。

结合《新唐书·地理志》所记轮台县、张堡城守捉、乌宰守捉的相对位置，张堡城守捉当距五工台烽火台不远。又五工台西距乐土驿清代驿程为 70 里、西距塔西河 95 里，东距昌吉为 110 里；而唐代张堡城守捉西距乌宰守捉 70 里，东距轮台城 150 里，则张堡城守捉可能在五工台烽火台西部。但这一带现今并无其他唐代遗址发现，本书姑且将五工台烽火台作为张堡城守捉所在地。

五工台烽火台东约 4 公里为呼图壁河，该河发源于南部依连哈比尔尕山北坡，最早海拔 4422 米，有冰川 239 条，冰川面积 72 平方千米[2]。该河是呼图壁绿洲以及下游芳草湖诸团场灌溉区的主要水源，沿河一带不仅农垦发达，且分布有唐代遗址。

今五工台烽火台东北约 11 公里、呼图壁河西约 4 公里处有一园户遗址，为第三次文物普查新发现。该遗址原为一大土丘，表面布满陶片，但现今已被夷为平地，不见任何遗迹，仅存一方圆约 20 米的土坑，坑内有大量动物骨骼和少量陶片，陶片具有典型的唐代风格[3]。该土丘俗称“唐疙瘩”，较大可能是一烽燧遗址。其地位于东西向交通大道北部，呼图壁经此前往芳草湖一带在古代似有军事交通路线。又在园户遗址北约 30 公里处发现 111 团破城子遗址，平面方形，由城墙、护城壕、护卫墙三部分组成，现存东墙约 55 米，西、北墙约 70 米，南部无墙，但有河道，疑似以河流为天然屏障。曾出土部分陶器，具有唐代风格[4]。古城附近农垦发达，无法判断水系走向，但从位置来看，似与三屯河、呼图壁河有关联，疑为唐代轮台城、张堡城守捉北部的一个戍堡，从此地向西北经烽火台村烽火台可能有军事路线至玛纳斯

1 《不可移动的文物·昌吉回族自治州卷 1》，新疆美术摄影出版社 2015 年版，第 286 页。
2 王世江主编：《中国新疆河湖全书》，中国水利水电出版社 2010 年版，第 140 页。
3 《不可移动的文物·昌吉回族自治州卷 1》，新疆美术摄影出版社 2015 年版，第 288 页。
4 《不可移动的文物·昌吉回族自治州卷 1》，新疆美术摄影出版社 2015 年版，第 282—283 页。

图 69　塔西河古堡烽火台

图 70　五工台烽火台

湖一带。

又五工台南约17公里的呼图壁河畔还有一阿魏滩古城。该古城现今已无存，据文物普查资料，古城近似梨形，四角为圆角，面积约20293平方米，东、南、北有城墙，西部紧邻呼图壁河岸断崖，为自然屏障。遗址长期被当地群众挖土取肥，破坏严重，曾出土大量夹砂灰陶罐、缸等器物及夹砂红陶片等，显示出唐、宋、元几个时期的文物特征[1]。该遗址接近呼图壁河出山口，古代经此沿河谷当有道路南入天山腹地小尤路都斯盆地。

综上所述，今五工台烽火台附近地带在唐代东、南、西、北四个方向均有道路通行，可谓交通发达之地，张堡城守捉设于此地，在轮台西部交通线上占有重要的地位。

三、轮台城周边的交通态势

前文引《新唐书·焉耆传》轮台征北道商贾之记载，足以说明此地交通位置之重要性。从地势来看，轮台城所在之地控扼碎叶道、白水涧道必经之地，又有道路沿河谷南入天山腹地，交通位置尤显突出。

经轮台之碎叶道，《新唐书·地理志》有较为详细的记载。轮台至北庭之道，“庭州西延城西六十里有沙钵城守捉，又有冯洛守捉，又八十里有耶勒城守捉，又八十里有俱六城守捉，又百里至轮台县”[2]，总计里程320里，又冯洛守捉不记里程，疑脱“百里”，这样总计420里与《太平寰宇记》所记里程合。此段大致沿博格达山北麓而行，沿途的这些守捉城具体位置，详见前文各节。轮台西至碎叶的道路，“（轮台城）又百五十里有张堡城守捉，又渡里移得建河，七十里有乌宰守捉，又渡白杨河，七十里有清镇军城，又渡叶叶河，七十里有叶河守捉，又渡黑水，七十里有黑水守捉，又七十里有东林守捉，又七十里

1 《不可移动的文物·昌吉回族自治州卷1》，新疆美术摄影出版社2015年版，第290页。

2 《新唐书》卷四十《地理志》，中华书局1975年版，第1047页。

有西林守捉。又经黄草泊、大漠、小碛，渡石漆河，逾车岭，至弓月城”[1]。此段大致沿中天山北麓西行，至赛里木湖南侧，经果子沟入伊犁河谷的弓月城，再西南至碎叶。轮台至清镇军城（清海军）一段诸军镇之地点详见前文各节；清海军以西诸军城，见岑仲勉《庭州至碎叶道里考》一文[2]，本书暂不作讨论。

轮台城南入天山腹地之山道，史籍较少记载。在今乌鲁木齐西南约 31 公里、距乌鲁木齐河出山口不远处的永丰乡烽火台，似为轮台城南部乌鲁木齐河谷南接阿拉沟、尤路都斯盆地交通道路上的军事设施。同时，前文提及的阿魏滩古城，也是轮台城西部之张堡城守捉沿呼图壁河谷南入天山腹地之军镇。沿着这些谷道进入天山腹地后，向西可至伊犁河谷，接碎叶道；向东经阿拉沟谷道至鸜鹆镇，东接西州天山县；向南经乌拉斯台河谷至焉耆镇。如此看来，轮台城与天山廊道交通路网有紧密的联系，唐代于此附近置军城，体现其对天山廊道的努力经营。

白水涧道是轮台东南经达坂城谷地至交河城的一条谷道，P.2009 号文书《西州图经》记载：“白水涧道。右道出交河县界，西北向处月已西诸蕃，足水草，通车马。”[3] 前文已指出永徽年间唐朝曾迁徙处月部于轮台附近置金满州都督，P.2009 号文书《西州图经》所谓交河西北向处月，指的就是交河城至轮台城的交通路线。《通典》记交河郡“西北到北庭轮台县五百四十里”[4]，其指亦当是白水涧道，据吐鲁番出土文书，交河城西部有酸枣馆、白水镇，其位置大致可以确定（详见本书第四章第一节、第三节），今吐鲁番至乌鲁木齐公路沿线发现的系列唐代烽火台，亦证唐代白水涧道之通行。

《新唐书·地理志》记西州通周边交通驿道时，未提及白水涧道，

1 《新唐书》卷四十《地理志》，中华书局 1975 年版，第 1047 页。

2 岑仲勉：《西突厥史料补阙及考证》，中华书局 1958 年版，第 179—185 页。

3 上海古籍出版社、法国国家图书馆编：《法国国家图书馆藏敦煌西域文献》1，上海古籍出版社 1995 年版，第 77 页。

4 《通典》卷一百七十四《州郡四》，中华书局 1988 年版，第 4558 页。

但诸多资料显示，该道在唐代使用较为频繁。吐鲁番出土文书《武周某馆驿给乘长行马驴及粟草帐》记有“高昌县长行马捌匹、驴壹拾壹头，使人骨利幹乘往胡城回”[1]，此胡城前已证是轮台城，使人骨利幹来回之路线明显也是白水涧道。早期轮台城驻有处月等游牧部落，使人骨利幹也明显不是汉人，此道一度可能多为游牧部落或胡人使用。又吐鲁番出土文书《唐开元二十一年（733）西州都督府案卷为勘给过所事》记载：

172. 兴胡史计思　作人史胡煞　羊贰伯口　牛陸头　别奏石阿六作人罗伏解　驴两头

173. 右件羊牛等，今日从白水路来，今随状送者。[2]

文书中记载的白水路，自然是白水涧道。兴胡是指丝绸之路上辗转之胡商，史计思、史胡煞、石阿六等人，明显是粟特人。此段记载胡商史计思等人携牛羊等从白水路前往西州，说明此道在唐代确曾作为商道使用。阿斯塔那506号墓出土的一批天宝十三载（754）、十四载（755）交河郡马料文卷，其中有多件盖有轮台县之印[3]。目前尚不清楚这批交河郡官文书为何会有轮台县之印，但这似说明唐代西州与轮台联系很紧密，白水涧道当在其中发挥了重要的作用。

白水涧道还是一条重要的军事路线。新获吐鲁番出土文献《唐神龙元年（705）六月后西州前庭府牒上州勾所为当府官马破除、见在事》记载西州前庭府官马“长安四年六月给论台声援兵随北庭讨击军不回”[4]，又《唐景龙三年（709）后西州勾所勾粮帐》记“二石六斗小麦，论台运欠，征杜某”[5]，这里的“论台”应该就是“轮台”，其记载长安四年（704）声援及景龙三年（709）运粮之事尚不清楚，但西州向轮台提供军马和粮食，最便捷的道路当是白水涧道。又《唐李慈艺告身》

---

1 《吐鲁番出土文书》叁，图录本，文物出版社1996年版，第531页。

2 《吐鲁番出土文书》肆，图录本，文物出版社1996年版，第295页。

3 《吐鲁番出土文书》肆，图录本，文物出版社1996年版，第467、480、490、492、493页。

4 荣新江、李肖、孟宪实主编：《新获吐鲁番出土文献》，中华书局2008年版，第33页。

5 荣新江、李肖、孟宪实主编：《新获吐鲁番出土文献》，中华书局2008年版，第47页。

记载：

1. 瀚海军破河西阵、白涧阵、土山阵、双胡丘阵、伍里堠阵、东胡袄阵等总陆阵，

2. 准开元三年三月廿二日敕，并于凭洛城与贼斗战，前后总叙陆阵，比

3. 类府城及论台等功人叙勋，则令递减，望各酬勋拾转。

4. 白丁西州李慈艺高昌县

5. 右可上护军[1]

据小田义久等人的研究，上引《李慈艺告身》记载瀚海军河西阵、白涧阵、土山阵、双胡丘阵、伍里堠阵、东胡袄阵、凭洛城等诸战事，与文献记载开元二年（714）北庭都护郭虔瓘抗击东突厥默啜西侵北庭城有关[2]。告身中记载诸战役发生的地点多难以考证，但可以肯定的是白涧阵发生在白水涧道上，凭洛城即冯洛城，即《新唐书·地理志》中记载的冯洛守捉，在北庭金满城西约160里。《新唐书·张守珪》记这次战争云："突厥侵轮台，遣（张）守珪往援，中道逢贼，苦战，斩首千余级，禽颉斤一人。开元初，虏复攻北庭，（张）守珪从儳道奏事京师，因上书言利害，请引兵出蒲昌、轮台夹击贼。"[3]张守珪提出的从蒲昌、轮台夹击突厥，其西道之路线当是从白水涧道至轮台城，再折东经冯洛守捉至北庭城。这样一来，上引《李慈艺告身》所记诸镇，可能均位于白水涧道和轮台东至金满城的道路上。这次战役充分说明轮台、白水涧道在北庭军防格局中的战略作用。

第五节　东部天山北麓庭州境内的唐代遗址分布与军防格局

唐代庭州主要包括今东部天山北部的昌吉回族自治州和乌鲁木齐市，从木垒县东部之色皮口至玛纳斯县西部的玛纳斯河，东西约424

1 转引自陈国灿《〈唐李慈艺告身〉及其补阙》，《西域研究》2003年第2期。

2 小田义久：《唐代告身的一个考察——以大谷探险队所获李慈艺及张怀寂告身为中心》，李济沧译，《魏晋南北朝隋唐史资料》第21辑，武汉大学出版社2004年版，第166页。

3 《新唐书》卷一百三十三《张守珪传》，中华书局1975年版，第4548页。

公里的范围内，分布有50多处唐代城址和烽火台。这些遗址大多数有沿水系分布的特点；同时，自南向北，从山麓到沙漠边缘，又形成三条东西向遗址分布线，这不仅受水系分布的影响，还与交通、政治形势有关，反映出唐代北庭军防的整体布局。

一、唐代遗址的水系分布

唐代庭州三县——金满县、蒲类县、轮台县[1]均背靠天山，其中金满县、蒲类县南部为博格达山，轮台县南部依连哈比尔尕山，两座山系高海拔地区均有永久性冰川，自东向西发育出数十条河流，这些河谷成为连接天山南北的重要通道。尤其是博格达山南北，由于西州和庭州的存在，南北向互动非常频繁，现今东部天山北麓发现的唐代遗址，就有沿河分布的态势，具体分布见下表。

表4　东部天山北麓庭州境水系与唐代遗址关系表

河流	遗址
白杨河（木垒）	芦塘沟新居民点遗址
木垒河	油库古城、新户古城
英格堡河	英格堡古城、二畦古城、社营古城
开垦河	独山古城、半个泉古城、东地唐疙瘩、西地遗址、大湾遗址、高泉遗址、北道桥古城、臭水井子遗址
碧流河、水磨河	吐虎玛克古城、唐朝墩古城、下二屯遗址、满营湖遗址、大坑沿遗址、高窝堡营盘遗址
根葛河	头工古城、下叶家湖遗址、叶家湖青疙瘩遗址
东大龙口河	东大龙口遗址、小西沟遗址、北庭古城、营盘梁遗址、青疙瘩遗址
新地河	沙钵守捉遗址、双河遗址
二工河（吉木萨尔县）、西大龙口河	八家地烽火台、三台北部遗址
黄山河、西沟	北庄子古城、阿克木那拉烽火台
甘河子河	土墩子烽火台
白杨河（阜康）	西泉七队烽火台、西泉烽火台

1　西海县设置时间较晚，且位置不详，本书暂且不作讨论。

续表

河流	遗址
三工河、二工河	六运古城、阜北古城
乌鲁木齐河	永丰乡烽火台、下沙河古城
头屯河、三屯河	昌吉古城、111团破城子遗址
呼图壁河	阿魏滩古城、五工台烽火台
塔西河	塔西河古堡及烽火台
玛纳斯河	玛纳斯古城、玛纳斯古城烽火台、烽火台村烽火台

需要说明的是，现今大多数河流在出山口处修建有水利工程，通过引水渠将河水引自下游的农垦区，现今下游河段之水系走向与古时有很大的不同。又因天山北麓农垦发达，古河道多被开垦成耕地，现今亦很难找寻。不过通过卫星影像图可以发现一些痕迹，如今奇台县的开垦河，丰水期或洪水期留下的冲积扇在卫星影像图上清晰可见，北部的东地唐疙瘩、西地遗址、大湾遗址、高泉遗址、臭水井子遗址、北道桥古城等遗址明显处在这片冲积扇之内，因此这些遗址归入开垦河水系。整个东部天山北麓地势为东南高、西北低，因此河流在进入绿洲地区以后多折向西北流，而遗址分布也有向西北延伸的趋势，直至沙漠边缘地带。

这种沿河南北分布的格局，与唐朝东部天山北向发展的趋势也有很大的联系。贞观十四年（640）唐朝设置西州，以东部天山南部之高昌城为军政中心，不断向北拓展势力。穿越东部天山之南北向河谷成为其向北推进的重要通道，如贞观十六年（642）郭孝恪出乌骨道至天山北麓攻击西突厥[1]，该道即从木头沟北入天山，再经碧流河谷至天山北部平原地带。最初的庭州州治在车师古道靠近南部山口的金岭城，此时的农耕户口不是太多，金岭城以军防为主。史载从龙朔年间开始，庭州一带从事农耕之汉户迁入逐渐增多[2]，山谷地带不再适合大量人口聚居，庭州州治逐渐迁移至北部平原地区的金满城。该城与金

1 《旧唐书》卷一百九十四《突厥传》，中华书局 1975 年版，第 5185 页。
2 《元和郡县图志》卷四十《陇右道下》，中华书局 1983 年版，第 1033 页。

岭城仍属同一水系，只是北部地区地形平坦，利于灌溉农业的进行，由此北庭故城逐渐发展成为天山北麓最大的城镇，其人口亦是庭州最集中的地区。并且，北庭故城西北之河流尾闾区，在唐代水环境也较为优越，现今发现的营盘梁等遗址说明庭州城镇分布有向河流下游发展之趋势。东部天山北麓其他河流之古城分布，大体与北庭城附近的情况类似。

同时，城镇沿河流南北分布也是一种纵深军防的体现。北庭都护府成立以前，北庭之军防从属于安西都护府或西州都督府，天山北部之军镇设置均是保障天山南部地区的安全。从军事安全的角度看，此时天山北麓东西交通可能并不重要，游牧部落向南入侵，每一条河谷都有可能成为南下之通道，唐朝在天山南北之军防，自然也要在河谷地带建立军镇和交通体系，最终形成一种南北呼应之纵深军防格局。

二、博格达山北麓的三条军事交通线

今博格达山北麓主要为昌吉回族自治州所属之阜康县、吉木萨尔县、奇台县、木垒县，唐代为庭州金满县与蒲类县境，是北庭军防的核心区，现今唐代遗址分布较为集中，形成自南向北的三条军事交通线。南线以各山口处的遗址东西串连，扼守南入天山的谷道；中线即《新唐书·地理志》记载的驿道，所经之地均是天山北麓绿洲核心区，地形平坦、农业发达、人口集中，城镇规模亦较大；北线在北部沙漠边缘，天山北麓诸河至此由自南向北转变为自东向西流，受此影响，北部遗址分布形成一条东西向军事交通线。

（一）南线

博格达峰在阜康县南部，海拔5445米，自此向东海拔逐渐降低，吉木萨尔、奇台、木垒县南部天山最高峰只有三四千米，一些山谷、山岭地点海拔更低，通行难度相对较小，南北交通路网发达。开元二年（714）前后东突厥西攻北庭，陷蒲类县，沿着这些山道南下，对西州各地尤其是蒲昌县构成了巨大的威胁。本书第二章已指出唐朝在天山南麓连接各山口处建立东西向军事防线，但实际上天山北麓诸山口也有防御设施，如木垒河口的油库古城，英格堡山口的英格堡古城，开垦河口的独山古城，以及东大龙口河口的东大龙口古城和小西沟遗址，连接这些山口的军城，便形成一道天山北麓军事防线。建立这些军事据点，试图从根本上防制游牧部落进入天山谷道的可能性，从而保障南部地区的安全。

P.2009 号文书《西州图经》记载蒲昌县北入天山山谷至北庭诸道，在翻越天山山谷以后，均“西合柳谷”至庭州若干里[1]，柳谷位于交河西北他地道上，包括山南和山北两条相连的谷地，山北的谷地现今称东大龙口河谷。蒲昌县通庭州诸道西与此谷合，说明天山北麓靠近山口处确有道路东西相连，现今木垒、奇台、吉木萨尔县南部山前地带接近山口处自东向西分布有东城镇、西吉尔镇、老奇台镇、英格堡乡、半截沟镇、碧流河乡、吉布库镇、东湾镇、泉子街镇等乡镇，这些乡镇不仅向北与诸县城有公路交通，彼此之间也有东西向交通相连。唐代山前军事交通路线可能就与这些乡镇之间的交通走向一致。东西向的路线将山口处的军城联接起来，构成北庭南部山前地带的军防线。

（二）中线

《新唐书·地理志》伊州条记东部天山北部驿道云：“经长泉、龙泉，百八十里有独山守捉；又经蒲类，百六十里至北庭都护府”，又同书北庭大都护府条云：“自庭州西延城西六十里有沙钵城守捉，又冯洛守捉，又八十里有耶勒城守捉，又八十里有俱六城守捉，又百里至轮台

1　上海古籍出版社、法国国家图书馆编：《法国国家图书馆藏敦煌西域文献》1，上海古籍出版社1995年版，第76页。

县。”[1] 从现今遗址分布来看，中线与该驿道走向局部有出入，总体一致。

其东段，经芦塘沟新居民点遗址向西北约 8 公里至新户古城，再向西北约 33 公里至社营古城，再西约 6 公里至东地唐疙瘩、半个泉古城，再西约 21 公里至唐朝墩古城。此段在东部天山北麓驿道的北部。其西段，唐朝墩古城西约 21 公里至叶家湖青疙瘩遗址、下叶家湖遗址[2]（由此西北约 12 公里至北庭故城），再西约 23 公里至沙钵守捉遗址，再西北约 14 公里至三台镇古城、八家地烽火台，再西约 26 公里至北庄子古城，再西约 23 公里至土墩子烽火台，再西约 23 公里至六运古城，再西南约 40 公里至下沙河古城，再西约 23 公里至昌吉古城。上述诸古城与唐代庭州诸军城之关系前文业已考证，此线与唐代东部天山北麓驿道走向一致，和现今公路主干线亦大致相同。此道沿线地区地形平坦开阔，水草丰美，唐朝在此建立牢固统治以前，是游牧民族东来西往频繁经行的路线。北庭都护府成立以后，唐置瀚海军，管兵 12000 人、马 4200 匹[3]，分驻于此道沿线的军镇、守捉，确保道路的安全。

（三）北线

史书对于庭州北部这条军事交通记载较少，《元和郡县图志》记蒲类县东北 40 里有郝遮镇[4]，此镇接近庭州北境沙漠边缘，位于北庭东北至回鹘交通之入口，其正东、正西是否有道路，不得而知。但现今天山北麓诸河向北流至沙漠边缘的尾闾区，均改向西流，沿河分布的大量古遗址，可证庭州北部军事交通线之存在。

又今阜康市北部沙漠边缘地带发现古道遗址，称“唐朝路”。据调

1 《新唐书》卷四十《地理志》，中华书局 1975 年版，第 1046—1047 页。

2 2009 年第三次文物普查时，在遗址不远处发现有古道遗址。该古道向东偏南延伸，残长 260 米、宽 2.5 米，路面较为平坦坚实，中间呈凸起状，两侧有槽状车辙印，车辙宽约 0.4 米，低于地面 0.1 到 0.2 米，车辙印间距 1.3 米。第三次文物普查将该遗址年代定为唐代。详见《不可移动的文物·昌吉回族自治州卷 1》，新疆美术摄影出版社 2015 年版，第 582 页。

3 《元和郡县图志》卷四十《陇右道下》，中华书局 1983 年版，第 1033 页。

4 《元和郡县图志》卷四十《陇右道下》，中华书局 1983 年版，第 1034 页。

查，该古道沿古尔班通古特沙漠东西贯穿昌吉回族自治州各县、市北境，现仅存阜康市北境一段。古道长约60公里，西起阜康北部第六师222团七连，因年久破坏，在各乡镇团场向东断续分布，至第六师土墩农场西泉七队分路，一路向东，为主线，但并未延续多远即遭破坏并消失；一路折北进入沙漠，延续10.4公里处消失。现存古道保存较好处宽2.5到4米，低于地面0.1到0.2米，车辙印间距1.3到1.5米，形制特征与前述下叶家湖古道遗址较为相似。第三次文物普查定为唐代遗址[1]。

现今古道沿线还发现许多唐代城址烽燧，西起阜北古城，东偏北约20公里有西泉烽火台，再东约14公里有西泉七队烽火台，再东约14公里有阿克木那拉烽火台。阿克木那拉烽火台东约13公里出阜康县境，再东偏南约30公里至营盘梁遗址、青圪垯遗址（从此向东南沿古河道约22公里至北庭故城），再东南约12公里至大坑沿遗址，再东偏南约6公里至满营湖遗址，再东南约13公里至下二屯遗址，再东约10公里至北道桥古城遗址（郝遮镇所在地）。北道桥古城北约11公里有臭水井子遗址，接回鹘道。该道在文献中较少记载，但其东接回鹘入北庭之要道，西连轮台城、清海军北部军城（111团破城子、烽火台城烽火台），在北庭北部是一条非常重要的通道。唐朝于此道沿线设置军城、烽燧，保障道路安全，与中线、南线构成北庭严密的交通军防体系。

1 《不可移动的文物·昌吉回族自治州卷1》，新疆美术摄影出版社2015年版，第143页。

参考文献

一、基本史料

班固:《汉书》，中华书局1962年版。
长龄:《懋亭自定年谱》，道光二十一年(1842)桂丛堂刻本。
陈诚:《西域番国志》，中华书局2000年版。
陈诚:《西域行程记》，中华书局2000年版。
陈尚君辑校:《全唐文补编》，中华书局2005年版。
陈寿:《三国志》，中华书局1974年版。
椿园:《西域闻见录》，日本宽政十三年(1801)刻本。
董诰:《全唐文》，中华书局1983年版。
杜佑:《通典》，中华书局1988年版。
范晔:《后汉书》，中华书局1965年版。
方希孟:《西征续录》，甘肃人民出版社2002年版。
房玄龄:《晋书》，中华书局1974年版。
傅恒等:《西域图志》，新疆人民出版社2002年版。
和宁:《三州辑略》，成文出版社1968年版。
慧皎:《高僧传》，中华书局1992年版。
慧立、彦悰:《大慈恩寺三藏法师传》，中华书局2000年版。
乐史:《太平寰宇记》，中华书局2007年版。
李昉:《太平广记》，中华书局1961年版。
李吉甫:《元和郡县图志》，中华书局1983年版。
李林甫:《唐六典》，中华书局1992年版。
李泰等:《括地志》，中华书局1980年版。
李延寿:《北史》，中华书局1974年版。

李延寿:《南史》，中华书局 1975 年版。
李志常:《长春真人西游记》，中华书局 1985 年版。
郦道元:《水经注》，中华书局 2007 年版。
林宝:《元和姓纂》，中华书局 1994 年版。
刘昫:《旧唐书》，中华书局 1975 年版。
欧阳修:《新唐书》，中华书局 1975 年版。
司马光:《资治通鉴》，中华书局 2011 年版。
宋濂:《元史》，中华书局 1976 年版。
宋敏求:《唐大诏令集》，中华书局 2008 年版。
脱脱:《宋史》，中华书局 1977 年版。
王溥:《唐会要》，中华书局 1955 年版。
王钦若:《册府元龟》，凤凰出版社 2006 年版。
王树枬等:《新疆图志》，上海古籍出版社 2017 年版。
魏收:《魏书》，中华书局 2017 年版。
魏征:《隋书》，中华书局 1973 年版。
温大雅:《大唐创业起居注》(外七种)，上海古籍出版社 2016 年版。
吴钢主编:《全唐文补遗》，三秦出版社 1996 年版。
徐坚:《初学记》，中华书局 1962 年版。
徐松:《西域水道记》(外二种)，中华书局 2005 年版。
杨增新:《补过斋文牍》,《中国边疆丛书》第一辑，文海出版社 1965 年版。
姚思廉:《梁书》，中华书局 1973 年版。
耶律楚材:《西游录》，中华书局 1981 年版。
袁宏:《后汉纪》，天津古籍出版社 1987 年版。
中国边疆史地研究中心、新疆维吾尔自治区档案局编:《清代新疆档案选辑》，广西师范大学出版社 2012 年版。
中华书局编辑部点校:《全唐诗》，中华书局 1999 年版。

二、出土文献

Judith Ogdem Bullitt, Princeton's Manusript Fragments from Tun-Huang,

The Gest Library Journal, Volume 111 Numbers 1—2, Spring 1989.
T. Thilo, Fragmente chinesischer Haushaltsregister der Tang-Zeit in der Berliner Turfan-Sammlung, Mitteilungen des Instituts für Orientforschung, XVI, Berlin 1970.
陈国灿、刘永增:《日本宁乐美术馆藏吐鲁番文书》，文物出版社 1997 年版。
郝春文主编:《英藏敦煌社会历史文献释录》(第二卷)，社会科学文献出版社 2003 年版。
侯灿、吴美琳:《吐鲁番出土砖志集注》，巴蜀书社 2003 年版。
胡戟、荣新江主编:《大唐西市博物馆藏墓志》，北京大学出版社 2012 年版。
胡戟:《珍稀墓志百品》，陕西师范大学出版总社有限公司 2016 年版。
胡平生、张德芳:《敦煌悬泉汉简释粹》，上海古籍出版社 2001 年版。
黄文弼:《高昌砖集》，中国科学院 1951 年版。
金祖同:《流沙遗珍》,《敦煌丛刊初集 5》，新文丰出版公司 1986 年版。
柳洪亮:《新出吐鲁番文书及其研究》，新疆人民出版社 1997 年版。
毛阳光、余扶危主编:《洛阳流散唐代墓志汇编》，国家图书馆出版社 2013 年版。
荣新江、李肖、孟宪实:《新获吐鲁番出土文献》，中华书局 2008 年版。
沙知、吴芳思编:《斯坦因第三次中亚考古所获汉文文献(非佛经部分)》，上海辞书出版社 2005 年版。
上海古籍出版社、法国国家图书馆编:《法国国家图书馆藏敦煌西域文献》，上海古籍出版社 1995 年版。
唐长孺主编:《吐鲁番出土文书》壹，文物出版社 1992 年版。
唐长孺主编:《吐鲁番出土文书》贰，文物出版社 1994 年版。
唐长孺主编:《吐鲁番出土文书》叁，文物出版社 1996 年版。
唐长孺主编:《吐鲁番出土文书》肆，文物出版社 1996 年版。
王国维:《流沙坠简》，中华书局 1993 年版。
[日] 小田义久:《大谷文书集成》第一卷，法藏馆 1983 年版。
[日] 小田义久:《大谷文书集成》第二卷，法藏馆 1989 年版。
[日] 小田义久:《大谷文书集成》第三卷，法藏馆 2002 年版。
[日] 小田义久:《大谷文书集成》第四卷，法藏馆 2009 年版。
赵力光主编:《西安碑林博物馆新藏墓志续编》，陕西师范大学出版总社有限

公司 2014 年版。
中国文物研究所、陕西古籍整理办公室编:《新中国出土墓志》(陕西·贰),文物出版社 2003 年版。
周绍良主编:《唐代墓志汇编》(续集),上海古籍出版社 2001 年版。
周绍良主编:《唐代墓志汇编》,上海古籍出版社 1992 年版。

三、研究著作

[日] 安部健夫:《西回鹘国史研究》,新疆人民出版社 1985 年版。
巴里坤哈萨克自治县志编纂委员会:《巴里坤哈萨克自治县志 1978—2010》,新疆生产建设兵团出版社 2014 年版。
[法] 伯希和等:《伯希和西域探险记》,耿昇译,人民出版社 2011 年版。
昌吉回族自治州地方志编纂委员会:《昌吉回族自治州志》,新疆人民出版社 2002 年版。
曹尚亭:《吐鲁番五千年》,新疆大学出版社 2007 年版。
岑仲勉:《汉书西域传地里校释》,中华书局 1981 年版。
岑仲勉:《西突厥史料补阙及考证》,中华书局 1958 年版。
岑仲勉:《中外史地考证》,中华书局 1962 年版。
陈戈:《新疆考古论文集》,商务印书馆 2017 年版。
陈国灿、刘安志主编:《吐鲁番文书总目(日本收藏卷)》,武汉大学出版社 2005 年版。
陈国灿:《陈国灿吐鲁番敦煌出土文献史事论集》,上海古籍出版社 2012 年版。
陈国灿:《论吐鲁番学》,上海古籍出版社 2010 年版。
陈国灿:《吐鲁番出土唐代文献编年》,新文丰出版社公司 2002 年版。
陈国灿:《斯坦因所获吐鲁番文书研究》,武汉大学出版社 1995 年版。
[日] 池田温:《中国古代籍帐研究》,中华书局 2007 年版。
陈世明等编注:《二十四史西域史料辑注》,新疆大学出版社 2013 年版。
陈寅恪:《唐代政治史述论稿》,商务印书馆 2011 年版。
程喜霖、陈习刚主编:《吐鲁番唐代军事文书研究》,新疆人民出版社 2013

年版。
程喜霖:《汉唐烽堠制度研究》，三秦出版社 1990 年版。
程喜霖:《唐代过所研究》，中华书局 2000 年版。
束迪生、李肖、娜仁高娃:《高昌社会变迁及宗教演变》，新疆人民出版社 2010 年版。
［英］崔瑞德:《剑桥中国隋唐史》，中国社会科学出版社 1990 年版。
［日］嶋崎昌:《隋唐时代のトウルキスタン研究》，东京大学出版会 1977 年版。
杜瑜、朱玲玲编:《中国历史地理学论著索引》(1900—1980)，书目文献出版社 1986 年版。
方英楷:《新疆屯垦史》，新疆青少年出版社 1989 年版。
冯承钧:《冯承钧学术论文集》，上海古籍出版社 2015 年版。
冯承钧:《冯承钧译著集：史地丛考　史地丛考续编》，上海古籍出版社 2014 年版。
冯承钧:《西域地名》，中华书局 1980 年版。
付马:《丝绸之路上的西州回鹘王朝》，社会科学文献出版社 2019 年版。
郭物:《新疆史前晚期社会的考古学研究》，上海古籍出版社 2012 年版。
哈密地方志编纂委员会:《哈密地区志 1990—2010》，中州古籍出版社 2015 年版。
哈密地方志编纂委员会:《哈密地区志》，新疆大学出版社 1997 年版。
［美］亨廷顿:《亚洲的脉搏》，王彩琴、葛莉译，新疆人民出版社 2013 年版。
胡戟等:《吐鲁番》，三秦出版社 1987 年版。
胡戟等主编:《二十世纪唐研究》，中国社会科学出版社 2002 年版。
胡汝骥主编:《中国天山自然地理》，中国环境科学出版社 2004 年版。
黄烈主编:《黄文弼历史考古论集》，文物出版社 1989 年版。
黄文弼:《黄文弼蒙新考察日记（1927—1930）》，文物出版社 1990 年版。
黄文弼:《吐鲁番考古记》，中国科学院考古研究所，1954 年。
黄文弼:《新疆考古发掘报告（1957—1958）》，文物出版社 1983 年版。
姜伯勤:《敦煌吐鲁番文书与丝绸之路》，文物出版社 1994 年版。
［日］橘瑞超:《橘瑞超西行记》，柳洪亮译，新疆人民出版社 2010 年版。
［美］拉铁摩尔:《中国的亚洲内陆边疆》，唐晓峰译，江苏人民出版社 2005 年版。

[德] 勒柯克:《新疆的地下文化宝藏》，陈海涛译，新疆人民出版社 1999 年版。
李大龙:《都护府制度研究》，黑龙江教育出版社 2012 年版。
李方:《唐西州官吏编年考证》，中国人民大学出版社 2010 年版。
李光廷:《汉西域图考》，乐天出版社 1974 年版。
李肖、陈云华主编:《鄯善文物志》，新疆人民出版社 2008 年版。
李正宇:《古本敦煌乡土志八种笺证》，甘肃人民出版社 2008 年版。
联合国教科文组织驻中国代表处、新疆维吾尔自治区文物局、新疆文物考古研究所等:《交河故城——1993、1994 年度考古发掘报告》，东方出版社 1998 年版。
林幹:《突厥与回纥史》，内蒙古人民出版社 2007 年版。
林竞:《西北丛编》,《近代中国史料丛刊续辑》第 11 辑，文海出版社 1974 年版。
林梅村:《汉唐西域与中国文明》，文物出版社 1998 年版。
刘安志:《敦煌吐鲁番文书与唐代西域史研究》，商务印书馆 2011 年版。
刘义堂:《钦定西域同文志校注》，台湾商务印书馆 1984 年版。
刘子凡:《瀚海天山：唐代伊、西、庭三州军镇体制研究》，中西书局 2016 年版。
[芬] 马达汉:《马达汉西域考察日记 1906—1908》，王家骥驿，中国民族摄影艺术出版社 2004 年版。
马大正等整理:《新疆乡土志稿》，新疆人民出版社 2010 年版。
马大正:《中国边疆经略史》，中州古籍出版社 2000 年版。
马大正:《中国古代边疆政策研究》，中国社会科学出版社 1990 年版。
马雍:《西域史地文物丛考》，文物出版社 1990 年版。
孟凡人:《北庭史地研究》，新疆人民出版社 1985 年版。
孟宪实:《汉唐文化与高昌历史》，齐鲁书社 2004 年版。
[法] 莫尼克·玛雅尔:《古代高昌王国物质文明史》，耿昇译，中华书局 1995 年版。
钮仲勋:《我国古代对中亚的地理考察和认识》，测绘出版社 1990 年版。
[日] 气贺泽保规:《新编唐代墓志所在总合目录》，明治大学东アジア石刻文物研究所，2017 年。

荣新江:《中古中国与粟特文明》，生活·读书·新知三联书店 2014 年版。

荣新江:《中古中国与外来文明》，生活·读书·新知三联书店 2001 年版。

荣新江主编:《吐鲁番文书总目（欧美收藏卷）》，武汉大学出版社 2007 年版。

芮传明:《古突厥碑铭研究》，商务印书馆 2017 年版。

[美] 芮乐伟·韩森:《丝绸之路新史》，张湛译，北京联合出版公司 2015 年版。

[法] 沙畹:《西突厥史料》，中华书局 2004 年版。

鄯善县志编纂委员会:《鄯善县志》，新疆人民出版社 2001 年版。

石墨林编著、陈国灿校定:《唐安西都护府史事编年》，新疆人民出版社 2012 年版。

[英] 斯坦因:《西域考古图记》，巫新华等译，广西师范大学出版社 1998 年版。

[英] 斯坦因:《亚洲腹地考古图记》，巫新华等驿，广西师范大学出版社 2004 年版。

[日] 松田寿男:《古代天山历史地理学研究》，陈俊谋译，中央民族学院出版社 1987 年版。

苏北海:《西域历史地理》，新疆大学出版社 1988 年版。

苏北海:《西域历史地理》第 2 卷，新疆大学出版社 2000 年版。

孙继民:《唐代瀚海军文书研究》，甘肃文化出版社 2002 年版。

谭其骧:《中国历史地图集》，中国地图出版社 1982 年版。

唐启宇:《历代屯垦研究》，正中书局 1944 年版。

唐长孺主编:《敦煌吐鲁番文书初探》(二编)，武汉大学出版社 1990 年版。

唐长孺主编:《敦煌吐鲁番文书初探》，武汉大学出版社 1983 年版。

陶保廉:《辛卯侍行记》，中国国际广播出版社 2016 年版。

田卫疆:《吐鲁番史》，新疆人民出版社 2004 年版。

吐鲁番地区地方志编纂委员会:《吐鲁番地区志》，新疆人民出版社 2004 年版。

吐鲁番市志编纂委员会:《吐鲁番市志》，新疆人民出版社 2002 年版。

吐鲁番市文物局等:《新疆洋海墓地》，文物出版社 2018 年版。

托克逊县地方志编纂委员会:《托克逊县志》，新疆人民出版社 2005 年版。

王炳华:《西域考古文存》，兰州大学出版社 2010 年版。
王启明:《天山廊道：清代天山道路交通与驿传研究》，陕西师范大学出版总社有限公司 2016 年版。
王启涛:《吐鲁番出土文书词语考释》，巴蜀书社 2005 年版。
王嵘:《西域文化的回声》，新疆青少年出版社 2000 年版。
王世江主编:《中国新疆河湖全书》，中国水利水电出版社 2010 年版。
王素、李方:《吐鲁番出土文书人名地名索引》，文物出版社 1996 年版。
王素:《高昌史稿·交通编》，文物出版社 2000 年版。
王素:《高昌史稿·统治编》，文物出版社 1998 年版。
王素:《吐鲁番出土高昌文献编年》，新文丰出版公司 1997 年版。
王希隆:《古代西北屯田开发史》，甘肃文化出版社 1997 年版。
王毅民主编:《哈密文物志》，新疆人民出版社 1993 年版。
王永兴:《唐代前期西北军事研究》，中国社会科学出版社 1994 年版。
王仲荦:《敦煌石室地志残卷考释》，中华书局 2007 年版。
乌鲁木齐市党史地方志编纂委员会:《乌鲁木齐市志》第 1 卷，新疆人民出版社 1994 年版。
乌鲁木齐市党史地方志编纂委员会:《乌鲁木齐市志》第 3 卷，新疆人民出版社 1997 年版。
巫新华:《吐鲁番唐代交通路线的考察与研究》，青岛出版社 1999 年版。
吴玉贵:《突厥第二汗国汉文史料编年辑考》，中华书局 2009 年版。
吴玉贵:《突厥汗国与隋唐关系史研究》，商务印书馆 2017 年版。
向达:《唐代长安与西域文明》，商务印书馆 2015 年版。
肖雄:《听园西疆杂述诗》，中华书局 1985 年版。
谢彬:《新疆游记》，新疆人民出版社 2010 年版。
解耀华主编:《交河故城保护与研究》，新疆人民出版社 1999 年版。
新疆社会科学院考古研究所:《新疆考古三十年》，新疆人民出版社 1983 年版。
新疆社会科学院民族研究所:《新疆简史》，新疆人民出版社 1980 年版。
新疆通史编纂委员会:《新疆史地论文著作索引》，新疆人民出版社 2016 年版。
新疆通史编纂委员会:《新疆历史研究论文选编·隋唐卷》，新疆人民出版社

2008 年版。
新疆维吾尔自治区测绘局:《新疆维吾尔自治区地图集》, 山东省地图出版社 2004 年版。
新疆维吾尔自治区地方志编委会:《新疆通志·文物志》, 新疆人民出版社 2007 年版。
新疆维吾尔自治区文物局:《不可移动的文物·巴音郭楞蒙古自治州卷》, 新疆美术摄影出版社 2015 年版。
新疆维吾尔自治区文物局:《不可移动的文物·昌吉回族自治州卷》, 新疆美术摄影出版社 2015 年版。
新疆维吾尔自治区文物局:《不可移动的文物·哈密地区卷》, 新疆美术摄影出版社 2015 年版。
新疆维吾尔自治区文物局:《不可移动的文物·吐鲁番地区卷》, 新疆美术摄影出版社 2015 年版。
新疆维吾尔自治区文物局:《不可移动的文物·乌鲁木齐卷》, 新疆美术摄影出版社 2015 年版。
新疆维吾尔自治区文物局:《不可移动的文物·伊犁哈萨克自治州卷》, 新疆美术摄影出版社 2015 年版。
新疆维吾尔自治区文物局:《新疆维吾尔自治区长城资源调查报告》, 文物出版社 2014 年版。
新疆维吾尔自治区文物局:《新疆古城遗址》, 科学出版社 2011 年版。
新疆维吾尔自治区文物局:《新疆古墓葬》, 科学出版社 2011 年版。
新疆文物考古研究所:《新疆昌吉回族自治州考古调查与发掘》, 文物出版社 2015 年版。
徐百成:《轮台丝路今觅处》, 新疆大学出版社 1996 年版。
薛宗正:《中亚内陆大唐帝国》, 新疆人民出版社 2005 年版。
薛宗正:《安西与北庭——唐代西陲边政研究》, 黑龙江教育出版社 1995 年版。
薛宗正:《北庭历史文化研究》, 上海古籍出版社 2010 年版。
薛宗正:《突厥史》, 中国社会科学出版社 1992 年版。
薛宗正:《回纥史初探》, 甘肃民族出版社 2012 年版。
薛宗正:《丝绸之路北庭研究》, 新疆人民出版社 2009 年版。
杨建新:《古西行纪选注》, 宁夏出版社 1987 年版。

羊毅勇等:《交河故城》，东方出版社 1998 年版。
严耕望:《唐代交通图考》(第二卷)，“中央研究院”历史语言研究所，1985 年。
杨廷福:《玄奘年谱》，中华书局 1988 年版。
[日]野村荣三郎:《蒙古新疆旅行日记》，董炳月译，新疆人民出版社 2013 年版。
[日]伊濑仙太郎:《中国西域经营史研究》，岩南堂书店 1968 年版。
殷晴:《丝绸之路与西域经济——十二世纪前新疆开发史稿》，中华书局 2007 年版。
殷晴:《探索与求真——西域史地论集》，新疆人民出版社 2011 年版。
殷晴主编:《吐鲁番学新论》，新疆人民出版社 2006 年版。
俞浩:《西域考古录》，文海出版社 1966 年版。
余太山:《塞种史研究》，商务印书馆 2012 年版。
余太山:《西域通史》，中州古籍出版社 2003 年版。
[日]羽田亨:《羽田博士史学论文集·历史篇》，东洋史研究会 1957 年版。
臧嵘、任继愈:《中国古代驿站与邮传》，商务印书馆 1997 年版。
[英]詹姆斯·费尔格里夫:《地理与世界霸权》，胡坚译，浙江人民出版社 2016 年版。
张广达:《文本、图像与文化交流》，广西师范大学出版社 2008 年版。
张广达:《文书、典籍与西域史地》，广西师范大学出版社 2008 年版。
张广达:《西域史地丛稿初编》，上海古籍出版社 1995 年版。
张君约:《历代屯田考》，商务印书馆 1939 年版。
张泽咸等:《中国屯垦史(中)》，农业出版社 1990 年版。
赵俪生:《古代西北屯田开发史》，甘肃文化出版社 1997 年版。
赵予征:《新疆屯垦》，新疆人民出版社 1991 年版。
赵云田:《北疆通史》，中州古籍出版社 2003 年版。
郑汕主编:《中国边防史》，社会科学文献出版社 1995 年版。
钟兴麒编著:《西域地名考录》，北京图书馆出版社 2008 年版。
曾问吾:《中国经营西域史》，新疆人民出版社 2013 年版。
[日]周藤吉之、西村元佑、西嶋定生、大庭脩等:《敦煌学译文集——敦煌吐鲁番出土社会经济文书研究》，姜镇庆、那向芹译，甘肃人民出版社 1985 年版。

周伟洲:《吐谷浑史》，广西师范大学出版社 2000 年版。
周伟洲:《中国中世纪西北民族关系研究》，广西师范大学出版社 2007 年版。
周玮、李保民主编:《鄯善风物志》，新疆人民出版社 2008 年版。
朱雷:《朱雷敦煌吐鲁番文书论丛》，上海古籍出版社 2012 年版。

四、研究论文

[日] 白须净真:《高昌、阚爽政权と缘禾、建平纪年文书》,《东洋史研究》1986 年第 45 卷。
曹洪勇:《探索大海道——吐鲁番至敦煌古道行》,《西域研究》1995 年第 1 期。
[日] 长泽和俊:《唐の高昌远征について》,《史观》1980 年第 102 册。
陈戈:《唐轮台在哪里》,《新疆大学学报》1981 年第 3 期。
陈国灿:《唐安西四镇中“镇”的变化》,《西域研究》2008 年第 4 期。
陈国灿:《辽宁省档案馆藏吐鲁番文书考释》,《魏晋南北朝隋唐史资料》第 18 辑，武汉大学出版社 2001 年版。
陈国灿:《美国普林斯顿所藏几件吐鲁番出土文书跋》,《魏晋南北朝隋唐史资料》第 15 辑，武汉大学出版社 1997 年版。
陈国灿:《唐西州蒲昌府防区内的镇戍与馆驿》,《魏晋南北朝隋唐史资料》第 17 辑，武汉大学出版社 2000 年版。
陈国灿:《〈唐李慈艺告身〉及其补阙》,《西域研究》2003 年第 2 期。
程喜霖:《从吐鲁番出土文书中所见的唐代烽堠制度之二》,《武汉大学学报》1983 年第 5 期。
程喜霖:《从吐鲁番出土文书中所见的唐代烽堠制度之三》,《武汉大学学报》1985 年第 6 期。
程喜霖:《论唐代西州镇戍——以吐鲁番唐代镇戍文书为中心》,《西域研究》2013 年第 2 期。
[日] 池田温:《神龙三年高昌县崇化乡点籍样について》,《中国古代の法と社会·栗原益男先生古稀纪念论集》，汲古书院 1988 年版。
戴良佐:《独山城故址踏勘记》,《元史及北方民族史研究集刊》第 8 期，南京大学历史系元史研究室，1984 年。

戴良佐:《唐代庭州守捉城略考》,《新疆文物》1989 年第 1 期。
戴良佐:《唐庭州西海县方位初考》,《新疆文物》1995 年第 2 期。
戴良佐:《新疆奇台石城子遗址汉疏勒城今地之争》,《中国边疆史地研究》1995 年第 4 期。
[日] 嶋崎昌:《高昌国の城邑について》,《隋唐时代の东トルキスタン研究——高昌国史研究を中心として》,东京大学出版会 1983 年重印本。
董永强:《四至八世纪吐鲁番的多民族问题探索》,陕西师范大学博士学位论文,2007 年。
[日] 关尾史郎:《高昌国における田土をめぐる觉书》,《中国水利史研究》1984 年第 14 号。
胡戟:《唐代度量衡与亩里制度》,《西北大学学报》1980 年第 4 期。
[日] 荒川正晴:《唐代吐鲁番高昌城周边的水利开发与非汉人居民》,沈玉凌、平劲松译,《吐鲁番学研究》2013 年第 2 期。
[日] 荒川正晴:《麹氏高昌国における郡县制の性格をめぐつて——主としてトウルフアン出土资料による》,《史学杂志》1986 年第 95 编第 3 号。
黄楼:《唐代西州鹳鹆镇文书研究》,《西域研究》2019 年第 1 期。
黄永年:《唐代籍帐中"常田""部田"诸词试释》,《文史》第 19 辑,中华书局 1983 年版。
贾伟明:《史前游牧生业的考古学观察——新疆西天山史前聚落分析》,《西域研究》2018 年第 3 期。
[日] 菊池英夫:《唐代边防机关として守捉、城、镇等の成立过程について》,《东洋史学》1964 年第 27 辑。
蓝勇:《唐代气候变化与唐代历史兴衰》,《中国历史地理论丛》2001 年第 1 期。
李方:《西域高昌国水渠考》,《丝路历史文化研讨会论文集》,新疆科学技术出版社 2013 年版。
李方:《中古时期西域水渠研究(二)》,《敦煌吐鲁番学研究》第 13 卷,上海古籍出版社 2013 年版。
李方:《中古时期西州水渠考(三)》,《吐鲁番学研究》2013 年第 1 期。
李方:《高昌国水渠与唐西州水渠的关系——中古时期西域水利研究之(四)》,《敦煌国际学术研讨会》会议论文,2013 年。

李方:《中古时期西域水利考（五）——柳中县、蒲昌县水渠考》,《敦煌吐鲁番研究》第14卷，上海古籍出版社2014年版。
李方:《西域高昌城水利设施略论》,《丝绸之路古城邦国际学术研讨会论文集》，2013年。
李方:《唐西州高昌城西水渠考——中古时期西域水利研究之（七）》,《西域研究》2014年第4期。
李方:《唐西州高昌城西水渠考（续）——中古时期西域水利研究之（八）》,《吐鲁番学研究》2014年第2期。
李树辉:《丝绸之路“新北道”中段路线及唐轮台城考论》,《中国边疆史地研究》2019年第3期。
李树辉:《乌拉泊古城新考》,《敦煌研究》2016年第3期。
李文益等:《唐代屯田研究综述》,《中国史研究动态》2011年第4期。
李肖:《吐鲁番盆地青铜时代至初铁器时代与周边地区的文化交流》,《吐鲁番学研究：第三届吐鲁番学暨欧亚游牧民族的起源与迁徙国际学术研讨会论文集》，上海古籍出版社2010年版。
李志敏:《“纳职”名称考述：兼谈粟特人在伊吾活动的有关问题》,《西北史地》1993年第4期。
［日］栗原益男:《七、八世纪の东アジア世界》,《隋唐帝国と东アジア世界》，汲古书院1979年版。
林必成:《唐代轮台初探》,《新疆大学学报》1979年第4期。
凌文超:《普林斯顿大学葛斯德图书馆藏两件天山县鹳鹆仓牒考释》,《吐鲁番学研究》2009年第2期。
刘安志:《读吐鲁番所出〈唐贞观十七年西州奴俊延妻孙氏辩辞〉及其相关文书》,《敦煌研究》2002年第3期。
刘安志:《唐朝西域边防研究》，武汉大学博士学位论文，1999年。
刘国防:《西汉比胥鞬屯田与戊己校尉的设置》,《西域研究》2006年第4期。
刘建国:《新疆高昌、北庭古城的遥感探查》,《考古》1995年第8期。
刘进宝:《也谈吐鲁番文书中的“部田”》,《中华文史论丛》2010年第2期。
刘维钧:《轮台和乌鲁木齐》,《新疆大学学报》1980年第4期。
刘学堂:《论交河城的兴起、构筑特色、发展和废弃》,《边疆考古研究》2004年第2期。

刘子凡:《北庭西海县新考》,《新疆大学学报》2020 年第 1 期。
柳洪亮等:《新疆托克逊县喀格恰克古墓群》,《考古》1987 年第 7 期。
柳洪亮:《唐天山县南平乡令狐氏墓志考释》,《文物》1984 年第 5 期。
［日］内田吟风:《初期葛逻禄族史之研究》,陈俊谋译,《民族译丛》1981 年第 6 期。
马大正:《有清一代新疆考察述论》,《西域考察与研究》,新疆人民出版社 1994 年版。
马大正:《20 世纪新疆考察述论》,《中国边疆史地研究》1992 年第 3 期。
马强:《唐宋时期西部气候变迁的再考察——基于唐宋地志诗文的分析》,《人文杂志》2007 年第 3 期。
马晓波等:《西北地区近代及历史时期气候变化趋势分析》,《冰川冻土》2003 年第 6 期。
满志敏:《唐代气候冷暖分期及各期气候冷暖特征的研究》,《历史地理》第 8 辑,上海人民出版社 1992 年版。
孟凡人:《高昌故城形制初探》,《中亚学刊》第 5 辑,新疆人民出版社 2000 年版。
孟凡人:《交河故城形制布局特点研究》,《考古学报》2001 年第 4 期。
孟宪实:《唐前期军镇研究》,北京大学博士论文,2001 年。
孟宪实:《吐鲁番新出一组北凉文书的初步研究》,《西域历史语言研究辑刊》第一辑,科学出版社 2007 年版。
娜仁高娃:《浅析高昌故城的水系分布》,《吐鲁番学研究》2010 年第 2 期。
溥清音:《新见武则天堂兄〈武思元墓志〉考释》,《文博》2014 年第 5 期。
钱伯泉:《车师语言与车师种族初探》,《新疆大学学报》1997 年第 3 期。
钱伯泉:《车师人种和语言的属性》,《吐鲁番学研究:第二届吐鲁番学国际学术研讨会论文集》,上海辞书出版社 2006 年版。
钱伯泉:《高昌国郡县城镇的建置及其地望考实》,《新疆大学学报》1988 年第 2 期。
钱伯泉:《轮台的地理位置与乌鲁木齐渊源考》,《新疆社会科学》1982 年第 1 期。
钱伯泉:《唐轮台位置续考》,《新疆社会科学》1984 年第 4 期。
钱伯泉:《北胥鞬考》,《新疆社会科学》1985 年第 2 期。

冉万里：《新疆巴里坤大河古城遗址调查简报》,《西部考古》第5辑，三秦出版社2011年版。

任冠、戎天佑：《新疆奇台县唐朝墩古城遗址考古收获与初步认识》,《西域研究》2019年第1期。

[日]日比野丈夫：《唐代蒲昌府文书の研究》,《东方学报》1963年第33册。

荣新江：《何谓胡人？——隋唐时期胡人族属的自认与他认》,《乾陵文化研究》2008年第4辑。

荣新江：《吐鲁番新出〈前秦建元二十年籍〉研究》,《中华文史论丛》2007年第4期。

荣新江：《吐鲁番新出送使文书与阚氏高昌王国的郡县城镇》,《敦煌吐鲁番研究》2007年第10卷。

荣新江：《新出吐鲁番文书所见唐龙朔年间哥逻禄部落破散问题》,《西域历史语言研究集刊》第一辑，科学出版社2007年版。

荣新江撰、梶山智史译：《大唐西市博物馆所藏墓志の整理と唐研究上の意义》,《东アジア石刻研究》2013年第5号。

石墨林：《若干部吐鲁番出土文书之间互见的人名地名索引》,《魏晋南北朝隋唐史资料》第28辑，武汉大学文科学报编辑部编辑出版，2012年。

史树青：《新疆文物调查随笔》,《文物》1960年第6期。

[美]斯加夫：《何得“边事捷报”？——唐代西北648、655、657年诸战役指挥官的军事文化行动》，孙琢译，《法国汉学第12辑：边臣与疆吏》，中华书局2007年版。

[日]松井太：《吐鲁番诸城古回鹘语称谓》，杨富学、陈爱峰译，《吐鲁番学研究》2017年第1期。

苏北海：《岑参〈轮台歌〉的几个考证》,《人文杂志》1984年第1期。

苏北海：《唐轮台城位置考》,《中国历史地理论丛》1995年第4期。

苏北海：《别失八里名称源于北胥鞬考》,《中国历史地理论丛》1994年第4期。

吐鲁番地区文管所：《鄯善苏巴什古墓葬发掘简报》,《考古》1984年第1期。

吐鲁番地区文管所：《新疆鄯善县苏巴什古墓群的新发现》,《考古》1988年第6期。

吐鲁番地区文管所：《新疆托克逊县喀格恰克古墓群》,《考古》1987年第7期。

吐鲁番地区文管所：《新疆托克逊县英亚依拉克古墓群调查》,《考古》1985年第 5 期。
吐鲁番地区文物局:《新疆吐鲁番地区木纳尔墓地的发掘》,《考古》2006 年第 12 期。
王炳华:《阿拉沟古堡与唐鹳鹆镇》,《唐研究》第 8 卷,北京大学出版社 2002 年版。
王炳华:《近年新疆考古中所见唐代重要史迹》,《唐研究》第 1 卷,北京大学出版社 1995 年版。
王炳华:《天山东段考古调查纪行(二)》,《新疆文物》1988 年第 1 期。
王炳华:《天山东段考古调查纪行(一)》,《新疆文物》1987 年第 3 期。
王庆卫:《唐贞观二十二年昆丘道行军再探讨——以新出〈杨弘礼墓志〉为中心》,《魏晋南北朝隋唐史资料》第 35 辑,上海古籍出版社 2017 年版。
王素:《唐华文弘墓志中有关昆丘道行军的资料——近年新刊墓志所见隋唐西域史事考释之一》,《西域研究》2013 年第 4 期。
王素:《唐麹建泰墓志与高昌“义和政变”家族——近年新刊墓志所见隋唐西域史事考释之二》,《魏晋南北朝隋唐史资料》第 30 辑,上海古籍出版社 2014 年版。
王旭送:《唐代庭州西海县考》,《昌吉学院学报》2013 年第 6 期。
王有德:《岑参诗中的轮台及其它》,《文史哲》1978 年第 5 期。
王有德:《再谈唐代轮台问题——兼与林必成同志商榷》,《新疆大学学报》1980 年第 3 期。
魏大林:《疏勒城考辨》,《西部学刊》1987 年第 3 期。
武伯纶:《新疆天山南路的文物调查》,《文物参考资料》1954 年第 10 期。
吴宏岐、党安荣:《唐代长安的驯象及其反映的气候状况》,《中国历史地理论丛》1996 年第 4 期。
吴震:《唐庭州西海县之置建与相关问题》,《新疆社会科学》1989 年第 2 期。
[日]小田义久:《唐代告身的一个考察——以大谷探险队所获李慈艺及张怀寂告身为中心》,李济沧译,《魏晋南北朝隋唐史资料》第 21 辑,武汉大学出版社 2004 年版。
谢建忠:《吐鲁番出土文书中交河郡腾过人马与岑参诗关系考论》,《兰州学刊》2015 年第 2 期。
新疆博物馆考古队:《1975 年吐鲁番哈喇和卓古墓群发掘简报》,《文物》1978

年第 6 期。
新疆考古所等:《新疆哈密焉不拉克墓地》,《考古学报》1989 年第 3 期。
新疆维吾尔自治区文物普查办公室、昌吉回族自治州文物普查队:《昌吉回族自治州文物普查资料》,《新疆文物》1989 年第 3 期。
新疆维吾尔自治区文物普查办公室、吐鲁番地区文物普查队:《吐鲁番地区文物普查报告》,《新疆文物》1988 年第 3 期。
新疆文物考古研究所、吐鲁番学研究院:《新疆吐鲁番木尔吐克萨依遗址发掘简报》,《吐鲁番学研究》2017 年第 2 期。
新疆文物考古研究所:《新疆奇台石城子遗址 2016 年发掘简报》,《文物》2018 年第 5 期。
新疆文物考古研究所:《乌鲁木齐柴窝堡古墓发掘报告》,《新疆文物》1998 年第 1 期。
新疆文物考古研究所:《乌鲁木齐乌拉泊古墓葬发掘研究》,《新疆社会科学》1986 年第 1 期。
新疆文物考古所等:《新疆鄯善县三个桥古墓葬抢救清理发掘》,《新疆文物》1997 年第 2 期。
新疆维吾尔自治区博物馆等:《建国以来新疆考古的主要收获》,《文物考古工作三十年 1949—1979》, 文物出版社 1979 年版。
新疆维吾尔自治区博物馆等:《新疆吐鲁番艾丁湖古墓葬》,《考古》1982 年第 4 期。
新疆维吾尔自治区文物普查办公室、巴州文物普查队:《巴音郭楞蒙古自治州普查资料》,《新疆文物》1993 年第 1 期。
向达:《西域见闻琐记》,《文物》1962 年第 Z2 期。
熊飞:《〈交河郡长行坊支贮马料文卷〉与岑参行年小考》,《敦煌研究》1997 年第 3 期。
徐畅:《敦煌吐鲁番出土文献所见唐代城主新议》,《西域研究》2008 年第 1 期。
徐佑成:《柳中古城形制初探》,《吐鲁番学研究》2015 年第 1 期。
薛宗正:《关于安西、北庭研究中的几个问题》,《西域研究》1997 年第 1 期。
薛宗正:《唐轮台名实核正》,《新疆社会科学》1983 年第 4 期。
薛宗正:《唐轮台县故址即今昌吉古城再考》,《昌吉学院学报》2011 年第 4 期。
薛宗正:《务涂谷、金蒲、疏勒考》,《新疆文物》1988 年第 2 期。

羊毅勇:《交河故城沟北一号台地墓葬所反映的车师文化》,《西域研究》1992年第2期。
羊毅勇:《唐代伊州考》,《西北民族研究》1993年第1期。
杨生民:《中国里的长度演变考》,《中国经济史研究》2005年第1期。
殷晴:《汉唐时期西域屯垦与吐鲁番盆地的开发》,《吐鲁番学研究》2000年第2期。
郁越祖:《高昌王国政区建置考》,《历史地理研究》第2辑,复旦大学出版社1990年版。
赵静等:《1996年新疆吐鲁番交河故城沟西墓地汉晋墓葬发掘简报》,《考古》1997年第9期。
张安福:《屯垦西域与唐代西北边疆安全体系的构建研究》,《宁夏社会科学》2011年第1期。
张安福、胡志磊:《汉唐环塔里木烽燧布局的演变》,《史林》2014年第2期。
张德芳:《从悬泉汉简看西域屯田及其意义》,《敦煌研究》2001年第3期。
张全民:《〈唐华文弘墓志铭〉所载唐朝经略边疆史实考略》,《唐研究》第17卷,北京大学出版社2011年版。
张永兵:《吐鲁番酒泉城的历史及今地考》,《吐鲁番学研究》2017年第2期。
赵静、王宗磊:《1996年新疆吐鲁番交河故城沟西墓地汉晋墓葬发掘简报》,《考古》1997年第9期。
郑炳林:《高昌王国行政地理区划初探》,《西北史地》1985年第2期。
钟兴麒:《唐伊吾军驻所甘露川考》,《西域研究》1993年第4期。
中国社会科学院考古所新疆队:《吉木萨尔北庭古城调查》,《考古》1982年第2期。
朱雷:《吐鲁番出土北凉赀簿考释》,《武汉大学学报》1980年第4期。
朱雷:《吐鲁番出土天宝年间马料文卷中所见封常清之北庭行》,《魏晋南北朝隋唐史资料》第15辑,武汉大学出版社1997年版。
朱雷:《出土石刻及文书中北凉沮渠氏不见于史籍的年号》,《出土文献研究》,文物出版社1985年版。
朱玉麒:《“北馆文书”的流传及早期研究史》,《西域研究》2018年第2期。

后　记

本书初稿即我的博士学位论文。

2020 年 6 月我从上海师范大学毕业，随即入职新疆大学。三年来每日忙忙碌碌，当初答辩时各位老师提出的修改意见，时至今日也未能妥善处理。现在看来，当初的一些认识是不成熟的，但书稿即将付印，就当是我十年寒窗的一个纪念吧。

每一位毕业的博士，估计都会经历一番煎熬。博士论文的研究和写作，需要苦思，更需要甘坐冷板凳。我的博士论文选题，可能是整个写作期间最让我头疼的一件事情。选题一波三折，最终敲定了这个题目，也列出看似逻辑严密的框架，但到了下笔之时，却发现不知从何做起。当时的问题可能有三：一是史学论文写作的基本方法并没有掌握；二是由于频繁更换题目，基本的资料把握不够；三是研究兴趣点还没有找到。后来，记得有一次在上海师范大学紫薇苑和一位学长无意间聊到了环境史的问题，让我联想到在新疆兵团石河子大学学习和研究屯垦史的过程中，经常提到水环境对于绿洲城镇、交通等的重要性。这给了我一些启发，并定下了“唐代天山廊道军城研究”这样一个选题。

古代新疆的城镇，有许多可以定义为“屯城”或“军城”。起初，我是想研究水环境对屯城的影响，这需要将研究区域内的屯城或军城逐一找寻，然后精确定位，与区域水系进行叠加，分析屯城与水系之间的关系。找寻研究区域内的各类屯城、军城，其实不难，因为唐代西域史料并不多，且比较熟悉；出土文献分布较散，但相关的目录、辑录工者前人做得很扎实，查找起来也比较方便；加之多年来参与了新疆古遗址的调查工作，一些基本的资料用起来也很方便。整理屯城、军城的收获，一是把屯城、军城概念理解透彻了，二是把博士论文的研究区域进一步缩小，也就是现在的东部天山地区。

接下来的工作就是补地理学的功课。我下过很大的力气，但效果不理想，毕竟跨行如跨山，想在短时间内掌握一门学科的理论和方法，并不是一件容易的事。这让我想到有次在上海师范大学文苑楼倾听一位知名历史学者讲座，他曾说道："每个人都有自己的天花板，努力到一定程度即可，再努力也没有用，因为天花板在那里挡着你，上不去的。"我想，人贵有自知之明，重要的是要知道自己的天花板在哪里。

研究过程中确实遇到了很大困难，也使我不得不把研究重点做一些转移。一方面，回归历史学本行，做一些细微的考证；另一方面，接受一些师友的建议，对唐代西域军防、丝绸之路交通做一些阐释。但是，无论是西域史地诸问题考证，还是边疆史、民族史、中西交通史，前人或多或少都做了工作，要想再找到一个全新的话题，的确是一件很难办到的事情。现在博士论文即将出版，我想阅者也能读出一些我曾经想做却不尽人意的工作。行文中有资料的堆砌，有别人结论的转述，也有观点的商榷和辨误，洋洋洒洒，但可能有的贡献，也只是些缝缝补补、查漏补缺的工作。

博士论文的撰写给我最大的收获，可能还是对史学研究方法的体悟。近日无意翻起了我以前写的一些论文，以现在的眼光看，确实很糟糕，不仅资料没有全面把握，而且喜欢预设结论、妄下结论，作为一个历史学工作者，这真让人有些良心不安。后来博士论文写作期间，这样的问题还是没有完全回避，写下的这些文字，总是让我战战兢兢，诚惶诚恐。我想，一篇合格的史学论文，下者为资料堆砌；中者可对资料辨误，还原事实；上者在正确运用资料的基础上能提出一些规律性的东西。另外，做资料的堆砌并不是没有价值，我在写博士论文的过程中就发现，那些资料收集很全、学术史做得很扎实的研究成果，往往使用很频繁。

我出身贫寒。有人说，学术是有钱人做的事，也许我本不应该走这条路。2005 年的夏天，我考上高中，我母亲曾试图给我办退学。2009 年，我考上新疆石河子大学，父亲病重，我带着借来的钱来学校报到。2013 年，我考上研究生，家里传来了父亲病危的噩耗。2015 年的夏天，我母亲给我打了一个电话，只说了一句：“我希望你能回来照顾我几天。”一个月以后她离开了这个世界。我是一个铁石心肠的人，平时不爱回家，直到父母离去，我才意识到自己已是无家可归之人。对于父母，我只有愧疚。

感谢每一位曾经帮助过我的亲友、师友。高中时，在食堂一度只吃饭不吃菜，同样不太富裕的室友给我凑了 20 块钱改善生活。本科、硕士、博士期间，有资助政策，有师友帮助，让我能顺利完成学业，并走上科研道路。毕业以后，由于所学专业过于冷门，加上公开发表的成果寒酸，就业受到很大限制，幸赖新疆大学祖力亚提·司马义、顾光海、张家飞、张子青等老师引荐、栽培，让我走上了教职生涯。我人生起步在新疆大学，几位老师对我有知遇之恩。这次博士论文的出版，更是得到了新疆大学“双一流”建设经费的大力支持。

另外，图书出版还要感谢上海人民出版社周珍老师的辛勤编校工作，特此感谢。

王玉平

2023 年 5 月 20 日

于新疆大学红湖畔

附表　唐代东部天山军城、烽铺、驿馆统计表

州	军	府	城	镇、守捉	戍	烽、铺	馆、驿
西州	天山军	前庭府	高昌城 武城 宁戎城 新兴城			山头烽 横城烽	宁戎驿
		岸头府	交河城 永安城 安乐城	柳谷镇 白水镇	酸枣戍 石舍戍 （或镇）	神山烽 赤山烽 白水烽	龙泉馆 柳谷馆 交河馆 酸枣馆 石舍馆
			柳中城 高宁城 酒泉城				北馆 （柳中县馆） 柳中馆
		天山府	天山城 南平城 安昌城	鹯鸽镇 银山镇	银山戍 礌石戍 曷畔戍	□蕃铺 揔见铺 临蕃铺 断贼铺 □觉铺 黑鼻烽 阿施烽 壘石烽 臯水烽 名岸烽 泥岭烽 小白水烽 白水烽 椟总烽	天山馆 银山馆 天山仓 天山县仓 安昌馆
		蒲昌府	蒲昌城 横截城 于谌城 临川城	赤亭镇（守捉） 罗护镇（守捉）	苁蓉戍 方亭戍 维磨戍	赤亭烽 维磨烽 罗护烽 小峰烽 狼泉烽 达匪烽 突播烽	罗护馆 草堆馆 避风驿 赤亭馆 狼泉驿 达匪馆 东碛馆

续表

州	军	府	城	镇、守捉	戍	烽、铺	馆、驿
西州	天山军	蒲昌府	蒲昌城 横截城 于谌城 临川城	赤亭镇（守捉） 罗护镇（守捉）	夶蓉戍 方亭戍 维磨戍	塞亭烽 上萨捍烽 下萨捍烽 悬泉烽 胡麻泉烽 挎谷烽	神泉馆 济弱馆
					狼井（戍） 苦水（戍） □谷戍		狼井馆 成洛馆
庭州	瀚海军		金满城 蒲类城 轮台城	蒲类镇 郝遮镇 咸（盐）泉镇 特罗堡子 独山守捉 神仙（山）镇 沙钵镇（守捉） 冯（凭）洛镇（守捉） 耶勒城守捉 俱六镇（俱六城守捉） 轮台守捉（静塞军） 悬信镇 东道守捉 西北道守捉 石堡守捉	石会汉戍（汉戍）	耶勒烽 乾坑烽 柽林烽	
	清海军			张堡城守捉 乌宰守捉 镇城镇 叶河守捉 黑水守捉 东林守捉 西林守捉			
伊州	伊吾军		伊吾城 小伊吾城		墼亭戍 赤崖戍 稍竿戍	水源烽 毛瓦烽 狼泉烽 香枣烽 盘兰泉秋 速度谷烽 伊地具烽	

续表

州	军	府	城	镇、守捉	戍	烽、铺	馆、驿
伊州	伊吾军		柔远城	柔远镇（守捉）		白望烽	
						白杨山烽	
						伊地具烽	
						独堆烽	
			纳职城		百泉戍	百尺烽	
						不到泉烽	
						永安烽	
						东柘厥烽	
						花泉烽	
						延末烽	
				甘露镇		高头烽	
						阿查勒烽	
						泥熟烽	
						故亭烽	
						青山烽	
						圣追烽	
						花泉烽	
						风耳烽	
						乌谷铺	
						骨咄禄铺	
						波色多烽	
						明烽	
						柳头烽	
						苜蓿烽	
						都罗烽	

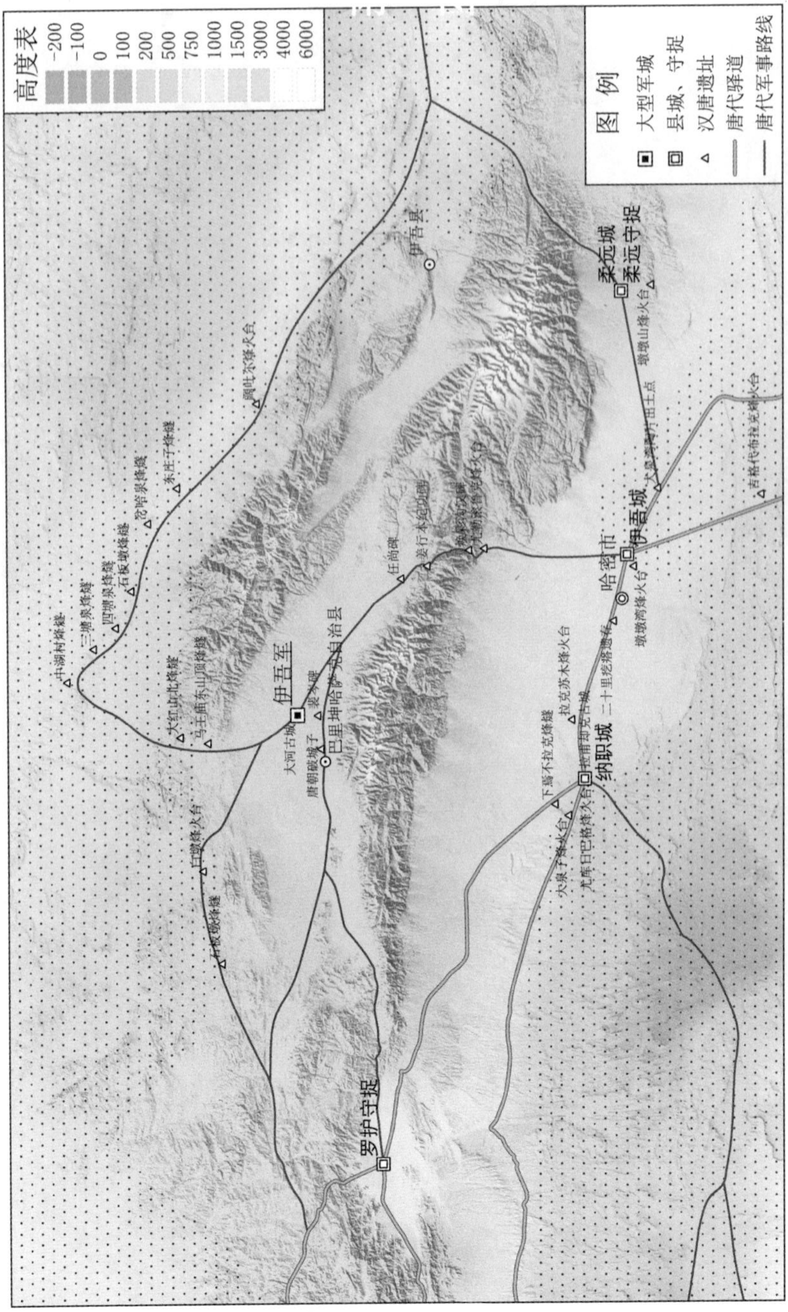
高度表
-200
-100
0
100
200
500
750
1000
1500
3000
4000
6000
图 例
大型军城
县城、守捉
汉唐遗址
唐代驿道
唐代军事路线
伊吾县
柔远城
柔远守捉
墩墩山烽火台
伊吾城
哈密市
墩墩湾烽火台
纳职城
二十里疙瘩遗存
拉克苏木烽火台
下焉不拉克烽燧
伊吾军
巴里坤哈萨克自治县
大河古城
唐朝破城子
裴岑碑
任尚碑
中湖村烽燧
三塘泉烽燧
四塘泉烽燧
石板墩烽燧
茫哈泉烽燧
东庄子烽燧
大红山北烽燧
马王庙东山顶烽燧
白墩烽火台
大泉子烽火台
罗护守捉

图 2 唐代伊州交通图

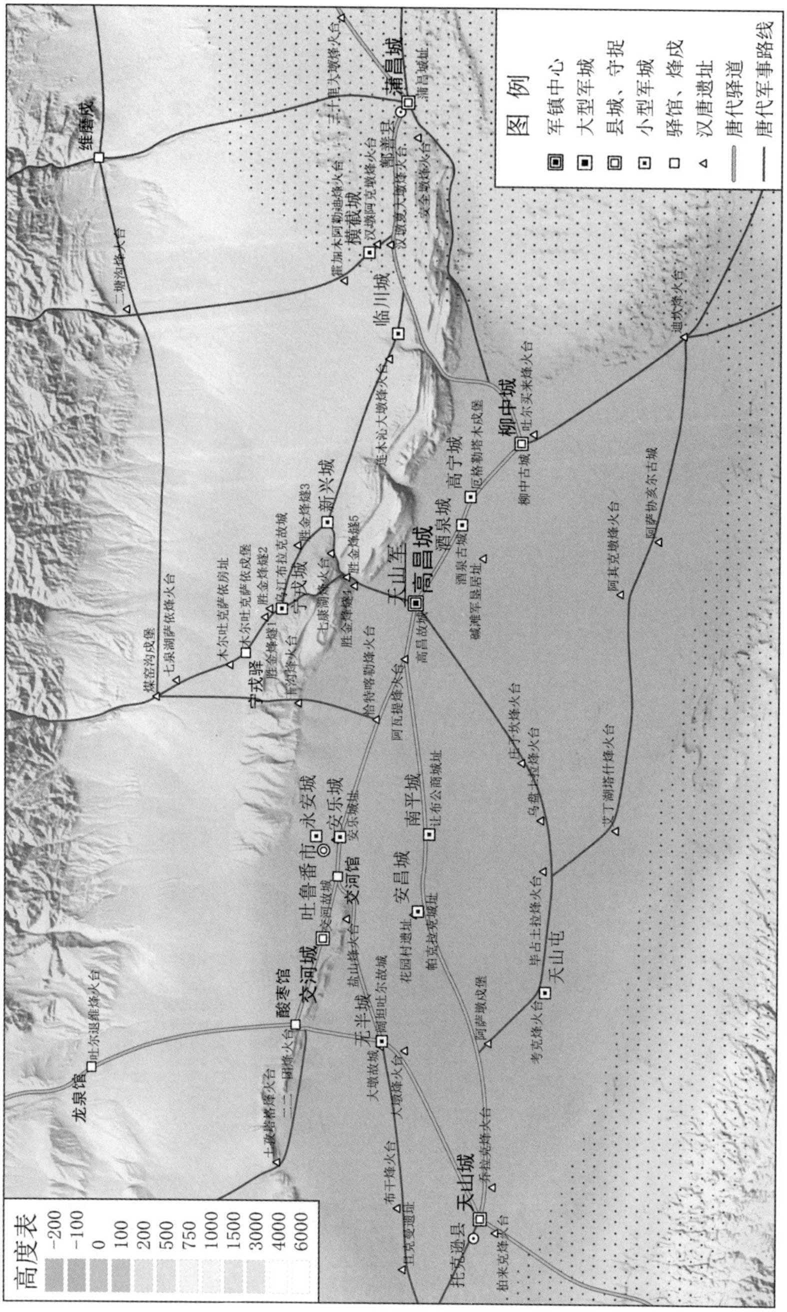
高度表
-200
-100
0
100
200
500
750
1000
1500
3000
4000
6000
图例
军镇中心
大型军城
县城、守捉
小型军城
驿馆、烽戍
汉唐遗址
唐代驿道
唐代军事路线
维磨戍
蒲昌城
鄯善县
横截城
临川城
柳中城
高宁城
酒泉城
天山军
高昌城
新兴城
宁戎城
宁戎驿
永安城
安乐城
吐鲁番市
交河馆
交河城
酸枣馆
龙泉馆
无半城
南平城
安昌城
天山屯
天山城
托克逊县

图3 唐代西州交通图

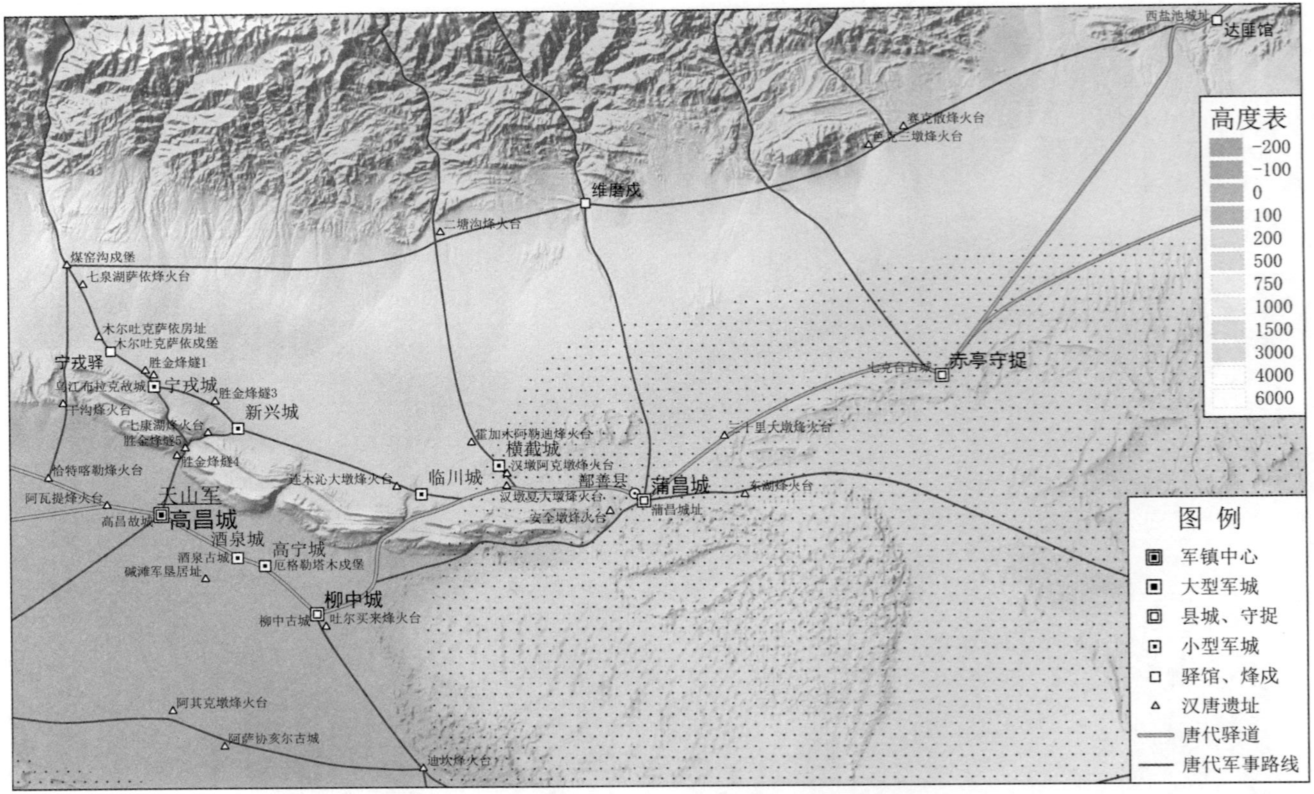

图 4　唐代西州东部交通图

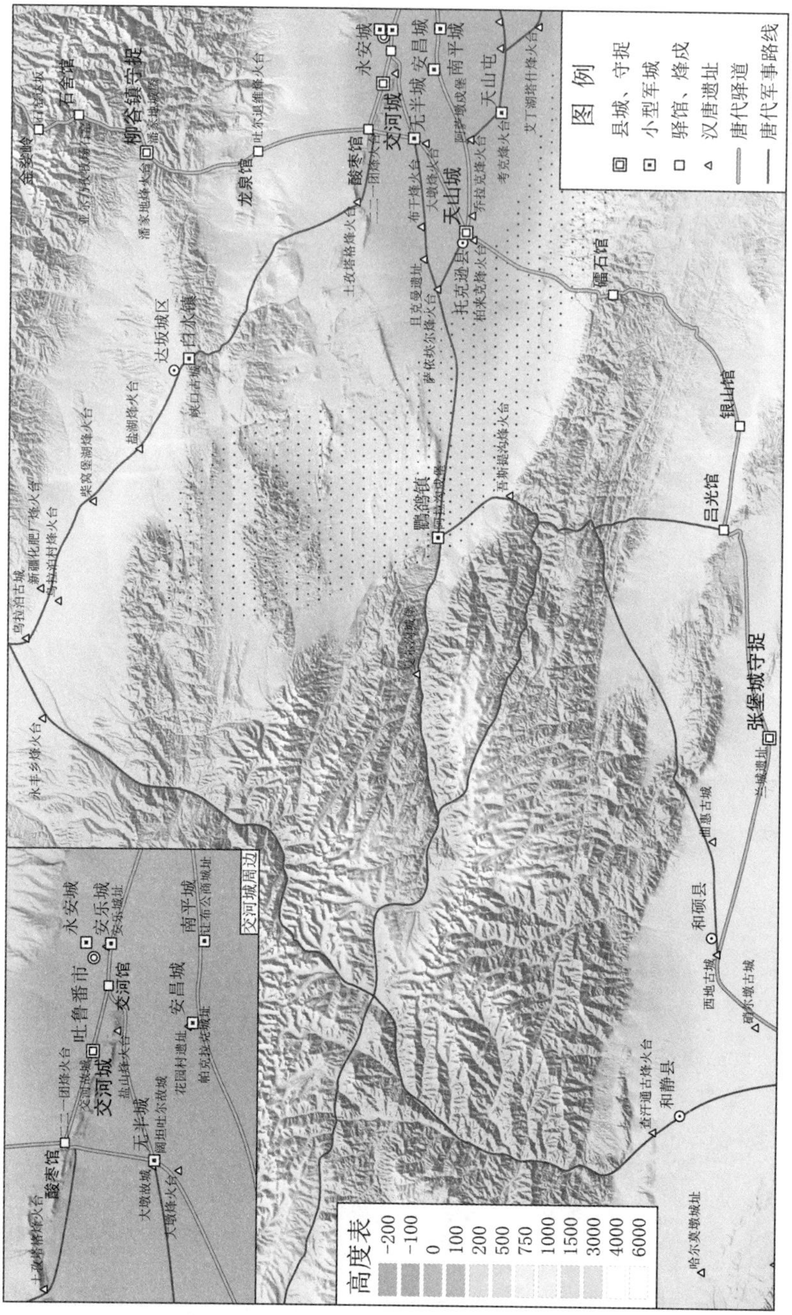

图 5　唐代西州西部交通图

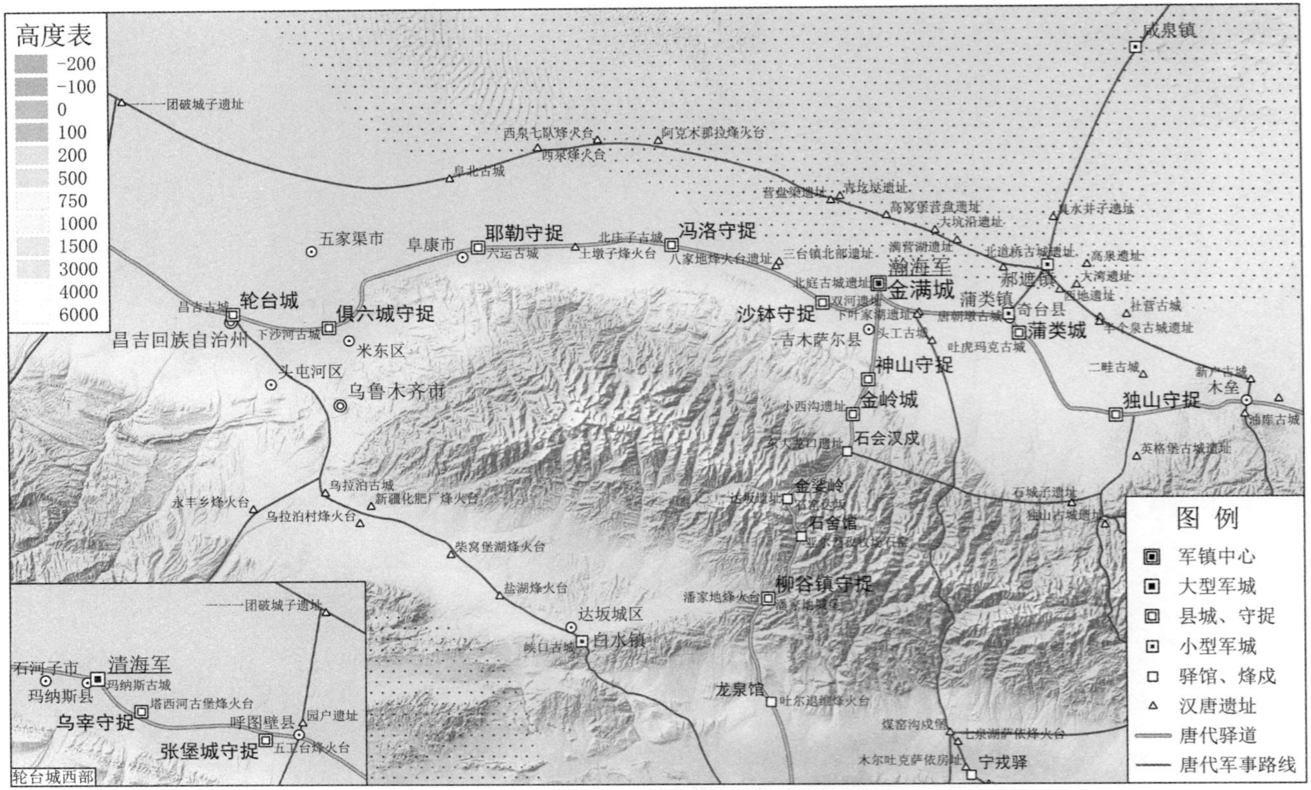
高度表
-200
-100
0
100
200
500
750
1000
1500
3000
4000
6000
图 例
军镇中心
大型军城
县城、守捉
小型军城
驿馆、烽戍
汉唐遗址
唐代驿道
唐代军事路线
咸泉镇
团破城子遗址
西泉七队烽火台
西泉烽火台
阿克木那拉烽火台
阜北古城
青圪垯遗址
高窝堡营盘遗址
大坑沿遗址
苦水井子遗址
五家渠市
阜康市
耶勒守捉
六运古城
北庄子古城
土墩子烽火台
冯洛守捉
八家地烽火台遗址
三台镇北部遗址
满营湖遗址
北道桥古城遗址
高泉遗址
大湾遗址
西地遗址
北庭古城遗址
瀚海军
金满城
郝遮镇
蒲类镇
奇台县
社宫古城
半个泉古城遗址
轮台城
昌吉古城
俱六城守捉
下沙河古城
米东区
昌吉回族自治州
沙钵守捉
双河遗址
下叶家湖遗址
吉木萨尔县
头工古城
唐朝墩古城
蒲类城
吐虎玛克古城
二畦古城
新户古城
木垒
油库古城
头屯河区
乌鲁木齐市
神山守捉
小西沟遗址
金岭城
独山守捉
石会汉戍
英格堡古城遗址
乌拉泊古城
新疆化肥厂烽火台
永丰乡烽火台
乌拉泊村烽火台
金婆岭
石城子遗址
独山古城遗址
石舍馆
柴窝堡湖烽火台
盐湖烽火台
柳谷镇守捉
潘家地烽火台
达坂城区
峡口古城
白水镇
龙泉馆
吐尔追烽火台
煤窑沟戍堡
七泉湖萨依烽火台
木尔吐克萨依房址
宁戎驿
团破城子遗址
石河子市
清海军
玛纳斯古城
玛纳斯县
塔西河古堡烽火台
乌宰守捉
呼图壁县
园户遗址
张堡城守捉
五工台烽火台
轮台城西部

图 6　唐代庭州交通图

图书在版编目(CIP)数据

唐代东部天山廊道军城研究/王玉平著. 一上海：
上海人民出版社，2023
ISBN 978-7-208-18303-2

Ⅰ. ①唐…　Ⅱ. ①王…　Ⅲ. ①天山-边防-军事史-研究-唐代　Ⅳ. ①E289.45

中国国家版本馆 CIP 数据核字(2023)第 090137 号

责任编辑　周　珍
装帧设计　陈绿竞

唐代东部天山廊道军城研究
王玉平　著

出　　版　上海人民出版社
（201101　上海市闵行区号景路 159 弄 C 座）
发　　行　上海人民出版社发行中心
印　　刷　上海商务联西印刷有限公司
开　　本　720×1000　1/16
印　　张　22
插　　页　3
字　　数　297,000
版　　次　2023 年 10 月第 1 版
印　　次　2023 年 10 月第 1 次印刷
ISBN 978-7-208-18303-2/K·3289
定　　价　78.00 元